Martina Sevecke-Pohlen

Das Neme-sis-Projekt

–

Morde zwischen Geest und Meer

Wieken-Verlag

Die Deutsche Nationale Bibliothek verzeichnet diese Publikation in der Deutschen Nationalbibliographie;
Detaillierte bibliographische Daten sind im Internet über http://dnb.d-nb.de abrufbar.
Bilder (c): Kopf der Venus: _point - Fotolia.com, Krähe: GDJ - pixabay.com
Titelgestaltung: Martina Sevecke-Pohlen

Wieken-Verlag Martina Sevecke-Pohlen
Fenderstr. 1, 26 817 Rhauderfehn
info@ wieken-service.com

ISBN Taschenbuch 978-3-943 621-48-8
ISBN Hardcover 978-3-943 621-55-6
ISBN Amazon 978-3-943 621-47-1
ISBN E-Book Kindle 978-3-943 621-49-5
ISBN E-Book EPUB 978-3-943 621-50-1

Inhaltsverzeichnis

Dies ist eine fiktive Geschichte. Handlung und Personen sind frei erfunden. Ähnlichkeiten zu lebenden oder verstorbenen Personen oder zu realen Ereignissen sind zufällig.

Ich danke A., L. und M. für ihre Unterstützung mit den französischen und plattdeutschen Texten.

Freitag, 8. April

Anonymus

An diesem Tag stand der Wagen hinter der Einfahrt am Strassenrand. Ein fremder Fußgänger wäre aufgefallen, ein Auto hingegen konnte in der Nähe des Hauses parken. Mittlerweile war es so oft da gewesen, dass es zum Bild der Fladderstraße gehörte.

Zwei Stunden wartete es auf dem unbefestigten Streifen neben dem Feld. Gegen drei Uhr öffnete eine Frau das Tor in der Eibenhecke und trat auf die Straße. Sie sah zum Himmel, wo große weiße Wolken zogen. Bedächtig knöpfte sie ihre Strickjacke zu und zog an den Enden ihres Halstuches. Nach diesen Vorbereitungen eilte sie zurück. Als sie zwei Minuten später erneut hinter der Hecke hervorkam, führte sie einen Mann am Arm.

Windböen zerrten am Halstuch der Frau und stellten die spärlichen Haare des Mannes auf. Er ging gebeugt, als wollte er sich in seiner geräumigen Jacke vor dem Wind verstecken. Auch seine Hose war weit. An den Absätzen berührte sie fast den Boden, obwohl sie offensichtlich gekürzt worden war.

Im Auto richtete sich ein Fotoapparat auf die beiden. Vor dem leerstehenden Nachbarhaus blieben sie stehen. Die Frau zeigte dem Mann das Schild eines Immobilienmaklers, doch er drehte den Kopf weg Richtung Wald. Sie gingen weiter, wobei seine schlurfenden Schritte das Tempo vorgaben. Am Ende des Grundstücks blieben sie wieder stehen. Die Frau zeigte auf das Feld neben der Straße. Der Mann nickte. Vom Wind aufgewehte Schleier trockener Erde waberten über den frisch gepflügten Boden. Ein leichter Brandgeruch verriet, dass auch Asche des Osterfeuers vom vergangenen Samstag aufgewirbelt wurde.

Auf der leeren Fladderstraße gingen sie weiter Richtung Wald. Am Ende der Straße standen dunkel die Bäume des Staatsforsts Tüddick. Das Objektiv schwenkte an ihnen vorbei bis zum Waldrand, fand keine anderen Menschen und kehrte zu den beiden zurück. Der Mann blieb stehen. Er machte eine abwehrende Bewegung auf den Wald zu, stampfte wie ein kleines Kind, riss sich los und schlurfte zurück. Das Objektiv wurde gesenkt. Die Frau zuckte mit den Schultern. Sie folgte ihm, nahm wieder seinen Arm und führte ihn durch das Tor in der Eibenhecke von der Straße.

Das Auto entfernte sich langsam.

Martina Sevecke-Pohlen

Freitag, 15. April

Christa

Christa Hemmen hasste den Freitagsverkehr auf der Bundesstraße 401 entlang des Küstenkanals. Es waren mehr Lastwagen zwischen den Niederlanden und Oldenburg unterwegs, und mehr aggressive Fahrer, die demonstrieren wollten, weshalb die Strecke im Volksmund Todesstrecke hieß. An der Abfahrt Wardenburg überquerte sie den Kanal und fuhr über die Dörfer vorbei an moorigen Wiesen zwischen sanften Geesthügeln. Bäume und Hecken zeigten grüne Blattspitzen, und junge Halme auf den Maisfeldern begannen, den Boden festzuhalten.

Christa nahm die Landschaft kaum wahr. Zu oft war sie auf dieser Straße gefahren, viel zu oft hatte sie die Häuser und Gärten gesehen. Vor dem Haus im Patenbergsweg stellte sie ihr Auto ab. Wind fegte über die Straße, aber die Luft war deutlich milder als in den vergangenen Tagen. In einigen Gärten tanzten immer noch künstliche Ostereier an den Sträuchern. Entlang des Plattenweges zur Haustür wogten Narzissen, zwischen deren Blättern schwarz verfärbtes Laub des vergangenen Jahres klebte. Der Garten gehörte zur unteren Wohnung, in der ihre Vermieterin Sandra Menserhagen gewohnt hatte. Eines Tages, wenn es Sandras Ärzten im ehemaligen Landeskrankenhaus gelingen sollte, sie zu überzeugen, dass sie nicht verrückt war, würde sie vielleicht dorthin zurückkehren. Bis zu diesem ungewissen Tag wohnte Christa allein in dem Haus. Nachdem sie vor zwei Jahren die Stelle in Rhauderfehn angetreten hatte, war ihr von Freunden und Kollegen ein Umzug nahegelegt worden, doch Christa fuhr täglich die fünfzig Kilometer nach Ostfriesland. Insgeheim gefiel ihr die Unabhängigkeit, die das einsame Wohnen gestattete.

Christa fischte die Post aus ihrem Briefkasten, dabei merkte sie, dass auch in dem unteren Kasten Umschläge steckten. Im Laufe des Wochenendes würde jemand kommen, um in Sandras Wohnung nach dem Rechten zu sehen und ihre Briefe mitzunehmen. Diese Helfer bekam Christa selten zu Gesicht, oft hörte sie nicht einmal, wenn jemand unten war. Sie schloss die Haustür auf und öffnete sie bis zur Wand, um die Klappkiste mit ihren Einkäufen hineinzutragen. Ein Umzug nach Rhauderfehn kam für sie nicht infrage, doch ihren Wochenendeinkauf erledigte sie nach der Arbeit dort.

Während sie ihre Kiste zur Oberwohnung hinauftrug, begann im Haus ein Telefon zu klingeln. Gelegentlich rief noch jemand in der unteren Wohnung an, Christa erkannte jedoch am Klingelton, dass es ihr Telefon war. Lust auf ein Gespräch verspürte sie nicht. Freitagnachtmittags fühlte sie sich zu erschöpft, um die Sorgen anderer anzuhören. Nur zwei Menschen aus ihrem Bekanntenkreis ignorierten die Bitte, ihr am Freitag wenigstens eine Stunde Ruhe zu gönnen. Mit beiden war sie verwandt. Ein Blick auf das Display des Telefons bestätigte Christas Verdacht.

„Hi! Du rätst nicht, was ich dir zu sagen habe!", schmetterte Heidis Stimme aus dem Telefon, als stünde sie mitten im Raum.

„Vermutlich so etwas wie Wie geht es dir?" Christa war froh, dass das Telefon auf Raumhörer stand. Wenn Heidi aufgeregt war, hatte sie immer Angst um ihre Ohren. Sie legte das Telefon in ihre Einkaufskiste und nahm es mit in die Küche, damit sie während des Gesprächs die Ware einräumen konnte.

„Dir geht es doch immer gut. Also rate mal."

„Was soll ich raten?" Heidis Einleitung hatte Christa für einen Witz gehalten.

„Weshalb ich dich anrufe, natürlich."

„Keine Ahnung. Warum?" Heidi seufzte und machte eine Pause, die Christa unheimlich wurde, weil Heidi normalerweise losplapperte, sobald sich eine Gelegenheit ergab.

„Druschka und ich – wir heiraten." Christa wartete ab, ob noch mehr käme. Als Heidi nicht weitersprach, beschäftigte sie sich mit dem, was sie gehört hatte.

„Toll. Meinen Glückwunsch."

„Na, du klingst ja enthusiastisch. So, dann schreib dir mal auf: Freitag, zehnter Juni. Trauzeugin bist du nicht, keine Sorge. Es ist so peinlich, wenn die eigene Schwester als Trauzeugin aufläuft. Oder als Brautjungfer."

Die Kühlschranktür fiel aus Christas Hand. Flaschen und Gläser in der Tür klirrten, aber Christa sah nur auf den mit Magneten an die Tür gehefteten Einkaufszettel, bis ihr klar wurde, dass Heidi sie regelrecht ausgebootet hatte.

„Sehe ich auch so. Zieht ihr denn jetzt zusammen?", wollte sie wissen.

„Hast du das etwa noch nicht mitbekommen? Mutti hab ich es schon letzte Woche erzählt. Wir werden ein Haus kaufen."

„Wie sich das gehört", murmelte Christa. Laut fragte sie: „Super. Wo denn?" Heidi antwortete nicht sofort, als habe sie genug gehört, um zu überlegen, ob sie weitersprechen sollte.

„Bümmerstede. Das Oldenburger Bümmerstede." Ein Teil Bümmerstedes gehörte zur Stadt Oldenburg, ein anderer zur Gemeinde Wardenburg.

„Wie nett. Wann denn?"

„Demnächst. Wir hoffen, dass wir vor der Hochzeit eingezogen sind."

„Ihr habt's ja eilig. Müsst ihr heiraten?" Ehe die Worte aus ihrem Mund waren, wusste Christa, dass die Frage ein Fehler gewesen war. Von Heidi kam ein anhaltendes Zischen als Einleitung ihrer Antwort.

„Das ist mal wieder typisch für dich. Du kannst dir nicht vorstellen, dass Leute heiraten, weil es ihnen Spaß macht. Druschka und ich lieben uns. Aber das kannst du dir nicht vorstellen. Mutti will es nicht wahrhaben, aber du bist eine verklemmte Zicke, die eh keiner will."

Mit diesen schmeichelhaften Worten beendete Heidi das Gespräch. Nun war es an Christa zu zischen. Sie sah vorwurfsvoll das Telefon an, doch das stand nur auf dem Küchentisch und tutete hektisch, als wollte es jede Verantwortung von sich weisen. Sie drückte auf den roten Knopf. In der plötzlichen Stille überlegte sie, ob sie sich bei Heidi entschuldigen sollte. Aber Christa fühlte sich nicht schuldig und sah auch nicht ein, weshalb ihre Frage Heidi so geärgert hatte.

Während sie darauf wartete, dass das Nudelwasser kochte, überlegte sie, was es für sie bedeutete, wenn Heidi heiratete. Christa war seit ein paar Monaten dreißig, Heidi würde erst nach ihrer Hochzeit achtundzwanzig Jahre alt werden. Im einundzwanzigsten Jahrhundert störte das vermutlich nicht einmal Hella Kloopmann, die älteste Nachbarin ihrer Eltern und größte Giftspritze Wardenburgs. Trotzdem war sich Christa eines dumpfen Nagens bewusst. Wahrscheinlich war es an der Zeit, die letzten romantischen Illusionen aufzugeben und sich einzugestehen, dass sie Heidi an Attraktivität und Beliebtheit nie gleichkommen würde. Heidi hatte Verehrer, und demnächst Mann und Haus, Christa hatte einen guten Job und Geld. Damit sollte sie zufrieden sein.

Sonntag, 17. April

Christa

Am Sonntag stattete Christa ihren Eltern den wöchentlichen Pflichtbesuch ab. Anders als Heidi hielt sie es nicht aus, knappe vier Kilometer entfernt zu wohnen und sich nicht regelmäßig zu zeigen. Heidi meldete sich nur, wenn sie meinte, es gebe einen Grund. Noch seltener erschien sie persönlich. Da anzunehmen war, dass es Heidi genügte, ihren Eltern die Hochzeitspläne telefonisch mitgeteilt zu haben, konnte Christa sicher sein, sie nicht zu treffen.

Die Straße Im stillen Tal lag südlich des Ortsausgangs von Wardenburg. Wie oft an milden Tagen hing an diesem Sonntag ein deutlicher Güllegeruch in der Luft. Vor der Haustür ihrer Eltern überlagerte Kuchenduft die Gülle. Christa fand Jörn in der Küche beim Dekorieren einer Torte. Sie hatte das Glück oder, je nach Sichtweise, Unglück, einen Restaurantkoch und eine Hauswirtschaftsleiterin als Eltern zu haben. Während Kati Haus und Garten penibel pflegte, beschränkten sich Jörns Aufgaben darauf, gelegentlich zu kochen und oft zu backen. Die hagere Christa hatte nichts gegen Sahne und Buttercreme einzuwenden, Heidi protestierte dagegen schon beim Anblick von Jörns Rezeptsammlung auf dem Küchentisch.

„Mutti ist oben", murmelte Jörn, ohne von einem Spritzbeutel voll hellgrüner Creme aufzusehen. Christa überließ ihn seiner heiklen Arbeit und stieg hinauf in die Etage. Dort hatte Kati Christas ehemaliges Kinderzimmer zu ihrem Büro umfunktioniert. Bei der Arbeit in einem Mädchenwohnheim in der Wardenburger Ortschaft Harbern II hatte sie ein eigenes kleines Büro, in den heimischen Regalen standen Unterlagen für die Prüfungskommission der Landwirtschaftskammer neben Ordnern für die Landfrauen. Christas Mutter kniete vor dem zum Sofa umgebauten Bett. Auf dem Boden neben ihrem schwarzen Lederrucksack lagen unzählige Flyer und Broschüren mit niederländischer Aufschrift.

„Hallo Mutti. Wie war's in Groningen?" Glücklicherweise war Christa rechtzeitig eingefallen, dass ihre Mutter am Vortag von einer Städtetour mit den Landfrauen zurückgekehrt war. Kati hatte die Tour organisiert und für die Durchführung mehrere Urlaubstage geopfert.

„Oh, Christa. Dich hab ich noch gar nicht erwartet. Toll war's. Ein voller Erfolg." Kati wies auf den Haufen Papier. Wenig interessiert trat Christa näher.

„Seid ihr da überall gewesen?"

„Nicht überall", gab Kati zu. Sie hievte einen Hochglanzkatalog vom Boden und setzte sich damit auf das Sofa. Christa setzte sich zu ihr, nachdem sie sich mit einem schnellen Blick durch den Raum vergewissert hatte, dass es nicht zu weiteren unverzeihlichen Veränderungen gekommen war. Kati ließ den Katalog wie einen Stein in ihren Schoß fallen.

„Das", erklärte sie stolz, „ist der aufregendste Nachmittag meines Lebens gewesen. Wir waren im Groninger Museum. So etwas Tolles wie diese Ausstellung habe ich noch nie gesehen."

Christa hoffte, dass Kati übertrieb. Für sie gab es kaum etwas Langweiligeres als eine Kunstausstellung, und sie fragte sich irritiert, seit wann Kati Interesse für moderne Kunst aufbrachte.

„Und das hier ist ...?

„Der Katalog des Museums. Der Ausstellungskatalog war leider vergriffen, da habe ich den hier gekauft. Die ganzen Sonderausstellungen dieses Jahres sind auch darin."

Christa wollte blättern, doch Kati griff über sie hinweg und schlug eine Seite mit einer grellbunten Skulptur auf.

„Diese Ausstellung haben wir uns angesehen: Leben mit Rückfahrkarte. Auf Niederländisch klingt es vermutlich besser."

Wieder wollte Christa weiterblättern, und wieder schlugen Katis Finger ein paar Seiten um. Vor Christa lagen jetzt Abbildungen weißer Figuren vor bedrückend dunklen Hintergründen. Auf den ersten Blick sah sie nichts, was sie angesprochen hätte. Ein Hirsch balancierte in seinem Geweih ein brennendes Herz, aus den Augenhöhlen eines menschlichen Schädels krochen zwei Schlangen und wanden sich wie eine Krone um die Stirn, ein Baum streckte Zweige mit skelettartigen Händen empor. Nachdem sie die einzelnen Bilder höflich betrachtet hatte, entdeckte Christa auf der nächsten Seite einen weißen Mädchenkopf. Die Augen blickten aufmerksam in die Ferne, als suchte das Mädchen den Horizont ab. Seine gewellten Haare waren im Nacken lose zusammengebunden. An der Stirn hielt ein breites Band die Haare zurück, nur war das Band aus den Leibern züngelnder Schlangen geknüpft. Ihre erhobenen Häupter umrahmten den Kopf wie die Strahlen einer Sonne. Aus ihren Rücken wuchsen Blüten, Adler und Pferde.

„Das ist der schöne Kopf der Rebecca Kern", erläuterte Kati. „Amelon hat dafür mehrere Preise gewonnen. Das Groninger Museum ist stolz auf diese Leihgabe. Normalerweise befindet sich die Rebecca Kern in Privatbesitz."

Der Kopf der Rebecca Kern schien sogar reduziert auf ein Foto zu sprechen, wenn Christa sich auch außer Stande sah zu verstehen, was die marmornen Lippen ausdrücken wollten. Das Mädchen wirkte jung und stark, sein Gesicht hatte Anklänge an eine griechische Göttin, bei der die Nase die Jahrhunderte überdauert hatte.

„Amelon. Ist das der Name des Künstlers?"

„Der Künstlerin. Greet Amelon. Eine Amerikanerin mit belgischen Wurzeln. Die Ausstellung ist über Künstler, die ihre Heimat für eine Weile verlassen haben und mit einer neuen Kultur zurückgekommen sind. Ich werde einen Vortrag über Greet Amelon halten."

„Einen Vortrag über diese Frau? Du?" Christa hoffte, nicht unhöflich zu klingen. Kati war zum Glück erfüllt von ihrer Idee.

„Ja, bei den Landfrauen. Für das Herbstprogramm hatte ich mir einen Termin freihalten lassen, nur das Thema stand noch nicht fest. Bisher wollte ich einen Workshop für Weihnachtsgestecke durchführen, das wird immer gern angenommen. Aber jetzt werde ich über Greet Amelon sprechen." Christa verbarg ihre Skepsis nur mühsam.

„Mit Weihnachtsgestecken kennst du dich aus. Aber so eine Künstlerin und ihr Werk? Kriegst du das hin?" Optimistisch nickte Kati.

„Ach, so schwer kann das nicht sein. Da muss ich eben mal meinen Grips zusammennehmen, dann klappt das schon. Ich habe bereits in der Oldenburger Stadtbibliothek ein paar Bücher über Amelon vorbestellt. Heidi bringt sie mir vorbei, wenn sie da sind. Hat sie dich schon angerufen?"

„Wegen der Hochzeit? Ja." Die nächsten Minuten schwärmte Kati über Heidis und Andrejs Heiratspläne, das neue Haus und die unvermeidlichen Brautkleider. Christa ließ sie reden. Solange Kati sprach, schenkte sie ihrem Gesichtsausdruck keine Beachtung. „Wann bist du nach Hause gekommen?"

„Gestern Nachmittag. Vati musste erst um siebzehn Uhr bei der Arbeit sein. Er hat uns am Marktplatz in Wardenburg abgeholt und Maite und mich nach Hause gefahren."

Selbstverständlich war Maite Bruns mitgefahren. Christa kannte Maite schon ihr ganzes Leben. Sie war mit ihrer Mutter von der Grundschule an in eine Klasse gegangen und hatte alle Stationen der Ausbildung parallel mit ihr durchlaufen. Offiziell galten Kati und Maite als Freundinnen. Christa spekulierte schon lange, ob diese Bezeichnung zutraf. Wenn die beiden zusammen waren, schienen sie sich ständig zu vergleichen.

Von unten verkündete Jörn, der Tee sei fertig. Erleichtert hob Christa den Katalog von ihren Beinen und folgte Kati in die Küche. Eine zartrosa und grün dekorierte Torte prangte in der Mitte des Tisches.

„Eine Hochzeitstorte! Jörn, die sieht fantastisch aus." Jörn nickte bescheiden. Christa sah ihn an.

„Hast du vor, die Torte für Heidis Hochzeit zu backen?“ Er schüttelte den Kopf.

„Sie wird mich nicht fragen. Es ist ja auch nicht stilvoll, wenn der eigene Vater die Torte backt. Und auf Stil legen die beiden Wert.“

Christa konnte sehen, dass er es sich zu Herzen nahm, nichts zur Hochzeit seiner Tochter beisteuern zu dürfen. Heidi hatte bei ihrem Anruf am Freitag deutlich gemacht, dass Andrej und sie die Hochzeit selbst finanzierten. Damit waren Umfang und Stil der Feier vorgegeben, denn beide liebten opulente Feste. Auch Katis Freude über eine verheiratete Tochter schien getrübt von der Aussicht, keinerlei Einfluss auf die Gestaltung der Feier zu erhalten. Während des Teetrinkens unterbreitete sie Christa ihre Ideen, die Heidi nicht hören wollte.

„Guck doch mal, Christa. Für so ein Kleid braucht Heidi nicht nach Hamburg zu fahren. Das kann man im Handumdrehen selbst nähen.“

Unter der Küchenbank zog Kati einige Hochglanzhefte hervor. Perfekt geschminkte blonde Models mit Heidis ausgewogenen Kurven lächelten hoheitsvoll von den Titelblättern. Christa erhob keinen Anspruch auf Modewissen, doch selbst sie ahnte, dass Kleider wie die abgebildeten nicht von jeder Schneiderin genäht werden konnten. Diese Erkenntnis ließ sie der Hochzeit mit einem noch mulmigeren Gefühl entgegenblicken.

Kati

NACHDEM CHRISTA GEGANGEN WAR, ZOG KATI SICH IN IHR BÜRO ZURÜCK. VOR DEM SOFA LAG immer noch der ungeordnete Haufen Broschüren. Morgen Abend, wenn Jörn arbeitete, würde sie Musik anmachen und in Ruhe ihre Schätze durchsehen. Den Ausstellungskatalog legte sie aufgeschlagen auf ihren Schreibtisch. Zufrieden über die Entscheidung, schlampig zu sein, schaltete Kati das Laptop an. Sie sah ihre E-Mails durch, postete auf Facebook einen kurzen Bericht über die Groningenfahrt der Landfrauen und wandte sich ihrer Wochenplanung zu.

Gerade wollte sie ihren privaten Speise- und Einkaufsplan für die nächste Woche durchgehen, als unten das Telefon klingelte. Kati lauschte. Heidi rief meistens auf dem Handy an, Christa war bis eben bei ihnen gewesen. Vielleicht hatte sie etwas vergessen. Mit einer seiner Töchter hätte Jörn aber länger gesprochen. Sie hörte ihn bereits auf der Treppe.

„Maite“, flüsterte er und zog sich zurück. Erstaunt kontrollierte Kati das Display. Maite und sie telefonierten nur selten. Sie sahen sich regelmäßig bei den

Landfrauen und hatten gerade vier Tage miteinander verbracht. Einen Anruf hätte Kati frühstens im nächsten Monat erwartet.

„Was gibt's denn, Maite?“ fragte Kati und hoffte, nicht zu abweisend zu klingen.

„Kati, ich muss mit jemand reden.“ Kati fühlte sich nicht wie irgendjemand.

„Ist etwas passiert?“

„Ja. Ich weiß nicht. Doch, könnte man sagen.“ Das klang nicht nach der selbstgewissen Maite.

„Rück' schon raus damit.“ Maite, die nicht für Zögerlichkeit bekannt war, gab sich hörbar eine Ruck.

„Gestern, als wir in Wardenburg angekommen sind, hat Jörn uns doch am Bus abgeholt. Der Hartwig war ja noch beim Fußballtraining. Ich war kaum in der Wohnung, da ist die Hilde hochgekommen. Ich soll doch mal gucken, ob der Vater in der Wohnung ist. Ich sag, Hilde, der Vater kann nicht hier sein, die Wohnung war doch abgeschlossen. Da meint sie, nee, guck mal trotzdem. Weißt du, es kommt schon mal vor, dass der Vater sich erinnert, dass das sein Haus ist, und dann nimmt er sich einfach die Schlüssel. Darum bin ich schnell durch die Wohnung gelaufen. Aber der Vater war nicht da.“

„War er denn weg?“ Kati fand selbst, dass ihre Frage unbedarft klang.

„Ja. Und irgendwie war das ganz komisch. Die Hilde hat den Vater gestern Nachmittag mit raus genommen zum Wäscheaufhängen. Sie hat sich noch mit ihm unterhalten, was man so unterhalten nennt. Dann musste sie die große Tischdecke vom Esstisch aufhängen. Da konnte sie ihn nicht sehen, und geantwortet hat er ihr auch nicht. Und als die Decke hing, war der Vater weg.“ Maite holte tief Luft, wie nach einem Geständnis.

Kati versuchte, sich den Garten von Maites Haus in Erinnerung zu rufen. Maite und ihr Mann Hartwig bewohnten die Oberwohnung eines Hauses in der Fladderstraße am westlichen Rand von Wardenburg. Hilde und Wolfgang Bruns lebten mit Johannes Bruns in der Unterwohnung. Zur Straße hin hatten sie ein bisschen Rasen mit Beeten, nach hinten eine riesige Wiese, die am Ende nur von einem Weidezaun begrenzt wurde. Dahinter lagen Felder und das Gewerbegebiet Rheinstraße. Nachbarn gab es kaum.

„Er kann doch nicht einfach weg gewesen sein“, behauptet Kati.

„Doch“, beteuerte Maite. „Hilde sagt, sie war vielleicht zwei Minuten abgelenkt. Als sie ihn im Garten nicht gesehen hat, ist sie ums Haus gelaufen. Im Vorgarten war er nicht und auch nicht auf der Straße.“

Die Fladderstraße zog sich von der Litteler Straße zweieinhalb Kilometer nach Südosten. Der letzte Kilometer verlief durch den Staatsforst Tüddick. Von

Maites Haus war es fast ein Kilometer bis zur Litteler Straße und über fünfhundert Meter bis zum Waldrand. Innerhalb von zwei Minuten konnte Maites Schwiegervater nicht außer Sichtweite gelaufen sein.

„Ist er vielleicht zu den Nachbarn?" Das direkte Nachbarhaus war seit ein paar Wochen leer, das nächste bewohnte Haus stand fünfzig Meter entfernt Richtung Litteler Straße.

„Die hat Hilde gleich angerufen. Aber er war nicht da. Na, und dann bin ich gekommen." Maite berichtete ausführlich, was ihre Schwägerin und sie unternommen hatten, um den Vater wiederzufinden. „Die Hilde hat Angst, dass er zu jemand ins Auto gestiegen ist."

„Wieso sollte er das tun?" Natürlich konnte niemand ahnen, was Johannes Bruns bewegte, etwas zu tun. Die Leute auf der Fladderstraße kannten ihn und hätten ihn zu Hilde gebracht. Außer Anwohnern kam niemand in die Fladderstraße.

„Ja, warum? Vielleicht wollte er zurück zu seinem Hof." Maite klang müde. Normalerweise strahlte sie Energie aus. Wenn sie in ihrem weißen Kittel durch das Hotel der Fischerkate an der Oldenburger Straße schritt, wusste jeder sofort, dass dort eine Frau mit Zielen kam. Am anderen Ende der Leitung holte sie tief Luft. „Mein Hartwig und der Wolfgang sind dann zur Polizei gefahren. Da wollten die keine Vermisstenanzeige annehmen. Der Vater wäre ja noch keine vierundzwanzig Stunden weg."

„Das kann nicht richtig sein", widersprach Kati. „Dein Schwiegervater ist alt und total dement dazu. Da ist doch Gefahr im Verzug, oder wie die das nennen."

„Meinst du?" Maite klang skeptisch. Schnell nahm sie wieder den Faden auf. „Jedenfalls haben wir vierundzwanzig Stunden gewartet. Dann sind Hartwig und Wolfgang noch einmal zur Polizei. Gerade eben sind sie zurückgekommen."

„Und?", fragte Kati. Doch mehr hatte Maite nicht zu erzählen. Kati sagte noch ein paar tröstende Worte, weil sich das so gehörte. Ihr war klar, dass sie Maite nicht beruhigen konnte.

Nachdem Maite aufgelegt hatte, rief Kati auf dem Laptop eine Karte vom Süden Wardenburgs auf. Der Tüddick war nicht groß. Von Maite aus fuhr man mit dem Fahrrad etwa eine Viertelstunde durch den Wald bis Im stillen Tal. Der kürzeste Weg bis zum Siedlungsgebiet Wardenburgs führte anderthalb Kilometer über die gepflasterte Straße Zum Fladder. Dann stand man am Ende einer Wohnstraße und musste noch einmal einen Kilometer zurücklegen, bis man in der Ortsmitte war. Die ganze Umgebung von Maites Haus war eine Ebene mit Wiesen und Feldern, auf denen um diese Jahreszeit kaum eine Pflanze höher als zehn Zentimeter stand. Wer sich auf diesen Straßen bewegte, war weithin sichtbar. Trotzdem war Johannes Bruns verschwunden.

Montag, 18. April

Christa

Seit zwei Jahren leitete Christa zusammen mit Harald Meinert die Rhauderfehner Niederlassung von Crea. Heim und Pflege. Das Unternehmen rühmte sich, alle Ansprüche alter oder pflegebedürftiger Menschen freundlich und effizient zu erfüllen. Crea. Heim und Pflege beriet in Rhauderfehn Senioren mit Interesse an einer praktischen Wohnung ebenso wie Angehörige, die auf Erleichterung bei der Pflegearbeit hofften. Neben angemieteten Appartements für Wohngruppen im gesamten Gemeindegebiet gab es am Kanal Untenende einen Neubau für betreutes Wohnen, und Christa begleitete seit Anfang des Jahres die Einrichtung eines Seniorenhotels am Hauptfehnkanal. Auch Harry pendelte jeden Tag aus Oldenburg, wo seine Frau und er ein Haus besaßen und seine Frau in führender Position für einen Wohlfahrtsverband arbeitete. Über vergleichbare Gründe, in Wardenburg zu bleiben, verfügte Christa nicht, trotzdem berief sie sich auf ihn.

Am Montagmorgen brach sie um sieben Uhr in Wardenburg auf und fuhr durch den Frühdunst nach Ostfriesland. In Rhauderfehn löste die Sonne die Schwaden auf, sodass die Gemeinde Christa mit glitzerndem Wasser im Untenende begrüßte. Sie fuhr vorbei an leuchtenden Narzissen, weißen Brücken und roten Ziegelhäusern aus dem neunzehnten Jahrhundert und bog im Kreisverkehr in die Rhauderwieke ab. Nicht weit vom Kreisverkehr befand sich das von Crea. Heim und Pflege angemietete Gebäude. Die Fassade traf beinahe perfekt das Cremeweiß der Crea-Uniform. Fronttür und Fenster waren hellblau eingerahmt, und im Besucherzentrum standen ein zartgrüner Tresen und hellblaue Tische auf glänzenden Fliesen.

Hinter dem Gebäude stellte Christa ihr Auto neben eines der cremeweißen Dienstfahrzeuge der mobilen Pflegerinnen. Als sie die zum Treppenhaus hin graue Metalltür aufstieß, schlug ihr eine Mischung aus Apothekenduft und Kaffee entgegen. In diesem hinteren Bereich lagen die Räume der Pflegerinnen. Nach vorne öffnete sich der Flur zum Besucherzentrum. Kurz vor dieser Erweiterung lagen Christas Büro, die Waschräume und die Teeküche des Verwaltungsbereichs.

In der Teeküche arbeitete die Kaffeemaschine am ersten Aufguss des Tages. Harry hatte sich standhaft gegen Kaffeezubereitung mit Pads gewehrt. Daher wurde trotz Hochglanzkulisse bei Crea-Rhauderfehn Kaffee nicht tassenweise zubereitet, sondern traditionell in Thermoskannen aufbewahrt. Ihr gemeinsames Büro war leer. Wie jeden Morgen, nachdem sie ihre Tasche abgestellt hatte, öffnete Christa das Fenster und nahm einen tiefen Zug ostfriesischer Parkplatzluft. Nach dieser Stärkung wagte sie sich zum Tresen, wo Frau Hahn residierte.

„Guten Morgen, Frau Hahn." Gegen den Hall im Besucherzentrum hatte der Architekt Teppichboden vorgeschlagen, doch der passte nicht in das Selbstkonzept von Crea. Heim und Pflege.

Frau Hahn sah von der Samstagspost hoch. Ihre Frisur erweiterte den Kopf zur Größe eines Medizinballs. Der Rest ihres Körpers war zierlich und schien den überdimensionierten Kopf nur mühsam auf hohen Absätzen zu balancieren.

„Guten Morgen, Frau Hemmen. Ich bin gleich mit den Briefen fertig."

Christa nickte knapp und zog die Sonntagszeitung heran. Die Titelseite war wie an den meisten Montagen eingerissen. Daneben lagen drei Ausgaben des General-Anzeigers von Rhauderfehn, ebenfalls angerissen. Zwei Exemplare würde Frau Hahn nachher aufbügeln und auf den Besuchertischen auslegen.

„Wie war Ihr Wochenende, Frau Hemmen?" Frau Hahn war das Nachfragen nicht abzugewöhnen. Sie hatte früher in einem Büro gearbeitet, in dem man Small Talk für notwendig hielt.

„Ging so. Sind Sie mit der Post fertig? Es ist zehn nach acht."

Anfangs hatte Frau Hahn Christa nach so einer Antwort betrübt angesehen. Jetzt setzte sie nur den Eingangsstempel auf den letzten Brief und schob ihr wortlos den Stapel hin.

„Danke." In dem Moment kam Harry ins Besucherzentrum. Harald Meinert war der einzige Mensch in Christas Bekanntenkreis, auf dessen Gangart Schlendern zutraf. Alle anderen gingen lediglich langsam. Nur das leichte Nachgeben des rechten Beines verriet, dass sein Gang Folge einer Verletzung war.

„Einen wunderschönen Montagmorgen, Frau Hahn. Wie war Ostfriesland am Wochenende?" Frau Hahns Hals nahm einen fleckigen Rotton an. An ihren Wangen war unter der perfekten Grundierung keine Farbveränderung auszumachen.

„Guten Morgen, Herr Meinert. Ich war in Leer tanzen. Und was haben Sie in Oldenburg gemacht?" Die beiden tauschten Anekdoten aus, Frau Hahn kicherte, Harry lachte. Christa stand daneben und wartete auf den Moment, an dem sie ihn ins Büro mitnehmen und auf die anstehende Besprechung einstimmen konnte. Nach drei Minuten Geplänkel bemerkte er sie.

„Ob es denn schon Kaffee gibt, Frau Hahn? Ich hatte heute morgen nur eine Tasse", leitetet er das Ende des Small Talks ein.

„Sie Ärmster." Frau Hahn hatte während ihres Gesprächs die ganze Zeit mit dem Brieföffner gespielt. Nun legte sie ihn ab und strahlte Harry an. „Ich bringe

Ihnen gleich eine Tasse. Ihnen auch, Frau Hemmen?" Ehe Christa antworten konnte, nickte Harry bekräftigend.

„Machen Sie doch gleich eine ganze Kanne draus, Frau Hahn. Frau Kehl kommt rüber zur Besprechung."

„Gerne."

Christa ging voran ins Büro, wo Harry bereits seine Brotdose auf dem Schreibtisch abgestellt hatte. Trotz des offenen Fensters roch der Raum nach Salami. Es war ein Wunder, dass noch keine Katze durch das Fenster gesprungen war.

„Warum hattest du nur eine Tasse Kaffee?" Er zuckte mit den Schultern, als handelte es sich um ein Problem von minderer Bedeutung.

„Im Bad getrödelt. In meinem Alter ist Körperpflege wichtig, sonst droht der Verfall." Christa maß ihn aufmerksam, Anzeichen ungewohnter Pflegeaktionen konnte sie nicht ausmachen. Harry sah aus wie ein Pädagoge jenseits der mittleren Jahre, den man in einen Anzug gesteckt und zu Seriosität verdammt hatte. Seine Haare fielen wie eine braun gesprenkelte Filzmatte kompakt vom höchsten Punkt des Kopfes. Vorne endete die Matte knapp über den Augenbrauen, hinten touchierte sie den Hemdkragen. Eine Krawatte für den Notfall hing aus der linken Tasche seines Jacketts, rechts beulten Schlüssel und gebrauchte Taschentücher den Stoff.

„Ja, den Verfall muss man eindämmen", stimmte Christa zu.

„Meine Rede." Er ließ sich auf den Schreibtischstuhl fallen und rieb sein Knie. Frau Hahn brachte eine Kanne Kaffee und drei Becher. Bei jedem Schritt ging der Stoß ungefedert durch den hohen Absatz und ihren schmalen Körper bis in das Tablett. Klirrend rutschten die Tassen gegen den Tablettrand.

„Du siehst mir allerdings übernächtigt aus", bemerkte Harry, nachdem Frau Hahn den Raum verlassen hatte. Christa rieb mit den Fingerspitzen unter ihren Augen, falls Mascara in die Lidfalte geschmolzen war.

„Ach, ich hatte gestern Abend noch ein etwas seltsames Gespräch mit meiner Mutter. Dabei ist es spät geworden." Er sah sie zwischen den Monitoren auf ihren Schreibtischen an.

„Probleme?"

„Nein. Meine Schwester heiratet."

„Ist das so seltsam?"

„Wie bitte? Nein, da war noch etwas anderes. Eigentlich hat es nichts mit meiner Familie zu tun. Der Schwiegervater einer Freundin meiner Mutter ist abhanden gekommen. Er ist ziemlich alt und dement. Am Samstag war er mit der anderen Schwiegertochter im Garten. Sie hat einen Moment nicht aufgepasst, da war der Mann weg. Spurlos verschwunden."

Harry und Christa hörten öfters solche Geschichten. Normalerweise fand die Polizei oder ein aufmerksamer Spaziergänger den Betreffenden innerhalb weniger Stunden. Dass ein alter Mann beinahe zwei Tage verschwunden blieb, war ungewöhnlich, aber nicht unmöglich. Harry wunderte sich nur wenig, dass die örtliche Polizei am Samstag versucht hatte, die Angehörigen unter Verweis auf die Vierundzwanzig-Stunden-Regel abzuwimmeln.

„Jetzt verdächtigt die Kriminalpolizei die Söhne." Beide nickten wissend, während Kati sich am Vorabend über den Verdacht aufgeregt hatte.

„Ist Geld im Spiel?"

„Ich glaube, eine ganze Menge. Der Vater war Bauer und hat vor Jahren sein Land verkauft. Ein halbes Gewerbegebiet steht darauf. Der Rest ist verpachtet." Sollte bei Harry der Eindruck entstehen, dass die Polizei die Söhne des Verschwundenen nicht grundlos verdächtigte, fand Christa das nicht tragisch. Maite traute sie keine kriminellen Machenschaften zu, die Frau erschien ihr zu fantasielos, aber Hartwig Bruns hatte so einen getriebenen Blick. Wenn jemand wie Hartwig in finanzielle Schwierigkeiten geriet, konnte er auf die Idee kommen, dem Schicksal vorzugreifen.

Es klopfte. Harry stand auf, um der Pflegedienstleiterin Frau Kehl einen Stuhl am Besprechungstisch herauszuziehen. Diese altmodische Geste wirkte noch absurder, weil sie ihn fast einen Kopf überragte. Amke Kehl war, in ihren eigenen Worten, ein ganzer Kerl. Christa fühlte sich in ihrer Gegenwart an die Wand gedrückt. Möglicherweise ging es Harry ähnlich, und sein Rückgriff auf das Repertoire älterer Herren diente der Selbstverteidigung.

„Danke, Herr Meinert." In ihrem cremeweißen Kasack zur gleichfarbigen Hose wirkte sie wie eine antike Säulenfigur, die ihren Standort an einem Portal verlassen und sich auf dem zierlichen Besprechungsstuhl niedergelassen hatte. Der spezielle Crea-Ton ihrer Pflegetracht schmeichelte dem rosigen ostfriesischen Teint. Zwei Zöpfe in der Farbe bitterer Orangenmarmelade waren von der Stirn nach hinten geflochten und im Rücken zusammengebunden. Christa konnte sie sich gut als Kriegerin neben einem Goldschatz vorstellen.

Frau Kehl beobachtete Harrys Gang, als er sein Laptop vom Schreibtisch holte. Sie hätte auch Physiotherapeutin für Pferde sein können, denn als Harry das Laptop auf den Besprechungstisch stellte, fragte sie sofort nach seinem Knie. Nach zwei Jahren kannte sie die tragische Geschichte des Knies, im Gegensatz zu Christa zeigte sie jedoch keinerlei Anzeichen von Ungeduld, als Harry zu einer Schilderung ansetzte.

„Das war in meiner ersten Saison in der Bundesliga." Er sprach, als hätte er bei Bayern München Fußball gespielt, tatsächlich war er Ersatzspieler einer Alhorner Faustballmannschaft gewesen. „Ein Foul, ein unglücklicher Sturz. Das Ende einer vielversprechenden Karriere." Frau Kehl nickte mitfühlend.

„Darf ich das Knie ansehen?" Harry schwang auf dem Stuhl herum und zog bereitwillig sein Hosenbein hoch. Christa wandte sich ab. Sie kannte Harrys Knie und seine Narben zur Genüge.

„Ich hol Ihnen mal etwas Salbe." Als Frau Kehl weg war, drehte Christa sich wieder um.

„Machst du das nur, um Salbe zu schnorren?" Harry starrte sie überrascht an.

„Wie kommst du darauf? Ich bin überzeugt, dass sie fachliches Interesse an meinem Knie hat." Sie nickte nur. Dieses Gespräch war, trotz Harrys großer Augen, Routine.

Anonymus

Nachdem er von der Landstrasse abgebogen war, erkannte er die Umgebung wieder. Eichen beiderseits der Fahrbahn schwankten im Wind, ihre Äste schlugen hoch über dem Asphalt ineinander. Von diesen Kollisionen abgerissene Zweige prallten gegen die Windschutzscheibe. Sonnenlicht und Schatten jagten über die Fahrbahn, so dass er manchmal glaubte, vor ihm laufe ein Tier. Aus diesem Grunde hatte sein Fuß bereits mehrmals das Bremspedal berührt.

Neue Häuser waren nicht hinzugekommen, seit er vor Jahren zuletzt hier gewesen war. Rechts stand das weiße Haus, etwas verspielt mit seinem gläsernen Windfang und den hohen Sprossenfenstern, links das rote Haus im traditionellen Stil der Fehnhäuser. Hinter der Kurve war der Zwilling dieses Hauses von alten Eichen halb verdeckt, ein weiteres Fehnhaus kam nach fünfzig Metern auf der rechten Seite. Mehr Häuser gab es nicht bis Schatteburg.

Er passierte das vierte Haus, bis die schwankenden Bäume es im Rückspiegel verbargen, und parkte ein Stück von der Straße entfernt in einer Wiese. Als er zu Fuß bei der Straße ankam, sah er, wie gut das trockene Gestrüpp am Zaun sein Auto verdeckte. Schnell erreichte er das offen stehende Tor des zurückliegenden Fehnhauses. Die anderen Häuser lagen wie ausgestorben. Vermutlich befanden sich die Bewohner bei der Arbeit. Er hatte nichts Verwerfliches vor, wollte nur ein Gespräch, dennoch brauchte niemand von seinem Besuch zu wissen.

In den Eichen vor dem Haus siedelte eine Kolonie Saatkrähen. Ihr Kreischen erfüllte die Luft, hunderte weißer Sprenkel zierten die Auffahrt. Geduckt lief er unter den schwarzen Vögeln, die schreiend über ihm kreisten. Anscheinend waren sie es nicht gewöhnt, von Menschen gestört zu werden. Das passte zu der Hexe.

Zu Hause war sie. Ihr Auto stand unter dem Carport. Er ging ein Stück weiter bis zum Obstgarten. Wäsche flatterte an der Leine. Sie tat harmlos, als sei sie eine normale Frau, doch er wusste, wozu sie fähig war. Sie hatte seinen Vater umgarnt wie keine andere. Aus der Hand hatte er ihr gefressen, der alte Narr.

Er machte kehrt und wollte zur Haustür gehen, als er aus dem ehemaligen Stall ein Husten hörte. Natürlich war sie dort. Er hatte sie auch bei seinem letzten Besuch zwischen ihren Tonblöcken angetroffen. Erst danach hatte sie ihn in ihr Wohnzimmer gelockt. Ohne anzuklopfen stieß er die Tür auf.

„Was soll das?" Sie hatte von ihrem Hustenanfall noch die Hand vor dem Mund.rückte sie ihre Brille zurecht. „Ach, Sie sind das."

Er erkannte, wie sehr er darauf gesetzt hatte, sie mit seinem unerwarteten Auftauchen zu verunsichern. Immerhin war sie nicht mehr jung und lebte allein in diesem einsamen Haus. Normale Frauen sollten erschrecken, wenn plötzlich ein Mann in ihren privaten Bereich eindrang. Sie zeigte keinerlei Angst. Eine Hexe wie sie fürchtete sich nicht vor Menschen.

„Ja, ich bin es. Gut, dass Sie sich erinnern."

„Natürlich erinnere ich mich. Was wollen Sie denn jetzt noch?"

Sie hustete hinter der vorgehaltenen linken Hand. Wie eine schwarze Spinne saß ein riesiger Ring auf ihren Fingern, so breit, dass er nicht erkennen konnte, an welchem Finger sie ihn trug. An den Ring erinnerte er sich. Schon damals war er ihm unheimlich gewesen, eine Bestätigung, dass sie eine böse Frau war. Nun bemerkte sie seinen Blick. Mit dem Zeigefinger der rechten Hand strich sie über das dunkle Metall.

„Ich weiß, was Sie getan haben", platze er heraus. Er hatte nicht geplant, schnell auf den Punkt zu kommen, aber da er sie aus der Fassung bringen wollte, musste er offen sprechen. Sie sah ihn unverwandt an. Ihre Ruhe war unerträglich.

„Und?" Er holte tief Luft.

„Ich könnte zur Polizei gehen."

Sie betrachtete ihn abschätzend, als wäre er einer ihrer Tonhubel, die in Folie verpackt im Regal lagerten. Immer noch fuhr sie mit der Fingerspitze über den Rand des Ringes. Er fragte sich, was für ein Material es war, so dunkel und offensichtlich schwer. Ihre Finger erschienen viel zu dünn für dieses unförmige Schmuckstück.

„Sie wollen mich erpressen? Süß."

„Süß? Was soll das heißen?"

„Sie glauben, ich hätte Angst vor der Polizei. Wozu? Ich kann zu allem stehen. Aber Sie? Könnten Sie mit dem, was herauskommen würde, leben? Sie sollten so schlau sein zu erkennen, dass ich der Polizei alles erzählen würde. Das wäre meine Pflicht, wie Sie bestimmt verstehen. Nur ... es käme natürlich das eine oder andere ans Tageslicht."

„Nein!" Er brüllte seinen Hass heraus, und seine Angst. Sie war eine Hexe. Er hatte es immer gewusst. Hektisch stieß er an ihrem Arbeitstisch vorbei, bis er vor ihr stand. Als er die Hände nach ihr ausstreckte, blieb sie reglos stehen. Er packte sie an den Oberarmen und schüttelte sie. Unter ihrem Pullover schien sie nur aus losen Knochen zu bestehen. Angewidert ließ er von ihr ab. Sie taumelte rückwärts, ihr Kopf prallte gegen die Wand. Schmerz zeichnete sich auf ihrem Gesicht ab, als sie an ihren Hinterkopf tastete. Sie hielt ihm die rot verschmierte Hand hin, ein beinahe triumphierendes Lächeln auf den blassen Lippen.

„Sie schrecken vor nichts zurück. Da erkennt man die Ähnlichkeit." Sie begann schrill aufzulisten, worin die Ähnlichkeit bestand, was er jetzt mit ihr tun würde und was andere wie er getan hatten.

Er hasste sie für diese Worte. Ähnlichkeit. Er war er selbst. Er war kein Mörder. Er brauchte sich nicht vor einer wie ihr zu fürchten. Mit der rechten Hand stieß er sie gegen die Wand. Sie flog zurück wie eine Puppe, dabei lachte sie, bis ein Hustenanfall sie zusammenkrümmte. Beinahe rechnete er damit, dass sie unter seinem Arm hindurch zu fliehen versuchte. Doch sie hustete nur. Als sie den Kopf hob, waren ihre Wangen grau und die Augen gerötet. Ihr Blick war weiterhin kühl.

„War das alles?"

Es war nicht alles. Kaum hatte sie es ausgesprochen, spürte er eine Welle der Wut. Mit beiden Händen packte er sie und drückte die Daumen gegen ihren Kehlkopf. Nun hob sie doch die Hände. Ihre Finger krallten sich in seine Unterarme, schwach, als versuchte ein Vogel ihn wegzuschieben. Als sie die Hände fallen ließ, schlug er ihren Kopf noch mehrmals gegen die Wand. Dann ließ er sie los und starrte auf den dunkelroten Fleck an den gekalkten Steinen, während er das Gewicht ihrer Schulter auf seinen Füßen spürte.

Dies war das Werk der Hexe. Sie hatte ihn dazu gebracht zu tun, was er niemals gewollt hatte.

Martina Sevecke-Pohlen

Freitag, 22. April

Kati

Kati Hemmen wartete in der Ampelschlange. Der Feierabendverkehr machte aus der Oldenburger Straße eine nach Abgasen stinkende Lärmschneise, aber Kati wertete die Menge der Autos und das Gedränge als Zeichen einer lebendigen Gemeinde. Sie wohnte so abgeschieden, dass sie an den meisten Tagen keine Anzeichen des Berufsverkehrs bemerkte. Wenn sie zur Arbeit fuhr, entfernte sie sich nur noch weiter von der städtischen Bebauung. Sie arbeitete auf einer Zweidrittelstelle als Hauswirtschaftsleiterin eines Mädchenwohnheims in Harbern II. In diesem Teil der Gemeinde war das Moor erst nach dem zweiten Weltkrieg für die Ansiedlung von Kriegsvertriebenen trockengelegt worden. Es war eines jener Straßendörfer, durch die jeder möglichst schnell fuhr, um interessantere Orte zu erreichen.

In Wardenburg gab es neben Ampeln auch Geschäfte. Kati sah wenig Gründe, weshalb sie zum Einkaufen nach Oldenburg fahren sollte. Die Stadt war noch lauter als Wardenburg und stank mehr, und es war schwierig, einen Parkplatz zu finden. Vor dem von Christa bewohnten Haus im Patenbergsweg stellte sie einfach das Auto hinter Christas ab. Nachdem sie ausgestiegen war, sah Kati sich aufmerksam um, bemerkte in den Nachbargärten elegante Tulpen, griechische Nymphen aus dem Baumarkt und Frühlingskränze. Vor dem Menserhagenschen Haus wucherten Narzissen, deren Blüten durch Regen und Wind einen Ockerton angenommen hatten. Dekorationen an den Fenstern gab es nicht. Die Unterwohnung stand leer, dort konnte niemand dekorieren, und Christa behauptete immer, sie habe keine Zeit für Firlefanz. Kati hielt das für eine Ausrede. Christa zog sich adrett an und hielt ihre Wohnung sauber, aber sie umgab sich nicht mit schönen Dingen. Diese Haltung entsprach nicht Katis Gewohnheit, zur Not auch Kitsch auf ihre Fensterbänke zu stellen, solange der Kitsch leicht abzustauben war.

Christa begrüßte ihre Mutter in einem ihrer grauen Anzüge. Die waren gut geschnitten und schmeichelten, wie Kati fand, ihrer Figur, aber sie sah darin immer blass und abgespannt aus. Kati verbiss sich den Rat, einen Seidenschal in einem fröhlichen Muster zum Anzug zu tragen. Schönheitstipps sorgten nur für schnippische Antworten. Kati nahm die Beratungsresistenz ihrer Tochter nicht hin, so wie die Muh, mit denen Christa an ihren Wochenenden herumhing, es predigten. Sie vermied lediglich aus taktischen Gründen Streit.

Während Christa sich umzog, schob Kati einen mitgebrachten Auflauf in den Ofen. Es überraschte sie, dass Christa tatsächlich daran gedacht hatte, den Ofen vorzuheizen. Wahrscheinlich war sie hungrig. Kati behielt auch diese Vermutung für sich und begann den Küchentisch zu decken. Christa kam in Jeans und Pullover in die Küche.

„Dauert es lange, bis der Auflauf fertig ist, Mutti? Ich hatte keine Mittagspause." Ihr Interesse an Essen beruhigte Kati. Beide Töchter aßen gut und gerne, nur eben so unregelmäßig, wie das heutzutage üblich war.

„Er muss noch durchwärmen. Zwanzig bis dreißig Minuten wird es dauern. Nimm von dem Salat, wenn du hungrig bist."

Das ließ Christa sich nicht zweimal sagen. Sie löffelte Salat auf die Teller und begann, ihre Portion gierig zu essen. Kati nahm auch eine Gabel voll. Kauend sah sie sich in der Küche um. Auf dem Fensterbrett lag ein aufgerissener Umschlag mit der zartrosa Einladung zu Heidis Hochzeit.

„Du hast die Einladung also auch schon bekommen." Christa nickte. Sie schluckte.

„Hat Vati sich wieder beruhigt? Heidi hat mir erzählt, er hat sich über den Dresscode aufgeregt. Typisch für Heidi und Druschka. Cravate Noire." Kati musterte ihre ältere Tochter aufmerksam. Sie wusste, dass das Verhältnis der Mädchen nicht immer frei von Missverständnissen war.

„Ja", sagte sie vorsichtig, wobei sie Christas Brauen im Auge behielt. „Er mag es nicht, dass sie ihm vorschreiben will, was er anzieht. Einen dunklen Anzug hat er, darin sieht er wirklich gut aus. Jetzt muss er sich einen Smoking leihen. Ich habe mal herumgefragt und auch im Internet geguckt, wo so ein Verleih ist. Ehrlich gesagt, meine ich, dass Heidi mit ihm losziehen sollte. Dann sieht sie auch mal, wie schwierig das mit Männern ist, die sich nicht für Kleidung interessieren." Christas Brauen zuckten, blieben aber nicht zusammen. Erleichtert nahm Kati einen weiteren Bissen, stand auf und warf einen Blick in den Ofen.

„Und was ziehst du an?" Christa klang erstaunlich interessiert. Kati kam sich albern vor, aber sie war stolz auf ihre Lösung für das Kleiderproblem.

„Die Schwägerin der ukrainischen Hauswirtschafterin im Heim ist gelernte Schneiderin. Ich war gestern nach der Arbeit bei ihr, damit sie Maß nehmen kann. Also, ich lasse nähen." Sie sah Christa unsicher an. Die schaufelte sich Salat in den Mund.

„Schwarz?", fragte sie mit vollem Mund.

„Ich dachte an dunkelrot." Christa schüttelte kauend den Kopf. „Ach so, das meinst du. Na ja, sie hat eine Änderungsschneiderei in Huntlosen."

„Du bist unverbesserlich, Mutti. Eine Änderungsschneiderei in Huntlosen schreit doch geradezu heraus, dass es sich um Schwarzarbeit handelt."

Kati sah kein Problem dabei, fragte aber „Meinst du?“ und ging wieder zum Backofen. Christa hatte wohl entschieden, dass das Thema zu brenzelig war.

„Bist du sicher, dass Dunkelrot die richtige Farbe für dich ist?“ Kati schloss die Ofenklappe.

„Ja. Alle meine schicken Sachen sind dunkelrot. Die Schneiderin hat versprochen, mir Stoffproben zu schicken.“

„Also ich lasse mir noch Zeit.“ Vom Backofen aus warf Kati einen Blick auf ihre Tochter. Christa starrte die Salatblätter so böse an, dass sie sicher war, dass es Streit mit Heidi gegeben hatte.

„Ich habe übrigens die Bücher für den Greet Amelon-Vortrag bekommen. Gestern Nachmittag habe ich angefangen zu lesen.“ Kati überlegte, ob sie Christa erzählen sollte, wie schwer es ihr fiel, die Texte zu verstehen. Sie hatte optimistisch angefangen und schließlich den Nachmittag damit verbracht, in einem Bildband zu blättern. Die Skulpturen, die sie darin gesehen hatte, fachten ihre Begeisterung weiter an. Es gab Landarbeiter und Fabrikarbeiterinnen mit Flügeln oder Tierfüßen, Soldaten mit Haifischzähnen und Kinder mit Kuhhörnern. Der schöne Kopf der Rebecca Kern stammte aus dieser Phase. Je mehr sich ihre Begeisterung steigerte, desto weniger fühlte Kati sich berechtigt, einen Vortrag über Greet Amelon zu halten. Gerne hätte sie über dieses Gefühl mit Christa gesprochen, doch wie erwartet signalisierte die kein Interesse. Kati kontrollierte noch einmal den Auflauf.

„Wir können essen.“ Sie trug die Auflaufform zum Tisch. Christa beugte sich schnuppernd darüber.

„Hm, lecker. Danke, Mutti. Ich hätte mir heute nichts mehr gekocht.“ Solche Sätze machten Kati glücklich. Sie sagte nichts, sondern lud eine große Portion auf Christas Teller.

„Dann lass es dir schmecken.“ Schweigend aßen sie ihre ersten Bissen von dem Hackfleischauflauf. Nachdem sie ihren drängendsten Hunger gestillt hatte, sah Christa Kati über eine volle Gabel an.

„Hast du eigentlich in der letzten Zeit etwas von Maite gehört?“ Kati tupfte ihre Lippen mit einer Serviette ab, ehe sie einen Schluck Wasser trank.

„Ja. Stell dir vor, der Johannes Bruns ist immer noch nicht aufgetaucht. Deshalb kommen Maite und Hartwig auch nicht am Sonntag zu Vatis Brunch. Hella Kloopmann wird da sein. Die bringt es fertig, nachher herumzuerzählen, dass es den beiden gar nicht nahegeht, was mit dem Vater ist. Die Polizei stellt ja auch schon so komische Fragen, sagt Maite.“

„Was heißt komische Fragen, Mutti? Die Polizei überprüft am Anfang der Ermittlungen die Angehörigen. Das Geld von den Landverkäufen geht doch für die

Pflege drauf. Da könnte einer der Söhne auf die Idee kommen, den Vater verschwinden zu lassen."

„Also, Christa ..." Aber Christa unterbrach sie.

„Ich sage nicht, dass Maites Familie etwas mit dem Verschwinden des alten Mannes zu tun hat. Aber so etwas kommt vor, und die Polizei weiß das. Darum kann ich auch verstehen, warum Maite am Sonntag lieber nicht Hella Kloopmann über den Weg läuft. Die wird sowieso ihre Verschwörungstheorien herumerzählen. Das weißt du so gut wie ich."

„Ich kann sie ja schlecht wieder ausladen, nur damit Maite und Hartwig kommen können", protestierte Kati. Der Gedanke, einmal ohne Hella zu feiern, war außerordentlich verlockend.

„Um Himmels Willen, tu das bloß nicht, Mutti. Nachher erzählt sie allen, dass ihr mit den Bruns unter eine Decke steckt." Kati stöhnte.

„Das würde der ähnlich sehen. Deshalb laden alle Hella ein, obwohl sie so unmöglich ist." Kati überlegte, was Hella sagen würde, wüsste sie, dass Kati einen Vortrag vor den Landfrauen über eine Künstlerin halten wollte. Jeder einzelne Aspekt dieses Vorhabens gäbe Hella reichlich Anlass für spitze Bemerkungen. Das Beste war, ihr möglichst wenig zu erzählen.

„Mutti, ist dir klar, dass Johannes Bruns tot sein muss? Nach all den Tagen?" Widersprechen konnte Kati ihrer Tochter nicht. Irgendwann im Laufe der Woche hatte sie akzeptiert, dass ein alter Mann nicht mehrere kalte Nächte draußen überleben konnte.

Martina Sevecke-Pohlen

Samstag, 23. April

Leo

Leo fegte den Eingangsbereich des Foyers. In der Geest gab es viel Sand, besonders in den Sandkruger Ausläufern des Barneführer Holzes, und der Wind trug ihn in die letzten Winkel des Tagungshauses.

Durch die Glastür sah er Christa Hemmen. Leo hielt mit dem Besen in der Hand inne und beobachtete sie, wie sie an einer Gruppe Kursteilnehmer vorbeiging und kurz stehenblieb, um einen Blumenkübel zu bewundern. Er betrachtete sie, wie er es nicht wagte, wenn sie vor ihm stand. Muh mieden Blickkontakt, untereinander und besonders mit Außenstehenden. Am Tresen hatte Leo gelernt, wie er mit Außenstehenden umgehen konnte, ohne seine muhischen Prinzipien zu verletzten. Mit Christa Hemmen fiel ihm das schwer. Sie machte keine Komplimente, wie es ein bestimmter Typ Frau aus der Welt gern bei ihm versuchte, und doch merkte er, wie Gespräche mit ihr eine spielerische Note annahmen. An diesem Tag fühlte er sich ihr gewachsen. Eilig verstaute er den Besen hinter dem Tresen und nahm seine Position ein. Christa stieß die Glastür auf und blieb einen Moment stehen, bis sich ihre Augen an die Dämmerung gewöhnt hatten. Als Schattenriss begann sie an der Tür, vor dem Tresen stand sie in Jeans und weißer Bluse unter einer olivgrünen Jacke.

„Guten Tag, Christa Hemmen. Willkommen im Tagungshaus der Muh. Wie geht es dir?“ Es war der Standardspruch, mit dem Muh ihre Gäste begrüßten. Christa kannte ihn zur Genüge und lächelte ihr übliches genervtes Lächeln.

„Danke, Leo Muh. Mir geht es gut, so wie immer. Verrätst du mir, wie es dir geht?“

„Deine Nachfrage ist freundlich. Mir geht es gut. Wie kann ich dir helfen?“ Er wusste, warum sie gekommen war und hätte ihr sofort sagen können, wo sich Bea Muh aufhielt. Doch er musste sie am Tresen festhalten, unbescheiden wie dieser Wunsch war. Diese kurzen Dialoge mit ihr, eingespielt und Woche für Woche gleich, waren die einzigen Gespräche, die jemand nur mit ihm führte. Für Teilnehmer und Kursleiter war er ein Einrichtungsstück des Tagungshauses, für Muh ein Mitglied der Gemeinschaft der Minderen und Heimatlosen.

„Ist Bea nicht da?“

„Doch. Selbstverständlich, Bea Muh ist im Haus. Möchtest du sie sehen?“ Sie seufzte.

„Leo, was glaubst du, warum ich hier bin? Natürlich möchte ich zu Bea."

„Und ich dachte schon, du wolltest mich sehen." Am liebsten hätte Leo die Hand vor den Mund geschlagen. Er senkte den Blick, hob die Augen jedoch wieder, als er sie lachen hörte.

„Ach, Leo. Natürlich will ich dich sehen. Wo warst du eigentlich die letzten Male?" Sie lächelte ihn an. Eine innere Stimme warnte ihn, er sei unbescheiden, doch er zog es vor, diese Stimme zu ignorieren. Christa hatte eine Frage gestellt, er würde antworten.

„Vermutlich war ich an einer anderen Stelle eingesetzt." Er hatte sich zweimal zurückgezogen, als er sie hatte kommen sehen.

„Schade. Früher konnte ich mich darauf verlassen, dich zu treffen."

„Ja. Es tut mir leid." Er räusperte sich. „Bea Muh hat Besuch. Du findest sie im Aufenthaltsraum der Muh. Geh Richtung Küche und frage einen Muh dort. Man wird dir weiterhelfen."

„Danke."

Mit klappernden Absätzen ging sie den Flur Richtung Küche hinunter. Leo sah ihr nach. Von hinten betrachtet erinnerte sie ihn an einen stillen, abwartenden Reiher im Sommerlicht. Manchmal raschelten ihre Blusen wie Schilf. Leo ließ sich durch Christa gerne an Wiesen seines Heimatzentrums in Ostbelgien erinnern. Sie war wie Sommergras und Steine, wie Bussardschreie und das Wispern schlanker Blätter im Wind.

Bea

Im Aufenthaltsraum der Muh sass Bea auf einem Schaffell und sah zu, wie Greta dem Baby einen unbehandelten Holzklotz hinhielt. Das Baby griff nach dem Holzklotz und schwenkte ihn unter stolzem Krähen. Greta zeigte sich erfreut, auch als der Klotz heftig gegen ihren Unterarm geschlagen wurde. Um sie herum standen Tische und Bänke, an den Wänden Regale mit Büchern. Durch die Fenster fiel Sonnenlicht auf das geölte Holz. Der Raum roch nach warmem Schaffell.

Bea lauschte auf das Haus. Seit Greta zu Besuch war, fand sie nicht genügend Zeit, sich um die Abläufe zu kümmern. Die Muh kannten ihre Aufgaben und verrichteten sie gewissenhaft. Sie empfingen Tagungsgäste und Kursleiter, sorgten für Getränke und Kuchen in den Pausen, und erledigten unauffällig alle Arbeiten, ohne die der Betrieb eines Tagungshauses nicht funktionieren konnte. Muh waren gut für die Arbeit im Hintergrund. Bea sah wieder zu Greta und dem Baby.

Sie sollte erfreut sein, dass ihre Schwester das Kind in diesem Zentrum länger als die üblichen zwei Tage vorstellte. Entschlossen schwenkte Bea einen Holzring. Greta korrigierte ihre Handhaltung. Das Baby lachte und angelte erfolglos nach dem Ring. Bea hielt ihm den Ring hin. Die fetten Finger schnappten zu, es gab einen kurzen Machtkampf, dann überließ Bea dem Baby den Ring. Begeistert schlug es damit nach Greta. Zum Glück klopfte jemand an die Tür. Bea erhob sich, blieb aber bei Greta stehen.

„Ja bitte?" Normalerweise schlossen Muh ihre Türen nicht, Greta hatte wegen möglicher Zugluft darauf bestanden. Ein hochgewachsener Muh, um dessen schmale Form eine Küchenschürze gebunden war, tat einen halben Schritt in den Raum.

„Bea Muh hat Besuch", sagte er mit einem singenden Akzent. An ihm vorbei trat Christa Hemmen in den Raum. Der Muh zog sich zurück.

„Oh, du kommst wie gerufen!" Bea tadelte sich für diesen unnötig emotionalen Ausruf, war aber schon auf dem Weg zur Tür. Sie sah Christas Verwunderung. „Greta besucht das Sandkruger Zentrum. Du erinnerst dich doch an sie?" Angesichts der Ereignisse damals würde Christa Greta kaum vergessen haben. Greta reagierte nicht immer mit einer den Muh angemessenen Bescheidenheit, wenn sie sich zurückgesetzt fühlte. Besorgt verfolgte Bea Christas Suche nach einer Erinnerung. Ihre Züge hellten sich auf. Bea entspannte sich.

„Du bist Beas Schwester, nicht wahr? Wie geht es dir? Und wer bist du?" Mit dem hilflosen Blick Erwachsener, die plötzlich mit einem Baby konfrontiert werden, sah Christa auf das Baby in Gretas Arm.

„Sei gegrüßt, Christa Hemmen. Danke, mir geht es gut. Ich stelle das Baby den Häusern der Muh vor. Einen Namen hat das Baby nicht."

„Einen offiziellen Namen hat das Baby zwar, aber Muh benennen ihre Kinder erst mit dem Beginn der Gemeinschaftszeit. Dann sind die Kinder drei Jahre alt. Vorher heißen sie Baby", beeilte sich Bea zu erläutern, falls Christa Gretas knappe Zusammenfassung nicht verstanden hatte.

„Die Welt zwingt uns zum Benennen der Kinder", fügte Greta hinzu. Sie hatte wieder diesen vorwurfsvollen Ton, der gegen jede Bescheidenheit verstieß. Christa sah sie an, als suchte sie nach einem Grund für das eingeforderte Mitgefühl.

„Also, um es kurz zu machen: Das ist Fine. Und der Muh, der dich zu uns geführt hat, ist Gretas Fürsorgepartner Dores. Ich nenne dir den Namen jetzt, weil du ihn wahrscheinlich noch treffen wirst. Aber wie Greta schon andeutete, Namen sind ohne Bedeutung."

„Natürlich", murmelte Christa mit einem Blick auf Greta. „Leo hat mir gesagt, dass du Besuch hast." Also hatte sie mit Leo gesprochen. Bea betrachtete Christa von der Seite. Sie schien Leos Namen ohne Emotionen ausgesprochen zu haben. „Heidi heiratet übrigens im Juni."

„Richte ihr meine Glückwünsche aus." Glückwünsche waren Menschen aus der Welt wichtig. Bea verstand nicht, warum sie so geschätzt wurden, doch sie bemühte sich, einen Glückwunsch anzubringen, wenn er gerechtfertigt sein könnte. Muh empfanden die Übergabe in eine solidarische Fürsorgepartnerschaft als ernste Angelegenheit. Zwar blieb man nur fünf Jahre miteinander verbunden, doch für diese Zeit versprach man sich Fürsorge und Solidarität. Soweit Bea informiert war, gelobten Partner in der Welt Vergleichbares. Wieder klopfte es.

„Der Brei ist fertig", teilte Dores Muh ihnen mit. Greta wuchtete das Baby höher an ihrer Schulter.

„Es hat mich gefreut, dich wiederzusehen, Christa Hemmen. Gratuliere deiner Schwester." Damit segelte sie aus dem Raum. Dores zog die Tür zu. Bea hatte ihn aufhalten wollen, fand es jetzt aber unhöflich, in seiner Hörweite die Tür wieder aufzureißen. Sie begnügte sich damit, das Schaffell auszuschütteln und über eine Stuhllehne zu legen.

„Setz dich, Christa. Wir können gleich rauf in mein Büro gehen, aber ich möchte den beiden Gelegenheit geben, das Baby ungestört in der Küche zu füttern."

„Kein Problem. Ich wusste nicht, dass Greta in einer Fürsorgepartnerschaft ist." Bea seufzte. Das Thema begann sie zu langweilen, nachdem sie zwei Tage von Greta Loblieder auf Dores gehört hatte. Außerdem war sie unsicher, wie das Thema auf Christa wirkte. Seit Leo in eine Fürsorgepartnerschaft übergeben worden war, hatte sie sich angewöhnt, bissige Bemerkungen zu machen. Die bevorstehende Hochzeit ihrer Schwester dürfte sie nicht milder stimmen.

„Oh, schon länger. Die beiden sind in ihrer zweiten Fürsorgezeit. Ich könnte mir vorstellen, dass sie sich entscheiden zusammenzubleiben." Wie erwartet verzog Christa das Gesicht.

„Aber es ist ihr erstes Kind, oder?" Bea nickte. Sie wartete ab, ob Christa noch etwas über Hochzeiten, Fürsorgepartnerschaften oder Kinder sagen wollte. Die ging jedoch zum Fenster und stellte sich auf die Zehnspitzen.

„Sieht man die Baustelle von hier aus?"

„Nein, von hier unten kannst du nichts sehen. Von meinem Büro aus siehst du die Mauern der zweiten Etage. Nächste Woche soll die Geschossdecke gezogen werden." Sogar die Baustelle war ein schwieriges Thema. Christa zuckte mit den Schultern.

„Wo lebt Greta? Du hast mir mal erzählt, dass sie Ziegenkäse macht."

„Ja, sie leitet die Käserei im belgischen Kelmis. Dores arbeitet auch in der Käserei." Christa lehnte sich gegen das Fensterbrett und betrachtete Bea mit verschränkten Armen.

„Findest du es nicht pietätlos, Greta nach Liste zu vergeben?" Bea schüttelte den Kopf.

„Du spielst auf die Vergewaltigung an, nicht wahr? Der Generalmeister, die Belgier benutzen unser altes Wort für den Kodexmeister, hat mich vor der Mitteilung der Vergabe gefragt, ob ich der Ansicht sei, dass Dores zu Greta passt. Ich kenne ihn schon viele Jahre. Wir haben gemeinsam die Wächterschulung gemacht." Wenn sie es so sagte, klang es nach einer langen Zeit. In Wirklichkeit waren keine fünfzehn Jahre vergangen. Der damalige Kodexmeister hatte Bea früh für ihre Aufgabe ausgewählt.

„Dieser Dores ist auch Kodexwächter? Warum leitet er kein Zentrum?"

„Es gibt nicht so viele Zentren wie ausgebildete Kodexwächter. Ohne das Amt übernehmen Kodexwächter besondere Aufgaben in der Gemeinschaft. Etwa im Umgang mit der Welt, als Anwälte, Ärzte, in Belgien auch als Lehrer. In Liège leben so viele Muh, dass wir dort eine eigene Schule haben. Oder sie arbeiten in aller Bescheidenheit in der Welt und werden aus der Ferne von einem Zentrum unterstützt. Du weißt, ich betreue auch einige Muh in der Welt, etwa in Magdeburg ..." Bea unterbrach sich. Zum Thema Muh in Magdeburg gab es viel zu sagen, aber ihr Interesse war zu persönlich, um weiterzusprechen. Christa würde es sowieso nicht interessieren. „Aber Dores hat eine besondere Aufgabe. Er schreibt eine Geschichte unserer Gemeinschaft." Christa lachte auf und sah sie ungläubig an.

„Ihr lasst eine Geschichte eurer Gemeinschaft schreiben? Wozu?" Pikiert hob Bea die Schultern.

„Jedes Volk, jede Stadt, sogar jedes Unternehmen in der Welt lässt seine Geschichte niederschreiben. Warum nicht auch Muh? Unsere jungen Leute müssen wissen, woher wir kommen und wie sich unsere Art zu leben entwickelt hat. Wie sollen sie in der heutigen Welt, die scheinbar unendliche Wahlmöglichkeiten bietet, erkennen, dass wir, die Minderen und Heimatlosen, einen Weg gewählt haben, der uns immer von der Welt fortführt, selbst wenn wir in der Welt leben?" Sie konnte Christa ansehen, dass sie nur provozieren wollte. Kurz entschlossen nahm sie sie mit in ihr Büro. Von dort aus hätte Bea auch mehr Übersicht über die Abläufe im Haus.

Christa

Zusammen nahmen sie eine Treppe im Inneren des Gebäudes. Christa vermutete, dass Bea mit Bedacht das Foyer umging, damit sie keinen weiteren Blick auf Leo erhaschen konnte.

Aus den Räumen klangen gedämpft Stimmen von Seminarteilnehmern. Beas Büro befand sich am anderen Ende des Flurs neben der Treppe ins Foyer. Ein Blick auf den Schreibtisch zeigte, wie viel Arbeit während Gretas Besuch liegen geblieben war. Ungeöffnete Post türmte sich neben der Tastatur, Ordner, Flyer und lose Blätter bedeckten jede waagerechte Fläche rund um das Laptop.

„Es sieht aus, als würde dich dein Besuch ganz schön in Anspruch nehmen", bemerkte Christa. Bea betrachtete ihren Arbeitsplatz, als wollte sie sich bei Computer und Arbeitsfläche entschuldigen.

„Es klingt unbescheiden, wenn ich das sage, aber es stimmt. Ich werde einige Nachtschichten benötigen, bis ich alles aufgearbeitet habe." Bea räumte mehrere Ordner und mit der Hand beschriebene Zettel von ihrem Besprechungstisch. „Setz dich. Ich mache uns Tee."

„Sucht Greta dich nicht? Es ist in Ordnung, wenn du dich lieber um sie kümmern möchtest. Ihr seht euch so selten." Christa nahm Platz und legte Jacke und Handtasche auf einen freien Stuhl. Bei ihrem letzten Besuch hatte hier noch ein kleiner Rattantisch gestanden, an den nur zwei Stühle passten. „Ist der neu?" Bea streckte den Kopf aus der Teeküche, wo sie Wasser aufgesetzt hatte.

„Der Tisch ist neu, ja. Wenn der Neubau fertig ist, erweitern wir das Angebot für Kursleiter. Und wir bekommen sechs neue Muh. Deswegen habe ich jetzt schon so viele Besprechungen, dass der kleine Tisch nicht mehr ausreichte. Und, nein, Greta braucht mich nicht. Babys müssen anscheinend nach einer Mahlzeit komplizierte Rituale durchlaufen. Da bin ich überflüssig. Sollte sie mich benötigen, ruft sie mich an."

Ihr Kopf verschwand wieder in der Teeküche, wo der Wasserkocher schon rauschte. Christa ging zum Fenster. Wie Bea versprochen hatte, konnte sie hinter den Kiefern die Außenwand eines Hauses sehen. Offenbar waren die Arbeiten für den Tag beendet worden, denn eine Gruppe Muh in Arbeitskleidung kam aus Richtung der Baustelle. Langsam ging Christa an den Regalen entlang, dabei sah sie ohne Neugier auf die Ordner, die Nachschlagewerke und die offen liegenden Unterlagen.

„Ich sehe, du arbeitest am Herbstprogramm."

„Ja. Nächste Woche muss ich mich ran halten, dass ich alles fertig bekomme. Kannst du den Tisch decken?"

„Klar." Christa betrat die Teeküche und nahm schlichtes weißes Geschirr, wie sie es von Cateringbetrieben kannte, aus einem Regal. Auf der Arbeitsfläche stand eine offene Dose selbst gebackener Kekse.

„Nimm auch von den Keksen. Die sind nicht für die Teilnehmer. Sie sind zerbrochen, als sie vom Blech genommen wurden." Christa warf einen Blick in die offene Dose, entdeckte dann mehrere geschlossene an der anderen Seite der Arbeitsfläche.

„Okay. Streichhölzer liegen wie immer auf deinem Schreibtisch?" Bea lachte.

„Das sollten sie."

„Sonst spucke ich Feuer. Du weißt, für die Rhauderfehner bin ich ein Drache." Sie hatte es leichthin gesagt, trotzdem spürte sie, wie Wut in ihr hochstieg. Christa atmete tief durch. Sie fand die Streichhölzer an ihrer üblichen Stelle und zündete ein Teelicht an. Als sie es in das Stövchen geschoben hatte, kam schon Bea mit der Teekanne.

„Immer noch ein Drache?"

„Ach, das ändert sich nicht mehr. Ich bin auch selbst schuld. Aber wenn ich morgens ins Büro komme, kann ich diese netten Begrüßungen nicht aushalten. Das kapiert die Hahn nicht." An dieser Stelle machte die Mehrzahl ihrer Bekannten die gleiche Bemerkung.

„Dann zieh doch nach Rhauderfehn", sagte auch Bea und schenkte Tee ein. Christa zuckte mit den Schultern. Es ging nicht alles so einfach, wie die Leute glaubten. Sie kaute Bruchkekse und schlürfte heißen Tee.

„Da hinten fällt gleich etwas runter", stellte sie dann fest und zeigte auf einen Stapel Papphefter, die sich gefährlich über den Rand von Beas Schreibtisch neigten. Bei ihrer hastigen Aufräumaktion hatte Bea Aktenordner vom Besprechungstisch neben das Laptop gelegt und damit das prekäre Gleichgewicht der vorhandenen Stapel gestört. Bea nahm die oberen Hefter und legte sie in ein Regal. Den nächsten Hefter hob sie mit einem Stöhnen auf.

„Den habe ich ganz vergessen. Was mache ich damit?" Neugierig reckte Christa den Hals.

„Was ist das denn?" Statt einer Antwort reichte Bea ihr den Hefter. Christa schlug den Deckel auf. „Eine Geschichte der Muh? Das ist das Manuskript, an dem Dores arbeitet." Bea nickte.

„Er hatte mich gebeten, es zu lesen. Es ist ja nicht so lang. Aber in den paar Tagen, die die beiden hier sind, habe ich es nicht einmal geschafft, den Deckel aufzuschlagen. Du bist jetzt schon weiter gekommen als ich." Bea nippt an ihrem Tee. Ihr Blick auf das Manuskript sprach von bescheidener Frustration. Seit Christa die Muh kannte, wunderte sie sich, wie zahlreich die Schattierungen von Bescheidenheit waren. Sie blätterte zum Inhaltsverzeichnis.

„Teil 2?“

„Ja. Der erste Teil ist vor ein paar Jahren erschienen. Er behandelt die Gründungsjahre unserer Gemeinschaft, die Entstehung von Neutral-Moresnet, unsere Prinzipien in den frühen Jahren und das neunzehnte Jahrhundert.“ Mit einer Hand fuhr Bea über ihre Haarstoppel, als testete sie die Länge. Christa legte den Kopf schief.

„Spricht es denn von Bescheidenheit, die mehrbändige Geschichte einer Gemeinschaft zu schreiben, wenn diese Gemeinschaft Demut als höchstes Gut sieht?“ Es sollte ironisch klingen, und anders als Frau Hahn in Rhauderfehn oder die Mehrzahl der Muh, wusste Bea mit Ironie umzugehen.

„Die Minderen und Heimatlosen“, setzte sie in dozierendem Ton an.

„Die Muh. Ich weiß“, warf Christa ein. Bea nickte geduldig.

„Die Minderen und Heimatlosen müssen ihre jungen Leute darauf vorbereiten, dass einmal Zeiten anbrechen können, in denen man unsere Art zu leben auf die gleiche Weise einschränken möchte, wie dies in der längsten Zeit unseres Bestehens der Fall war. Schon jetzt ist eine Tendenz in den Gesellschaften zu beobachten, andere Lebensweisen abzuwerten. Ich höre viele Geschichten von den Muh in der Welt. Unsere jungen Leute müssen erfahren, woher wir kommen. Neutral-Moresnet war nach 1815 eine einmalige Chance für junge Männer, die sich dem Wehrdienst der Niederlande, später Belgiens, und Preußens entziehen wollten. Als von beiden Staaten verwaltetes Gebiet erfreute es sich mancher Freiheiten. Die Befreiung von der Wehrpflicht galt zwar nur für in Neutral-Moresnet Geborene. Doch wenn Fahnenflüchtige zusammenhielten, konnten sie sogar auf dem kleinen Gebiet dieser Sonderzone überleben. Für die Entscheidung, nicht in sinnlose Kriege zu ziehen, haben unsere Vorfahren viele Privilegien aufgegeben. Diese Erfahrungen haben unsere Lebensweise geprägt.“

Wenn Bea in den Vortragsmodus verfiel, war sie nicht aufzuhalten. Christa wartete bis zu einer Atempause, ehe sie unterbrach.

„Ich will euch ja nicht kritisieren. Aber soll denn die ganze Welt dieses Buch lesen?“ Bea zuckte mit den Schultern.

„Ich habe den deutschen Kodexmeister und den belgischen Generalmeister so verstanden, dass nur die Zentren und Muh in der Welt Ausgaben der Bücher erhalten. Den ersten Band habe ich hier.“ Sie stand auf und holte ein dickes Buch aus dem Regal. Neugierig überflog Christa das Inhaltsverzeichnis. Neben der Geschichte Neutral-Moresnets bis zum Ende des ersten Weltkriegs war ein langes Kapitel den Ritualen der Muh gewidmet.

„Klingt ziemlich trocken.“ Sie zögerte. „Meinst du, es ist in Ordnung, wenn ich das Manuskript lese? Ich meine, du kommst nicht dazu. Du musst ab nächste

Woche Nachtschichten einlegen, um deine normale Arbeit zu schaffen. Und im Bett kannst du nicht lesen, weil du im Gemeinschaftsschlafraum schläfst. Das gilt alles nicht für mich. Und ich hätte Lust, mehr über euch zu erfahren." Bea musterte sie skeptisch.

„Bist du sicher, dass du das möchtest? Das Thema ist nicht gerade spannend und, na ja, Dores Schreibstil ist nüchtern." Christa lachte auf.

„Dann müssten wir uns gut verstehen. So nennen mich doch alle: nüchtern und fantasielos. Übrigens hatte ich Geschichte im Leistungskurs und habe Sozialwissenschaften studiert. Trockene Texte lese ich zum Vergnügen." Bea lächelte ihr mildes Muh-Lächeln, das so vieles bedeuten konnte.

„Also bitte. Wenn du darauf bestehst, kannst du meinetwegen das Manuskript lesen. Zeitdruck hast du nicht. Dores arbeitet schon an Band drei. Die 1950er Jahre bis in die Gegenwart."

„Super. Danke."

Während Bea frischen Tee aufgoss, blätterte Christa durch den Hefter. Dores hatte am Ende Quellenmaterial in Form von Briefen und Bildern angehängt. Sie trug den Hefter in die Küche.

„Sind das Muh? Die haben alle Haare." Bea warf einen Blick auf die Bilder.

„Ja, das sind wahrscheinlich Muh. Sieh mal hier: Hein Muh und seine Gefährtin Katharina mit den Kindern aus einer Verbindung in der Welt. Die beiden haben das erste Haus der Muh außerhalb von Moresnet geführt. Irgendwann nach 1870, glaube ich. Und sie hatten Haare, die sie , wie du siehst, bescheiden trugen. Die Rasur wurde nach 1945 üblich, als Ausdruck unserer Solidarität mit den Gefangenen in den Lagern."

„Du könntest also deine Haare wachsen lassen?" Christa musste an Leo denken. Seine Stoppel leuchteten orange. In seinem Fall war es vielleicht klug, die Haare zu rasieren. Bea nickte mit einem ihrer geduldigsten Lächeln.

„Ja, ich könnte meine Haare wachsen lassen. Alle Muh könnten das. Aber sie möchten es nicht."

„Sie möchten es nicht", wiederholte Christa als Ausdruck ihrer Skepsis.

„Ja. Wir entscheiden uns mit dreizehn für die Rasur." Christa kommentierte diese Erklärung nicht. Auf der nächsten Seite waren einige Ortsansichten abgebildet, die Dores hilfreich mit 1, 2, 3 und 4 beschriftet hatte. Gerade wollte sie danach fragen, als jemand an den Rahmen der Bürotür klopfte. Bea trat aus der Teeküche, Christa folgte ihr mit der Kanne.

Im Türrahmen stand ein dunkelhaariger Muh. Stoppeln und Haut glänzten, als käme er direkt aus der Dusche. Christa ertappte sich, wie sie ihn anstarrte. Seit Edu Muh im Sandkruger Zentrum lebte, hatte sie nur ein- oder zweimal kurz mit ihm gesprochen. Edu sparte seine Worte für Bea auf, die ihm als einzige mehrere Sätze hintereinander entlocken konnte. Für Christa bestand keinerlei Anlass, sich an seiner Verschlossenheit zu stören. Es war auch nicht seine Schuld, dass ihn der belgische Generalmeister Leo als Fürsorgepartner zugewiesen hatte. Dennoch schwelte in ihr heftige Abneigung. Bea bekam bei seinem Anblick ihren Wächterinnenausdruck. Sie wies auf den Umschlag in seiner Hand.

„Hallo, Edu Muh. Hast du etwas für mich?" Er sah unter gesenkten Wimpern zu ihr.

„Ja, Bea Muh." Sie wartete. Edu ließ sich Zeit, schließlich hielt er ihr den Umschlag hin.

„Das sind die Protokolle und Bestellungen der Woche. Ich habe die Abrechnung hinzugefügt."

„Danke. Hier sind noch zwei Briefe von Lieferanten an dich angekommen." Sie suchte in ihrem Posteingangskorb. Edu stand derweil einfach da, wie nur Muh stehen konnten. Beinahe gelang es ihm, mit dem Hintergrund zu verschmelzen. Christa versuchte, sich auf ihren Tee zu konzentrieren. Als ihr Blick dennoch zu Edu glitt, sah sie, dass er die Fotos in dem offenliegenden Manuskript entdeckt hatte und unauffällig versuchte, sich so zu drehen, dass er sie besser betrachten konnte. Auch Bea hatte dieses Manöver bemerkt.

„Edu, es ist gut, dass du da bist. Dies hier ist das Manuskript von Dores Muhs Geschichte der Muh. Beim Durchsehen sind Christa Hemmen und mir diese Bilder aufgefallen. Für mich sehen sie belgisch aus, aber ich erkenne die Städte nicht. Vielleicht kannst du uns weiterhelfen."

Edu Muh schielte zu Christa, als nähme er sie jetzt erst wahr. Nachdem Bea ihm erlaubt hatte, die Bilder zu betrachten, beugte er sich über das Manuskript. Nach einigen Augenblicken des Schweigens, hob er kaum wahrnehmbar den Kopf.

„Oben links ist Mirfeld, rechts daneben Amblève. Auf Deutsch sagt man Amel. Links unten ist Astenet." Christa staunte. Sie versuchte, Beas Blick aufzufangen, doch die konzentrierte sich ganz auf Edu.

„Ah, jetzt sehe ich es auch. In Mirfeld, Amel und Astenet sind Zentren. Die Orte haben sich sehr verändert, Edu." Er nickte, aber Christa fand, er sehe aus, als bewege er sich automatisch zum Klang ihrer Stimme.

„Wie heißt denn der vierte Ort?", fragte sie. Die Frage sollte Edu provozieren.

„Vorne ist eine Mühle, dahinter ein Bahnhof. Es könnte die Mühle von Weyrscheid sein." Einen Moment noch betrachtete er das Bild, dann richtete er sich auf. In seinem Blick lag etwas, das Christa nicht deuten konnte.

„Weyrscheid? Den Namen habe ich noch nie gehört." Die anderen Ortsnamen sagten ihr ebenfalls nichts, aber das brauchte Edu nicht zu wissen. Zu ihrer Überraschung sah er sie voll an.

„Das kannst du auch nicht, Christa Hemmen. Den Ort gibt es nicht mehr." Sie mochte nicht, dass er sie so ansah. Aber etwas in seinem Tonfall ließ sie aufhorchen.

„Wieso gibt es den Ort nicht mehr? Ah, bestimmt hat man ihn einer Talsperre geopfert. In der Gegend gibt es doch so viele Talsperren." Edu schüttelte den Kopf.

„1944 wurden viele Einwohner von Weyrscheid von der SS erschossen. In einem Hof am Ortsrand lebten Muh. Überlebende der Erschießungen halfen, mein Heimatzentrum in Bastogne aufzubauen. Im Sammlungshaus hingen Bilder der Herkunftsorte der Gründer. Darunter war Weyrscheid."

„Die Septembermorde. Ich vergesse immer den Ortsnamen", murmelte Bea. Peinlich berührt von Edus Eröffnung blätterte Christa eine Seite weiter. Da standen die Ortsnamen aufgelistet.

„Du hast Recht, Edu. Das vierte Bild ist tatsächlich Weyrscheid." Sie überwand sich, zu ihm zu sehen, aber für Edu existierte sie nicht mehr.

„Kann ich jetzt gehen, Bea Muh?" Bea nickte. Edu schlurfte davon, vorbei an Leo, der in der Tür stand und ihn mit gerunzelter Stirn betrachtete. Christa spürte, wie ihr das Blut in die Wangen schoss. Eilig begann sie in ihrer Tasche zu kramen.

„Leo Muh", Beas milde Stimme hatte einen scharfen Unterton. Möglicherweise hatte sie Christas Manöver bemerkt. Christa lauschte auf seine Schritte, als er zu Bea ging.

„Das sind die Befragungen aus Ramesh McPhelps Meditationskurs. Er hat sie eben vorbeigebracht und gesagt, du wolltest sie ansehen. Du hattest nichts davon gesagt, aber er bestand darauf, dass ich sie dir vorlege." Papier raschelte bei der Übergabe.

„Wollte ich die Teilnehmerbefragung sehen? Gut möglich. Danke, Leo. Und, Leo? Achte auf deine Geduld. Jeder Muh hat ein Anrecht auf seine Eigenheiten."

„Ach, du meinst wegen Edu? Du weißt doch, wie geduldig ich bin." Christa schielte zu Bea, die Leo mit einem langen Blick bedachte. Er zog die Schultern hoch. „Ich bin geduldig, Bea."

„Gut. Vergiss es nicht." Leo schüttelte den Kopf. Er warf Christa einen Blick zu und verließ den Raum. Sie sammelte Tasche, Manuskript und Jacke ein.

„Bea, ich habe die Zeit ganz vergessen. Ich muss los."

Christa eilte aus Beas Büro die Treppe zum Foyer hinunter. Am Tresen stand eine andere Muh. So unauffällig wie möglich huschte Christa zwischen den Teilnehmern eines gerade beendeten Seminars nach draußen. Auch dort sah sie Leo nicht. Resigniert schlich sie zu ihrem Auto.

Das Nemesis-Projekt

Auf der Fahrt nach Hause ärgerte sich Christa über ihren unbedachten Aufbruch aus dem Zentrum. Bea lud sie jedes Mal ein, an der Abendmahlzeit der Muh teilzunehmen. Wenn sie die Einladung angenommen hätte, wäre sie Leo auf jeden Fall begegnet und hätte auch Gelegenheit gefunden, noch ein paar Worte mit ihm zu wechseln. Sie war überzeugt, dass er am Nachmittag gerne länger mit ihr gesprochen hätte. Früher war manchmal eine halbe Stunde vergangen, ehe er sie zu Bea gelassen hatte. Seit einigen Monaten schickte er sie nach ein paar belanglosen Worten in Beas Büro, wenn er sich überhaupt im Foyer zeigte.

Im Patenbergsweg hängte Christa frisch gewaschene Wäsche auf einen Wäscheständer. Nachdem sie ihr Wohnzimmer mit nassen Unterhosen, Hemden und T-Shirts dekoriert hatte, schmierte sie zwei Scheiben Brot, schnitt eine Tomate auf und öffnete eine Flasche Wasser. So ausgerüstet begann sie den Abend mit einem Film. Zwei Stunden später saß sie auf ihrem Sofa, in der Gewissheit, dass sich alle Wardenburgerinnen ihres Alters in Oldenburg vergnügten, während sie in ihrer Wohnung hockte. Der Anblick des Wäscheständers deprimierte sie noch mehr, daher verlegte sie ihren Standort ins Bett. Als Lektüre nahm sie Dores Manuskript mit. Eine historische Aufarbeitung der Muh konnte das Einschlafen nur beschleunigen.

Ohne große Erwartungen schlug Christa die erste Seite auf. Das sechsseitige Inhaltsverzeichnis versprach staubtrockene Informationen, denen sie sich noch nicht aussetzen mochte. Sie blätterte zu den Bildern am Ende des Manuskripts. Schwarzweiß gedruckt sahen die Straßen von Mirfeld, Amel und Astenet ärmlich aus. Ausgemergelte Männer luden vor dem Bahnhof von Weyrscheid Säcke auf einen Leiterwagen. Auf allen Bildern trugen die Frauen Kopftücher und Schürzen und sahen so einheitlich elend aus, dass Christa keinen Unterschied zwischen den Fotos von 1919 und denen von 1939 erkennen konnte. Hinter den Bildern befanden sich Briefe, aus denen Dores zitierte, und eine Anzahl Interviews, darunter eins mit Greet Amelon von der Kunsthochschule in Lüttich. Christa legte den Kopf zurück und überlegte, woher sie den Namen kannte. Greet Amelon war die Künstlerin, von deren Skulpturen sich ihre Mutter im Groninger Museum so angetan gezeigt hatte. Der Name hatte sich ihr eingeprägt, obwohl sie bis auf die weiße Mädchenbüste den Skulpturen von Amelon nichts hatte abgewinnen können.

Das Interview versprach ein wenig mehr Unterhaltung als der übrige Text. Dores Muh hatte es vor sieben Jahren in Lüttich geführt. Christa drückte die eingehefteten Seiten auseinander, damit sie Amelons Foto von einer Agentur in Amsterdam besser erkennen konnte. Es zeigte eine derbe ältere Frau in schwarzen Hosen und einem weiten schwarzen Pullover, die ohne jedes Lächeln in die Kamera sah. Bis auf einen Ring wie eine gigantische Spinne an ihrer linken Hand trug sie keinen Schmuck.

Christa wandte sich dem Interviewtext zu. In der Einleitung schrieb Dores, Greet Amelon habe nach einigen Jahren wieder einen Lehrauftrag an der Lütticher Kunsthochschule angenommen. Zum Zeitpunkt des Interviews bereitete sie mit ihren Studenten eine Ausstellung vor.

Ihr Kunstprojekt befasst sich mit der deutschen Okkupation Belgiens von 1940 bis 1944.

Wir befassen uns schwerpunktmäßig mit den belgischen Ostkantonen. Hier lebt heute noch eine Mischbevölkerung. Viele Einwohner sprechen Französisch als erste Sprache, daneben finden sich mehrheitlich deutschsprachige Gemeinden. Die Besonderheit der Ostkantone ist, dass sie 1940 nach der Besetzung Belgiens dem Deutschen Reich angeschlossen wurden. Deutschland behauptete, es handele sich um deutsches Gebiet, welches unter dem Versailler Vertrag unrechtmäßig an Belgien gefallen sei.

Allerdings gehörte bis 1914 nur ein Teil der Gemeinden zu Deutschland. Es wurde auch altbelgisches Gebiet und das ehemalige Neutral-Moresnet angeschlossen.

Uns interessiert, welche Auswirkungen die Erfahrungen der Einwohner dieser Region auf das Verhältnis zum belgischen Staat, zum deutschen Nachbarn und zur deutschen Kultur in den Ostkantonen haben.

Ihre Ausstellung findet im ehemaligen Bahnhofsgebäude von Weyrscheid statt. Warum haben Sie sich für diesen Ausstellungsort entschieden?

Das Bahnhofsgelände war der einzige Teil von Weyrscheid, der nach dem Krieg erhalten blieb. Der Deutsch-Belgische Verein für Völkerverständigung hat 1994 das Gebäude gekauft und mit Spenden saniert. Seit knapp zwei Jahren finden dort regelmäßig Veranstaltungen statt, die die gemeinsame Geschichte und Verantwortung der Menschen im Grenzgebiet thematisieren.

Was wussten Sie vor diesem Projekt über die historischen Besonderheiten der Ostkantone?

Ich war bereits in den 1990er Jahren in Ostbelgien. Damals wusste ich wenig von der komplizierten Geschichte dieser Region. Durch Zufall lernte ich Lisbet Erven vom Deutsch-Belgischen Verein für Völkerverständigung kennen. Von ihr habe ich viel erfahren. Mein Apotheosen-Zyklus geht auf die Eindrücke aus Weyrscheid zurück.

Wie haben Sie die Studenten auf das Projekt vorbereitet?

Die Studenten haben sich mit der Geschichte Belgiens befasst und Interviews mit Zeitzeugen geführt. Aus diesen auch emotionalen Erfahrungen entwickelte sich ihre künstlerische Arbeit.

Welche Rolle spielte Weyrscheid dabei?

Die Überlebenden von Weyrscheid wurden mehrfach zu Opfern gemacht: durch das Deutsche Reich, durch Angehörige der SS, durch den belgischen Staat. Die Gemeinde wurde aufgelöst, der Ort geschleift.

Würden Sie sagen, durch diese Behandlung wurden mehr Wunden geöffnet?

Unbedingt. Die Interviews meiner Studenten haben das gezeigt. Ich sehe es auch in den entstandenen Objekten. Die jungen Leute haben die seelischen Verletzungen ihrer Gesprächspartner aufgenommen und in ihre Arbeit einfließen lassen. Das ist ein sehr beeindruckender Prozess. Mir fällt allerdings auf, dass auch diese sehr empathischen jungen Leute selektiv gearbeitet haben.

Was meinen Sie mit selektiv?

Frauenschicksale wurden auffallend häufig bearbeitet. Selbstverständlich waren Frauen unter den Toten wie den Überlebenden in der absoluten Mehrzahl. Aber Opfer wie die Mönche in der Wallfahrtskirche von Weyrscheid oder die Muh vom Schwarzbach Hof erschienen weniger interessant, obwohl die Mönche in der Résistance aktiv waren und die Muh besonders drangsaliert wurden.

Warum spielten die Erfahrungen dieser Opfer keine Rolle?

Beides sind keine populären Opfergruppen. Interessanterweise befassten sich drei Studenten mit der Rolle der katholischen Kirche bei der Unterstützung der Nationalsozialisten im Deutschen Reich. Sie blendeten bewusst aus, dass der Widerstand in den Ostkantonen von sozialistischen wie katholischen Gruppen getragen wurde. Begründet wurde dies damit, dass der katholische Widerstand auch vor dem Hintergrund des Reichskonkordats von 1933 zwischen dem Deutschen Reich und dem Vatikan in der heutigen Zeit nicht vermittelbar sei. Wir haben diese Argumentation in der Gruppe ausführlich diskutiert. Niemand konnte jedoch begründen, weshalb die Muh nicht berücksichtigt wurden. Ein Student sprach von ihnen als einer Gruppe belangloser Spinner.

An dieser Stelle endete dieses Interview, auf der nächsten Seite begann ein weiteres. Christa ließ die eingehefteten Seiten zusammenfallen und schob das Manuskript an den Rand der Matratze. Nicht alles in Amelons Äußerungen hatte sich ihr erschlossen, was wohl an ihrer norddeutschen Perspektive lag. Seltsam erschien ihr nur, dass die Amerikanerin Amelon Interesse für ostbelgische Geschichte aufbrachte.

Martina Sevecke-Pohlen

Sonntag, 24. April

Christa

Am Sonntag feierte Jörn Hemmen seinen Geburtstag. Christa bemühte sich, nicht zu früh Im stillen Tal einzutreffen. Das war schwierig, denn sie fuhr auf den sonntäglich leeren Straßen keine zehn Minuten bis zu ihren Eltern. Käme sie zu früh, zögen die anderen Gäste, wenigstens die weiblichen, Schlüsse aus ihrem frühen und unbegleiteten Erscheinen. Wohlmeinenden Ratschlägen versuchte Christa zu entgehen, indem sie kurz nach der von ihrer Mutter genannten Uhrzeit im Patenbergsweg losfuhr.

Auf diese Weise gelang es ihr, als letzte Im stillen Tal einzutreffen. Ihre Eltern waren noch in der Küche mit dem Buffet beschäftigt, und da alle Gäste im Wohnzimmer standen, mussten die Töchter dort für Unterhaltung sorgen. Heidi nahm Glückwünsche entgegen. Ihr Kleid schmiegte sich so eng um Bauch und Oberschenkel, dass Christa sich fragte, wie ihre Schwester mit heilen Nähten aus einem Auto aussteigen konnte.

„Bist du wirklich sicher, dass du nicht schwanger bist?", fragte die alte Hella Kloopmann. Niemand hatte gewagt, ihr einen Stuhl anzubieten. Auf einen Stock gestützt maß sie Heidi mit kritischen Blicken.

„Ganz sicher, Tante Hella", antwortete Heidi in dem braven Ton, den Kinder Im stillen Tal nach wie vor annahmen, wenn sie vor Hella Kloopmann standen. Diejenigen Gäste, die Hella nicht kannten, blickten verlegen zu Boden. Christa fand, dass Heidi mit dieser Bemerkung noch gut weggekommen war. Wenn sie sich eingespritzt hatte, ätzte Hella selbst gestandene Männer zu Tränen der Peinlichkeit.

„Es ist ja so schön, dass Heidi bei dir ihre Hochzeit feiern kann", sagte Inge Braasch betont heiter zu Thede Frölje. Er war der Inhaber des Hotels und Restaurants Fischerkate, wo Jörn als Koch arbeitete. Thede zog an seinen Manschetten.

„Ja. Heidi hat mir schon als kleines Mädchen gesagt, dass sie bei uns ihren Hochzeitsball haben möchte." Er warf Heidi ein onkelhaftes Lächeln zu.

„Wie süß!", rief Inge Braasch. Hella Kloopmann fingerte an ihrem Hörgerät.

„Was hat er gesagt?" Kirsten Vosgerau beugte sich zuvorkommend zu ihr, um Thedes Worte zu wiederholen. Verstohlen zog Christa an ihrem Ärmel und schüttelte den Kopf, als Kirsten sich umdrehte.

„Ja." Heidi strahlte Thede an. „Und du passt auf, dass Vati sich nicht in das Menü einmischt? Er soll sich überraschen lassen. Als Vater der Braut hat er gar nichts mit dem Essen zu tun." Thede befand sich in einem Gewissenskonflikt. Er schielte Richtung Küche, wo Jörn laut Anweisungen an Kati erteilte. Im richtigen Leben hätte er sich das nicht erlaubt, aber als Koch stellte er sich gegen die Hauswirtschaftsleiterin.

„Ich kann deinem Vater nicht die Augen verbinden, wenn wir deine Feier vorbereiten."

„Ach, das wäre aber so lustig, Onkel Ted." Heidi klatschte in die Hände. Die Küchentür wurde aufgerissen.

„Es ist angerichtet!" Schnell zog Jörn sein Jackett über die Schultern. „Los, Leute. In einer Reihe aufstellen. Helger, kümmerst du dich um Hellas Stock?" Ehe Hella sich versehen konnte, hatte Helger ihr den Stock aus der Hand genommen und ihren Arm unter seinen gezogen.

„Wir gehen jetzt zum Buffet, Hella!", rief er.

„Was? Wird ja auch Zeit."

Lachend schoben sich die Gäste in eine Schlange. Christa fand sich hinter Kirsten und Andy Vosgerau wieder.

„Ich wollte eben verhindern, dass Hella das Gespräch an sich reist. Wenn erst einmal die Hälfte der Gäste versucht, ihr zu erklären, was los ist, verspritzt sie ihre Gemeinheiten. Dann bleibt keiner verschont", flüsterte sie Kirsten zu. Die verzog das Gesicht.

„Mein Gott, die ist das. Ich hatte ja keine Ahnung." Kirsten sah über Andys Schulter nach vorne, wo Helger Braasch und Kati Hella Kloopmanns Teller mit den besten Stücken füllten. „Gut, dass du mich gebremst hast, Christa. Wie geht es dir denn so? Man sieht ja kaum etwas von dir." Christa fragte sich, wo Kirsten sie sehen wollte, schließlich verschwand sie selbst über Wochen im Schichtdienst in der Notaufnahme des Oldenburger Klinikums.

„Ach, wenn ich nach Rhauderfehn pendele, habe ich wenig Zeit für Besuche hier." Kirsten nickte ein wenig abgelenkt.

„Wo ist denn diese Freundin von Kati? Die Kaltmamsell von der Fischerkate?" Christa fragte sich, ob Kirsten wirklich nicht wusste, dass Maites Schwiegervater verschwunden war. Andy war Polizist an der Wardenburger Wache. Er sollte davon gehört haben, und bekanntlich gab es für ihn keine Geheimnisse vor Kirsten.

„Die konnte nicht kommen. Ein familiäres Problem." Kirsten nickte, als habe Christa ihr alles Wichtige gesagt. Christa sah zu Andy. Der zog eine Grimasse, die nur bedeuten konnte, dass er Bescheid wusste. Dann war er an der Reihe. Systematisch bestückte er seinen Teller, Kirsten nahm gezielt von den Gerichten, die ihr weniger kalorienreich erschienen. Christa löffelte wahllos aus den Schüsseln und von den Platten. Ihr Vater hatte ganz seiner Leidenschaft für Fisch und Meeresfrüchte gefrönt. Beides mochte sie nicht, gleichgültig wie appetitlich die Speisen zubereitet waren.

Am langen Esstisch hielt Thede Frölje einen Toast auf seinen Freund und Mitarbeiter, in guten wie in schlechten Tagen, wie er sich ausdrückte. Die anderen Gäste lachten.

„Läuft denn der Laden so schlecht, Thede?", erkundigte sich Hella Kloopmann. Sie konnte noch nicht mit dem Essen beginnen, weil Inge Braasch für sie einen Hering filetierte. Christa sah Thede rot anlaufen.

„Bei Thede läuft alles wunderbar, Hella. Sei ganz beruhigt", sagte Jörn. Sie lächelte ihm zu.

„Das musst du ja sagen. Schließlich willst du nicht die letzten Gäste vergraulen." Er bemühte sich ebenfalls um ein Lächeln.

„Bis dahin vergehen hoffentlich noch ein paar Jahrzehnte."

„Wann gehst du denn in Rente?"

„Noch lange nicht, Hella", versicherte Kati. Eilig schob Inge Hella den Teller hin. Mit einem Knurren stieß Hella ihre Gabel in den Kartoffelsalat mit Lachs.

„Die Schwarzbrotschnittchen waren mir lieber. Warum gibt es die heute nicht?" Sie sah Jörn durchdringend an. Christa stellte erstaunt fest, dass ihr Vater hilfesuchend zu ihrer Mutter schielte. Ihr fiel ein, dass Schwarzbrotschnittchen mit Frischkäse und allerlei Kleinigkeiten wie Radieschen oder Nüssen als Dekoration Maites Spezialität war. Hella wusste das genau, weil die älteren Landfrauen jeden ersten Donnerstag im Monat in der Fischerkate frühstückten.

„Schwarzbrotschnittchen macht immer unsere Frau Bruns in der Fischerkate, Frau Kloopmann. Die kriegen Sie nicht von Jörn." Thede runzelte die Stirn, als Kati ihm Zeichen machte zu schweigen. „Die Frau Bruns ist ja nun leider nicht hier. Sie haben bestimmt gehört, dass ihr Schwiegervater verschwunden ist." Kati drehte die Augen zur Decke. Kirsten warf ihrem Mann einen scharfen Blick zu. Christa fing einen Blick von Heidi auf, der halb belustigt, halb besorgt schien. Hella Kloopmann legte die Gabel ab.

„Allerdings habe ich gehört, dass der Johannes Bruns verschwunden ist. Die Nachbarin von den Bruns hat mir das beim Friseur erzählt. Das ist ja jetzt über eine Woche her, dass der arme alte Mann vermisst wird." Christa schätzte Hella ein paar Jahre älter als Johannes Bruns. Sie konnte sich daran erinnern, dass ihre Eltern zu Hellas neunzigstem Geburtstag gegangen waren, als Heidi gerade mit Andrejs Vorgänger Schluss gemacht hatte. Maites Bericht über den Neunzigsten ihres Schwiegervaters hatte sie gehört, nachdem sie das erste Mal mit Andrej zusammengetroffen war. Hella holte tief Luft und drehte sich zu Andy.

„Was macht denn die Polizei? Soll der arme alte Mann noch länger durch den Wald irren?“ Hellas Frage gab einen Hinweis auf die Richtung, die die Spekulationen im Salon Dreesen genommen hatten. Die Zeitungen berichteten nicht darüber, was das Gerede nur befeuerte. Andy zuckte mit den Schultern.

„Wir in Wardenburg haben mit Vermisstensachen nichts zu tun.“ Das hieß nicht, dass er nichts darüber wusste. Christa hatte sogar das Gefühl, dass er über seine üblichen Kanäle gut informiert war. Für einen Polizisten konnte Andy schlecht lügen.

„Das sind jetzt aber Ausreden, mein Junge“, meinte Helger Braasch. „Sie wohnen in Wardenburg. Da müssen Sie doch wissen, was hier los ist.“

„Ich weiß ja, was hier los ist. Aber der alte Bruns ist vermisst, und um Vermisste kümmern sich die Kollegen.“ Andy schob sich ein großes Stück Aal in den Mund. Wenn er meinte, durch langes Kauen den Nachfragen seiner Tischnachbarn zu entgehen, hatte er sich geirrt. Hella Kloopmann griff wieder zur Gabel und spießte ein Stück Heringsfilet auf.

„Wenn der Johannes Bruns nicht so alt wäre, hättet ihr euch längst um ihn gekümmert. Wenn so ein lütter Bengel wegläuft, oder eine junge Deern, dann gibt es ein großes Theater. Dann geht ihr mit Hunden in den Wald, und es kommen die Hubschrauber.“ Sie wedelte mit dem Hering unter Andys Nase. Der schüttelte den Kopf.

„Wir in Wardenburg können so etwas nicht veranlassen.“

„Wardenburg ist also nicht wichtig für die hohen Herren Beamten in Hannover?“ Helger Braasch sah in die Runde. „Das sind ja schöne Zeiten. Letztens haben sie Polizisten mit Hunden durchs Huntloser Moor geschickt, weil diese Frau aus Großenkneten einen Abschiedsbrief geschrieben hat. Dabei saß die am Bahndamm und hat sich nicht getraut zu springen. Wieso hatten die für so eine Hunde und für den Bruns nicht?“

„Das kann ich nicht beantworten. Aber wenn die Kollegen der Meinung wären, dass sich der Johannes Bruns im Tüddick aufhält, dann hätten sie eine Hundestaffel in den Forst geschickt.“ Andy nahm seinen Teller und trug ihn in die Küche.

„Die suchen den Bruns nicht, weil er alt ist!“, rief Hella Kloopmann ihm nach. Sie schüttelte den Kopf und nahm einen weiteren Löffel Salat. Von ihrem Teller fehlten bisher nur wenige Bissen. „Das war ein fescher Junge, der Johannes.“ Sie kaute nachdenklich. Christa staunte.

„Kennst du den Johannes Bruns denn so gut?“ Von Hella Kloopmann hieß es, sie habe schon in jungen Jahren jeden Mann mit spitzen Bemerkungen in die

Flucht geschlagen. Christa konnte sich nicht vorstellen, dass jüngere Männer sich auch nur in die Nähe von so einer Schreckschraube gewagt hatten.

„Ja, sicher. Bei dem seinem Vater haben wir die Schweine schlachten lassen. Wir hatten immer ein paar Schweine und Hühner. Die Hühner hat meine Mutter geschlachtet, aber wenn ein Schwein dran war, hat sie das zum Bruns bringen lassen. Dem Vater, meine ich. Und der Johannes ist da auch manchmal gewesen. Im Urlaub, in seiner schönen Uniform. Schick sah der aus. Aber kein Mumm." Die letzten Worte betonte sie. Helger Braasch schüttelte den Kopf.

„Also, Hella, ich bin mit dem Henning, dem ältesten Bruder von Wolfgang und Hartwig, der 64 bei dem Autounfall auf der Sager Straße gestorben ist, in die Schule gegangen. Der Henni hat damals erzählt, sein Vater schläft nicht. Der hat Ende des Krieges in der Hürtgenwaldschlacht gekämpft. Da hat der schlimme Dinge erlebt. Darüber hat er natürlich nicht gesprochen."

„Ich sag doch: Kein Mumm." Hella seufzte tief. „Ach, Heidi. Ich kann mir ja nun wirklich nicht vorstellen, dass du nicht doch heiraten musst."

Damit ließ sie endgültig von Johannes Bruns ab. Andy traute sich wieder aus der Küche und rutschte auf seinen Platz neben Christa. Während Heidi wortreich erklärte, niemals Kinder zu wollen, und damit Katis Protest auslöste, wandte er sich an Christa.

„Dir ist klar, dass der Bruns wahrscheinlich tot ist, oder?"

Dienstag, 26. April

Amke

Dienstbesprechungen am Montag galten allgemeinen Fragen von Pflegedienst, Pflege- und Wohnberatung. Dienstags, wenn Herr Meinert in der Wardenburger Hauptstelle an der großen Dienstbesprechung aller Niederlassungen teilnahm, traf sich Amke Kehl mit Frau Hemmen zu einer Besprechung der hauswirtschaftlichen Dienste. Amke hatte wenig mit Hauswirtschaft zu tun gehabt, ehe sie zu Crea. Heim und Pflege gekommen war. Aus einem unerfindlichen Grund waren die Hilfen in der Hauswirtschaft ein Steckenpferd der Geschäftsführerin Frau von Geldern. Vermutlich hoffte Frau Hemmen, wenn sie lange genug Reinigungskräfte und Einkaufshilfen organisiert hätte, wäre Frau von Geldern bereit, sie wieder nach Wardenburg zu holen oder in eine andere Stadt zu empfehlen. Amke hätte auf Frau Hemmen in Rhauderfehn verzichten können. Bisher hatte Frau von Geldern sich allerdings nur gefreut, dass es Crea. Heim und Pflege in Rhauderfehn gelungen war, ein Monopol in der kombinierten Pflege und Dienstleistung zu erringen. Frau Hemmen würde noch eine Weile bleiben.

Amke konnte das egal sein. Sie war zufrieden mit ihrer Stelle, und hatte so wenig mit der Verwaltung zu tun, dass sie Frau Hemmen die meiste Zeit über vergaß. Sie ging entspannt in die Dienstagssitzungen. Frau Hemmen war nie entspannt. Amke saß ihr von Viertel nach acht bis Viertel vor neun am Besprechungstisch gegenüber, und hatte den Eindruck, die Frau wäre am liebsten weggelaufen. Ernst Loga von der Wardenburger Hauptstelle hatte ihr erzählt, Frau Hemmen sei ein nettes Mädchen. Es musste an Ernsts jungenhaftem Optimismus Frauen gegenüber liegen, wenn er diese Zicke nett fand. Immerhin musste Amke ihr zugestehen, dass sie sich in hauswirtschaftlichen Dingen und auch in der Gesetzgebung auskannte, obwohl das mit Sicherheit nichts mit ihrer Ausbildung zu tun hatte. Das machte die Gespräche mit ihr erträglicher.

An diesem Dienstag gingen sie wie gewöhnlich die einzelnen Klienten durch, sprachen über Wünsche und Probleme und die Notwendigkeit, eine weitere Familienpflegerin einzustellen. Für ihre Verhältnisse war Frau Hemmen gelassen. Immer wenn sie über Sachfragen sprachen, zog sie ihre Augenbrauen etwas weniger zusammen. Amke bemühte sich, sachlich zu bleiben. An diesem Tag sah sie sich jedoch gezwungen, eine Frage zu stellen, die keinen Bezug zur Arbeit hatte.

„Eine Sache wäre da noch, Frau Hemmen." Sofort rückten die Augenbrauen aufeinander zu.

„Ja?" Amke warf einen Blick in ihre Notizen. Viel stand da nicht.

„Frau Tjaden, eine Klientin aus der Gegend bei Schatteburg, hat mich gebeten, Sie zu fragen, was in dieser Angelegenheit zu tun ist."

„Ist sie unzufrieden?" Frau Hemmen sah Amke an, graue Augen mit viel zu wenig Blau, grauer Blazer, paketbandblonde Haare. Sie war farblos genug für ihren Job.

„Es ist etwas komplizierter." Frau Hemmen lehnte sich mit verschränkten Armen zurück. „Frau Tjaden ist, wie gesagt, unsere Klientin." Patienten gab es bei Crea. Heim und Pflege nicht, denn sie passten nicht zu Hochglanzböden. „Sie hat eine Nachbarin, eine Frau Finke. Das ist keine Klientin", kam Amke einer Zwischenfrage zuvor. „Die Frau Finke vermietet ein Haus in der gleichen Straße an eine alleinstehende Frau. Wenn die Frau weg ist, gießt Frau Finke die Blumen, holt die Post aus dem Kasten, sieht in der Wohnung nach dem Rechten. Wie man das halt so macht." Die Knöchel an Frau Hemmens Händen traten weiß hervor. Offenbar war sie bereits in ihrem Abwehrmodus und nicht mehr lange bereit zuzuhören. Für jemand im sozialen Bereich war sie auffallend unsozial. „Diese Mieterin ist verschwunden." Sie sahen sich an. Amke wusste genau, dass dies eigentlich nichts war, womit man die Niederlassungsleiterin behelligte. Doch am Morgen hatte Frau Tjaden ihr das Versprechen abgenommen herauszufinden, was Frau Finke machen könnte. Das Einfachste war, Frau Hemmen zu fragen, ob nun angemessen oder nicht.

„Was meinen Sie mit Verschwunden?" Immerhin hatte Frau Hemmen noch nicht den Paragraphen irgendeiner Verordnung zitiert, wonach sie nicht zuständig war. Amke überlegte, wie sie das Wort Verschwunden leicht verständlich erläutern konnte.

„Im Sinne von unerwartet weg. Es ist wohl so, dass Frau Finke ihre Mieterin normalerweise jeden Tag sieht. Wenn die Frau wegfährt, gibt sie ihr Bescheid. Nun hat sie sie ein paar Tage schon nicht gesehen, und das Auto ist weg." Frau Hemmen zog den naheliegendsten Schluss.

„Dann hat sie einfach vergessen zu sagen, dass sie wegfahren möchte. Oder diese Frau Finke hat vergessen, dass sie es ihr erzählt hat." Amke nickte langsam.

„Das habe ich Frau Tjaden auch gesagt. Aber die beiden alten Damen machen sich Sorgen."

„Verständlich. Wenn das Auto da wäre … Ich bin sicher, diese Frau wird demnächst wiederkommen." Nun erhob sich Frau Hemmen. Amke tat es ihr nach.

„Dann sage ich Frau Tjaden, dass sie einfach abwarten soll." Frau Hemmen zögerte.

„Müssen Sie dann extra zu ihr fahren?“ Amke winkte ab.

„Nein. Ich bin im Moment täglich zweimal bei ihr. Sie hat eine Verletzung am Fuß, die nicht richtig verheilt. Ich habe mit dem Hausarzt abgesprochen, dass ich mir die Wunde persönlich ansehe. Sonst fährt eine der Pflegerinnen zu ihr.“

„Na schön. Sagen Sie ihr bei Ihrem nächsten Besuch, dass sie abwarten soll.“

An der Tür drehte Amke sich kurz um. Frau Hemmen blickte aus dem Fenster und schüttelte leicht den Kopf, als hielte sie das Verhalten der Menschen in Ostfriesland für merkwürdig.

Martina Sevecke-Pohlen

Freitag, 29. April

Leo

Das Tagungshaus der Muh in Sandkrug erschien Leo als ein Ort, an dem mysteriöse Dinge geschahen und seltsame Menschen aus und ein gingen. Er hatte zu den ersten Muh gehört, die mit Bea den Betrieb des Hauses aufbauen sollten. Seitdem fragte sich Leo, ob Bea ihn überschätzte oder in ihm etwas sah, was ihm selbst verborgen blieb.

„Senke bescheiden den Blick, wenn du durch die Welt gehst, aber verschließe nie die Augen", hatte Bea am ersten Tag gesagt, ehe sie ihm den Schlüssel für die gläserne Eingangstür überreichte. Seitdem stand Leo regelmäßig am Tresen und sah zu, wie die Welt mit dem Sonnenlicht durch die Glastür zu den Muh kam. Die meisten Teilnehmer weckten sein Mitgefühl. Sie brachten ihre Sorgen mit und all die Aufträge, die sie sich selbst gegeben hatten.

„Niemand kommt hierher, weil er Hilfe erwartet", erinnerte ihn Bea des Öfteren. „Die meisten hoffen auf Heilung. Diese werden enttäuscht werden. Einige suchen Erleichterung. Die können sie finden. Das gilt auch für Muh." Diesen kleinen Satz setzte sie hinzu, wenn sie Leo an seine Aufgaben in der solidarischen Fürsorgepartnerschaft erinnern wollte. Er tat so, als teilte er ihre Meinung.

Die Kursleiter hingegen besaßen oft so ausgeprägte Persönlichkeiten, dass Leo vermutete, sie stünden sich selbst im Weg. Unter ihnen war Ramesh McPhelps der schillerndste. In seine Seminare strömten Frauen aus der Welt, nicht mehr ganz jung, aber auf der Suche nach Mehr. Sie meditierten unter McPhelps Anleitung, machten Yoga und eine besondere Form der Beckenbodengymnastik, die es nur bei McPhelps gab. In den Pausen flirteten sie mit Leo. Der schulte sich, ihre teils expliziten Komplimente bescheiden entgegenzunehmen.

„Worte haben einen Klang. Höre sie als Melodie, und sie werden deine Meditation nicht stören", hatte McPhelps ihm vor ein paar Monaten gesagt. Er gab sich als indischer Guru, aber Leo glaubte, sein britischer Anteil sei größer als der indische. Sogar sein Akzent wandelte sich in Abhängigkeit zu seinen Gesprächspartnern. Für die Teilnehmerinnen klang er wie frisch aus Indien angereist, für die Muh wechselte er zu einer britischen Aussprache, und wenn er mit Leo über Teilnehmerlisten und Abrechnungen verhandelte, verschwand der Akzent fast ganz. Immerhin half sein Rat, wenn die Bemerkungen der Teilnehmerinnen Leo verlegen machten.

Einzig Christa Hemmen ließ sich mittels dieser Methode nicht ausblenden. Sie sprach so selbstverständlich mit ihm, dass er kurzzeitig vergaß, dass sie keine Muh war oder er kein Mann aus der Welt. Auch an diesem späten Nachmittag kam sie, die Haare im Nacken zusammengebunden, die Lippen in einem so neutralen Ton, dass er nur vermuten konnte, sie seien geschminkt. Zwischen den Augen stand die steile Falte, die er oft dort sah, wenn sie direkt von der Arbeit zu Bea kam. Leo entdeckte Christa rechtzeitig, um einen gleichmütigen Ausdruck anzunehmen, ehe sie ihn bemerkte.

„Du siehst müde aus, Christa Hemmen." Er sah die Falte tiefer werden.

„Sieht man das?" Er musterte sie aufmerksamer und entschied, dass sie abgelenkt war.

„Hast du Kummer?" Sie stutzte.

„Kummer? Nein, nein. Ein Bekannter meiner Mutter ist verschwunden. Das belastet uns alle." Leo achtete kaum auf ihre Worte. Ein rauer Hall in ihrer Stimme verriet ihm ihre Anspannung.

„Das ist nicht gut."

„Nein. Seine Familie tut mir so leid." Eine seltene Woge des Enthusiasmus erfüllte ihn.

„Du wirst sie unterstützen." Sie lächelte etwas verlegen.

„Ich hoffe, das gelingt mir, Leo."

Er schickte sie die Treppe hoch in Bea Muhs Büro. Für die nächsten Minuten war Leo beschäftigt, dann fand er Muße, über ihre Worte nachzudenken. Es faszinierte ihn immer, wenn Menschen aus der Welt taten, was Muh angestrebt hätten. Christa Hemmen hörte zu und half. Jemand, der sich für andere einsetzte, benötigte Kraft. Die fehlte ihr an diesem Abend.

An diesem Punkt nahm Leo Unterlagen von einem Kursleiter zum Kopieren entgegen. Während er zusah, wie der Kopierer die Seiten in Fächer spuckte, ließ er Christas Bild vor sich erscheinen. Am Morgen war er mit der Küchen-Muh nach Oldenburg gefahren. Von der Autobahn aus sah er oft einen Graureiher in den feuchten Wiesen nahe der Hunte. Gesellig war der Vogel nicht, ähnlich wie Christa, und wie sie stand er aufmerksam wartend. Ein Flirren war in Leo, als ginge Energie von diesem Traumbild aus. Er blinzelte, legte die sortierten Kopien auf den Tresen. In den nächsten Stunden kamen ihm in unbedachten Momenten immer wieder Bilder des Graureihers auf der Wiese, bis die Damen aus Ramesh McPhelps Meditationskurs unter lauten Abschiedsgrüßen an ihm vorbeizogen. McPhelps legte ein unausgefülltes Formular auf den Tresen. So charismatisch er als Kursleiter sein mochte, so konfus war er mit Unterlagen.

„Habt ihr auch bald Feierabend?", fragte er, nachdem Leo ihm erklärt hatte, dass er dieses Formular nicht auszufüllen brauchte, wenn sich seine Kontaktdaten im nächsten Modul nicht änderten. Bescheiden unterließ Leo die Frage, weshalb er nach so vielen Kursen die einzelnen Formulare nicht unterscheiden konnte.

„Ja." Damit meinte er die Kurse, die in den nächsten fünfundvierzig Minuten zu Ende gingen. Sein Dienst am Tresen endete, wenn er das Foyer aufgeräumt hätte. Selbst dann wäre sein Arbeitsende kein Feierabend, was immer McPhelps darunter verstehen mochte.

„Kannst du hier eigentlich auch raus?"

„Wir dürfen das Zentrum verlassen", antwortete Leo wahrheitsgemäß und gab das Formular unausgefüllt zurück.

„Und darfst du auch in eine Kneipe gehen und ein Bier trinken, oder ist das nicht gut für dein Karma?" Leo entschied, dass Karma zu McPhelps indischer Masche gehörte und nichts mit dem Leben in der Welt in Deutschland zu tun hatte.

„Es ist gestattet, Speisen und Getränke außerhalb des Zentrums einzunehmen, wenn ein Grund dafür spricht." Er wusste zwar nicht, was dafür sprechen sollte, aber das schien keine Rolle zu spielen.

„Und die Entscheidung, ob ein Bier mit mir gestattet ist – fällst du die oder macht das Bea Muh?" Um McPhelps Mund lag eine Einladung, Regeln und Vorschriften in den Wind zu schreiben. Er hatte einen Ellenbogen auf den Tresen gestützt und sah Leo an. Der presste die Hände flach auf die Schreibunterlage. Wie er nun merkte, ging sein Atem etwas schneller. Er hob den Blick und zwang sich, den dunklen Augen nicht nachzugeben.

„Die … die fälle ich." Er versuchte, ruhiger zu atmen, als er seine Bescheidenheit herbeirief. „Aber ich kann nicht einfach …" Er hatte keine Ahnung, was er meinte. McPhelps schien das zu spüren. Er beugte sich zu Leo und senkte die Stimme.

„Ein Bier? Oder ein Glas Wasser? Ich hole dich nachher ab und bringe dich wieder zurück. Bevor ihr hier alle Tore absperrt." Zu seinem Ärger errötete Leo.

„Tut mir leid. Es geht nicht." McPhelps musterte ihn aufmerksam, ehe er sich aufrichtete.

„Verstehe. Vielleicht überlegst du es dir. Ich bin ja öfter hier. Und ich wohne nicht weit, keine drei Kilometer von hier. Hinter den Büschen. Das weiße Haus mit blauem Zaun und dem verwilderten Garten. Falls du ausbrechen möchtest." Er nickte ihm zu und wanderte mit entspannten Hüften durch die Glastür. Leo sah ihm kopfschüttelnd nach.

Den restlichen Abend dachte er abwechselnd an Ramesh McPhelps und Christa Hemmen, wobei er es entgegen der muhischen Regeln bei den Vornamen beließ. Er verglich Christas büroblasses Gesicht mit einer Lilie und Rameshs durch schottisches Blut aufgehellte Haut mit Karamell. Beide Vorstellungen erschienen ihm beschämend extravagant. Er ging sein Gespräch mit Ramesh Wort für Wort durch und hörte den Klang von Christas Stimme. In der Zwischenzeit verabschiedete er die letzten Tagungsgäste und Kursleiter, bestellte die Reinigungskräfte in die Kursräume und wischte den Boden im Foyer. Auf der Treppe sitzend wartete er darauf, dass der Boden trocknete. Aus der Küche roch es nach Essen. In einer Stunde wäre die gemeinsame Abendmahlzeit, er säße wieder am Rand der Bank neben Edu, und sie würden sich bemühen, einander zu ignorieren. Was außerhalb des Tagungshauses vor sich ginge, würde er nie erfahren.

Leo verspürte an diesem Abend nicht die Unruhe, die ihn nach seinem Examen veranlasst hatte, ohne Rücksprache mit seinem Kodexwächter ein Stellenangebot in Köln anzunehmen. Sechs Monate hatte er ohne Führung in der Welt gelebt, ehe er ins nächstgelegene Zentrum der Muh floh. Kurz darauf schickte ihn der Kodexmeister nach Sandkrug zu Bea. Nach ihrer Weisung erfüllte er Aufträge außerhalb des Zentrums, aus eigenem Antrieb überschritt er jedoch nie die Grundstücksgrenzen. Aber in den letzten Stunden war eine Veränderung eingetreten. Leo erinnerte sich plötzlich, dass die Welt jenseits des Zaunes kein magischer Nebel war, aus dem Teilnehmer und Kursleiter ins Tagungshaus drifteten und in den sie nach dem Kurs verschwanden.

Zum Nichtstun verdammt hockte Leo auf der Treppe, während der Boden langsam abtrocknete. Ohne Frage war es richtig, dass er Rameshs Einladung abgelehnt hatte. Trotzdem blieb das Gefühl, dass er etwas versäumte. Um nutzlosem Grübeln zu entgehen, suchte sich Leo einen trockenen Pfad zur Glastür. Draußen schlug ihm die Abendluft kühl ins Gesicht. Er rieb seine Oberarme, legte den Kopf in den Nacken und blickte zum Himmel. Eingerahmt von den Wipfeln der Kiefern standen die Sterne am Himmel. Ein leichter Wind wehte, viel zu laut antwortete der Wald. Lichtstreifen aus den Kursräumen lagen auf den Steinplatten. Es roch – nach Erde und Kiefern. Nach und nach verlöschten die Lampen drinnen, nur in der oberen Etage brannte ein Licht.

Allein, das erste Mal seit dem frühen Morgen, ging Leo Richtung Parkplatz. Im Foyer achtete er nicht auf Äußerlichkeiten, doch drängte sich der Geruch von Rameshs glänzendem Zopf in seine Erinnerung. Als er umkehren wollte, kam Christa auf ihn zu. Sie bemerkte ihn nicht, doch er atmete ihr Parfüm, lange bevor sie vor ihm stand. Damit sie ihn in dem schwachen Licht erkennen konnte, trat er in die Mitte des Weges.

„Leo?" Er hörte ihren gepressten Atem.

„Ja. Habe ich dich erschreckt? Fährst du jetzt?" Ihre Wärme strahlte bis zu ihm. Als Leo den Arm bewegte, merkte er, wie nah er bei ihr stand. Sein Handrücken streifte ihren Ärmel. Instinktiv zog sie den Arm zurück. Ärgerlich über sich selbst machte er eine Faust.

„Ja. Es ist spät. Ich glaube, ihr esst gleich."

„Warum bleibst du nicht zum Essen?" Dann wäre sie im gleichen Raum wie er. Vielleicht setzte sie sich neben ihn, was sie seit seiner Zuweisung nur noch selten tat. Aber jetzt hielt sie den Kopf zu ihm geneigt, er spürte ihren Atem an der Stirn. Vorsichtig streckte er die Finger nach ihrer Hand aus. Diesmal flochten sich ihre Finger zwischen seine. Er legte die andere Hand auf ihren Arm, hob den Kopf und fand ihr Kinn. Seine Lippen streiften ihr Kinn, sie kam ihm entgegen und küsste ihn. Nach einem langen Augenblick nahm er den Kopf zurück.

„Tut mir leid." Den Kuss hatte er genossen, den Augenblick der Wärme, als ihr Mund seine Lippen berührte. Doch er sollte sie nicht im Dunklen küssen, nicht heimlich. Vor allem durfte er nicht wie ein Kind etwas Süßes stehlen, das ihm nicht zustand und das er eigentlich nur nahm, weil es offen dalag. Er spürte ihr Zögern, ihre Fingerspitzen streiften seine Wangen.

„Das muss es nicht, Leo."

Er trat zur Seite. Ohne ein weiteres Wort ging sie. Er hörte das Schnappen ihrer Autotür und sah, wie die Scheinwerfer ihres Wagens die Sträucher am Parkplatz beleuchteten. Langsam knirschten die Reifen über den Kies, erreichten die befestigte Straße. Das Auto beschleunigte und verschwand mit ihr zwischen den Bäumen. Zuletzt hörte er noch den Motor, doch auch der verlor sich im Rauschen der Bäume. Sein Handy klingelte.

Bea Muh stand am Fenster, als Leo bei ihrem Büro eintraf. Sie hielt ihr Handy noch in der Hand und rieb mit dem Finger sachte über die Rückseite. Leo klopfte an den Türrahmen. Sie drehte sich zu ihm um.

„Ich musste erst die Tür abschließen und den Computer herunterfahren, Bea." Zu seiner Erleichterung lächelte sie.

„Selbstverständlich gehen deine Verpflichtungen vor, Leo Muh. Setz dich doch. Möchtest du eine Tasse Tee?" Er schüttelte den Kopf und schlüpfte auf einen Stuhl. Bea nahm ihm gegenüber Platz. Am Ende der Tischplatte standen noch zwei Tassen auf mit Tee besprenkelten Untertassen. Am Rand der einen Tasse haftete Lippenstift in einem blassen Beigeton. Christa Hemmen hatte aus dieser Tasse getrunken, vielleicht hatte sie auf seinem Stuhl gesessen. Leo legte die Hände vor sich auf die Tischplatte. Er wunderte sich, dass sie noch so aussahen wie früher am Abend, als er im Foyer gestanden hatte. Bea räusperte sich.

„Ich komme gleich zur Sache, weil wir nur wenig Zeit haben, ehe die Abendmahlzeit beginnt. Leo, hast du Christa Hemmen geküsst?" An ihr vorbei sah er zum Fenster und erkannte erst jetzt, dass es exakt auf den Teil des Weges blickte, auf dem er Christa begegnet war. Viel konnte Bea jedoch nicht gesehen haben, dafür war es zu dunkel.

„Ja." Schuldgefühle empfand er nicht. Er spürte Beas Blick und sah ihr kurz ins Gesicht, ehe er in Richtung ihrer rechten Schulter sah. Sie wartete einen Moment, doch für ihn gab es nicht mehr zu sagen.

„War das eine gute Entscheidung?"

„Es war keine Entscheidung. Es ist einfach passiert. Ich wollte frische Luft schnappen, sie ging zum Parkplatz. Wir haben uns getroffen, ein paar Worte gewechselt und uns geküsst." Ein schneller Blick zu ihr zeigte nur Beas üblichen Ausdruck in derartigen Gesprächen: offen und gleichmütig.

„Du rechtfertigst dich?"

„Nein!" Leo wollte noch mehr sagen, hielt sich jedoch zurück. Wenn er beteuerte, sich nicht zu rechtfertigen, war das wie eine Rechtfertigung. Sie wartete wieder, ehe sie weitersprach.

„Ein Kuss an sich ist nicht verwerflich, wie du mir sicher sagen möchtest. Ich stimme dir zu. Du wirst am besten beurteilen können, wie bescheiden du dich in dieser Situation verhalten hast." Leo wartete angespannt. Nach dieser Einleitung musste noch etwas Schwerwiegenderes folgen. „Mich enttäuscht, dass du zwei Tage nach deinem Wochengespräch so klar zeigst, wie schwer es dir fällt, dich an deine eigenen Entscheidungen zu halten."

Er biss sich auf die Lippen. Sie war zu Recht enttäuscht. Am Mittwoch hatte er ihr versprochen, seine Bemühungen um Edu Muh nicht aufzugeben. Es ging mittlerweile nur noch darum, ihn in der Gemeinschaft zu halten. Christa Hemmen zu küssen stand diesem Versprechen grundsätzlich nicht im Wege. Ihr nahe zu sein, tat ihm gut. Aber, und dieses Aber erschien ihm groß, ihr Kuss verwirrte ihn weit weniger als Rameshs Einladung.

„Ich halte mich an mein Versprechen." Er musste zugeben, dass sein Ton trotzig klang.

„Bist du sicher?" Bea wusste nichts von Ramesh. Natürlich wusste sie, dass er existierte, schließlich buchte er sich mit mehreren Kursen in der Woche im Tagungshaus ein. Aber sie hatte mit Christa Hemmen in ihrem Büro gesessen, als Ramesh sich zu ihm über den Tresen beugte. Als er sich ihres Blickes bewusst wurde, streckte Leo den Rücken.

„Ja. Ich halte mich an mein Versprechen. Wenn die Muh über ihn spotten, versuche ich zu vermitteln. Wenn sie über sein Verhalten bei der Arbeit murren, erinnere ich sie an die Größe seiner Verantwortung auf der Baustelle."

„Ich weiß, dass du das tust, Leo Muh." Er ließ sich nicht beirren.

„Und wenn er mich ignoriert oder eine seiner Bemerkungen macht, nehme ich das hin."

„Ich weiß, dass du das tust, Leo Muh."

„Aber er will das alles nicht. Er will meine Solidarität nicht und auch nicht die der anderen Muh. Wir sind ihm alle egal." Christa Hemmen hatte seine Wange berührt. Er erinnerte sich an Rameshs Blick. Bis zu diesem Abend war ihm nicht klar gewesen, worauf er verzichtet hatte, als er seine Zuweisung zu Edu annahm. Da Bea nicht sofort antwortete, warf er einen raschen Blick in ihre Richtung. Sie betrachtete ihn nachdenklich, dass Kinn in die Hand gestützt. „Wir sind ihm alle egal, Bea."

„Warum nennst du Edu Muh nicht beim Namen?" Leo stutzte.

„Wie meinst du das, Bea?" Immer noch mit aufgestütztem Kinn sah sie ihn voll an.

„Du sprichst mich mit Bea an. Du nennst Christa Hemmens Namen im Gespräch. Warum sprichst du Edu Muhs Namen nicht aus?" Panik stieg in Leo auf. Wenn er Christa Hemmens Namen so leichtfertig verwendete, verriete er sich vielleicht auch, indem er Ramesh erwähnte. Nicht dass es etwas zu verraten gäbe.

„Das ist mir nicht aufgefallen."

„Nein." Sie richtete sich auf und strich mit einer Hand über ihre geschorenen Haare. „Achte darauf, Leo Muh. Wir verwenden Namen, um dem anderen Muh zu zeigen, dass wir ihn schätzen und seine Person mit allen Eigenarten anerkennen. Wer, wenn nicht du, kann Edu Muh daran erinnern, dass er zu den Muh gehört?" Leo seufzte.

„Bea, diese Zuweisung war ein Fehler. Ich hätte sie ablehnen sollen. Wenn die fünf Jahre der Fürsorgepartnerschaft abgelaufen sind, werde ich nicht um eine Verlängerung bitten. Und ehrlich gesagt glaube ich, dass ich nie wieder eine Zuweisung annehmen werde." Betroffenheit glitt über ihr Gesicht und verschwand hinter Gleichmut. Sie nickte.

„Ich glaube dir, Leo, dass du jetzt so denkst. Wenn es so weit ist, bist du vielleicht anderer Meinung." Von unten klang ein Gong. Bea erhob sich. „Die Abendmahlzeit. Lass uns hinuntergehen. Und anschließend, während der Sammlung bitte ich dich, darüber nachzudenken, welche Unterstützung ich dir für deine Aufgaben in der Fürsorgegemeinschaft geben kann."

Wenig überzeugt folgte Leo ihr in den Speisesaal. Die Bänke entlang des Tisches waren schon gut gefüllt. Er entdeckte Edu Muh wie gewöhnlich an der äußersten Ecke. Den Platz neben ihm wählte keiner der anderen Muh. Wortlos setzt Leo sich auf diesen Platz.

Auszug aus: Dores Muh, Geschichte der Gemeinschaft Muh von den Anfängen bis zur Gegenwart. Teil 2: Das 20. Jahrhundert

Nach dem Versailler Vertrag

Das Schicksal unserer Gemeinschaft in den Jahren nach dem ersten Weltkrieg ist unter den Vorzeichen des Wachstums zu sehen. Nachdem sich die kaiserlich deutschen Truppen aus Belgien zurückgezogen hatten, fasste die Bevölkerung neuen Mut. Für die Muh schien die Zeit des Versteckens vorbei. Erstmals war zu hoffen, dass es Muh möglich sein würde, nach den Prinzipien bescheidener Hinnahme zu leben und zugleich gute Nachbarschaft zu ihren Mitmenschen in der Welt zu pflegen. (…)

Ostbelgien nach 1918

Nach Kriegsende wurden die mehrheitlich deutschen Kreise Eupen und Malmedy von Belgien annektiert, doch erst der Versailler Vertrag von 1920 unterstellte die Gebiete belgischer Herrschaft. Auch das Stammgebiet der Muh in Neutral-Moresnet verlor seinen Sonderstatus einer gemeinsamen Verwaltung durch Belgien und Preußen, den es seit 1815 innegehabt hatte. Die Bevölkerung Ostbelgiens verlangte eine Rückgliederung an Deutschland, jedoch wurde die Volksbefragung im gleichen Jahr von solchen Drangsalierungen begleitet, dass nur 271 der 33.726 Wahlberechtigten ihre Stimme abgaben. (…)

Montag, 2. Mai

Christa

Harry hatte am ersten Mai wie jedes Jahr an der Gewerkschaftskundgebung in Oldenburg teilgenommen und anschließend alte Genossen, wie er sich ausdrückte, zu einem Bier getroffen. Die Nachwirkungen des Biers erklärten die Schatten unter seinen Augen, so wie die Mairadtour den Zuwachs an Sommersprossen bei Frau Kehl erklärte. Christa hatte von Leo geträumt und auf dem Balkon in Dores Manuskript gelesen. Trotz mangelndem Enthusiasmus bei allen drei Teilnehmern war die Dienstbesprechung verlaufen, wie Dienstbesprechungen meistens verliefen. Jeder berichtete von aktuellen Projekten und Aufgaben, während die anderen so taten, als seien diese Informationen interessant. Christa hatte sich Amke Kehls Bericht über die Folgen einer Änderung im Pflegegesetz angehört und eine kritische Frage dazu gestellt. Sie hatte den Fortgang der Arbeiten am Seniorenhotel am Hauptfehnkanal geschildert und Frau Kehls Frage nach der Ausstattung des medizinischen Bereichs beantwortet. Es war ihr gelungen, bei Harrys wütender Schilderung eines Konflikts zwischen Bewohnern der Seniorenwohnanlage am Untenende in Rhauderfehn nicht zu grinsen. Nun begutachtete sie die Zeichnung, die sie nebenbei auf den Rand ihres Notizblocks gekritzelt hatte, während sie mit einem Ohr zuhörte, wie Frau Kehl Harry die Anwendung einer neuen Salbe für sein Knie erklärte.

Das Telefon klingelte auf dem Schreibtisch. Harry, der auf seiner Schreibunterlage saß, damit Frau Kehl sein Knie untersuchen konnte, griff danach. Gleich darauf reichte er es an Christa weiter.

„Deine Mutter. Es klingt, als ginge es ihr nicht gut", flüsterte er. Christa schreckte aus ihrem Tagtraum.

„Was gibt's, Mutti? Wo bist du?" Sie hörte ein uncharakteristisches Schniefen. Sofort rief sie sich die Namen aller Familienangehörigen und Freunde ins Gedächtnis. Wenn Kati Christa bei der Arbeit anrief, musste etwas Schlimmes passiert sein.

„Ich bin zu Hause." Christa sah auf die Uhr. Sie kannte die Arbeitszeiten ihrer Mutter nicht, aber an jedem Werktag überwachte sie im Wohnheim die Zubereitung des Mittagessens.

„Was ist passiert?"

„Er ist tot“, verkündete Kati statt einer Antwort. Christa schreckte hoch. Frau Kehl und Harry gaben ihr gespieltes Desinteresse auf und sahen zu ihr.

„Wer ist tot?“ Christa bemühte sich um eine sanfte Stimme. Sie wollte ihre Mutter beruhigen, gleichzeitig aber auch die Neugier ihrer Kollegen in Schach halten. Kati rang nach Worten.

„Johannes Bruns. Maite hat mich heute früh bei der Arbeit angerufen. Sie war ganz aus dem Häuschen.“ Christa dachte an Hella Kloopmann, die sich vergangene Woche über die vermeintlich nachlässige Arbeit der Polizei beschwert hatte.

„Wo hat man ihn gefunden?“ Christa stellte fest, dass die Stimme ihrer Mutter wieder fester klang.

„Irgendwo an der Thülsfelder Talsperre.“

„Wie kommt er denn da hin?“

„Stell dir vor, die Polizei glaubt, Wolfgang und Hartwig hätten ihren Vater in den Wald bei der Talsperre gebracht und getötet.“ Christa konnte sich die auffallend unauffälligen Bruns-Brüder beim Meucheln ihres dementen Vaters vorstellen.

„Und warum sollten die Söhne ihren Vater umgebracht haben?“ Die Frage war eine Konzession an die Freundschaft ihrer Mutter zu Maite Bruns. Frau Kehl und Harry starrten sie an. Harry öffnete den Mund, doch Christa hob eine Hand, um ihn ruhig zu halten.

„Geld natürlich.“

„Klar. Das Geld aus dem Landverkauf. Das wäre ein Motiv.“ Christa klammerte sich an Fakten. Sie weigerte sich anzuerkennen, dass in ihrer Umgebung ein Verbrechen ohne Sinn geschehen war. Hätten die Bruns-Brüder ihren Vater wegen ein paar hunderttausend Euro umgebracht, hätte sie das nachvollziehen können. Leider nahm ihr Kati alle Illusionen.

„Ach, Christa, der Wolfgang verwaltet schon seit Jahren das Geld. Der hat eine Bankvollmacht, und hätte alles verjubeln können. Also, wieso sollten die Brüder ihren Vater töten? Und dann noch so.“ Der nachgeschobene Satz störte Christa.

„Was meinst du mit so?“ Zu ihrem Schrecken begann Kati wieder zu weinen. „Mutti, nun sag schon. Was heißt so?“ Sie hörte dreißig Sekunden nur das Schluchzen ihrer Mutter. Schließlich gewann Kati Kontrolle über ihre Atmung.

„Ich weiß es nur von Maite. Aber es sieht so aus, als hätte jemand den armen Kerl in einer Hütte gefesselt und verprügelt. Und ihn dann da liegen lassen. Wahrscheinlich ist er verblutet.“ Diesmal gelang es Christa nicht, ihre Mutter zu beruhigen. Sie konnte ihr nur noch versprechen, nach der Arbeit zu ihr zu kommen. Christa sah zu ihren Kollegen auf. Sie erwartete neugierige Fragen von Frau Kehl. Als Pflegerin war die abgebrüht und taktlos. Deshalb zuckte sie zusammen, als sie einen Arm um Christas Schultern legte. Harry stand mit peinlich berührtem Blick vor ihr.

„Meine Güte, Christa. Was sind das für Geschichten? Soll ich dir einen Kaffee holen?“ Christa nickte. Der Druck von Frau Kehls Arm um ihre Schultern wurde fester.

„Keinen Kaffee, Herr Meinert. Helfen Sie ihr mal rüber in einen der Besprechungsstühle. Die haben eine Lehne, und vor allem keine Rollen. Ich bin gleich wieder da.“ Frau Kehl tätschelte noch einmal Christas Wange, ehe sie den Raum verließ. Harry machte Anstalten, Christa hochzuziehen. Mit einem Rest Geistesgegenwart stemmte sie sich aus ihrem Schreibtischstuhl und taumelte an den Besprechungstisch. Sie saß kaum, als Frau Kehl mit einem Glas Wasser und einer kleinen braunen Flasche zurückkam. Sie gab zwei Tropfen aus der Flasche in das Wasser, rührte mit einem Glasstäbchen und reichte Christa das Glas.

„Das trinken Sie schön. Dann geht es Ihnen besser.“ Christa gehorchte. Was immer Frau Kehl ihr verabreicht hatte, schmeckte wenigstens nicht ekelhaft. An ihr vorbei sah Christa, wie Harry die kleine Flasche neugierig untersuchte.

„Ach, Bachblüten-Notfalltropfen. Meine Frau verwendet die auch.“ Frau Kehl zuckte mit den Schultern.

„Begleitend zu einer konservativen Behandlung ist nichts dagegen zu sagen.“ Sie beugte sich zu Christa. „Wie geht es Ihnen jetzt?“

„Besser“, gab Christa unwillig zu. Sie misstraute alternativen Methoden jeglicher Art.

„Was ist denn nun passiert?“, fragte Harry. Christa rief sich in Erinnerung, dass er nur ihren Teil des Gesprächs mitangehört hatte.

„Harry, erinnerst du dich, dass ich dir vor zwei Wochen von dem alten Mann aus Wardenburg erzählt habe, der einfach verschwunden ist?“ Harry nickte nach kurzem Überlegen. „Man hat ihn gefunden. An der Thülsfelder Talsperre. Jemand hat ihn in einer Hütte gefesselt, geschlagen und dann verbluten lassen.“ Die Umstände des Todes auszusprechen ließ das Zittern zurückkehren. Harry räusperte sich.

„Das ist furchtbar. Und die Polizei hat die Söhne in Verdacht?“ Christa schnaubte.

„Ja. Aber das ist lächerlich.“

„Nichts daran ist lächerlich, Frau Hemmen“, wandte Frau Kehl ein. „Geld ist ein starkes Motiv. Besonders in Familien, und wenn alte Leute betroffen sind.“

„Aber die Söhne hätten ihren Vater doch jederzeit auf ganz unauffällige Weise umbringen können. Warum sollten sie ihn so umbringen, dass klar ist, dass es Mord war?“ Das konnten ihr Harry und Frau Kehl nicht beantworten.

Dienstag, 3. Mai

Christa

Am Morgen schlich Christa so unauffällig wie möglich in ihr Büro bei Crea. Heim und Pflege. Nach einer Nacht mit wirren Träumen über Johannes Bruns, Leo und einem Regen blutiger Geldscheine fand sie die Aussicht auf die Dienstbesprechung für die hauswirtschaftlichen Dienste noch bedrückender als sonst. Das Frühstück hatte sie ausfallen lassen, stattdessen hatte sie sich die Zeit genommen, die Nordwest-Zeitung durchzublättern. Einen Hinweis auf eine Leiche an der Thülsfelder Talsperre hatte sie jedoch nicht entdecken können.

Am liebsten hätte Christa Frau Hahn gemieden. Doch sie musste der Frau unter die Augen treten, ihre Fragen zu dem Mord beantworten und sich anschließend auch noch Frau Kehl stellen. Als Christa in das Kundenzentrum kam, bügelte Frau Hahn eine Tageszeitung. Wieder hatte eine Ausgabe des General-Anzeigers ihren Aufenthalt im Briefkasten mit Knicken und Rissen bezahlt.

„Moin, Frau Hemmen. Sie sehen aber gar nicht gut aus“, stellte sie fest, als sie Christa die Post reichte. Die zuckte mit den Schultern.

„Schlecht geschlafen.“ Ohne ein weiteres Wort trug Christa die Post ins Büro. Kaum war sie dort angekommen, brachte Frau Kehl zwei dampfende Becher herein.

„Moin, moin. Da bin ich schon. Mit Kaffee. Wir können gleich loslegen.“ Sie stellte die Becher ab und musterte Christa eingehend, sagte aber nichts zu den Schatten unter ihren Augen. Dankbar für dieses Minimum an Takt, legte Christa Notizblock und Tablet auf den Besprechungstisch.

Obwohl ein neuer Monat begonnen hatte, gab es wenig zu besprechen. Christa hoffte, dass sie Frau Kehl bald los wäre. Sie hatte das dringende Bedürfnis, sich im Spiegel zu begutachten und verwischte Mascara unter ihren Augen zu korrigieren. Ein betontes Zögern bei Frau Kehl ließ sie in ihrem Stuhl zurücksinken.

„Ich belaste Sie damit ungern, Frau Hemmen. Die Frau Tjaden hat mich heute früh wieder angesprochen. Die Mieterin ihrer Nachbarin ist immer noch nicht wieder aufgetaucht.“ Christa musterte Frau Kehl. Es schien ihr wirklich peinlich zu sein.

„Ich erinnere mich. Das war eine Frau F … F …“

„Finke“, half Frau Kehl. Eilig sprach sie weiter. „Die Sache ist etwas konfus, und ich bin nicht sicher, inwieweit das an den beiden alten Damen liegt. Also, am

Anfang sagte Frau Tjaden, das Auto der Mieterin sei nicht mehr da. Und ich habe es nicht auf dem Grundstück gesehen. Aber ein paar Tage später habe ich es gesehen und gedacht, es wäre alles erledigt. Frau Tjaden habe ich deshalb nicht mehr nach der Mieterin gefragt. Heute morgen meinte sie dann, Frau Finke lässt mich fragen, ob ich nicht etwas unternehmen könnte, weil die Mieterin immer noch nicht da ist."

„Das Auto ist da? Es war weg und ist jetzt da?", versuchte Christa sicherzugehen. In ihr meldete sich Beklemmung, dieses Gefühl, das sie immer hatte, wenn sie sich unter Druck gesetzt fühlte. „Kann die Mieterin nicht zweimal auf Reisen gegangen sein?" Frau Kehl zuckte mit den Schultern.

„Könnte sie. Aber normalerweise hätte sie sich doch wenigstens einmal gemeldet. Entweder vor der ersten Reise oder vor der zweiten." Christa betrachtete die Kritzeleien auf ihrer Schreibunterlage, wo sie einen Kugelschreiber ausprobiert hatte. Die Striche sahen aus wie eine Fratze.

„Ja. Sagten Sie nicht, die Dame sei älter?" Frau Kehl wiegte den Kopf.

„Ich kenne diese Dame überhaupt nicht, Frau Hemmen. Aber ich glaube, dass sie nicht viel jünger ist als Frau Tjaden und Frau Finke. Und sie ist keine Klientin von Crea." Christa nickte langsam. Wäre die Mieterin eine Klientin, wären Harry und sie verpflichtet, persönlich bei ihr nach dem Rechten zu sehen. So aber war es ihre private Entscheidung.

„Sagen Sie Frau Tjaden, dass ich morgen nach der Arbeit bei ihr vorbeikomme. So gegen fünf." Glücklich war Christa nicht über ihren Entschluss. Sie hatte keine Lust auf eine weitere Komplikation. Entweder war die Mieterin aus welchen Gründen auch immer ohne Nachricht zweimal verreist, dann konnte sie nichts ausrichten. Oder die Mieterin war krank oder verletzt, dann kam Christa vielleicht zu spät.

Mittwoch, 4. Mai

Christa

Der Mittwoch begann mit strömendem Regen. Auf dem Weg nach Rhauderfehn verfluchte Christa ihren Entschluss, am Nachmittag zu Frau Tjaden zu fahren. Harry hatte nur den Kopf geschüttelt und gemeint, sie übertreibe ihre Fürsorge. Christa hoffte das. In der Nordwestzeitung stand an diesem Morgen eine kurze Meldung über einen Leichenfund an der Thülsfelder Talsperre. Konkrete Angaben fehlten, aber Christa wusste, dass es um Johannes Bruns ging. Seit sie die Nachricht gelesen hatte, ging Christa die verschwundene Mieterin von Frau Finke nicht mehr aus dem Sinn. Dieser Frau wünschte sie ein anderes Schicksal.

Gegen Viertel vor fünf brach Christa von Crea.Heim und Pflege zu Frau Tjaden auf. Der Regen war im Laufe des Tages in ein Tröpfeln übergegangen, welches der Sonne nachgab, als sie aus dem Zentrum der Gemeinde über die Dörfer einen leichten Geesthügel hinauffuhr. Kurz hinter der Abzweigung nach Schatteburg bog Christa von der Backemoorer Straße in das Dämmerlicht der von Bäumen gesäumten Frickenstraße. Trotz des sauren Bodens ragten alte Eichen hoch und ausladend über die Fahrbahn. Die ersten Häuser entdeckte Christa direkt vor einer scharfen Kurve. Rechts stand das weiße Haus von Frau Tjaden. Eine schmale Brücke führte über einen randvollen Graben zu einem Plattenweg. Christa parkte am Straßenrand. Nachdem sie ausgestiegen war, sah sie sich nach dem zweiten Haus um. Es stand auf der anderen Straßenseite, ein typisches Fehnhaus aus roten Ziegeln. Vor der Haustür war ein kleines Auto abgestellt.

Frau Tjadens Garten war ein Meer verwelkter Narzissen. Im Windfang vor der Haustür klappten die Fliesen leise unter Christas Füßen. In diesem Jahr hatte noch niemand Zeit gefunden, die großen Fensterscheiben zu putzen, und die üblichen Pflanzen eines Haushalts mit Bewohnern über siebzig wucherten in angelaufenen Übertöpfen. Es dauerte eine Weile, bis sie nach ihrem Klingeln Lebenszeichen im Hause hörte. Schließlich öffnete ihr eine schmächtige Frau mit durchscheinender Haut, als verließe sie nie das Haus. Ihr Händedruck hingegen war fest, auch wenn Christa meinte, jeden Knochen einzeln zu spüren. Frau Tjaden führte Christa in ein Wohnzimmer, dessen Fenster von Büschen abgedunkelt wurden. Unter dem Schwarzweißporträt eines Mannes, dessen Kneifer kleiner erschien als seine Augen, war für drei Personen ein Teetisch gedeckt. Dort saß bereits Frau Finke, die Christa mit hellwachen Augen musterte.

Es gab gekauften Bienenstich. Während der ersten Tasse Tee sprachen sie über das Wetter. Nachdem Frau Tjaden die zweite Tasse ausgeschenkt hatte, brachte Christa das Gespräch auf den Anlass ihres Besuchs. Sofort saß Frau Finke kerzengerade.

„Die Braun ist nie weggefahren, ohne mir Bescheid zu sagen."

„Aber sie ist gelegentlich weggefahren?", vergewisserte Christa sich. Wenn Frau Braun zu den älteren Damen gehörte, die die meiste Zeit bei Verwandten oder im Urlaub weilten, wäre ihr jetziges Ausbleiben darauf zurückzuführen.

„Sie ist alle paar Wochen für einige Tage weggefahren. Ich glaube, sie war dann immer in Hamburg. Was sie da gemacht hat, weiß ich natürlich nicht." Frau Finke war anzusehen, wie sehr sie bedauerte, nicht hartnäckiger nachgefragt zu haben.

„Wann ist Frau Braun denn dieses Mal weggefahren?" Die beiden Damen sahen sich an.

„Das war am Montag, nachdem meine Nichte zu ihrer Tochter nach Greetsiel gefahren ist. Sie ist das erste Mal Oma geworden, meine Nichte. Da war sie fünf Tage bei ihrer Tochter." Frau Finke sah Christa stolz an. Nach längerer Diskussion mit Frau Tjaden legte sie den Tag, an dem sie Frau Braun zuletzt gesehen hatte, auf den achtzehnten April.

„Am Morgen ist sie wie immer in die Werkstatt gegangen. Und am Abend war ihr Auto nicht da." Frau Finke drehte sich zu Frau Tjaden um. „Ich hab doch noch zu dir gesagt, dass das merkwürdig ist. Sie fährt sonst immer mittwochs los und kommt sonntags wieder."

„Immer?", fragte Christa. Das Wort wurde zu oft missbraucht. Frau Finke zögerte keine Sekunde.

„Immer."

„Wann war das Auto wieder da?" Auch hier zögerte Frau Finke nicht.

„Das war am Mittwoch. Am Abend vorher ist meine Nichte wiedergekommen. Ich war bei ihr, und wir haben lange geredet und Bilder von der Kleinen angesehen. In der Nacht habe ich nicht gut geschlafen, vielleicht wegen dem Sekt, den wir getrunken haben. Am frühen Morgen habe ich dann das Auto gehört. Ich bin nach dem Frühstück rüber zu der Braun, aber sie hat nicht aufgemacht. Gesehen habe ich sie danach nicht mehr." Christa überlegte.

„Haben Sie keinen Schlüssel für das Haus?" Frau Finke senkte den Blick.

„Doch." Frau Tjaden sah sie überrascht an.

„Du hast einen Schlüssel?"

„Was denkst du denn? Mir gehört das Haus. Wie sollte ich sonst reinkommen, wenn ich nach ihren Blumen sehen will?" Frau Tjaden runzelte die Stirn.

„Warum bist du denn noch nicht in das Haus gegangen und hast nachgesehen, was da los ist? Stell dir vor, die liegt da seit Wochen ...“ Sie sprach nicht weiter. Frau Finke machte ein äußerst verlegenes Gesicht. Christa entschied, dass es jetzt an der Zeit war, den Schlüssel einzusetzen.

„Haben Sie den Schlüssel dabei, Frau Finke? Dann gehen wir jetzt zusammen nachsehen.“

Es war aufwändiger, als Christa vermutet hatte, die alte Dame aus dem Sessel zu hieven und mit ihr das kurze Stück bis zum Haus von Frau Braun zu gehen. Inzwischen war die Sonne herausgekommen. Hinter der rechtwinkeligen Kurve brannte sie ungehindert auf den Asphalt und trocknete die Pfützen. In der Sonne wurde Frau Finke noch langsamer. Schwer atmend blieb sie an der Einfahrt zu Frau Brauns Haus stehen.

„Hier wohnt die Braun. Da hinten in dem Haus wohnt meine Nichte. Das war es auch schon mit Häusern an dieser Straße. Die meisten anderen aus Schatteburg wohnen an der Schatteburger Straße. Hier kommt auch fast nie ein Auto vorbei. Höchstens Touristen, die sich verfahren haben. Oder Radfahrer.“ Christa folgte Frau Finkes ausgestrecktem Zeigefinger erst die Einfahrt zu dem kleinen Haus hinauf, dann zum Haus ihrer Nichte. Von deren Fenstern aus war das Haus der Braun vermutlich nicht zu sehen. Frau Brauns kleines Auto parkte unter einem Carport neben der Einfahrt. Es war so mit Pollen eingestaubt, dass seine Farbe nicht mehr eindeutig erkennbar war. Zwischen dem Haus und der Straße standen alte Eichen. Eine Krähenkolonie belegte die oberen Äste und veranstaltete so viel Lärm, dass man wahrscheinlich auch nicht viel von den Aktivitäten bei Frau Braun hörte.

„Wie lange sind die Krähen hier?“

„März bis Juni sind Jungtiere im Nest. Da halten die sich hier beim Garten auf. Später im Jahr fliegen sie in der Gegend herum.“ Frau Finke hatte sich erholt und setzte ihren Weg die Auffahrt hinauf fort. Hier machte sich der Geesthügel bemerkbar. Das Haus lag deutlich höher als die Straße. Eilig führte Christa die alte Frau an der Kolonie vorbei auf einen mit Betonplatten befestigten Platz. Das Haus stand links, auf der rechten Seite befanden sich einige Nebengebäude. Bis auf das Vogelgeschrei war es unangenehm ruhig.

Sie gingen an der Vorderseite des Hauses vorbei zur Haustür, die sich wie bei Fehnhäusern üblich in einem seitlichen Anbau befand. Aus dem Briefkasten neben der Haustür quollen durchnässte Umsonstzeitungen.

„Sehen Sie?“ Frau Finke wies auf die triefende Masse Papier. „Wenn sie hier wäre, würde sie die Zeitungen doch da rausholen.“

„Erst einmal klingeln wir.“ Christa drückte den Knopf eines überraschend blanken Klingelschilds. Margareth Busker Brown, las sie. So schnell wurde man über den Namen naturalisiert. Sie klingelte noch einmal. Nichts geschah.

„Ich schaue mal hinter dem Haus nach.“ Frau Finke nickte.

„Ich warte hier auf der Bank." Sie ließ sich auf die unlackierte Bank unter den Fenstern an der Giebelseite fallen. Das alte Holze knarrte. Christa zögerte, doch da die Bank das Hinsetzen der alten Dame ausgehalten hatte, würde sie wohl noch eine Weile stehenbleiben. Sie warf einen Blick auf die Fassade. Drei Fenster gab es im Erdgeschoss. In der ersten Etage, die wohl direkt unter dem Dach war, war nur ein kleines Fenster. Christa sah noch einmal auf Frau Finke, die sich die Stirn mit einem Stofftaschentuch abtupfte, ehe sie um die Hausecke ging. An der Hofseite waren vier Fenster, aber deutlich kleinere als am Giebel. Die gleichen weißen Netzgardinen verhinderten auch hier einen Blick ins Innere des Hauses. Solche Gardinen hatte außer Christas Großmutter niemand mehr. Sie hingen vom Winter angegraut in geraden Falten über die gesamte Fensterfläche. Hinter dem ersten Fenster steckte eine tote Fliege in den feinen Maschen.

Nicht nur die Erinnerung an das von ihrer Großmutter wehrhaft heruntergewohnte Häuschen bereitete Christa ein zunehmend ungutes Gefühl. Auch dort hingen Fliegen und Spinnen in den Vorhängen, aber ihre Großmutter war viel zu nachlässig, die Gardinen lückenlos zu schließen. Hier wohnte jemand, der seine Privatsphäre abschirmen wollte. Zwischen zwei verwachsenen Rhododendronbüschen trat Christa auf einen kleinen Trockenplatz,wo einige Wäschestücke im Wind flatterten. Christa fing die Ecke eines Kissenbezugs auf. Der Stoff war klatschnass, von den Säumen wuchsen graue Flecken in die Mitte. Staub, Pollen und kleine Insekten klebten daran. Eilig kehrte sie zurück zu Frau Finke.

„Geben Sie mir Ihren Schlüssel. Wir müssen in das Haus." Frau Finke nickte anerkennend.

„Sie haben die Wäscheleine gefunden." Christa sah sie vorwurfsvoll an.

„Sie haben die Wäsche auch gesehen? Dann müssen Sie doch wissen, dass hier etwas nicht stimmt. Warum haben Sie das nicht Frau Kehl gesagt? Die hätte schon längst die Polizei gerufen." Die Erwähnung der Polizei ließ Frau Finke rot anlaufen.

„Diese Frau Kehl habe ich nie persönlich gesprochen", erklärte sie trotzig. Sie starrten sich an, bis Christa die Hand ausstreckte.

„Geben Sie mir jetzt den Schlüssel." Frau Finke kramte bereitwillig in ihrer Handtasche. Christa ertappte sich, wie sie auf den Zehen wippte, bis Frau Finke einen riesigen Schlüssel zutage förderte.

„Das Haus ist schon älter", sagte sie wie zur Erklärung. Christa schnappte sich den Schlüssel. Im Schloss konnte sie ihn leicht drehen, doch erst beim zweiten Anlauf gelang es ihr, die Tür zu öffnen. Das Innere des Anbaus war kühl und roch feucht. Ein schmales Fenster an der Seite ließ kaum Licht herein, darunter stand eine staubige Topfpflanze. Die Blumen im Haus ihrer Großmutter sahen schlechter aus, deshalb entschied Christa, daraus keine Schlüsse zu ziehen. Zwei Paar sportliche Damenschuhe standen bei der Glastür zum eigentlichen Haus.

Christa drückte die Klinke herunter. Aus dem Flur quollen ihr überwarme Luft und ein widerlicher Gestank entgegen. Von Frau Finke kam ein Laut des Schreckens. Christa ermahnte sich, ruhig zu bleiben. Seit sie bei Crea. Heim und Pflege arbeitete, rechnete sie täglich mit einem Besuch in einer Wohnung, in der sie nur die Polizei rufen konnte. Nun war es so weit. Durch den Mund atmend trat sie in das erste Zimmer. Es war ein winziger Essraum, der unbenutzt aussah. Eine dünne Staubschicht bedeckte die Tischplatte. Der nächste Raum war ein Wohnzimmer. In der einen Ecke stand ein kleiner Sekretär, darauf lag der Rhauderfehner General-Anzeiger vom Montag, dem achtzehnten April. Auf dem Couchtisch hingen welke Blumen aus einer Glasvase mit teebraunem Wasser, zusammengefallene blaue Orangen lagen in der Obstschale. Die nächste Tür führte in das Schlafzimmer. Christa hielt den Atem an, als sie die Klinke niederdrückte, doch sie fand lediglich ein gemachtes Bett. Sogar die Luft war besser, weil die geschlossene Tür den Gestank bisher ferngehalten hatte. In der Küche krabbelten Fliegen über den Mülleimer, die Marmeladenreste am Frühstücksgeschirr in der Spüle schimmelten. An einer zum Auftauen bereitgestellten Packung Spinat lief ein farbenfroher Prozess ab, der seinen Höhepunkt bereits überschritten hatte. Nur die kleine Waschküche im hinteren Anbau roch nach Weichspüler.

„Gibt es noch mehr Zimmer?" Frau Finke nickte. Sie war blass geworden.

„Im Flur ist hinter der Garderobe eine Tür. Da geht es zum Boden. Das Zimmer hat sie selbst ausgebaut. Ich war nie oben." Christa bezweifelte das, änderte ihre Meinung aber, als sie die schmale Behelfstreppe sah. Der Aufgang war so eng und steil, dass Frau Finke ihn niemals hätte bewältigen können.

Außer Atem erreichte Christa den Boden. Helles Licht und abgestandene Luft empfingen sie. In die Dachschräge waren zwei neue Fenster eingebaut, es roch sogar noch ein wenig nach frischem Holz. An den schrägen Wänden waren Pinnwände befestigt, an der geraden Giebelwand stand ein Schreibtisch mit Laptop, Drucker, Scanner und anderen modernen Geräten. Auf einer Staffelei lehnte ein leerer Skizzenblock. Christa kletterte wieder nach unten.

„Haben Sie Frau Brown eigentlich in der letzten Zeit angerufen?" Wer ein Laptop hatte, musste auch ein Telefon besitzen. Da es im Haus keines gab, benutzte Frau Brown vermutlich nur ein Smartphone. Damit wäre sie überall erreichbar.

„Ja. Ich habe ihr sogar auf die Mailbox gesprochen. Aber sie meldet sich nicht." Das passte ins Bild.

„Wir müssen die Polizei anrufen." Frau Finke zuckte mit den Schultern.

„Wenn Sie meinen." Christa hätte sie am liebsten geschüttelt und geschrien, natürlich meine sie das, als sie von draußen ein dumpfes Klopfen hörte. Sie ließ Frau Finke stehen und lief vor das Haus.

„Das ist die Schuppentür." Frau Finke war ihr gefolgt. „Da drüben. Sie hat da ihre Werkstatt." Christa zog die Tür auf. Komisch ist das. Eigentlich ist da immer abgeschlossen. Sie sagt, da sind teure Sachen drin. Nicht dass es hier Einbrüche gäbe. Die Verbrecher wissen doch gar nicht, dass es uns gibt."

Christa konnte nachvollziehen, weshalb die Verbrecher nichts von den Häusern in der Frickenstraße wussten. Sie betrat die kühle Werkstatt. An den Wänden standen einige Geräte, deren Nutzen sie nicht erkannte, und metallene Regale. In der Mitte des langen Raumes gab es einen massiven Arbeitstisch, auf dem Teile einer halbfertigen Tonfigur lagen. Werkzeuge und ein Skizzenbuch lagen auf dem Boden. An der Wand war in ein Meter siebzig Höhe ein kleiner dunkelroter Fleck, am Boden ein großer. Etwas in Christa sackte, vielleicht ihre Erleichterung, dass sie jetzt alles aus der Hand geben konnte.

Auszug aus: Dores Muh, Geschichte der Gemeinschaft Muh von den Anfängen bis zur Gegenwart. Teil 2: Das 20. Jahrhundert

(…) Der Generalmeister berief die Kodexwächter Josef Muh aus Hergenrath, Rudolf Muh aus Astenet, sowie die drei Kodexwächter aus Moresnet Franz Muh, Luis Muh und Hugo Muh zu einem Treffen auf den Reus-Hof, wo die Zelle um den Generalmeister seit 1910 lebte. Das Treffen fand am 29. November 1920 statt. Es wurde bestimmt, dass neue Zellen in Kelmis, Kettenis bei Eupen, Mirfeld, Weyrscheid und Amel gegründet werden sollten. Nach welchen Gesichtspunkten die Orte bestimmt wurden, ist nicht nachvollziehbar. Es ist jedoch zu vermuten, dass der Generalmeister Kenntnis von Weyrscheid besaß, weil sein Vater, ehe er zu den Muh stieß, in dem an der wichtigen Bahnstrecke gelegenen Ort gelebt hatte und Verwandte noch immer dort ansässig waren.

Tatsächlich wurde bereits im Januar 1921 der Schwarzbachhof am Rande von Weyrscheid erworben. Nach Instandsetzungsarbeiten zogen im Sommer dieses Jahres drei Familien unter der Führung des Kodexwächters Claas Muh nach Weyrscheid nahe dem Fluss Warche. Die Warche galt bis zum Bau der Büttgenbacher Talsperre 1932 als unberechenbarster Fluss Belgiens. Das Land nahe der Warche war häufigen Überflutungen ausgesetzt. Vermutlich war der Hof von Menschen aus der Welt aus diesem Grunde bereits vor dem Krieg aufgegeben worden. Quellen aus der Pfarre und der Gemeinde beweisen, dass die Muh von der ansässigen Bevölkerung freundlich aufgenommen wurden. (…)

Samstag, 7. Mai

Bea

Bea Muh legte das Telefon aus der Hand. Ihr blieben ungefähr dreissig Minuten, bis Christa käme. Sie musste überlegen, ob sie Leo an der Rezeption belassen sollte. Diese Entscheidung verlangte Gleichmut und Fingerspitzengefühl in gleichen Anteilen. Zu oft hatte Bea sich bei dem Wunsch ertappt, Leo für ein paar Wochen in ein anderes Zentrum zu schicken. Über das Internet arbeitete er mit einer Gruppe Muh in Liège an Lösungen für die Energieversorgung der Zentren. Nicht einmal Leo hätte sich über die Gelegenheit zu einem persönlichen Austausch beklagen können, doch unglücklicherweise waren seine technischen Kenntnisse im Tagungshaus unentbehrlich. Auch an der Rezeption war er schlecht zu ersetzen. Er kannte die Abläufe, hatte keine Scheu vor den Teilnehmern, konnte komplizierte Zusammenhänge mit Rechnungen, Aufteilung der Stunden und Änderungen in der Planung vermitteln, ohne dass es Beschwerden gab. Er schaffte es sogar, die Pausenverpflegung der Teilnehmer rechtzeitig zu bestellen und das Foyer in einem ordentlichen Zustand zu halten. Wenn er nicht an der Rezeption arbeitete, musste Bea entweder zwei Muh dort einsetzen oder in regelmäßigen Abständen selbst nach dem Rechten sehen. Aber sie traute ihm nicht mehr zu, sein Verhältnis zu Christa richtig einzuschätzen. Und Christa war aus Beas Sicht dazu ebenfalls nicht in der Lage.

Von der Treppe aus nahm Bea die Lage im Foyer in Augenschein. Eine Gruppe Teilnehmer trank Tee in der Sitzecke. Am Computer saß Ann Muh, die Wangen gerötet. Hinter ihr stand Leo und erklärte ihr das Programm. Immer wieder bediente er die Maus, um anschließend mit dem Finger auf den Bildschirm zu zeigen. Es war Anns erster Tag an der Rezeption, der zweite Tag im Zentrum. Bea konnte sie noch nicht einschätzen. Sie hatte Ann am Mittwoch aus einem der Zentren in Liège mitgebracht, nachdem sie ihrem Fürsorgeversprechen beigewohnt hatte. Ihre Einweisung an der Rezeption sollte jemand übernehmen, der sich auskannte. Außer Leo kamen nur wenige Muh infrage. Beas Handy klingelte.

„Probleme mit dem Beamer? Ich schicke euch Leo. Ist bei euch ein Muh, der Ann an der Rezeption unterstützen kann? Prima, sie soll sofort ins Foyer kommen. Ich sage Leo Bescheid." Bea ging die Treppe hinunter. Leo sah sie kommen und richtete sich von Anns Schulter auf.

„Hier läuft alles bestens, Bea." Sie schenkte den beiden ihr umfassendes Lächeln.

„Das freut mich. Wie geht es dir, Ann?"

„Wenn Leo mir etwas erklärt, verstehe ich es. Aber ich habe keine Ahnung, wann ich etwas tun soll." Die Muh strich sich über den rasierten Kopf. Bea fand nach wie vor, dass Ann zu jung war, um ein Fürsorgeversprechen abzulegen. Sie hätte sie auch ohne die Zuweisung im Zentrum aufgenommen.

„Das lernst du schon alles. Aber jetzt muss ich dir deinen Lehrer wegnehmen." Sie sah zu Leo. „Es gibt wieder Probleme mit dem Beamer in Raum 3. Kümmere dich darum. Die Teilnehmer kommen schon." Sie wies auf zwei Frauen aus der Welt, die sich dem Tresen näherten. „Inna löst dich ab." Leo nickte. Er wandte sich den Frauen zu, überreichte ihnen Materialmappen und einen Hausplan. Zufrieden lächelnd gingen sie zu ihrem Raum. Bea sah ihnen nach. „Da kommt Inna. Du kümmerst dich um den Beamer, Leo."

„Alles klar, Bea. Pass gut auf, was Inna Muh dir erklärt, Ann. Sie ist sehr streng und kneift dich, wenn du etwas falsch machst." Er zeigte ihr einen blauen Fleck an seinem Unterarm. Ann lachte nur. Inna, die das Lachen missdeutete, lächelte ihr zu.

„Ich bin so schnell wie möglich gekommen. Leo, es ist schon fast ein Drittel der Teilnehmer da." Er nickte und ging unauffällig zwischen den Teilnehmern zum Kursraum.

„Leo wird alles rechtzeitig einrichten, Inna. Hier ist nicht mehr viel los. Außer der großen Veranstaltung gibt es noch drei Kurse. Die Aquarellmaler sind im Wald unterwegs und kommen gegen sechs wieder. Dann kriegen sie ihren Imbiss und fahren ab. Die Atemübungen sind um vier vorbei. Die Ornithologen haben noch eine halbe Stunde ihren Vortrag, dann brechen sie zu ihrer Exkursion auf. Die große Veranstaltung hat ihre Pause um halb fünf. Die Küche stellt einen Wagen zurecht, ihr müsst ihn nur abholen." Inna nickte und kontrollierte den Plan auf dem Tresen.

„In Ordnung. Hier steht alles. Leo hat auch Bemerkungen dazugeschrieben. Das klappt schon." Inna grinste Ann aufmunternd an. Bea sah auf die Uhr.

„Gut. Wenn Christa Hemmen kommt, schick sie einfach zu mir." Das Grinsen auf Innas Gesicht verblasste. Als Leos Schwester wusste sie vermutlich besser als Bea, wie er zu Christa stand. Es würde nicht lange dauern, bis er erfuhr, weshalb sie ihn von der Rezeption abgezogen hatte.

Bea hatte kaum ihr Büro erreicht, als Christa erschien. Bea nahm sie mit in die Teeküche.

„Wie war deine Woche?" Christa winkte ab.

„Habe ich dir von der Mieterin einer Nachbarin einer Klientin erzählt?" Bea schüttelte lachend den Kopf.

„Wenn du das so sagst, nein." Christa fasste schnell zusammen, wie aus einer Reise ohne Abmeldung ein Blutfleck am Boden geworden war.

„Glaubst du, dass es ein Verbrechen gegeben hat?" Christa schüttelte den Kopf.

„Nein. Meine Theorie ist, lach nicht, dass sie in ihrer Werkstatt einen Unfall hatte. Vielleicht ist sie über ein Werkzeug gestolpert. Es lag ja genug auf dem Boden herum. Dabei hat sie sich verletzt. Und weil sie eine sture alte Frau ist, von der Sorte, mit der ich täglich zu tun habe, ist sie selbst nach Leer ins Krankenhaus gefahren. Die Ärzte haben sie dann dabehalten, und nach ein paar Tagen haben Bekannte ihr Auto zurückgebracht. Nur Frau Finke hat niemand Bescheid gegeben." Zweifelnd sah Bea Christa an.

„Meinst du wirklich, dass es so abgelaufen ist?" Für sie klang die Geschichte unglaubwürdig. Christa hob die Hände.

„So oder so ähnlich könnte es abgelaufen sein. Die Polizei war erschreckend gelassen, als ob in Ostfriesland ständig ältere Damen aus ihren Häusern verschwinden. Sie haben noch einen Kommissar aus Leer kommen lassen, aber da war ich schon weg. Gemeldet hat der Typ sich nicht, obwohl ich eine dienstliche und eine private Visitenkarte hinterlassen habe. Mehr kann ich nicht tun."

„Nein", sagte Bea. Aber sie glaubte dem entspannten Lächeln auf Christas Gesicht nicht. „Mehr kann man nicht von dir erwarten. Zündest du das Stövchen an?"

„Das kannst du von mir erwarten, Bea." Als Bea die Teekanne in ihr Büro trug, stand Christa am Fenster und blickte in den Garten. Bea hoffte, ihr fiele nicht auf, dass sie genau auf den Punkt sah, an dem sie letzten Freitag Leo geküsst hatte. Als sie Bea Tee einschenken hörte, drehte Christa sich um.

„Ich komme direkt aus Oldenburg. Da war ich auf Kleiderjagd."

„Kleiderjagd?" Bea vermutete, Christa wollte sagen, dass sie passende Kleidung für die Hochzeit ihrer Schwester gesucht hatte. „Warst du erfolgreich?"

„Nö." Christa seufzte tief. Einen Moment schwieg sie, dann sah sie Bea kopfschüttelnd an. „Heidi ist total durchgedreht. Ich habe dir doch erzählt, dass Druschka und sie eine Kleiderordnung vorgegeben haben. Smoking für Männer, Abendkleid für Frauen." Bea nickte. Sie wusste, was ein Smoking war, und hatte auch schon Abendkleider in Schaufenstern gesehen. Mit Christa verband sie Anzüge, die zumindest das muhische Kriterium der Unauffälligkeit erfüllten. „So etwas steht mir einfach nicht."

„Hast du denn solche Kleider anprobiert?" Bea hatte nie etwas Extravaganteres als ein weißes Baumwollhemd getragen. Die Vorstellung leuchtender Farben weckte ungewohnt heftigen Widerwillen in ihr. Christa machte ausholende Gesten über ihrer Brust.

„Mit so einem Ausschnitt und so einer Wolke Tüll. Und so einem Rock. Ich kam mir vor wie eine Vogelscheuche. Aber weißt du, was das Schlimmste ist?“ Bea schüttelte den Kopf. „Die Verkäuferin machte ein Gesicht, als ob sie das auch dachte.“

„Das war unbescheiden. Solche Urteile darf sie doch nicht fällen.“

„Mir war es vor allem peinlich.“ Christa leerte ihre Tasse. „Aber ein Kleid kann ich immer kaufen, auch wenn ich nicht glücklich damit bin. Schlimmer ist der Mann.“ Bea stellte ihre Tasse ab.

„Der Mann?“

„Ja. Ich soll mit Begleiter erscheinen. Männlich und im Smoking. Möglichst gutaussehend.“ Für manche Frauen sah Leo vermutlich gut aus. Wenn Christa so dachte, war ihr zuzutrauen, ihn zu fragen. Wie er mit so einem Ansinnen umginge, war eine andere Frage, die Bea nicht zu beantworten wagte.

Christa zählte an ihren Fingern ab.

„Wen kenne ich überhaupt? Harry. Verheiratet und definitiv kein Smokingträger. Du müsstest ihn in seinem Jackett sehen. Ernst Loga von Crea in Wardenburg. Vergeben, würde aber im Smoking eine Superfigur abgeben. Nur leider ist er so ein Klatschmaul, dass ganz Wardenburg davon wüsste. Malte Braasch, der Sohn von Nachbarn meiner Eltern. Zu langweilig. Dann gibt es noch einen Ex-Freund von Heidi, der es bringen würde, mit mir zu ihrer Hochzeit zu gehen, nur um sie sehen zu dürfen. Heidi würde mir das nie verzeihen.“ Sie ließ die Hände auf den Tisch fallen. „Weniger als fünf Männer könnte ich fragen. Und die wären schon nicht erste Wahl.“ Bea unterdrückte den Wunsch zu fragen, ob Leo erste Wahl wäre oder er zu dem Kontingent gehörte, das Christa sich nicht bemüht hatte aufzuzählen.

„Brauchst du denn unbedingt einen männlichen Begleiter?“, wagte sie zu fragen. Es war ihr peinlich, einen Sachverhalt aus der Welt nicht durchdringen zu können.

„Heidi meint, ich bräuchte sonst nicht zu kommen. Sie betreibt so einen immensen Aufwand, der Welt zu zeigen, dass sie es zu etwas gebracht hat. Ich kann es ja verstehen. Die beiden arbeiten viel, und wenn Druschka nicht so viel Eigeninitiative hätte, würde er heute noch auf einen Integrationskurs warten. Jetzt hat er eine Firma und Angestellte, eine blonde deutsche Frau – Was will irgend ein Mann mehr?“ Bea wusste keine Antwort auf diese Frage. „Weißt du was, Bea? Manchmal frage ich mich, ob ich als Frau versagt habe.“

Bea betrachtete Christa auf der anderen Seite des Tisches. Dieser Zweifel war ihr noch nie vorgetragen worden, sogar Christa, deren Selbstbewusstsein in manchen Punkten ausgesprochen fragil war, hatte so etwas noch nicht gesagt. Doch sie sah so ernst aus, dass Bea befürchtete, sie meinte, was sie sagte.

„Was bringt dich zu dieser Ansicht?“ Christa nippte an ihrem Tee.

„Ich bin so anders als die anderen Frauen. Meine Arbeit ist mir wichtiger als ein Mann. Da bin ich gut, aber das zählt nicht. Das macht mich fertig.“ Sie sah einen Moment so niedergeschlagen aus, dass Bea von Freundin zur Kodexwächterin mutierte.

„Es steht dir frei, deine eigenen Wege zu gehen. Wozu lebst du in der Welt, wenn nicht, um dich nach deinen Vorstellungen zu entfalten?“ Christa war der Wandel in Bea aufgefallen. Sie grinste trotz Niedergeschlagenheit.

„Deinen Gleichmut möchte ich haben, Bea. Heidi sollte deine Schwester sein.“

Leo

DAS PROBLEM MIT DEM BEAMER HATTE LEO SCHNELLER GELÖST, ALS ER ERWARTET HATTE. DAS Gerät war aus Sicht der Kursleiter eigensinnig, mit Leos Worten nicht optimal auf den Rest der Anlage abgestimmt. Man musste eine bestimmte Reihenfolge bei der Inbetriebnahme einhalten, dann funktionierte alles wunderbar zusammen. Nachdem er sich überzeugt hatte, dass der Leiter der Veranstaltung wusste, wie die Geräte zu bedienen waren, zog Leo sich zurück. Er überlegte, ob er wieder ins Foyer gehen sollte. Inna wäre wahrscheinlich erleichtert, wenn sie hinter den Kulissen verschwinden konnte. Er wusste nicht, wie sie ursprünglich für den Nachmittag eingeteilt gewesen war. Jetzt machte sie seine Arbeit, und Bea hatte ihn ohne weitere Anweisungen gelassen. Leo beschloss, einen Umweg durch den Garten ins Foyer zu nehmen. Wenn Inna ihn wieder an die Rezeption ließe, wäre sein Nachmittag geregelt, wenn nicht, konnte er sie fragen, was sie hatte machen sollen und dort weiterarbeiten. Bis auf Küchendienst war er bereit, alles zu übernehmen.

Seit der Wochenmitte schien die Sonne. Es war eine dieser Wetterphasen im norddeutschen Frühling, die wärmer und vor allem trockener waren als so mancher Sommer. Leo blieb einen Moment stehen und atmete tief ein. Als er ausatmete, landete ein Graureiher auf dem Rasen. Von den Kursteilnehmern vor der Eingangstür kam ein überraschtes Raunen. Offenbar waren das die Ornithologen, die zu ihrer Wanderung an der Hunte aufbrachen. Graureiher kamen dem Wald und dem Tagungshaus selten so nah. Einen Moment stand der Vogel still, ehe er einen Schrei ausstieß und mit gebogenem Hals über die Hecke flog. Leo sah ihm nach.

Aus Richtung der Baustelle kamen einige Muh. Er nickte ihnen verwundert zu, weil sie an einem trockenen Tag ihre Arbeit so früh beendeten. Als er sich umdrehte, sah er Edu mit seinem üblichen finsteren Blick auf sich zukommen. Eine Begegnung hätte Leo gerne vermieden, nun konnte er nicht weggehen, ohne Edu zu brüskieren. Also blieb er stehen und zwang sich zu einem neutralen Gesichtsausdruck. Edu tat so, als bemerkte er ihn erst, als er nur noch zwei Meter von ihm entfernt war.

„Du wartest wohl auf Christa Hemmen." Die Bemerkung brachte Leo durcheinander. An diesem Tag war er zu beschäftigt gewesen, an Christa zu denken. Nicht einmal der Reiher hatte ihn an sie erinnert.

„Wie kommst du darauf?" Edu war stehengeblieben, sah ihn aber nicht an.

„Ihr trefft euch doch immer hier draußen für eure Knutscherei. Sag bloß, du weißt nicht, dass sie da ist? Ihr Auto steht auf dem Parkplatz. Alle Muh auf der Baustelle haben es gesehen. Und unqualifizierte Kommentare abgegeben."

„Na und?" Leo gab sich gleichgültig, aber in der letzten Woche hatte er zu viele Bemerkungen über Küsse im Garten mit einer Frau aus der Welt zu hören bekommen, um den Vorwurf hinzunehmen.

„Was du treibst, ist unbescheiden und unsolidarisch. Bea wird schon wissen, was sie mit dir macht, wenn sie sieht, wie du das ganze Zentrum in Aufruhr bringst."

„Was mache ich?"

„Verstell dich nicht. Du würdest doch am liebsten die Gemeinschaft verlassen und dich von dieser Frau aus der Welt aushalten lassen."

„Es ist unbescheiden, von sich auf andere zu schließen. Irre ich mich, oder hast du auf Kosten eines Mannes aus der Welt gelebt?" Jetzt sah Edu ihm ins Gesicht.

„Ich habe wenigstens nicht die Gemeinschaft verletzt."

„Dann hast du ja etwas, worauf du stolz sein kannst."

Leo schaffte es gerade noch wegzugehen, ehe er noch unbescheidener gesprochen hätte. Nachdem er bis zum Parkplatz gekommen war, marschierte er weiter, bis die gepflasterte Straße in einen Waldweg überging. Er merkte, dass seine Hände noch zu Fäusten geballt waren, und streckte die Finger. Hohe Bäume standen beiderseits des sandigen Pfades. Ohne auf den Weg zu achten, folgte er eine Weile dem Pfad. Lange war er nicht mehr alleine unterwegs gewesen, lange war er überhaupt nicht mehr alleine gewesen. Er hatte es nie genossen, ohne andere Muh zu sein, doch an diesem Nachmittag war er froh über die Ruhe.

Am Waldrand stieß er auf eine Landstraße. Er erkannte den Wöschenweg, von dem weiter nördlich die Straße zum Tagungshaus abging. Leo wanderte ein Stück auf dem Fahrradweg, bis zwischen den alten Reetdachhäusern von Sandhatten eine schmale Straße in die Felder abbog. Vor ihm lag eine leere Landschaft. Die ersten Häuser am Horizont gehörten zu Kirchhatten, dazwischen gab es nur sanfte Hügel und junges Getreide auf den Feldern. Hier brannte die Sonne auf die glitzernden Pflastersteine. Kein Auto überholte ihn, keine Fahrradtouristen kamen ihm entgegen, keine Fußgänger. Nur die erst Bremse des Jahres setzte sich auf seinen Arm. Hoch am weißen Himmel segelte ein Bussard.

Ramesh hatte gesagt, er wohne in dem Haus mit dem verwilderten Garten. Diese Beschreibung wäre unnötig gewesen, ein anderes Haus gab es nicht. Verwildert war der Garten allerdings. Leo blieb vor dem Zaun stehen. Neben dem Tor schüttelte eine Eberesche erste Blätter. Dahinter stand das Gras hoch, vereinzelte Holunderdolden blühten betörend im Schein der Sonne, und trotz der Nähe des Raubvogels zwitscherten Singvögel. Weil die Fenster geschlossen waren und er niemand sah, andererseits selbst weithin sichtbar auf der Straße stand, betrat Leo den Garten. Neben dem Haus fand er ein offenes Gebäude, zu alt um ein Carport zu sein, aber allen Anzeichen nach so genutzt. Der Stellplatz war leer. Obwohl er nicht damit hatte rechnen können, Ramesh anzutreffen, war Leo enttäuscht. Er ging zur Rückseite des Hauses. Auch dort waren alle Fenster geschlossen. Weiter hinten machte er ein weiteres Nebengebäude aus. Von der Terrasse führte ein Trampelpfad zur Straßenseite. Als Leo wieder vor dem Haus stand, hörte er über Wind und Vögel ein Auto kommen.

„Wolltest du zu mir?“ Die Frage war überflüssig angesichts der fehlenden Nachbarschaft. Er sah zu, wie Ramesh einen Karton mit Einkäufen aus dem Kofferraum hob und trottete hinter ihm ins Haus. Drinnen sah er erst, wie alt das Haus sein musste. Es war kühl auf dem steinernen Boden, die Luft geschwängert von Räucherstäbchen. Ramesh stellte den Karton auf einen Tisch und musterte Leo.

„Du bist also doch gekommen. Jetzt habe ich kein Bier da.“

„Ich wusste nicht, wann du arbeitest.“ Sie hatten gleichzeitig gesprochen. Ramesh nickte.

„Das ist ganz unterschiedlich. Heute Vormittag hatte ich einen Workshop in Rastede. Gestern habe ich dich im Tagungshaus nicht gesehen. Wo warst du?“ Er begann, Gemüse und Milchprodukte zu verstauen. Wie bei den Muh schien nichts aus einem Supermarkt zu kommen. Leo sah ihm einen Moment zu, ehe er die Frage registrierte.

„Ich habe die Technik in einem Seminarraum vorbereitet.“

„Du bist also auch für die Technik zuständig.“ Ramesh klappte den Kühlschrank zu.

„Wohnst du schon lange hier?“ Leo machte ein Handbewegung, die Haus und Garten umfasste.

„Zwei Jahre. Das Haus hat meiner Großmutter gehört. Das meiste hier ist von ihr. Für die Dorfbewohner drüben in Kirchhatten war sie eine Hexe. Damit hat sie auch ihr Geld verdient. Wahrsagen, Zaubertränke, indischer Tand. Keine Ahnung, woher sie den Kram hatte. Sie ist in ihrem Leben nicht in Indien gewesen." Leo trat auf die Terrasse. Das Haus faszinierte ihn mit seinen Düften und den leuchtenden Farben, doch die Nähe von Ramesh war beinahe zu viel für ihn. Draußen fühlte er sich sicherer. Nur das hohe Gras störte.

„Hast du einen Rasenmäher?" Ramesh trat neben ihn und sah zu ihm herab. Einer seiner Mundwinkel zuckte.

„Keine Ahnung. Warum fragst du?"

„Du hast noch nie das Gras geschnitten?" Ramesh blickte auf das kniehohe Gras.

„Nein. Willst du?" Leo nickte. Diesmal sah Ramesh ihn an, als könne er nicht glauben, dass er das ernst meinte.

„Wo finde ich einen Rasenmäher?"

„Die beste Chance hast du wohl da drüben in dem Schuppen. Warte." Er verschwand im Haus und kam nach einigen Minuten mit einem Schlüsselbund wieder. „Wenn es einen Schlüssel gibt, ist er daran."

Wortlos nahm Leo den schweren Bund und suchte sich einen Weg vorbei an Brennnesseln und Schafgarbe zur Tür des Nebengebäudes. Nach einigen Fehlversuchen fand er den richtigen Schlüssel. Sobald er die Tür zu dem staubigen Schuppen aufzog, fiel die Anspannung von ihm ab. Ein Geräteschuppen, auch ein hoffnungslos vollgestopfter, gehörte zum normalen Leben eines Muh. Unter allen möglichen Utensilien entdeckte er einen gigantischen Rasenmäher, den Rameshs Großmutter vermutlich nicht hatte bewegen können. Leo verschwendete keine Mühe, das verkrustete Gerät freizuräumen. Er nahm eine Sense von der Wand und fand auf dem Regal daneben einen Wetzstein. Obwohl die Sense alt war, ließ sie sich gut schleifen. Nach einer Viertelstunde machte er einige Probeschwünge, ein paar Minuten später begann er, ernsthaft zu sensen. In seiner Jugend in Raeren hatte er oft die Wiesen mit der Sense gemäht. Allmählich fand er seinen Rhythmus wieder, wenn auch nicht das alte Tempo. Nach einer halben Stunde war das Gras vorne und hinten geschnitten.

Ramesh hatte ein paarmal aus dem Fenster gesehen. Erst, als Leo die Maat zusammengerecht und die gereinigte Sense wieder verstaut hatte, kam er auf die Terrasse.

„Hier. Trink das. Du musst verrückt sein, in so einer Hitze schwer zu arbeiten. Und ich muss verrückt sein, dass ich dir das erlaube." Er sah zu, wie Leo das Wasser in hastigen Zügen trank. „Hat dir niemand gesagt, dass Rothaarige nicht so lange in der Sonne bleiben dürfen? Du hast einen Sonnenbrand." Leo wich instinktiv zurück und versuchte auf seine Schulter zu sehen. Als er sein Hemd, das er vor der Arbeit ausgezogen hatte, wieder anziehen wollte, zog Ramesh es ihm aus der Hand. „Geh erst einmal duschen. So kannst du nicht vor deine Bea treten."

„Duschen?“ Ramesh machte ein geduldiges Gesicht.

„Ja. Hier gibt es eine halbwegs moderne Dusche, also keine Panik. Handtücher sind im Bad.“ Er machte eine Bewegung, als wollte er Hühner antreiben. Leo ging durch den großen Raum, bis Ramesh rief: „Links von dir. Und wenn du rauskommst, habe ich noch etwas für deinen Sonnenbrand!“

Das Bad war klein, aber irgendwann in den letzten Jahrzehnten hatte man Armaturen und Porzellan erneuert. Mit gestrecktem Rücken konnte Leo sich in dem Spiegel über dem Waschbecken sehen. Sein gerötetes Gesicht war ihm fremd. Muh hatten keine Spiegel, brauchten auch keine, da alle die Haare kurz schoren und dank elektrischer Rasierer männliche Muh gefahrlos ihren Bart selbst entfernen konnten. Was er vor sich sah, befremdete ihn. Dieser Person lächelten Teilnehmer und Kursleiter zu, wenn sie im Tagungshaus an die Rezeption traten. Dieser Person hatte Christa Hemmen einen Kuss gegeben. Dieser Person hatte Ramesh ein Glas Wasser gereicht. Letzteres war noch am wenigsten überraschend.

Weil er nicht erkennen konnte, welche der Flaschen mit handgeschriebenen Etiketten er benutzen durfte, nahm er die Seife vom Waschbecken mit in die Dusche. Ihr Duft nach Zedern und Sandelholz erinnerte ihn an Ramesh. Wenn er wieder im Tagungshaus wäre, müsste er so schnell wie möglich ein weiteres Mal duschen, sonst würde jeder Muh fragen, wo er sich aufgehalten habe.

Wieder angezogen suchte Leo nach Ramesh. Er fand ihn in dem großen Raum am Laptop. Leos Hemd hing über einer Stuhllehne. Er wollte ihn nicht stören, außerdem war er unsicher, wie er sich verhalten sollte. Der Nachmittag hatte sich so unerwartet entwickelt, dass er nicht hätte sagen können, ob Ramesh anders war als Menschen in der Welt normalerweise waren oder ob sich seit seinem Ausbruchsversuch aus der Gemeinschaft die Welt verändert hatte. Als er sein Hemd fast erreicht hatte, streckte Ramesh die Hand danach aus.

„Nicht wegschleichen. Zeig mir deinen Rücken. Ich habe etwas für dich vorbereitet.“ Leo ließ seinen Rücken begutachten. Er hörte, wie Ramesh ein Gefäß auf den Tisch stellte. Dann wurde eine lauwarme Masse aufgetragen.

„Aloe Vera. Das kühlt.“ Sein Impuls war, dem Druck der Hände auszuweichen. Er kam sich albern vor, gleichzeitig wünschte er, die Massage hörte nicht auf. „Du bist viel muskulöser als ich dachte. Und wahnsinnig verspannt. Lass die Salbe erst einziehen, sonst gibt es Flecken auf dem Hemd. Möchtest du noch etwas trinken?“

„Ja.“ Es schien einfacher zuzustimmen. Sein Glas Wasser in der Hand wanderte Leo durch den Raum. Jemand hatte die ursprünglichen kleinen Räume zu einem größeren mit der Küche als breiter Nische verbunden. Dieser Umbau musste schon viele Jahren zurückliegen, denn der Putz über den früheren Maueransätzen sah alt und rissig aus.

„Warum bist du eigentlich gekommen?" Ramesh stand an der Terrassentür und musterte Leo eindringlich. Leo blieb vor ihm stehen. Er atmete Zimt und Zedernholz. Rameshs Haare und Kleidung schienen erfüllt von diesen Düften. Seine Augen waren in Höhe des dritten Hemdknopfes. Bei jedem Atemzug schien der Knopf näher zu kommen, als sinke sein Kopf weiter nach vorne, bis seine Wange auf dem hellen Leinen ruhte. Leo schluckte, ermahnte sich, bescheiden und vor allem gleichmütig zu bleiben und nahm den Kopf etwas zurück, so dass er Ramesh ansehen konnte.

„Du hast gesagt, ich soll kommen."

„Stimmt. Du hast dir Zeit gelassen." Das war eine Feststellung.

„Ich wusste nicht ... Ich war nicht sicher, ob du das ernst gemeint hast. Ich bin nur ein Muh und ..."

„Du bist Leo. Das ist ein Muh, der sich mit Technik auskennt und an der Rezeption meine lebhaften Damen organisiert. Dich wollte ich besser kennenlernen." Leo runzelte die Stirn. Er grübelte noch über das Gehörte nach, als Ramesh seine Frage wiederholte. „Warum bist du gekommen?" Weil es viel zu kompliziert geworden wäre, all die kleinen Gründe in einem Satz zu formulieren, entschied Leo sich für den am Ende Ausschlag gebenden Anlass.

„Ich war wütend. Ich habe mich mit einem anderen Muh gestritten und dann bin ich einfach weggegangen. Und hier angekommen." Er spürte förmlich, wie seine Augen und Rameshs aneinander hafteten. Er sah nur noch das dunkle Braun und das cremige Weiß, und fühlte mehr als er sah, dass Rameshs Hemd die gleiche Farbe hatte.

„Muh streiten sich wie normale Menschen?" Er spürte Rameshs Atem auf seiner Stirn. Seine Stimme war leiser geworden, behielt aber den leicht ironischen Ton.

„Wir sind normale Menschen. Nur eben Muh." Das dunkle Braun schien näherzukommen. Leo vergaß zu atmen. Etwas streifte seine Arme. Viel zu spät erinnerte er sich, dass sein Hemd immer noch über der Lehne hing. Er tat einen Schritt zurück. Seine Arme hingen frei, Ramesh stand aufrecht und unerreichbar, während die Ironie zurück in seinen Blick stieg.

„Und als normaler Mensch hast du dich gestritten. Und du warst aufgebracht und wütend und bist zu mir gekommen. Darf ich fragen, welcher normale Mensch das fertig gebracht hat? Der Leo Muh, den ich kenne, kommt mit den unmöglichsten Charakteren klar. Teilnehmer und Kursleiter." Leo sah sich nicht als Teil einer Fürsorgepartnerschaft. Wenn Bea seine Zuweisung ansprach, hatte er immer das Gefühl, es gehe nicht um ihn. Nun wusste er nicht, wie er einem Menschen aus der Welt seine Bindung an Edu erklären konnte. Am liebsten wäre er einfach gegangen. Doch sein Hemd hing drei Meter hinter ihm, und Ramesh stand in der Tür und sah ihn immer noch an.

„Edu Muh. Das ist mein Fürsorgepartner." Leo atmete tief aus und suchte auf Rameshs Gesicht nach einem Hinweis, wie er diese Information aufnahm. Sein Blick wurde schärfer, als suchte er etwas hinter Leos Gesicht.

„Du bist verheiratet?"

„Nein. Unsere Art zu leben hat viele Besonderheiten." Leo unterbrach sich. „Das ist eine lange Geschichte." Was immer Ramesh gesucht hatte, er schien es gefunden zu haben. Mit dem Zeigefinger berührte er kurz Leos Wangenknochen, wo die Sommersprossen in den letzten Stunden aufgeblüht waren.

„Erzähl sie mir. Ich möchte sie hören. Leo." Bea hatte Leo gefragt, weshalb er niemals Edus Namen aussprach. Als er jetzt seinen Namen hörte, verstand er ihre Frage, verstand, warum er Edus Namen mied, verstand tief in sich etwas Namenloses, das ihn mit einer ihm völlig unbekannten Wärme erfüllte.

„Ich könnte heute Abend wiederkommen. Das heißt, wenn du nicht arbeitest. Oder weggehst." Ramesh fuhr nun mit der Fingerspitze vom Wangenknochen bis zum Ohr.

„Ich bin heute Abend hier." Er war unzweifelhaft verrückt und unbescheiden und noch vieles mehr, das mit der Silbe Un begann.

„Aber ich kann erst nach der Sammlung kommen. Dann gehen alle ins Bett."

„Und dein ... Mann?" Edu so bezeichnet zu hören, schockierte Leo. Der Titel beinhaltete so viel, was er nicht bereit war zu geben oder anzunehmen.

„Er ist nicht mein Mann. Er wird glauben, dass ich nach unserem Streit im Gemeinschaftsschlafraum schlafe. Das mache ich manchmal. Und die Muh dort werden annehmen, dass ich in unserem Zimmer schlafe. Ich steige entweder aus dem Fenster oder ich nehme mir einen Schlüssel." Ramesh lachte kopfschüttelnd.

„Das ist wie in einem Film aus meinem Land." Er ging hinüber zu dem Stuhl und hielt Leo das Hemd auf, so dass der nur noch hineinzuschlüpfen brauchte. „Dann sehe ich dich heute Abend. Wann ungefähr?"

„Gegen elf. Gib mir deine Nummer, falls es Probleme gibt."

Eine fremde Nummer auf dem Handy war riskant. Leo wusste aber, dass Bea Christa Hemmens Nummer auf ihrem Handy hatte, also wäre ihm erlaubt, Rameshs Nummer einzugeben.

Martina Sevecke-Pohlen

Anonymus

ER WAR FROH, DASS ER DIESEN AUSFLUG SORGFÄLTIG VORBEREITET HATTE. NACH MÖGLICHKEIT SOLLTEN sie zu Hause denken, er habe sich in sein Zimmer zurückgezogen. Die Tür war abgeschlossen, wie es seine Gewohnheit war, und der Fernseher lief. Zu lange durfte er trotzdem nicht fortbleiben, deshalb musste er näher an Backemoor heranfahren, als ihm lieb war. Sein Auto stellte er an der Bietzestraße hinter einem Gebüsch ab. Bis kurz vor dem Ortseingang lief er auf der Straße. Nachdem er sich vergewissert hatte, dass niemand in Sichtweite war, kletterte er über den Zaun auf ein Feld.

Auf der Strecke waren mindestens fünf Gräben, in die das Wasser aus den Feldern ablief. Den ersten Schloot hätte er beinahe zu spät bemerkt. Geistesgegenwärtig zog er den Fuß zurück und hockte sich an der Böschung nieder. Mit der Taschenlampe leuchtete er die Böschungen an beiden Seiten ab, ehe er im Dunkeln sprang. So machte er es jedes Mal. Einmal rutschte er bei der Landung mit einem Fuß ab, konnte sich aber an Grashalmen festhalten. Die Zäune am Fennenweg bereiteten ihm mehr Probleme, doch auch die überwand er. Jenseits des Fennenwegs wurde es einfacher. Er befand sich zwar näher an Backemoor, doch von den Bäumen entlang der Straße zogen sich Baumreihen auf die Felder. Er musste nur darauf achten, dass er das richtige der beiden Häuser erwischte. Ein letztes Mal sprang er über einen Zaun.

Durch das Gestrüpp tappte er auf das dunkle Haus zu. Solange er keinen Lärm machte, fiele das Knacken und Rascheln nicht auf. Der Wind hielt die Zweige in Bewegung, und bestimmt ließ er am Dach des Nachbarhauses die Schindeln laut genug klappern, dass Geräusche aus dem Garten überdeckt wurden. Das Fenster im Eingangsbereich lag ihm am nächsten. Er schlug es ein, wartete einen Moment und stieg dann in das Haus.

Seine Nackenhaare stellten sich auf, als er den Fäulnisgeruch wahrnahm, und er musste einen Würgereiz unterdrücken. Das war nicht sie. Er hatte sie weggebracht. Was er roch, war der Gestank einer Hexe. All das Böse, das sie ausgedünstet hatte, war in diesen Mauern gefangen. Er überlegte, ob es nicht einfacher wäre, das Haus samt seinem Inhalt in Brand zu setzen. Davon abgesehen, dass es zu viel Aufmerksamkeit erregte, könnte er nicht sicher sein, dass das, was er suchte, wirklich durch die Flammen zerstört würde. Brände wurden außerdem in den Zeitungen gemeldet. Der Zahnarzt würde davon lesen. Wie er ihn kennengelernt hatte, ginge er mit seinen Lügen und Halbwahrheiten zur Polizei.

Im Wohnzimmer schaltete er die Taschenlampe wieder ein und leuchtete über die Möbel. Er untersuchte die aufgeklappte Schreibfläche des Sekretärs, leerte die beiden Fächer aus und durchsuchte zwei Schubladen. Nichts. In seinem Magen formte sich ein Klumpen Angst. Erst belastete sie ihn mit ihrem Hexengestank, dann versteckte sie ihre Beweise vor ihm. Er musste sich aufrichten und tief durch den Mund atmen. Der Lichtkegel der Taschenlampe sprang über die Wand. Beinahe hätte er laut gelacht. So einfach machte sie es ihm. So sicher war sie gewesen, so überheblich. Mit zitternden Fingern nahm er die Bilder ab und steckte sie in die Innentasche seiner Jacke. Jetzt war alles gut. Er hatte sie getötet und die Originale der Bilder in seinen Besitz gebracht.

Da sah er sie. Sie stand an der anderen Wand, blass und hager, das Hexengesicht zu einem grausigen Lachen verzerrt. Einen Augenblick starrte er sie an. Dann warf er einen Stuhl nach ihr.

Leo

Zuerst wollte Leo aus einem Fenster steigen, verwarf diese Idee aber aus praktischen Erwägungen. Später erwog er, Inna einzuweihen. Als Jugendlicher hatte er einen Sommer lang ihre Ausflüge in die nächtliche Welt gedeckt. Aber eine Gelegenheit zu einem Gespräch ergab sich nicht, weshalb er nach der Abendmahlzeit seinen Reinigungsdienst im Refektorium nutzte, um den Schlüssel für die Hintertür vom großen Bund abzulösen.

Sein Ausflug vom Nachmittag war nicht aufgefallen. Als Leo sich zur Abendmahlzeit auf den Platz neben Edu setzte, ignorierte der ihn. Rechts von Leo saß Ann, deren Essen auf dem Teller erkaltete, weil sie mit ihrem Fürsorgepartner wisperte und kicherte. Sie bemerkte weder die amüsierten Blicke der anderen Muh noch Beas komische Verzweiflung, als Ann sich zum Ende der Mahlzeit eilig noch einige Gabeln voll Auflauf in den Mund schob. Die Aufmerksamkeit der Tischrunde lag bei Ann, während Leo im Geiste seine Erlebnisse vom Nachmittag durchging und über den Abend spekulierte.

Weit war Leo mit seinen Spekulationen nicht gekommen, als er eine halbe Stunde nach der Sammlung die Tür zum Küchentrakt hinter sich abschloss. Er machte einen großen Bogen um den Bereich unter Beas Bürofenster und kletterte über das Tor an der Parkplatzseite. Diesmal verschwendete er keine kostbaren Viertelstunden im Wald, sondern lief direkt zum Wöschenweg. Ein Hauch von Frost lag in der klaren Luft über den Feldern. Leo bedauerte, keine Jacke mitgenommen zu haben. Er ging schneller und sah schon bald die Lichter von Kirchhatten. Davor stand ein einzelnes Licht.

„Ich war nicht sicher, ob du wirklich kommen würdest."

Lange Vorhänge verbargen die Dunkelheit draußen. Drinnen brannte nur eine Lampe, im Ofen loderte ein Feuer. Von der Wärme angezogen ging Leo dorthin und streckte seine Hände zu den Flammen hinter der Glastür.

„Heute Nachmittag holst du dir fast einen Hitzeschlag, jetzt läufst du ohne Jacke durch die Kälte." Ramesh warf eine Decke über seine Schultern. „Bleib da sitzen. Ich hole dir etwas Warmes zu trinken."

Leo zog die Decke enger und kauerte sich auf eine mit Ringelblumen und Elefanten bedruckten Baumwolldecke. Ein Sofa gab es nicht, und er konnte sich nicht erinnern, die Decke am Nachmittag gesehen zu haben. Verstohlen hob er eine Ecke an, darunter lagen Schaffelle. Ein Räucherstäbchen auf dem Ofen verströmte einen intensiven Jasminduft. Leo hörte Ramesh in der Küchenzeile, sah aber nur seinen Schatten an einer Wand. Er atmete tief durch und versuchte, sich zu entspannen. Ramesh stellte ein Tablett mit zwei Bechern auf den Rand des Ofens. Einen Becher reichte er Leo.

„Nur Kakao, keine Sorge." Er lachte leise, als Leo ihn verständnislos ansah. „Du kommst wirklich aus einer anderen Welt." Sie saßen sich gegenüber, jeder einen Becher in der Hand. „Bist du heute Nachmittag gut nach Hause gekommen?" Leo nickte. Er nahm einen Schluck.

„Wann soll ich wieder gehen?"

„Du bist gerade erst gekommen. Bleib, so lange du möchtest. Du hast mir noch nicht erklärt, ob du nun verheiratet bist oder nicht. Du hast gesagt, es ist eine lange Geschichte."

„Ich kann die ganze Nacht bleiben?"

„Wenn du das möchtest." Plötzlich wusste Leo, dass er bleiben wollte. Nichts und niemand wartete auf ihn im Tagungshaus.

„Um sechs stehen die anderen Muh auf. Ich muss mich vorher ins Haus schleichen. Wenn ich kurz nach fünf gehe …?" Er sah Ramesh an.

„Okay. Vor fünf Uhr verlässt du mir nicht das Haus." Ramesh richtete die Decke um Leos Schultern. „Und jetzt erzählst du mir die lange Geschichte."

Leo erzählte. Er musste weit ausholen und erklären, wie die Minderen und Heimatlosen entstanden waren, wie sie Fürsorgepartnerschaften gründeten, damit kein Muh allein in der Welt stehen musste, und wieso ihm Edu Muh zugewiesen worden war. Auch Christa Hemmen erwähnte er, teils weil sie Anlass des Streits zwischen ihm und Edu gewesen war, teils weil er immer noch viel zu oft an sie dachte. Während er sprach, kam er Ramesh immer näher. Als er endete, lehnte er gegen Rameshs Schulter.

„Er ist eifersüchtig, dieser Fürsorgepartner von dir." Leo spürte nach, wie Rameshs Finger vom Nacken zu seiner Schläfe strichen.

„Eifersüchtig? Für den existiere ich doch gar nicht."

„Und das stört dich?" Leo überlegte.

„Natürlich. Ich existiere nämlich."

Von Ramesh kam ein Laut wie unterdrücktes Lachen.

„Sprechen so Muh?"

„Keine Ahnung. Ich spreche so."

Ein wenig misstrauisch versuchte Leo, ihn anzusehen, doch Rameshs Haare verdeckten Augen und Mund.

„Vielleicht sieht er dich ja an, wenn du es nicht merkst. Ich kenne diese Christa Hemmen nicht, obwohl ich sie wahrscheinlich schon einmal im Tagungshaus gesehen habe, wenn sie so oft da ist. Ich bin jedenfalls eifersüchtig auf sie." Leo setzte sich nun doch auf.

„Warum?"

„Du hast sie immerhin geküsst." Acht Tage lag der Kuss zurück. Seitdem hatte sich die Welt verändert. Worin die Veränderung bestand, blieb unklar, obwohl Leo in diesem Gemenge aus Wärme und Düften erkennen konnte, dass er Gefahr lief, seinen Gleichmut zu verlieren.

„Ich erinnere mich." Ehe Leo wusste, was er tat, presste er seine Lippen auf Rameshs. Er spürte, wie er näher gezogen und festgehalten wurde, ehe er den Überblick verlor. Als er wieder zu Atem kam, lag er auf dem Rücken, Ramesh stützte sich auf einen Ellenbogen und betrachtete ihn nachdenklich. Mit einer Hand strich Leo die störenden Haare beiseite.

„Ich sollte mich bei deinem Fürsorgepartner entschuldigen."

„Der wäre froh, mich los zu sein." Ramesh legte sich neben ihn und sah ihn über die Wellen der Decke an.

„Aus diesen Worten spricht entweder deine muhische Bescheidenheit oder absolute Ignoranz." Seine Finger legten sich um Leos Kinn und drehten seinen Kopf, so dass sie sich ansahen. „Ich meine diese unglaubliche, alles niederdrückende Bescheidenheit. Du hast keine Ahnung, wie verführerisch die ist." Leo legte beide Arme um ihn. Er öffnete seinen Mund und empfing den Kuss, ließ sich fallen. Das Feuer neben ihm knisterte, der Wind heulte im Ofen und draußen klapperten die Dachschindeln. Wie aus einem heißen Bad tauchte er auf, als Ramesh sich abermals auf einen Ellenbogen stützte. Er machte ein Gesicht, als müsste er über sich selbst lachen.

„So viel zu Kontemplation, Enthaltsamkeit und spiritueller Liebe. Da kommt ein bescheidener kleiner Muh, und ich kann mich gerade noch beherrschen."

„Das brauchst du nicht." Leo wunderte sich, wie er dazu kam, so etwas zu sagen. Ramesh schüttelte den Kopf.

„Oh, Leo. Das glaube ich dir. Ich glaube auch, du würdest nicht so harmlos hinnehmen, wie man es dir beigebracht hat. Setz dich hin, damit ich nicht doch alle Vorsätze in den Wind schlage. Glaub mir", er sah Leo tief in die Augen, „dann würde ich dich hier nicht rausgehen lassen, weil ich Angst hätte, dass Bea Muh und die anderen Kodexwächter und Kodexmeister dich an irgendeinen geheimen Ort verschleppen und dich einer Gehirnwäsche unterziehen." Leo starrte ihn an. Sinn machte der Schwur nicht, aber er setzte sich auf. Ramesh räusperte sich, fand seinen Becher vor dem Ofen wieder und nippte daran.

„Ich fürchte, mein Leben ist so ganz anders gewesen als deines. Als Kind war ich mal in Deutschland, mal in Indien. Ich habe geglaubt, dass ich in Indien bleiben würde, aber dann kam durch Zufall die Chance, in Hamburg zu arbeiten. Und als ich ein paar Monate in Deutschland war, ist meine Großmutter gestorben. Und, na ja, sieh dich um, verkaufen kann man so ein Haus nicht, nicht einmal das Grundstück ist viel Wert, mitten im Maisfeld. Also bin ich hier eingezogen und halte mich mit Krankengymnastik, Yoga und Meditationskursen über Wasser. Und ansonsten suche ich meine Mitte und strebe nach einer reinen, spirituellen Liebe zur Schöpfung. Und dann laufe ich dir über den Weg."

„Und was habe ich getan?"

„Du hast mich daran erinnert, dass ich begehre, wenn ich nur ansehen und lieben sollte." Eine Weile saßen sie sich schweigend gegenüber. Leo spürte Wärme und Licht, die nicht vom Feuer kamen. Er war Ramesh nah genug, dass sein Atem seine Stirn streifte und der Duft seiner Haut ihn wie eine Umarmung umfing.

Sonntag, 8. Mai

Andy

„Ich glaube, da hinten ist es. Da steht Jörns Auto." Andy Vosgerau zeigte auf ein Einfamilienhaus. Die Bordsteinkanten in dieser Straße waren dicht zugeparkt. Sie mussten ein kurzes Stück zurückgehen.

Das Haus von Heidi Hemmen und Andrej Schelupa zählte in dieser Straße zu den älteren. Bäumchen und Sträucher hatten nicht mehr das gestutzte Aussehen junger Baumarktpflanzen, der Rasen war dicht, aber struppig. Neugierig begutachtete Andy die Nachbargärten. So viele Glaskugeln, Steinvögel, Terrakottakatzen und Metalligel sah er selten an einem Ort versammelt.

Die Auffahrt ließ ahnen, was sie im Haus erwartete. Miniaturlöwen balancierten auf kniehohen Säulen und grüßten die Besucher mit erhobener Pranke. Dahinter lag das gepflasterte Wappen Oldenburgs. Die Doppelgarage wurde ebenfalls von Betonlöwen bewacht, während über dem Türsturz griechische Jungfrauen Füllhörner umklammerten. Andy fürchtete, jeden Moment könnten sich Betonäpfel und steinerne Trauben über ihn ergießen. Von Kirsten kam erst ein Glucksen, dann ein unschuldiger Blick, als er sich zu ihr umdrehte.

„Ich bin beeindruckt", versicherte sie mit aggressivem Unterton. Andy dachte an ihre Dreizimmerwohnung in der Wardenburger Karl-Bunjes-Straße. Ein paar Löwen und eine handvoll Greife würden den Balkon bestimmt aufpeppen. Statt zu lästern, nahm er Kirsten bei der Hand und klingelte. Beinahe sofort öffnete Andrej. Hinter ihm nahm Andy weitere Leute wahr, darunter Christa, deren Auto er an der Straße nicht gesehen hatte.

„Willkommen in unsere neue Haus." Ein Tablett mit leeren Sektgläsern behinderte Andrej beim Händeschütteln. Andy nickte ihm freundlich zu und sah sich um, wer außer ihnen versammelt war. In dem kreisrunden Eingangsbereich standen Kati und Jörn mit Christa zusammen. Hinter ihnen sprach Heidi mit einem Paar in Andrejs Alter. Der Mann trug einen Anzug wie aus der Werbung von Oldenburgs größtem Herrenausstatter, die Frau neben ihm hätte ein Model sein können, wäre sie einen Kopf größer gewesen. Andy bedauerte mit einem Mal, dass er seinen blauen Blouson trug, doch richtig angezogen fühlte er sich sowieso nur in seiner Uniform.

Heidi schwebte ihnen nun entgegen, umarmte erst Kirsten, dann ihn.

„Hattet ihr auch Probleme, die Straße zu finden? Ich musste Vati und Mutti mit dem Handy lotsen." Kirsten versicherte, dass sie den Weg ohne Mühe gefunden hatten. Das stimmte nicht ganz, aber eine von Kirstens Kolleginnen wohnte in der Nähe. Kirsten war erst zu deren Haus gefahren und hatte von dort aus systematisch die Straßenschilder kontrolliert. Andy nahm während dieses Austauschs den Eingangsbereich in Augenschein. Eine weiße Treppe führte entlang der Wand in die erste Etage auf eine gläserne Wand zu. Für Kinder und Leute über fünfundfünfzig war die Treppe ungeeignet.

Kirsten stieß ihn an. Andy bekam gerade noch mit, wie ihm die beiden gutaussehenden Leute als Mischa und Lubov vorgestellt wurden. Mischa war offenbar ein Geschäftspartner von Andrej. Kati schüttelte seine Hand, als sei er Putin persönlich.

„Am besten fangen wir oben an." Heidi stieg die Treppe hoch, Andrej scheuchte seine Gäste hinter ihr her. Oben prallte man beinahe gegen die Glaswand, an deren Seiten bodentiefe Fenster zum Kippen eingesetzt waren. Andy stellte sich kleine fettige Handabdrücke auf dem Glas vor, wohlwissend dass Abdrücke jeglicher Art nicht in von den Hemmen-Frauen bewohnte Häuser passten. Kati würde mit Glasreiniger um sich spritzen, lebte sie in so einem Haus. Es wäre interessant zu beobachten, wie Heidi mit so viel Glas zurechtkäme.

Es folgten mehrere Zimmer und fast genau so viele Badezimmer. Mischa und Lubov tuschelten auf Russisch,wobei das deutsche Wort Kinderzimmer zweimal fiel. Lubov lachte. Andy schaute in ein kleines Zimmer, das von einem der Bäder abging. Als Kinderzimmer wäre es geeignet. Er hoffte, Kirsten habe Lubov und Mischa nicht gehört. Sie hatten trotz redlichen Bemühens keine Kinder bekommen. Mittlerweile bedauerte er diesen Umstand weniger, aber er fürchtete, dass Kirsten nach wie vor darunter litt. Schnell huschte er hinter den anderen in das nächste Zimmer. Wieder war es ein Bad. Kati begutachtete die beiden Wachbecken und die Toilette mit gerunzelter Stirn. Andy beugte sich tief über das Becken, das ihr den Seufzer entlockt hatte. Es wies alles auf, was er an einem Waschbecken erwartete.

„Was hat deine Frau da gesehen?" Jörn sah von Kati zum Waschbecken.

„Bei Waschbecken guckt sie immer nach so kleinen Vertiefungen. Die mag sie gar nicht." Kati hatte seine Antwort gehört und nickte zustimmend, ehe sie den Raum verließ. Kirsten wies auf die problematische Stelle.

„Da entstehen Ablagerungen. Und darin leben Bakterien." Die meisten Frauen fürchteten sich vor Kati, sobald sie hörten, was sie beruflich machte. Auch Kirsten ließ Kati nur ungern in ihre Wohnung. In der Frage bakterieller Ablagerungen stimmte die Krankenschwester jedoch mit der Hauswirtschaftsleiterin überein.

Im Erdgeschoss gab es ein weiteres Badezimmer, einen Hauswirtschaftsraum von der Größe einer Doppelgarage, eine Küche und ein weitläufiges Wohnzimmer.

„Hier feiern wir eure Hochzeit“, rief Lubov auf Deutsch und drehte sich anmutig im Kreis, als führte sie ein großfürstlicher Tanzpartner. Heidi lachte abwehrend.

„Ach was. Wir haben einen ganz reizenden Saal in Wardenburg gemietet. Der Tanzboden ist super, den kenne ich.“ Sie verteilte nun die Gläser, die Andrej durch das ganze Haus getragen hatte. Er folgte ihr mit Sekt und Orangensaft. Nachdem alle auf das neue Haus angestoßen hatten, hielten sie sich an ihren Gläsern fest und testeten verstohlen mit den Fußspitzen die Eignung des Bodens für Tanzveranstaltungen.

„Andy, was gibt es Neues über Johannes Bruns?“ fragte Kati plötzlich. Ihre Frage hallte in dem leeren Raum. Alle sahen auf Andy. Der spürte sich rot werden.

„Äh, nichts, Kati. Und wenn es etwas gäbe, dürfte ich es dir nicht sagen.“

„Andy ist Polizist“, informierte Heidi Lubov und Mischa. „Er ist immer bestens informiert.“ Die beiden schienen nicht recht zu wissen, was sie mit dieser Information anfangen sollten. „Ein Bekannter meiner Mutter wurde ermordet.“ Das allerdings ließ Mischa und Lubov Andy mit neuem Interesse betrachten.

„Ermordet? War das in Fernseher?“, erkundigte sich Mischa. Kati schüttelte den Kopf.

„Man hört und liest gar nichts darüber. Das ist ja das Schreckliche. Meine Freundin ist ganz fertig mit den Nerven. Die Polizei hat ihren Mann und ihren Schwager verdächtigt, dass sie den Vater ermordet haben.“

„Und jetzt?“ Heidi sah von ihrer Mutter zu Andy. „Andy, du weißt doch immer Bescheid, was bei der Kriminalpolizei los ist. Gibt es keinen Klatsch über den Mord an Johannes Bruns?“ Kirsten hängte sich bei Andy ein und drückte warnend seinen Arm. Er räusperte sich.

„Also, ich kann nur sagen, dass die Polizei in Cloppenburg zuständig ist. Die Hütte, in der man ihn gefunden hat, war an der Thülsfelder Talsperre.“

„Thülsfelder Talsperre? Meine Bruder hat eine kleine Haus in Garrel. Er und seine Freunde angeln an der Talsperre.“ Mischa schien nun voll erfasst zu haben, was für einen Leckerbissen Andrejs künftige Schwiegermutter in den Raum geworfen hatte.

„Angler haben die Leiche gefunden“, wusste Heidi. „Der arme Johannes Bruns hat da eine ganze Weile tot gelegen. Das muss schrecklich gestunken haben“, fügte sie noch hinzu, während Lubov bereits die Nase rümpfte und Mischa das Gesicht verzog.

„Kanntest du den Mann, Heidi?", fragte Lubov.

„Nein. Als Kind hab ich ihn wahrscheinlich gesehen, aber die letzten zehn Jahre oder so nicht mehr."

„Er war weit über neunzig und dement", warf Kati ein. Sie drehte sich zu Andy. „Du weißt doch immer, was los ist. Überall kennst du Polizisten. Andy, bitte, es macht mich ganz verrückt, wenn ich mir vorstelle, dass jemand durch Wardenburg läuft und alte Leute umbringt." Wieder sahen alle auf ihn. Kirstens Arm stieß in seine Rippen, aber Andy konnte Katis traurigen Blick kaum ertragen.

„Er wurde nicht in Wardenburg ermordet, Kati. Die Geschichte von Hilde, dass ein Auto in der Straße gehalten hat, stimmt wahrscheinlich. Jemand hat ihn am Haus abgegriffen und mitgenommen." Kirsten räusperte sich. Die anderen wurden unruhig und noch etwas erwartungsvoller.

„Hat man einen Verdacht?", kam von Heidi. Andy schüttelte den Kopf.

„Haben ihn die Besitzer dieser Fischerhütte gefangen gehalten?", wollte Christa wissen. Jörn sah ihn besorgt an. Er wusste, wie leicht Andy sich verführen ließ, mehr über Fälle auszuplaudern, als er durfte. Aber Andy war jetzt in Fahrt gekommen und ließ sich nicht mehr von diskreten Stößen und besorgten Blicken zurückhalten.

„Die Pächter und der Besitzer haben nichts damit zu tun. Über den Winter waren sie nicht bei der Hütte. Jemand hat einfach das Vorhängeschloss ausgetauscht. Bruns wurde dort misshandelt. Massive Verletzungen hat die Rechtsmedizin festgestellt."

„Daran ist er gestorben, ja? War es Folter?", erkundigte sich Mischa. Lubov schlug die Hand vor den Mund. Kati presste ein Papiertaschentuch über ihre Augen. Heidi griff nach Andrejs Arm. Jörn und Christa wandten das Gesicht ab. Kirsten ließ Andys Arm los.

„Das wäre möglich. Aber Todesursache waren nicht die Schläge. Das dachte man zuerst. Er ist verdurstet." Für so eine kleine Gruppe war das Stimmengewirr laut.

„Wer macht denn so etwas?", klang mehrmals aus der Menge. „Dass man den Kerl nur ja bald findet." Sie brauchten ein paar Minuten, bis sie bereit waren für Andys letzten Happen Klatsch.

„Ich habe gehört, dass die Kriminalpolizei glaubt, es habe einen ähnlichen Fall in Papenburg gegeben. Vor ein paar Jahren, heißt es. Auch damals ist ein alter Mann verschwunden. Aus einer Kurzzeitpflegeeinrichtung entführt und nach einiger Zeit ermordet und offenbar misshandelt gefunden worden." Wieder redeten alle aufgeregt miteinander. Es schien nichts Effektiveres zu geben, um eine Gruppe Fremder über die Grenzen von Kulturen zu vereinen, als ein blutiges Verbrechen, das niemand aus der Gruppe betraf. Sogar Kirsten ließ sich ins Gespräch ziehen. Sie sprach mit Lubov über deren Kosmetiksalon und ihre frühere Arbeit als Hautärztin in Minsk. Jörn tauschte mit Mischa Rezepte für gegrillten Fisch aus. Kati und Andrej schienen, ihren Gesten nach zu urteilen, über Vorhänge für die Wohnzimmerfenster zu sprechen. Heidi demonstrierte Christa, worauf bei Brautkleidern zu achten war.

Andy stand mit schlechtem Gewissen an der Wand. Zerknirscht gestand er Kirsten seinen Fehler, sobald sie wieder im Auto saßen.

„Ach, Andy. Das ist doch nichts Neues. Lass uns nur hoffen, dass deine Kollegen den Kerl kriegen, der den Johannes Bruns getötet hat."

Auszug aus: Dores Muh, Geschichte der Gemeinschaft Muh von den Anfängen bis zur Gegenwart. Teil 2: Das 20. Jahrhundert

(…) Deutschland überrannte das neutrale Belgien zu Beginn des Frankreichfeldzuges am 10. Mai 1940. Das deutsche Reich vereinnahmte die ostbelgischen Kantone, darunter auch Gebiete, die ursprünglich nicht zu Preußen gehört hatten. Nunmehr als deutsche Staatsbürger wurden ostbelgische Männer ab 1942 in die Wehrmacht eingezogen. Minderheiten wie Sinti, Roma und Juden wurden in Konzentrationslager deportiert.

1941 lebten in Ostbelgien 436 Muh, davon waren 103 Männer im wehrfähigen Alter. Der Generalmeister setzte sich vergebens für seine Schutzbefohlenen ein. Er wurde verhaftet und verbrachte 87 Tage in einem Aachener Gefängnis, wo er die Folter demütig hinnahm. Bis zum März 1942 waren 60 wehrtaugliche Muh eingezogen worden. Die meisten von ihnen kamen an die Ostfront, so wie mit Männern aus den von Deutschland einverleibten Gebieten generell verfahren wurde. (Siehe Interviews im Anhang C, D, E, F.)

Von den nicht eingezogenen Muh hatten sich die meisten bereits vor der Einberufung in den besetzten Teil Belgiens abgesetzt, andere folgten ihrem Beispiel nach Erhalt der Einberufung. Wie ihre Urgroßväter verließen sie sich auf die Solidarität der altbelgischen Bevölkerung. Untergetaucht überlebten zwanzig Muh die Besatzung. Acht von ihnen schlossen sich im August 1944 den vorrückenden amerikanischen Truppen an und unterstützten diese durch ihre Kenntnis des ostbelgischen Territoriums und der Eifel. (Siehe Interviews im Anhang G, H, I.) Dieses Abweichen von bescheidener Zurückhaltung wurde nach 1945 in der Gemeinschaft kontrovers diskutiert. Kapitel 6 geht näher darauf ein. (…)

Montag 9. Mai

Amke

Amke Kehl hoffte, das warme Wetter vom Wochenende käme wie vorhergesagt ab Mitte der Woche wieder. Seit dem frühen Morgen regnete es über dem Fehn. Ihre Klientenbesuche hatte sie mit einem nassen Fuß durchgeführt, nachdem sie in eine Pfütze vor der Fahrertür getreten war. Auf dem moorigen Boden sackte jede Pflasterung im Laufe weniger Jahre ab, der Parkplatz von Crea. Heim und Pflege machte da keine Ausnahme. Ehe Amke beim Aussteigen ihre Füße aus dem Auto schwang, kontrollierte sie den Boden. Ein wenig Wasser stand da, war aber nicht tief genug, um als Pfütze zu gelten. Sie stieg aus und ging in ihr Büro, um vor der Dienstbesprechung die Strümpfe zu wechseln.

Amke wusch ihre Hände, strich die Haare zurück und fuhr mit den Fingerspitzen unter den Augen, falls sich Makeupreste vom Vortag dorthin verirrt hatten. Zur Arbeit schminkte sie sich nie, weil ein ungeschminktes Gesicht professioneller wirkte. Nachdem sie mit einem Blättchen Puderpapier das Glänzen auf Stirn und Nase abgelöscht hatte, ging sie in den Verwaltungsbereich. Durch die offene Tür sah sie in das leere Büro von Herrn Meinert und Frau Hemmen. Die Stimmen der beiden kamen aus der Teeküche, wo Herr Meinert Kaffee aus der Maschine in eine Thermoskanne füllte. Frau Hemmen lehnte neben ihm an der Arbeitsfläche.

„Er ist zwar nur der Dorfpolizist, aber er kennt unwahrscheinlich viele Kollegen in Oldenburg und bei der Kriminalpolizei. Darum wusste er auch, was die ermittelnden Polizisten in Cloppenburg herausgefunden haben. Stell dir vor, Harry: Es hat vor ein paar Jahren einen ganz ähnlichen Fall in Papenburg gegeben."

Die Frau verschränkte zu oft ihre Arme. Amke überlegte, wovor Frau Hemmen Angst haben könnte. Mit Herrn Meinert verstand sie sich gut, und Frau Hahn tat keiner Fliege etwas zu Leide. Von ihr konnte sich auch niemand bedroht fühlen. Amke betrachtete sich als kooperative Pflegedienstleiterin, im Gegensatz zu Frauen wie Thea Lakeberg vom Elisabethen-Haus Emswiesen. Herr Meinert ließ den dampfenden Kaffeefilter in den Biomülleimer fallen.

„Einen ähnlichen Fall? Ist da auch ein alter Mann verschwunden?"

„Ja. Der Mann war in einer Kurzzeitpflegeeinrichtung, als er entführt wurde."

Amke hatte genug gehört, um zu erkennen, dass sich eine Fachfrau am Gespräch beteiligen sollte.

„Moin, moin. Geht es um den ermordeten Bekannten Ihrer Mutter?" Frau Hemmen drehte sich um.

„Das geht Sie nichts an."

Amke fand, dass jemand, der vor einer Woche von ihr Bachblüten-Notfalltropfen erhalten hatte, nicht so tun sollte, als ginge sie das Thema nichts an. Aus den Augenwinkeln sah sie Herrn Meinert abwiegelnd winken. Sie beharrte nicht auf weiteren Informationen, sondern entschied, selbst herauszufinden, welche Vorfälle die Polizei als Parallele zu dem Mord an der Thülsfelder Talsperre einstufte. Im südlichen Ostfriesland und dem nördlichen Emsland war sie so gut vernetzt, dass sie die Geheimnisse jeder Person hätte aufdecken können, solange es sich um medizinische Probleme handelte.

Nach der Dienstbesprechung begann Amkes Bürozeit. Sie besuchte nur die Klienten mit dem anspruchsvollsten Pflegebedarf. Die Hälfte ihrer Arbeitszeit verbrachte sie am Schreibtisch. Zunächst ging sie die Briefpost und ihre E-Mails durch. Das meiste waren Newsletter und Rundschreiben, darunter eine Erinnerung an die Konferenz der Pflegedienstleiter NordWest. Amke war längst angemeldet. Sie wollte die Mail löschen, entschied aber, vorher den Verteiler anzusehen. Sie las die Namen halblaut und versuchte, sich die Gesichter vor Augen zu rufen. Einige kamen aus der Krummhörn, einige aus dem Ammerland oder dem Oldenburgischen, einige aus dem Emsland. Nur die Emsländer kamen infrage. Amke wusste nicht genau, welche Einrichtungen vor ein paar Jahren Kurzzeitpflege im Raum Papenburg angeboten hatten, mit Sicherheit aber das Elisabethen-Haus Emswiesen. Sie zückte ihr Smartphone. Thea Lakeberg erwiderte ungerührt ihren Blick aus der Kontakte-Liste.

„Na, warte, Thea", murmelte Amke und tippte auf den grünen Telefonhörer.

„Elisabethen-Haus Emswiesen in Papenburg, Sie sprechen mit Inka Heinemann. Was kann ich für Sie tun?" Amke verzog das Gesicht.

„Moin, Kehl von Crea. Heim und Pflege in Rhauderfehn. Ich möchte mit Frau Lakeberg sprechen."

„Einen Moment, bitte."

Musik erklang, für Warteschleifenmusik war es eine schmissige Melodie. Amke tappte mit dem Fuß im Takt. Aus Erfahrung wusste sie, das Thea Lakeberg sie noch eine Weile zappeln lassen würde. Erst wenn sie glaubte, ihre Anrufer hätten längst vergessen, warum sie diese Nummer gewählt hatten, meldete sie sich. Diesmal vergingen vier Minuten.

„Lakeberg." Amke setzte sich in Position für ihren Spruch. Sie wollte locker und natürlich klingen. Das gelang ihr am besten mit einem Bein über der Armlehne ihres Stuhls.

„Moin, Thea. Amke Kehl hier von Crea. Heim und Pflege in Rhauderfehn. Wie geht es dir?“ Thea zögerte.

„Oh. Amke. Gut. Und dir?“ Amke nickte vor sich hin.

„Auch gut. Du, Thea, ich habe eine Anfrage für eine Kurzzeitpflege. Wie sieht es im Juni aus ? Die ersten beiden Wochen.“ Sie konnte Theas gekrauste Stirn vor sich sehen. Für solche Fragen war sie nicht zuständig.

„Da verbinde ich dich am besten mit der Leiterin der Kurzzeitpflege. Die Nummer steht aber in allen unseren Unterlagen, Amke.“ Der Vorwurf schwang mehr als deutlich mit. Amke verdrehte die Augen, schwang ihr Bein zurück und setzte sich auf.

„Ach, ich wollte gern mit dir reden, Thea. Also, wie ist es? Anfang Juni?“ Thea seufzte.

„Also gut.“ Das Klappern einer Tastatur drang zu Amke. „Anfang Juni haben wir keinen Platz frei. Der früheste Termin ist der zwölfte.“

„Oh, das geht nun gar nicht. Da muss ich weiter suchen. Außer euch hat nur noch der Julianenhof eine Kurzzeitpflege, oder?“ Thea klang nun genervt. All diese Informationen konnte Amke im Internet erfahren. Aber Amke wollte ihren Ärger schüren, ehe sie die peinlichen Fragen stellte.

„Ja. Der Julianenhof. Aber bei denen möchtest du niemand abliefern, was man so hört. Wenn die öfter überprüft würden, hätten die längst dichtmachen müssen. Da gibt es zwei neue Einrichtungen. Hellmers und Krause in Rhede und den Sommerhof in Herbrum. Man hört Gutes, aber die kenne ich nicht selbst.“ Amke kannte die Häuser auch nicht, aber sie kamen ihr gerade recht.

„Och, ich hoffe, die ziehen euch nicht zu viele Kurzzeitbewohner ab. Nach dem, was damals passiert ist, sind bestimmt viele Angehörige vorsichtig geworden, wo sie ihre Verwandten unterbringen.“ Thea sagte einen Moment lang nichts. Amke hörte sie auf irgendetwas Hartes klopfen.

„Ich weiß jetzt nicht, was du meinst.“

„Na, diese alte Geschichte, als euch ein Kurzzeitbewohner abhanden gekommen ist. Ermordet wurde er später gefunden, habe ich gehört. Das muss die Angehörigen beunruhigt haben. So etwas schadet dem Ruf.“

„Die Geschichte mit dem alten Oltmann hat uns nicht geschadet, wenn du das meinst.“ Thea klang wie ein frisch gewetztes Messer, das sie an Amkes Hals drücken wollte. Aber Amke hatte bekommen, was sie wollte und verabschiedete sich, ehe Thea merkte, was sie gesagt hatte.

Der Name Oltmann alleine half Amke nicht weiter, dafür hießen zu viele Leute in der Gegend so. Sie telefonierte ihre Kontakte bei den Pflegediensten durch. Beim Buchstaben H schlug ihr eine Bekannte vor, einen Pflegedienst in Aschendorf anzurufen und dort nach einer bestimmten Frau zu fragen. Diese Frau hielt von Datenschutz so wenig wie Amke. Sie schlug zu Oltmann den Vornamen Keno vor und gab Amke die Telefonnummer einer Pflegerin. Mit dieser Frau verabredete sich Amke zum Essen.

Die Pizzeria in der Ihrhovener Bahnhofstrasse war nur zehn Minuten Fahrt von Crea. Heim und Pflege entfernt. Amke fuhr am Gästeparkplatz vorbei und parkte in einer Seitenstraße. Autos von Pflegediensten trugen auffällige Werbung. Standen sie vor einem Haus, spekulierten die Nachbarn über den Gesundheitszustand der Bewohner. Standen zwei Dienstwagen von verschiedenen Unternehmen auf dem Parkplatz eines Restaurants, eröffnete das ein noch weiteres Feld für Mutmaßungen. Außerdem wollte Amke vermeiden, von einer Crea-Kollegin gesehen zu werden.

Jacky Schnuis hatte ihren Dienstwagen vor der Eingangstür geparkt. Ansonsten stand nur noch ein weiteres Fahrzeug auf dem Parkplatz. Amke seufzte. Sie seufzte noch einmal, als sie an einem Tisch nahe der Tür eine Frau in Weiß sitzen sah. Frau Schnuis fehlte es an Übung in konspirativen Treffen, während Amke heimlich in Straßenkleidung geschlüpft war, ehe sie ihr Büro verlassen hatte.

Frau Schnuis erhob sich halb von ihrem Stuhl, als Amke zu ihr an den Tisch trat. Sie sah älter aus, als Amke erwartet hatte, zumindest herber, als wäre ihr Leben nicht immer in geordneten Bahnen verlaufen.

„Sie wollten über Keno Oltmann sprechen", eröffnete Jacky Schnuis das Gespräch. Ihre Stimme klang dunkel, als sei sie eine starke Raucherin. Riechen konnte Amke nur das Handdesinfektionsmittel, das auch sie verwendete. „Sie wissen aber, dass er tot ist. Oder?" Amke gab zu verstehen, dass sie das wusste und sich genau für diesen Punkt interessierte.

„Haben Sie ihn im Elisabethen-Haus gepflegt?", fragte sie. Jacky schüttelte den Kopf.

„Nein, eigentlich hatte ich mit dem alten Oltmann nichts zu tun. Ich bin wegen seiner Schwiegertochter zum Hof rausgefahren. Die hatte eine schwere Operation und brauchte Pflege."

„Die Oltmanns sind Landwirte? In Aschendorf?"

„Bei Aschendorf", verbesserte Jacky. „Und Keno Oltmann war der Altenteiler. Der hat sich in alles eingemischt, obwohl er nicht mehr viel machen konnte. Der Oltmann – den müssen Sie doch kennen – der war früher ein großes Tier in der Gemeinde. Viermal Schützenkönig. Einmal soll er versucht haben, Bürgermeister von Papenburg zu werden. Hat aber wohl nicht geklappt. Und beim Landvolk war er Vorsitzender des Kreisvereins, als ich klein war." Ihre Beehive-Frisur glänzte blauschwarz, und ihr grünes Nasenpiercing wippte beim Sprechen. Amke fragte sich, wer Jacky Schnuis bei ihrem christlichen Arbeitgeber eingestellt hatte.

„Wissen Sie noch, wie das war, als Keno Oltmann ermordet wurde?“ Jacky beugte sich über ihren Salatteller zu Amke. Ihre schwarz und grün ummalten Augen glänzten.

„Und ob.“ Sie trank einen Schluck Diätcola und sah kurz über ihre Schulter zum Tresen, wo die Bedienung sich beeilte wegzusehen. „Aber vorher möchte ich wissen, warum Sie das alles fragen. Hat sich jemand beschwert?“ Amke speicherte die Frage ab. Sie würde bei Gelegenheit darüber nachdenken, ob sie damit noch etwas anfangen konnte.

„Niemand hat sich beschwert. Es ist nur so …“ Verschwörerisch lehnte auch sie sich vor. Wegen ihrer Größe erreichte sie beinahe Frau Schnuis Nasenspitze. „Ein Klient meines Arbeitgebers ist auch verschwunden und dann ermordet aufgefunden worden.“ Diese weite Auslegung der Tatsachen sollte Frau Schnuis nicht stören, erführe sie jemals die wahren Zusammenhänge. „Ich möchte herausfinden, ob es da Verbindungen gibt. Die Polizei …“ Sie hielt die Handflächen nach oben. Jacky rümpfte ihre Nase und nickte.

„Okay. Das Ganze ist jetzt ungefähr drei Jahre her. Damals habe ich noch bei einem anderen Dienst gearbeitet. Wie gesagt, die junge Frau Oltmann brauchte nach ihrer Operation Pflege. Ich bin zweimal am Tag zu ihr gefahren. Außerdem hatten die noch ein Mädel von der Landwirtschaftskammer da. Das hat sich um den Haushalt gekümmert und um die Kinder, und dem jungen Oltmann hat sie, glaube ich, auch auf dem Hof geholfen. Aber das weiß ich nicht.“

„Wer hat sich um Keno Oltmann gekümmert?“ Jacky machte eine wegwerfende Handbewegung.

„Der war schon im Elisabethen-Haus, als ich das erste Mal gekommen bin. Der junge Oltmann hat ihn an den Wochenenden geholt. Wenn der da war, gab es nur Krach. Der Frau Oltmann ging es am Wochenende immer schlechter. Und die Kinder haben sich bei ihr unter dem Bett versteckt, die musste ich da erst einmal mit dem Mädel von der Landwirtschaftskammer rausholen, ehe ich mich um die Operationswunde kümmern konnte. So schlimm war das. Ich bin ja gerne zu der Frau Oltmann gefahren, aber vor den Wochenenden hatte ich richtig Schiss.“ Amke konnte das nachvollziehen.

„Worum ging der Streit denn?“

„Der alte Oltmann wollte nach Hause. Aber das ging nicht. Wer hätte sich um den kümmern sollen? Also hat er Theater gemacht, gedroht hat er dem jungen Oltmann. Und der hat sich das nicht bieten lassen.“ Jacky nickte über ihren Erinnerungen. Dann sah sie Amke wieder an. „Ich war ungefähr einen Monat da, da hat das Elisabethen-Haus angerufen und gefragt, wann der alte Oltmann zurückkommt. Ich weiß nicht mehr genau, wie das war. Der alte Oltmann wollte damals nicht auf den Hof kommen, aber er ist auch nicht im Elisabethen-Haus geblieben. Und dann ist er nicht mehr bei denen aufgelaufen. Die haben die Polizei gerufen. Dann ist die Frau Oltmann in Reha gegangen, und mein Job da war vorbei. Aber das Mädel von der Landwirtschaftskammer war noch da. Die sollten sie fragen. Dirka Menninga war das." Amke notierte sich den Namen und auch die Zeit, in der Jacky bei Oltmanns gewesen war.

„Wie war das, als der Oltmann gefunden wurde?" Jacky runzelte die Stirn.

„Das war viel später. Im nächsten Jahr, glaube ich. Im Frühjahr. Das können Sie bestimmt in alten Zeitungen nachsehen. Irgendein Ruderverein hat den Bootsschuppen nach dem Winter geöffnet, und da haben sie die verweste Leiche gefunden." Jacky schüttelte sich.

Amke bezahlte für sie beide. Als sie aufstehen wollte, legte Jacky eine Hand auf ihren Arm.

„Frau Kehl, was meinen Sie. Könnte ich mich bei Crea. Heim und Pflege bewerben?" Amke zögerte, aber sie brauchte Frau Schnuis vermutlich noch.

„Also, wir warten darauf, dass drei Stellen genehmigt werden. Wenn Sie mir Ihre Karte geben, melde ich mich und Sie können sich bewerben. Versprechen kann ich natürlich nichts."

„Nein, klar." Amke erhielt eine bunte Karte, die sie unbesehen einsteckte.

Martina Sevecke-Pohlen

Christa

Harry nutzte seine Mittagspausen für Spaziergänge zu einer von Tunesiern geführten Pizzeria am Untenende, wo er seinen Hunger mit Pommes und türkischer Pizza stillte. Alle Angestellten nannten ihn Harry und fragten bei schlechtem Wetter nach seinem Knie. Christa genoss derweil seine Abwesenheit. Sie öffnete das Fenster zum Parkplatz, schlüpfte aus den Schuhen und löffelte mitgebrachten Joghurt. Ihre Lektüre empfand sie zur Zeit weniger erbaulich. Die bestand aus Werbeprospekten von Brautausstattern und einschlägigen Zeitschriften. Noch blieb ihr ein Monat, um ein Kleid und einen dazu passenden Mann zu finden. Was Heidi mit ihr anstellte, sollte sie ohne beides erscheinen, wagte sie sich nicht auszudenken.

Nachdem Christa sämtliche Kollegen und alte Schulfreunde als potentielle Begleiter ausgeschlossen hatte, blieben Leo Muh und Wolfram Frings, der frühere Lebensgefährte von Edu Muh. Leo war nett, aber zu klein, um neben Christa repräsentativ auszusehen. Wolfram dagegen hatte zwei unschlagbare Vorteile: Er war größer als sie und wohnte in Bottrop. Wenn er nach der Hochzeitsfeier wieder verschwand, konnte Heidi so viel fragen, wie sie wollte, der Mann war weg. Christa hoffte, er wäre nicht allergisch gegen Hochzeiten. Bei einem Ingenieur war außerdem nicht auszuschließen, dass er weder einen Anzug elegant zu tragen verstand, noch die gängigen Gesellschaftstänze beherrschte oder wusste, wie man mit der Brautmutter sprach. Der Rückgriff auf ihn wäre, so fürchtete Christa, ein Armutszeugnis.

An diesen Fragen knabberte Christa, als Frau Kehl in ihr Büro marschierte und es wie immer ausfüllte, ohne die Wände zu berühren. Ihre Augen blitzten voller Elan, als sie einen der Besprechungsstühle an den Schreibtisch zog.

„Was soll das?" brachte Christa heraus. Frau Kehl lachte.

„Ich habe herausgefunden, was es mit dem Parallelfall auf sich hat. Es gibt da tatsächlich ein paar erstaunliche Ähnlichkeiten zu dem Mord an dem Bekannten Ihrer Mutter." Frau Kehls Persönlichkeit nahm so viel Raum in Anspruch, dass Christa kaum Luft zum Atmen blieb. Ärgerlich rutschte sie samt Schreibtischstuhl von ihr weg.

„Ich wüsste nicht, was Sie das angeht."

„Mich persönlich geht das gar nichts an", gab Frau Kehl zu. „Aber grundsätzlich fühle ich mich in der Pflicht, wenn es darum geht, das Wohl alter und pflegebedürftiger Menschen zu wahren. Entführung und Mord widersprechen dem. Deshalb habe ich mich ein wenig umgehört." Sie sah Christa an, als erwartete sie Lob.

„Es geht doch nicht an, dass Sie den Klatsch …"

„Mit Klatsch kann man sehr viel anfangen, wenn man weiß, wie man es anstellen muss. Aber jetzt zu Keno Oltmann."

„Wer ist Keno Oltmann?" Kaum hatte sie gefragt, wusste Christa, dass es ein Fehler gewesen war, auf Frau Kehl einzugehen.

„Keno Oltmann war ein Mann aus Aschendorf. Das ist bei Papenburg. Ich habe mich bei mehreren Leuten erkundigt: Hier in der Gegend war er kein Unbekannter. Im Vorstand des Landvolkes bis 2005, mehrfacher Schützenkönig, auch einmal Bürgermeisterkandidat in den sechziger Jahren. Für Aschendorf, nicht für Papenburg, wie manche Leute behaupten. Aschendorf war nämlich mal eine selbstständige Stadt. Oltmann züchtete Schweine. Sein Sohn Jan hat den Hof übernommen. Dieser Keno Oltmann war vor drei Jahren in der Kurzzeitpflege des Elisabethen-Hauses Emswiesen. Eines Tages verschwand er. Erst im Frühjahr darauf fand man seine Leiche in einem Bootsschuppen an der Ems. Dort hatte ihn jemand gefangengehalten, misshandelt und schließlich getötet." Frau Kehl sah Christa erwartungsvoll an.

„Raus", sagte die. Sie hatte sich angehört, was Frau Kehl zu sagen hatte, weil es sie eigentlich interessierte. Aber das Ende von Keno Oltmann kam zu abrupt und war tatsächlich viel zu ähnlich zu Johannes Bruns Tod, als dass sie gelassen auf den Bericht hätte reagieren können. Frau Kehl hatte offensichtlich mehr Enthusiasmus erwartet.

„Ich dachte, Sie wollten das wissen."

„Will ich nicht." Christa brüllte das beinahe heraus. Sie merkte, wie sie anfing zu zittern. „Diese ganzen ekelhaften Geschichten will ich nicht hören. Auch nicht, wie Sie daran gekommen sind. Denn dabei haben Sie und noch eine ganze Reihe anderer Personen gegen jede Menge Datenschutzbestimmungen verstoßen. Ich kannte diesen Oltmann nicht, ich kannte Johannes Bruns nicht. Ich will nichts davon hören. Das geht mich nichts an, und Sie erst recht nicht." Heftig atmend lehnte Christa sich in ihrem Stuhl zurück. „Machen Sie, dass Sie hier raus kommen."

„Okay." Frau Kehl erhob sich. „Aber hören wollten Sie es doch." Provozierend langsam ging sie zur Tür, öffnete sie leise und schloss sie sacht. Christa trat gegen den Papierkorb. Fehldrucke, Papiertaschentücher und die Werbeeinlagen der Tageszeitung ergossen sich über den Boden.

„Scheiße." Christa starrte auf den Papierfluss, dann stieg sie über die Werbeeinlagen und marschierte in die Teeküche.

Dort stand in der Kaffeemaschine eine schwarze Brühe zwei Finger hoch, der Kaffeefilter darüber war eingetrocknet. Braune Flecken zeigten an, welchen Weg der

Kaffee von der Maschine zu den Bechern genommen hatte. Ein Süßstoffspender lag neben den letzten zwei Blättern Küchenrolle, daneben verbreitete ein halbleerer Becher Erdbeerjoghurt sein intensives Aroma. In der Spülmaschine reifte das Geschirr vom Freitag. Auf dem Boden neben einem vollen Altpapiersack des Landkreises Leer stapelten sich die Sonntagszeitungen und zwei General-Anzeiger vom Samstag.

Christa sagte nicht einmal mehr Scheiße. Sie schrie es auch nicht. Sie zischte laut und vernehmlich, ähnlich einer gereizten Schlange. Dann begann sie ein lautes Aufräumen, bei dem eigentlich Geschirr hätte zu Bruch gehen müssen. Dass es nicht zu Scherben, Schnitten und Tränen kam, lag an der stabilen Qualität des Geschirrs. Nach zwei Minuten stand eine nervöse Frau Hahn im Türrahmen.

„Heute Vormittag war ich so mit den Anrufen beschäftigt ..." Statt einer Entgegnung riss Christa die Spülmaschine auf.

„Das war am Freitag genau so, was? Wozu sind Sie eigentlich hier, Frau Hahn, wenn Sie es nicht einmal schaffen, die Teeküche in Ordnung zu halten?" Sie sah, wie Frau Hahn den Mund öffnete, und schimpfte weiter. „So ein schlampiges Kundenzentrum habe ich noch nie gesehen. Was, wenn plötzlich Frau von Geldern hier aufläuft? Oder einer der Chefs aus Kamp-Lintford? Denken Sie mit Ihrem ostfriesischen Hirn nicht ein bisschen nach? Oder haben Sie schon so viel Aerosol von Ihrem Haarspray inhaliert, dass Sie nicht mehr klar denken können?" Frau Hahn straffte ihre schmalen Schultern.

„Das muss ich mir nicht bieten lassen."

„Für jemand, der nicht einmal die einfachsten Jobs erledigen kann, nehmen Sie sich verdammt viel raus. Wieso muss ich diesen Scheißdreck wegräumen?" Christa trat gegen die Zeitungen. Frau Hahn schniefte. „Haben Sie kein Taschentuch?"

„Das muss ich mir nicht bieten lassen. Ich habe genug zu tun. Und ich bin nicht Ihre Putzfrau." Damit ging sie, halbblind vor Tränen. Christa sah ihr nach. Nachdem sie ihre Frustration herausgebrüllt hatte, meldete sich ihr schlechtes Gewissen. Wäre Frau Hahn in der Teeküche geblieben, hätte Christa sich entschuldigt. So räumte sie nur leise auf, setzte frischen Kaffee auf und startete die Spülmaschine. Mit einer dampfenden Tasse Kaffee ging sie kurz darauf ins Kundenzentrum, wo Frau Hahn vorsichtig mit einem Taschentuch an ihren geröteten Augen tupfte.

„Es tut mir leid", murmelte sie. Frau Hahn nickte. Ehe sie antworten konnte, klingelte das Telefon. Ihr Gesichtsausdruck wurde ernst.

„Da sprechen Sie am besten mit ihr selbst. Einen Moment, bitte." Sie sah Christa an. „Frau Finke. Sie sagt, bei ihrer Mieterin ist eingebrochen worden."

Frau Finke

Frau Finke war es leid, hinter der Gardine auf Frau Hemmen zu warten. Inzwischen waren fünfzehn Minuten vergangen, seit sie gesagt hatte, sie werde kommen. Die junge Frau ließ sich Zeit.

Draußen stand immer noch das Polizeiauto mit dem hübschen Polizisten. Okko hieß er. In ihrer letzten Klasse war er gewesen, der kleine Frechdachs. Frau Finke empfand es als glücklichen Zufall, dass Okko jetzt bei der Polizei war. Er hatte den unfreundlichen Beamten aus Leer überredet, dass Frau Finke sich eine Begleitung auswählen durfte. Mit dieser Begleitung werde sie in das Haus der Frau Braun gehen. Frau Finke bezweifelte, ob sie dieses Versprechen halten wollte. Dagegen hatte sie beschlossen, das Haus ihres Schwagers endgültig zu verkaufen. Schon damals, als die Braun es anmietete, hatte Frau Finke verkaufen wollen. Nach einem Jahr auf dem Markt interessierte sich nur die Braun dafür, aber die wollte es samt der Einrichtung mieten. Sie hatte Frau Finke erzählt, sie habe sich von ihrem Mann getrennt und besitze nicht einmal ein Handtuch. Tatsächlich hingen immer nur die alten Handtücher ihres verstorbenen Schwagers an der Wäscheleine, nie neue. Auch sonst hatte die Braun wenig angeschafft. Als sie um Erlaubnis fragte, den Dachboden auszubauen, hatte sie auch neue Möbel hochgebracht, aber Frau Finke war nie dort oben gewesen. Sie wusste nur, dass die Frau ihre Miete pünktlich überwies und ansonsten zurückgezogen lebte.

Nach einem weiteren Blick auf Okkos uniformierten Rücken, ließ Frau Finke die Gardine fallen. Gerne hätte sie das Gewicht von ihren Füßen genommen, aber wenn sie erst einmal saß, kam sie nicht so schnell wieder hoch. Also musste sie stehend die Zeit totschlagen, bis die junge Frau endlich kam.

Frau Finke rückte ihre Brille auf die für das Lesen beste Position auf ihrem Nasenrücken. Auf der Anrichte lagen noch die Sonntagszeitungen, die sie am Vortag durchgeblättert, aber noch nicht entsorgt hatte. In den Schuppen, wo sie die Müllsäcke aufbewahrte, ging sie an bestimmten Tagen. Heute wäre so ein Tag gewesen, aber nach dem Aufstehen hatte sie aus dem Schlafzimmerfenster die wehende Gardine am Haus der Braun gesehen. Seufzend beugte sie sich über ein Foto ihres früheren Zahnarztes. Seit er sich vor ein paar Jahren zur Ruhe gesetzt hatte, schrieb er Bücher über die Geschichte Rhauderfehns und seiner Nachbarorte. Frau Finke besaß keines dieser Bücher, hatte sie aber in Leer schon in den Buchhandlungen ausliegen sehen. Auch die Braun besaß mindestens eins. Es hatte auf dem Wohnzimmertisch gelegen, als Frau Finke zum Blumengießen drüben war. Damals hatte sie sich vorgenommen, auch so ein Buch des Zahnarztes zu besorgen, ihr Vorhaben aber nie umgesetzt.

Ihr Zahnarzt war eine Marke gewesen. Frau Finke hatte sich immer mit einem Gefühl drohenden Unheils auf den Behandlungsstuhl begeben. Seine Angewohnheit waren lange Monologe über politische Themen, nicht über die Zähne vor seiner ziemlich langen Nase. „Widerstand", pflegte er zu sagen, „ist Pflicht." Als Lehrerin hätte Frau Finke ihm gerne widersprochen, ihr weit geöffneter Mund und seine Werkzeuge darin hatten das unmöglich gemacht.

Ein Auto näherte sich dem Haus. Frau Finke hastete zu ihrem Beobachtungsposten hinter der Gardine. Auf der Auffahrt stand jetzt ein zweites Auto. Die Fahrerin entdeckte sie im Gespräch mit Okko. Er zeigte Richtung Kurve und Haus der Braun, dann zeigte er auf Frau Finkes Haus. Frau Hemmen nickte. Frau Finke wich zurück. Es klingelte.

„Er hat gesagt, ich soll da rübergehen und mir das Haus ansehen, nicht wahr?", begrüßte sie Frau Hemmen.

„Ja, Frau Finke, das hat er gesagt. Nur Sie können sagen, ob etwas gestohlen wurde." Frau Finke war ins Wohnzimmer vorangegangen. Jetzt drehte sie sich um und betrachtete Frau Hemmen mit verschränkten Armen.

„Ich geh da nicht wieder rein." Ihr war klar, dass sie wie ein trotziges Kind klang. Anders als ein Kind konnte man sie nicht zwingen. Jedenfalls hoffte sie das.

„Nennen Sie mir einen Grund. Ich sehe zu, dass ich das Problem für Sie ausräumen kann." Frau Hemmen konnte nicht die Fingerabdrücke entfernen, die Frau Finke auf so vielen Gegenständen im Haus hinterlassen hatte. Nicht nur zum Blumengießen war sie hinübergegangen, auch um nach dem Rechten zu sehen. Bei alleinstehenden Damen musste eine Vermieterin besonders gut aufpassen. Verdächtiges hatte Frau Finke nie gefunden, aber eben Spuren hinterlassen. Dem unfreundlichen Kerl aus Leer war zuzutrauen, dass er sie für diesen Einbruch verantwortlich machte.

„Die vielen fremden Menschen." Vielleicht half es, wenn sie sich schüchtern stellte. Frau Hemmen schüttelte den Kopf.

„Frau Finke, sie waren Lehrerin. Lehrerinnen sind nicht schüchtern."

„Ich kann nicht so gut laufen. Sie wissen doch, wie langsam ich vorankomme."

„Der Polizist ist extra hiergeblieben, damit er Sie fahren kann."

Frau Finke ersann noch einige Gründe, die Frau Hemmen ohne zu zögern widerlegte. Schließlich gab sie nach und ließ sich von den beiden jungen Leuten in das Polizeiauto verfrachten.

Vor dem Haus der Braun standen zahlreiche Autos. Zwei Leute in weißen Overalls untersuchten das Gelände, stets umflattert von den Krähen, die diesen Einfall fremder Menschen auf ihr Territorium nicht guthießen. Schwarzweiße Flecken auf den Overalls zeugten vom Unwillen der Vögel. Während Okko Frau

Finke aus den Tiefen des Polizeiautos zog, sah sie über seine Schulter hinweg den unfreundlichen Beamten aus dem Haus kommen. In sicherem Abstand zu den weißgesprenkelten Betonplatten blieb er stehen. Okko und Frau Hemmen hakten Frau Finke unter und schafften sie zum Haus.

„Ah. Sie haben es sich anders überlegt. Kommen Sie mit rein." Er wollte schon ins Haus gehen, doch Frau Hemmen hielt ihm ihre Hand hin.

„Hemmen, Crea. Heim und Pflege. Und Sie sind?" Er musterte sie von oben bis unten mit diesem abschätzenden Blick, den Männer eines bestimmten Typus anwendeten, wenn ihnen das Verhalten einer Frau nicht gefiel. Ihre Hand ignorierte er.

„Kommissar Jäger. Einbruchsdezernat. Die Dame hier", er zeigte auf Frau Finke, „soll uns sagen, ob etwas fehlt, und was." Er ging voran ins Haus. Frau Finke krallte ihre Nägel in Frau Hemmens Arm und ließ sich durch die Haustür führen.

Die offenstehenden Türen halfen wenigstens gegen den Gestank, der nach wie vor im Haus herrschte. Im Eingangsbereich lagen Glasscherben.

„Hier, die rote Gardine habe ich heute Morgen von meinem Schlafzimmerfenster aus gesehen. Das kam mir komisch vor. Deshalb bin ich zum Haus gegangen und habe aufgeschlossen. Da war mir alles klar."

„Es war sehr klug von Ihnen, Frau Finke." Frau Hemmen hätte es besser wissen sollen, aber Frau Finke verzieh ihr den leicht herablassenden Ton. Beiden entfuhr ein Schreckenslaut, als sie den Flur betraten. Holzsplitter, zerbrochene Möbelteile und Fetzen von Sitzkissen lagen auf dem Boden verstreut.

„Die Typen haben hier ganz schön gewütet", erläuterte Kommissar Jäger. Er führte sie durch die Küche, das kleine Bad, das Schlafzimmer, das Esszimmer und das Wohnzimmer.

„Waren die auch oben?", fragte Frau Hemmen. Der Kommissar schüttelte den Kopf.

„Nein. Hinter der Garderobe haben sie die Treppe nicht vermutet. Oben war keiner. Die haben nicht einmal ihre Geldbörse mitgenommen. Die steckte noch samt Geld in einer Jacke." Eine Frau in weißem Overall ohne Vogeldreck brachte zwei transparente Plastiktüten.

„Das haben wir im Schlafzimmer gefunden. Und das Handy im Carport. Es lag wohl schon länger da." Er nahm ihr die Tüten aus der Hand und inspizierte das eingesandete Smartphone durch die Folie.

„Gehört das Frau Brown?" Frau Finke beugte sich über die Tüte.

„Ich glaube schon." Mit einem Brummen gab er das Handy zurück an die Frau im Overall. Mit gerunzelter Stirn las er den Brief in der anderen Tüte. Frau Finke erkannte das Logo des Klinikums in Leer.

„Hat Frau Brown über gesundheitliche Probleme geklagt?" Frau Finke zuckte mit den Schultern.

„Sie hat viel gehustet. Das kommt vom Staub in ihrer Werkstatt, glaube ich. Und vom Alter." Frau Finke ignorierte die Jahre, die ihre Mieterin jünger war. Viele waren es nicht, und wenn die Braun sich auch modisch kleidete, erschien sie Frau Finke immer älter, als zöge eine unsichtbare Kraft sie tiefer in die Vergangenheit. Es verbot sich, solche Eindrücke vor Frau Hemmen und erst recht vor Kriminalkommissar Jäger auszusprechen. Ihre Wahrnehmung stützte sich auf Lebenserfahrung, die den beiden fehlte.

„Also war sie krank?" Kommissar Jäger sah Frau Finke an, als hätte er sie am liebsten geschüttelt. Sie zögerte mit einer Antwort. Frau Hemmen kam ihr zuvor.

„Das spielt doch bei einem Einbruch keine Rolle." Er schloss die Augen, als müsste er eine höhere Instanz um Geduld anflehen. Als er die Augen wieder öffnete, kam er zurück zu seiner Ausgangsfrage.

„Und? Fehlt etwas?" Frau Finke betrachtete das Wohnzimmer, das immer noch aussah wie zu Zeiten ihres Schwagers. An den Wänden hingen die gleichen Bilder, obwohl die Braun selbst auch malte. Das gleiche Porzellan stand im Schrank, die Tischwäsche auf dem Boden vor dem Schrank hatte auf dem Tisch ihres Schwagers gelegen. Die Beiträge der Braun zum Hausstand beschränkten sich auf den Bereich um den Sekretär. Und wenn Frau Finke auch gerne in jenem Sekretär gestöbert hatte, wenn sie zum Blumengießen ins Haus kam, wusste sie nur wenig über dessen Inhalt zu sagen. Sie blickte auf die Glasscherben, die Trümmer des Stuhls, die ausgetrockneten Blumen, das fast verdunstete schwarze Wasser, die Papierfetzen auf dem Teppich, den zerrissenen Umschlag eines der Bücher ihres Zahnarztes. Der Inhalt des Sekretärs lag im gesamten Zimmer verstreut, die Skizzenbücher waren zerrissen, Fotos bedeckten die Schreibfläche und das Parkett vor dem Sekretär.

Von diesem Kommissar Jäger strahlte Ungeduld aus, als wollte er Frau Finke anspringen, weil sie zu langsam war. Doch je mehr er sie drängte, desto langsamer wurde sie. Sie blickte auf seine ungeputzten braunen Schuhe, sah die dunklen Trittspuren auf dem Teppich und die hellen Flecken auf der Tapete. Ihr Blick war schon weiter gewandert, kehrte aber zu den hellen Stellen zurück.

„Da. Die Bilder sind weg." Jägers Kopf schnellte hoch. Er ging zur Wand und betrachtete die drei kleinen Nägel, an denen nichts mehr hing.

„Was für Bilder waren das? Fotos? Gemälde?"

„Fotos", sagte Frau Finke. Sie wusste, dass er sie fragen würde, was darauf zu sehen war. Es musste etwas Besonderes sein, sonst hätte es die Diebe nicht interessiert. „Drei alte Fotos, ziemlich ausgeblichen. Das eine war ein Kinderbild." Sie zeigte auf den einen Nagel. „Daneben waren ein paar junge Männer. Ziemlich jung. Mit Bierkrügen. Und da ..." Sie schloss kurz die Augen, um sich besser zu erinnern. „Das war eine Gruppe junger Frauen. In Arbeitskleidung. Also, Arbeitskleidung von Frauen in meiner Kindheit. Mit Latzschürze und Kopftuch. In einem Hof. Aber wer das war oder wo ... Keine Ahnung." Frau Finke hatte kurz nach dem Einzug die Braun gefragt, ob sie das Kind auf dem Bild sei. Die Bilder waren das einzige Neue, deshalb gab es sogar einen Grund, mit dem sie ihre Neugier verschleiern konnte. Die Braun hatte nur den Kopf geschüttelt und gesagt, das sei ein anderes Kind. Dabei hatte sie so traurig ausgesehen, dass Frau Finke nicht weiter hatte fragen wollen. Sie war seitdem davon ausgegangen, das Bild zeige ein jung verstorbenes Geschwisterkind der Braun.

„Hatten die Bilder Rahmen? Aus Silber vielleicht?" Frau Finke zuckte mit den Schultern.

„Es waren Metallrahmen und so dunkel angelaufen, dass es durchaus Silber sein könnte. Aber ich weiß es nicht." Er grunzte, und sie glaubte wieder, er könne sich nur mühsam davon abhalten, sie zu schütteln. Frau Hemmen mischte sich jedoch wieder ein, und nach einem kurzen Wortwechsel zwischen den beiden wurde Okko gerufen, um sie zu ihrem Haus zubringen.

Nachdem er die Tür zum Beifahrersitz geschlossen hatte, öffnete er für Frau Hemmen die hintere Tür.

„Haben Sie nicht letztens bei uns angerufen, weil die Frau Brown verschwunden war?" Frau Finke klopfte gegen das Seitenfenster, um ihn daran zu erinnern, dass er nicht allein war und außerdem im Dienst. Okko überhörte das Klopfen. Frau Hemmen sah kurz auf das Fenster, hob dann aber den Blick zu Okko.

„Was glauben Sie, ist hier passiert?" fragte sie. Okko drückte die Tür wieder zu, ließ sie aber nicht einrasten.

„Für mich war das Vandalismus. Oder Irgendwelche Flüchtlinge. Jedenfalls zeigen die Einbruchspuren, dass das jemand war, der das nicht oft gemacht hat."

„Wie kommen Sie auf Flüchtlinge?" Frau Finke war froh, dass Frau Hemmen diese Frage gestellt hatte. Sie sah Okko nur verzerrt im Seitenspiegel, wie er gegen die Tür lehnte und abwehrende Handbewegungen machte.

„Ich will damit gar nichts sagen. Nur dass es drüben in Backemoor Flüchtlinge gibt und der Einbrecher über die Felder aus der Richtung gekommen ist. Mehr nicht. Kein Zusammenhang. Ehrlich."

„Dann sollten Sie das nicht zu laut sagen. Sie wissen, wie hysterisch die Leute reagieren. Immerhin ist Frau Brown spurlos verschwunden. Da kommen schnell Gerüchte auf, und plötzlich steht ein Haus in Flammen." Okko räusperte sich. Er blickte zur Seite, Frau Finke vermutete, in Richtung des Hauses.

„Das ist eine blöde Geschichte mit der Frau Brown. Wussten Sie, dass sie US-Amerikanerin ist? Ich habe gehört, dass die Botschaft bei den Kollegen in Leer

Druck macht. Aber unter uns, ich glaube nicht, dass wir die Frau lebendig wiederfinden." Die beiden jungen Leute schwiegen einen Moment. Frau Finke stellte fest, dass die Mitteilung sie nicht überraschte.

„Ja. Das fürchte ich auch. Ich wollte es ihr nicht sagen." Mit ihr war vermutlich Frau Finke gemeint. Sie grinste vor sich hin.

„Hier haben Sie meine Karte. Und eine für Frau Finke. Wenn ihr noch etwas einfällt, über den Einbruch oder über Frau Brown, oder wenn hier noch etwas passiert, soll sie mich anrufen. Oder Sie rufen mich an." Frau Hemmen überreichte ihm eine ihrer Karten.

„Vielen Dank, Herr Lüken."

„Kein Problem, Frau Hemmen." Mit Schwung öffnete er ihr die Tür.

Mittwoch, 11. Mai

Christa

Zuerst war Christa nicht aufgefallen, dass sich etwas geändert hatte. Nachdem sie am Montag von Frau Finke zurückgekommen war, war Harry nicht begeistert gewesen, dass sie zwei Arbeitsstunden für eine Frau, die nicht einmal Klientin bei Crea. Heim und Pflege war, geopfert hatte. Christa verkündete daraufhin, dass sie den Nachmittag nachträglich als Überstundenabbau abrechnen wollte, doch Harry widersprach, und Frau Kehl und Frau Hahn stimmten ihm zu.

„Sie machen genug Überstunden, Frau Hemmen. Wer weiß, wenn Frau Finke jetzt Klientin von Crea wird, zum Beispiel bei den hauswirtschaftlichen Hilfen, dann war das doch Ihr Einsatz, der sie überzeugt hat."

Christa wunderte sich über die Fürsorge, verzichtete aber darauf, den Nachmittag als Überstundenabbau abzurechnen. Auch den frischen Kaffee, den sie am Dienstagmorgen von Frau Hahn serviert bekam, trank sie ohne nachzudenken. Erst als am Mittwoch ein frisches Campingbrötchen neben ihrer Tastatur lag, wurde sie stutzig. Da Harry noch nicht da war, schied er als Schuldiger aus. Christa ging ins Kundenzentrum, wo Frau Hahn den General-Anzeiger bügelte.

„Du meine Güte, wie sieht denn die Zeitung aus?", entfuhr es ihr beim Anblick des zerrissenen Titelblatts. Frau Hahn lächelte gequält.

„Heute Morgen hat es doch geregnet. Die ganze Zeitung ist vollgesogen. Wissen Sie was, Frau Hemmen? Kündigen Sie das Abo für Crea. Ich bringe vom Bäcker die beiden Zeitungen mit." Angesichts der verquollenen Zeitung auf dem Bügelbrett erschien Christa der Vorschlag sinnvoll. Sie ging jedoch nicht darauf ein, sondern griff das Stichwort Bäcker auf.

„Frau Hahn, haben Sie mir das Campingbrötchen hingestellt?" Sie erhielt einen nervösen Blick.

„Ja. Ist etwas nicht in Ordnung damit? Oder mit dem Kaffee?"

„Nein, vielen Dank. Aber warum machen Sie das?" Frau Hahn schaltete das Bügeleisen ab und stellte es hochkant neben die gebügelte Zeitung. Dann zog sie den Stecker aus der Steckdose und trat an den Tresen.

„Sie arbeiten zu viel. Und essen zu wenig. Da dachte ich mir, Sie könnten ein süßes Brötchen vertragen. Von Joghurt und Äpfeln kann kein Mensch leben. Außerdem bin ich jeden Morgen sowieso beim Bäcker." Christa starrte sie an.

„Ich muss Ihnen aber das Geld zurückgeben."

„Ja, natürlich. Ich finde nur, Sie haben ganz richtig entschieden, dass Sie am Montag zu Frau Finke gefahren sind. Ich kenne deren Nichte, die räumt drüben im Supermarkt Regale ein. Die ist ganz nett, aber bestimmt keine Hilfe, wenn man plötzlich mit der Polizei zu tun hat."

Während sie noch am Tresen standen, und Frau Hahn für Christa die Telefonnummer des Abo-Services des General-Anzeigers heraussuchte, kam ein weiterer Anruf von Frau Finke.

„Hören Sie, Frau Hemmen? Da hat mich ein junger Mann angerufen. Mit Akzent. Der behauptet, er ist der Enkel von der Frau Braun. Er will am Freitagnachmittag um fünf Uhr kommen und den Schlüssel für das Haus holen. Darf der das? Und woher soll ich wissen, dass das wirklich der Enkel ist und nicht einer von den Einbrechern?"

Christa rief daraufhin Okko Lüken von der Polizei in Rhauderfehn an. Er hatte gesagt, sie solle sich melden, wenn in der Frickenstraße etwas Ungewöhnliches passierte, und als ungewöhnlich konnte man den Anruf eines unbekannten Enkels deuten. Okko versprach herauszufinden, ob die Kollegen in Leer etwas über diesen Enkel wussten. Während Christas Mittagspause rief er zurück.

„Das ist in Ordnung. Die Spurensicherung hat auf dem Handy von Frau Brown die deutsche Handynummer eines Justin Brown gefunden. Die Kollegen haben ihn über die US-Botschaft ausfindig gemacht. Justin Brown ist der Enkel von Margret Brown und wohnt in Hamburg. Die Kollegen haben ihm erlaubt, das Haus in der Frickenstraße nach Absprache mit Frau Finke zu benutzen. Montag hat er einen Termin bei dem Kommissar, der die Vermisstensache bearbeitet."

Christa hatte sich im Laufe seiner Rede aus einer entspannt liegenden in eine aufrechte Position auf ihrem Schreibtischstuhl gebracht. Ihre Bürotür stand halb offen, und sie war sicher, mindestens zwei, wenn nicht vier Ohren lauschten über den Flur. Nachdem sie Herrn Lüken verabschiedet hatte, ging Christa in die Teeküche, wo Frau Hahn und Frau Kehl gemeinsam einen Katalog durchblätterten. Die Blicke der beiden auf Christa waren erwartungsvoll.

„War das Okko?", fragte Frau Hahn. Christa fragte sich, wieso diese Frau alle Leute in Rhauderfehn kannte.

„Ja, das war Herr Lüken. Der Mann mit Akzent ist ein Enkel von Frau Brown. Justin Brown heißt er. Wohnt in Hamburg. Seine Nummer war auf ihrem Handy."

„Justin Brown." Frau Hahn ließ den Namen auf der Zunge zergehen. „Ich bin ja schon gespannt, wie Sie ihn finden werden." Christa glaubte, sich verhört zu haben.

„Ich?"

„Na, Sie wollen doch bestimmt zu Frau Finke fahren, wenn er kommt." Frau Kehl sah Christa an. „Wir wissen nicht, was dieser Justin für ein Kerl ist. Nachher hat der seine Großmutter auf dem Gewissen."

„Eben. Hier kennt den niemand. Die Frau Brown kannte ja auch fast keiner. Frauen sind meistens harmlos. Aber ein fremder junger Mann könnte mal eben Frau Finkes Wohnung ausräumen." Frau Hahn seufzte. Obwohl Christa ihre Befürchtungen für übertrieben hielt, hatte auch sie ein ungutes Gefühl, wenn sie an den Enkel dachte. Sie nahm sich vor, später am Tag Nachforschungen über Justin Brown anzustellen.

Den frühen Nachmittag verbrachte Christa in Papenburg, wo sie ein angemietetes Haus für betreute Wohnungen besichtigte. Auf dem Rückweg war die Bundesstraße 70 Richtung Leer wegen eines Unfalls gesperrt. Christa schaltete ihr Navigationsgerät ein. Es führte sie durch eine menschenleere graugrüne Landschaft aus Feldern und gelegentlichen Baumreihen, hinter denen Silos hochragten. Lediglich bemooste Straßenschilder zeigten ihr, dass sie die Zivilisation noch nicht verlassen hatte. Nachdem sie orientierungslos mehrfach auf immer schmalere Straßen abgebogen war, stieß sie auf einen Hinweis für Radtouristen, nachdem die Dächer hinter der nächsten Biegung zu Aschendorf gehörten. Christa hielt mitten auf der leeren Straße an. Frau Kehl hatte von einem Herrn Oltmann erzählt, der dort gelebt hatte und vor einigen Jahren ermordet worden war. Wenn sie schon einmal hier war, und von Rhauderfehn kam man nicht zufällig nach Aschendorf, sollte sie sich das Oltmann-Haus einmal ansehen.

Nach weiteren fünf Minuten auf unebenen Straßen kam Christa in den Ort. Frau Kehl hatte einmal erzählt, Aschendorf sei eine der ältesten Siedlungen Niedersachsens und habe von 1952 bis zur Eingemeindung nach Papenburg Anfang der 1970er Jahre Stadtrechte besessen. Sie fuhr durch vom Regen dunkelgrau getränkte Straßen. Ein Kiosk mit Lottoannahmestelle schien ihr ein guter Ansatzort für unschuldige Fragen. Sie parkte, überquerte die Straße und betrat den kleinen Laden. Eine ältere Frau an der Kasse bediente einen Mann. Christa wanderte ziellos zwischen den Regalen, bis das Klingeln an der Tür zeigte, dass er gegangen war. Sie schnappte sich eine Glückwunschkarte für Brautpaare und trat an die Kasse.

„Hübsche Karten haben Sie", bemerkte sie, während die Frau den Preis in die Kasse tippte.

„Ja, wir haben uns da ein schönes Sortiment zusammengestellt. Darf es sonst noch etwas sein?" Christa kaufte ein Päckchen Kaugummi.

„Ich suche den Hof von Herrn Oltmann. Wissen Sie, wie ich da fahren muss?"

„Vom Keno Oltmann seinem Sohn den Hof?“ Die Frau nahm Christa mit ans Fenster und zeigte ihr, wo sie wenden konnte. Dann erklärte sie unter Einsatz beider Hände, wie sie am besten zum Oltmann-Hof kam. „Das Haus können Sie nicht übersehen. Das liegt genau auf der Ecke von der großen und der kleinen Straße. Das sieht man von Weitem. Ja, der Jan hat den Hof jetzt wieder schön hergerichtet. Das waren schwierige Jahre für ihn. Erst hat ihn der Keno nichts machen lassen. Nicht mal heiraten durfte er. Zum Glück hat er sich doch noch durchgesetzt und die Insa Michalski geheiratet. Dem Keno hat das gar nicht gepasst, weil der Opa von der Insa doch einer aus den Polen-Lagern war. Das war nach dem Krieg, nicht wahr? Aber dann sind die Enkelchen gekommen, und da war der Keno doch ganz zufrieden. Na, und dann die Sache mit der Polizei. Das hängt dem Jan aber nicht nach. Hier glaubt keiner, dass der Jan etwas mit dem Vater seinem Tod zu tun hatte.“ Sie sah erwartungsvoll zu Christa auf.

„Nein, um Gottes willen.“ Die Frau nickte.

„Sag ich ja.“

„Kannten Sie den Vater von Jan Oltmann?“ Die Frau lachte.

„Ach, den Keno kannte hier jeder. Das war ein scharfer Hund. Der wusste, was er wollte und was andere dafür zu tun hatten. Schneidig und charmant, hat meine Mutter immer gesagt. Der Jan ist anders. Stand immer unter dem Pantoffel von dem Alten.“ Eine Frau betrat den Kiosk. Christa nutzte die Gelegenheit, sich zu verabschieden.

Vom Kiosk folgte sie der Beschreibung der Verkäuferin zum Oltmann-Hof. Wie versprochen lag das neue Wohnhaus vorne an der Straße. Christa fuhr an der Zufahrt zum Hof vorbei und stellte ihr Auto ein Stückchen weiter am Straßenrand ab. Nachdem sie die Straße überquert hatte, spazierte sie auf dem Radweg wieder auf das Haus zu. Es war ein großes gesichtsloses Gebäude aus den sechziger Jahren. Weiter hinten auf dem Hof standen mehrere moderne Stallgebäude. Ein Mann im Alter ihres Vaters schimpfte vor einem der Gebäude auf einen anderen Mann ein. Der machte erst noch einige Versuche der Rechtfertigung, gab aber auf und die ließ die Tirade über sich ergehen.

„Das ist der Jan Oltmann. Keine Sorge. Der tut dem Polen nichts.“ Christa drehte sich um und sah vor sich eine Frau, die mühsam zwei Hunde an der Leine bändigte. „Die Jungs wollen laufen. Das können sie gleich.“ Die Frau ließ sich von den Hunden in die kleine Nebenstraße entlang des Oltmann-Anwesens ziehen. Christa folgte unaufgefordert. Nach ein paar Metern nahm die Frau den Hunden die Leinen ab. Unter lautem Gebell stürzten sie davon.

„Ist der Jan Oltmann immer so aufbrausend?“, fragte Christa. Die Frau schien sich nicht über die Frage zu wundern.

„Och, eigentlich nicht. Das ist erst seit dem Tod von seinem Vater.“

„Der hat ihn mitgenommen?“ Die Frau schüttelte den Kopf.

„Der Keno Oltmann wurde ermordet“, vertraute sie Christa an. „So drei Jahre ist das her.“ Die Frau schilderte noch einmal, was Christa von der Verkäuferin und Frau Kehl gehört hatte. Christas Gesicht musste echte Bestürzung gezeigt haben, denn die Frau redete mit wachsender Begeisterung weiter. „Jeder hier kannte den alten Oltmann. Immer musste es nach seiner Nase gehen. Nur zum Bürgermeister haben die Leute ihn nicht gewählt. Da hingen ihm wohl die alten Gerüchte nach.“

„Alte Gerüchte?“ Die Frau nickte. Sie waren jetzt am bebauten Teil des Oltmann-Anwesens vorbeigegangen. Die Hunde krochen unter einem Zaun hindurch auf eine Wiese. Die Frau pfiff sie zurück. Unwillig kamen sie näher, blieben aber jenseits des Zauns.

„Nach dem Krieg waren hier im Emsland viele tausend polnische Häftlinge und Zwangsarbeiter. Die Briten haben den Polen auf ihrem Besatzungsgebiet eine eigene Besatzungszone eingerichtet. Meine Mutter war damals kurz mit einem Bruder vom Keno verlobt. Als der Keno zurückgekommen ist aus dem Krieg, hat er erst einmal auf dem Hof nach dem Rechten sehen müssen. Da wurde ja alles geklaut von den Polen. Und natürlich gab es so Techtelmechtel mit den deutschen Frauen. Eines Tages hingen auf dem Kirchplatz die Namen von Frauen, die ein Verhältnis mit polnischen Männern haben sollten. Meine Mutter meint, der Keno hätte etwas damit zu tun gehabt. Aber schon damals konnte man dem so etwas nicht ins Gesicht sagen. Erst recht nicht als Frau.“

„Frauen hat er wohl nicht ernst genommen?“ Die Frau pfiff wieder. Diesmal kamen die Hunde und ließen sich anleinen.

„Nein. Obwohl es heißt, dass er bis ins hohe Alter hinter den Röcken her war. Sogar im Heim hat er sich an die Schwestern rangemacht. Mein Vater hat ihn getroffen, als er seinen Freund da besucht hat. Der Keno hat meinem Vater erzählt, wenn der Jan ihn nicht zurückholt, heiratet er eine junge Frau und setzt dem Jan die Stiefmutter vor die Nase. Wenn der Jan ihm die Polen-Insa ins Haus bringen konnte, wäre das nur gerecht. So war der drauf. Mit über neunzig.“ Die Frau verabschiedete sich und ließ sich von ihren Hunden Richtung großer Straße ziehen. Christa folgte langsamer.

Christa maßte sich nicht an, die Arbeit der Polizei zu machen oder auch nur zu kritisieren. Sie sah es als Sicherheit für die Klienten von Crea. Heim und Pflege, wenn sie selbst Fakten sammelte und mit den der Öffentlichkeit zugänglichen Erkenntnissen der Polizei verglich. Sollte ihr dabei etwas auffallen, würde sie das der Polizei mitteilen. Als sie sich Rhauderfehn gemütlich über die Groenewoldstraße und die 3. Südwieke näherte, fand sie Muße zu überlegen, was sie über die Fälle Oltmann und Bruns wusste. Beide Männer waren zum Zeitpunkt ihres Verschwindens über neunzig Jahre alt. Keno Oltmann musste geistig und körperlich besser gestellt gewesen sein als Johannes Bruns, aber sein Sohn hatte ihn sicherlich nicht ohne Grund in die Kurzzeitpflege gegeben. Johannes Bruns war möglicherweise in ein Auto gelockt worden. Was mit Keno Oltmann passiert war, wusste Christa nicht, aber sie konnte sich nach ihrem Gespräch mit der Hundehalterin aus Aschendorf vorstellen, dass eine Frau ihn hätte anstiften können, das Elisabethen-Haus zu verlassen. Beide Männer waren an einen einsamen Ort gebracht worden, Keno Oltmann in ein für den Winter verlassenes Bootshaus in Papenburg, Johannes Bruns in eine einsame Fischerhütte an der Thülsfelder Talsperre. Die Orte waren nicht benachbart, aber mit dem Auto fuhr man nur eine knappe Stunde von der Talsperre nach Papenburg. Auch gewann Christa den Eindruck, dass der Zeitpunkt der Entführungen genau geplant worden war. Sie musste ihre Mutter fragen, ob Maite sich an irgendwelche Fremden in der Fladderstraße vor der Entführung ihres Schwiegervaters erinnern konnte.

Als Christa vom Parkplatz durch den Pflegebereich ging, kam Frau Kehl aus ihrem Büro.

„Ich habe mir Justin Brown im Internet angesehen." Christa zuckte zusammen, weil sie in Gedanken noch über die regennassen Straßen von Aschendorf lief.

„Okay. Können wir das nachher besprechen? Ich weiß, es ist gleich Feierabend. Aber ich habe etwas über Keno Oltmann herausgefunden. Ich schmeiße nur eben den Rechner an, um die Daten für das Papenburger Haus zu übertragen."

Sie verabredeten sich in einer Viertelstunde in der Teeküche. Christa warf ihre Tasche auf einen Besprechungsstuhl, den Mantel hinterher, schaltete den Büro-PC an und zückte ihr Smartphone. Harry musterte sie erstaunt.

„Alles klar?"

„Alles klar, Harry." Sie loggte sich ausnahmsweise ohne schlechtes Gewissen in ihre diversen Konten bei sozialen Netzwerken ein und suchte nach Justin Brown. Zum Schluss kontrollierte sie, ob ihr Notizprogramm die Anmerkungen zur Hausbesichtigung vollständig übertragen hatte. Harry räumte seine Brotdose in den Rucksack.

„Fährst du schon?"

„Feierabend und morgen Feiertag. Bleibst du etwa noch?" Er sah sie besorgt an.

„Nö. Ich muss nur eben noch etwas erledigen. Geht aber schnell."

„Na gut. Dann bis Freitag, Christa." Sie wartete, bis sie durch die Gardine beobachtet hatte, wie Harrys Auto vom Hof fuhr. Dann sammelte sie Block und Smartphone vom Schreibtisch und eilte in die Teeküche. Überrascht blieb sie stehen. Frau Hahn hatte nicht nur frischen Kaffee zubereitet, sondern auch im Supermarkt gegenüber eine Dose dänischer Butterkekse besorgt. Frau Kehl stellte Becher auf den Tisch.

„Da sind Sie ja. Fangen Sie mal mit der Oltmann-Geschichte an, Frau Hemmen." Zwar sträubte sich Christa gegen die Art, wie Frau Kehl das Gespräch an sich riss, trotzdem gab sie eine Zusammenfassung ihrer Gespräche in Aschendorf.

„Ich wusste gar nicht, dass es eine polnische Besatzungszone gegeben hat", fügte sie hinzu. Frau Kehl lachte.

„Die gab es nur kurz, drei Jahre glaube ich. Doch, meine Oma erzählt manchmal davon. Sie hat meinen Großvater nur kennengelernt, weil seine Familie ihr Haus für die Polen räumen musste. Die Familie vom Opa wurde bei der Familie von der Oma einquartiert." Sie lachten, das erste Mal in zwei Jahren zusammen. Frau Hahn zückte ihr Smartphone.

„Ich habe einen Justin Brown über einen Personensuchdienst gefunden. Wenn es unser Justin Brown ist, wohnt er in einer schicken Gegend in Hamburg. In einem Appartementhaus, in dem einige Wohnungen bei einem Online-Makler zur Vermietung stehen. Ich habe die Preise mit dem Mietspiegel verglichen. Happig, auch in Hamburg." Sie steckten die Köpfe zusammen für einen virtuellen Rundgang durch ein Appartement und waren sich einig, dass für eine so kleine Wohnung, trotz des Blicks über die Elbe, der Preis zu hoch war. Christa suchte nach der Facebook-App.

„In den sozialen Netzwerken ist Justin Brown kein seltener Name. Ich glaube aber, dass der hier unser Justin ist." Sie hielt das Smartphone in die Mitte.

„Niedlich", meinte Frau Kehl. Frau Hahn stieß sie an. „Was soll das? Er sieht doch wirklich gut aus."

„Das Bild ist nicht ganz aktuell", warnte Christa. „Das Foto hier zeigt ihn, wie er letzte Woche aussah." Sie zeigte ihnen ein Foto von einem jungen Mann im dunklen Anzug, der über einen Beamer einen Vortrag hielt. Auch bei der schlechten Beleuchtung sah der Mann attraktiv aus, wenn auch weniger ansprechend als auf seinem Profilbild. Über Facebook verriet Justin Brown der Öffentlichkeit, dass Hamburg eine coole Stadt war und es Spaß machte, dort zu arbeiten. Bei Google plus teilte er Artikel über den Börsenmarkt in Deutschland. Auf LinkedIn erklärte er, wie wichtig der enge Kontakt zum Kunden war und was deutsche Geschäftsleute von amerikanischen unterschied. Auf Pinterest gab es öffentlich zugängliche Alben über Kalifornien und San Francisco, über Hunde, koreanisches Essen und Hamburg.

Frau Kehl hatte den Namen Justin Brown durch eine Suchmaschine geschickt. Er hatte vor ein paar Jahren versucht, als Autor von Fachartikeln auf sich aufmerksam zu machen. Es gab mehrere Aufsätze in amerikanischen Online-Magazinen zu Investitionen, beruflichen und privaten Zielen und Erfolgsstrategien. Außerdem war ein Justin Brown mit frappierender Ähnlichkeit zum Facebookprofilfoto Mitglied einer Kirchengemeinde und hatte auf einer Seite für christliche Geschäftsleute einen nachdenklichen Artikel über junge Menschen in der Berufswelt geschrieben. Christa rief noch einmal das Facebook-Profil auf.

„Ja. Er mag diese Kirchengemeinde, der Pastor ist mit ihm befreundet und er ist in ein, zwei, drei christlichen Facebook-Gruppen." Diese Nachricht stillte die Heiterkeit in der Teeküche.

„Ich habe nichts gegen die Kirche", beteuerte Frau Hahn, obwohl ihr das niemand unterstellt hatte. Das große Aber wagten sie nicht auszusprechen. Stattdessen machten sie Feierabend und gingen in den Feiertag.

Leo

Seit Sonntagmorgen hatte Leo Ramesh nicht mehr gesehen. Zu den Zeiten, an denen Ramesh Kurse im Tagungshaus abhielt, waren Aufgaben angefallen, die verhinderten, dass er an der Rezeption stand. In seinem Wochengespräch am Mittwochmorgen hatte Bea sogar angemerkt, er wirke unkonzentriert. Tatsächlich fiel es Leo noch schwerer als sonst, bei der Sammlung zu sich und dem Wesentlichen zu finden. Wenn er die Augen schloss, kreiste er nur noch um Rameshs Bild, und in den wenigen Momenten, in denen er nicht auf Muh oder Besucher des Tagungshauses achten musste, flohen seine Gedanken zu ihm. Der Klang von Beas Schritten auf der Treppe riss ihn in die Gegenwart zurück.

„Ich fahre jetzt zum Seniorenwohnheim für die Erinnerungsarbeit, Leo Muh. Falls jemand anruft: Ich bin gegen zwölf wieder hier."

„Ja, Bea." Glücklicherweise war sie in Gedanken schon bei ihrer Erinnerungsarbeit, sonst wäre ihr sein verlegener Blick aufgefallen.

„Okay. Also dann, bis zwölf." Er sah ihr nach, ehe er wieder in Gedanken das Tagungshaus verließ. Je länger er zwischen Samstagnacht und Gegenwart schwankte, desto weniger traute er seinen Erinnerungen und desto sehnlicher wünschte er, er könne mit Ramesh sprechen. Zwar hatte er dessen Nummer, aber bei mobilen Telefonnummern wusste man nie, wo man den Angerufenen erreichte. Der Muh in Leo schreckte zurück vor der Vorstellung zu stören. Das Telefon neben ihm klingelte.

„Bea Muh ist außer Haus und kommt erst gegen zwölf Uhr wieder, Christa Hemmen." Leo spürte sich rot werden. „Kann ich ihr etwas ausrichten?" Er notierte fahrig, was sie ihm auftrug, und hoffte, es später entziffern zu können.

„Wie geht es dir, Leo? Ich habe dich am Samstag nicht gesehen", hörte er sie. Die gleiche Frage hatte Ramesh ihm gestellt.

„Gut. Danke. Und dir?" Sie gab ihre übliche Antwort und beendete das Gespräch. Leo schüttelte den Kopf, über Christa Hemmen, die nach seinem Wohlbefinden fragte, obwohl es sie in diesem Moment nicht interessierte, über sich selbst, weil er dieses Spiel mitspielte und behauptete, es gehe ihm gut. Sein Kopf fühlte sich wie ausgestopft an. Es war kurz nach Christas Anruf, dass Leo entschied, am Nachmittag zu Ramesh zu gehen.

Bea kam um zwölf zurück, und um eins aßen die Muh, die im Haus arbeiteten und gerade frei waren. Leo blieb im Dienst, bis ihn Inna ablöste. Er ging in den Speisesaal, wo noch andere Muh aßen. Leo setzte sich zu ihnen, schob sein Gemüse auf dem Teller herum und ging wieder. Ihm war übel, wenn er daran dachte, was es bedeutete, ohne Auftrag das Haus zu verlassen. Bis zum späten Nachmittag sollte er im Planungsbüro für das Projekt in Liège arbeiten. Kein Muh würde sich wundern, ihn auf einem Flur anzutreffen, aber jeder würde fragen, weshalb er Anstalten machte, das Haus zu verlassen. Leo beschloss, durch das Foyer nach draußen zu gehen. Inna würde er zur Not die Wahrheit sagen. Doch sie stand umringt von Teilnehmern und verteilte Broschüren, als er an ihr vorbei nach draußen ging.

Mit Bedacht wählte Leo den längeren Weg durch den Wald. Möglichst wenig Leute sollten ihn sehen. Seltsamerweise gelang es ihm im Wald besser, alle Gedanken auszuschalten. Es war fast wie bei der Sammlung, deutlich besser als bei den Sammlungen der letzten Tage. Aber auf der langen Strecke Hinter den Büschen, fühlte Leo sich beobachtet. Ein Auto überholte ihn. Die Fahrerin warf ihm im Vorbeifahren einen Blick zu, nur kurz, doch Leo hätte es vorgezogen, wenn er niemand getroffen hätte. Als er Rameshs Haus sehen konnte, fragte er sich, was er sagen sollte, wenn er dort ankam. Er musste damit rechnen, dass Ramesh arbeitete, bis er um neunzehn Uhr dreißig für den Yoga-Kurs ins Tagungshaus fuhr.

Das Auto stand jedoch in dem offenen Nebengebäude. Leo klingelte. Als sich im Haus nichts rührte, ging er um das Haus in den Garten. Auf einer Decke in der Sonne meditierte Ramesh. Er saß im Lotussitz, die offenen Hände auf den Knien. Der Wind spielte mit seinen Haaren, die ihm offen über den Rücken hingen. Leo setzte sich auf die Stufe der Terrassentür und sah ihm zu. Sein eigener Atem beruhigte sich. Je länger er dort saß, desto weniger wusste er, dass er dort saß, desto mehr fühlte er sich dort sitzend. Er kam sich nicht länger albern oder lächerlich vor. Es war richtig gewesen zu kommen, gleichgültig wie der Tag weitergehen würde.

Er hatte längst jedes Zeitgefühl verloren, als er merkte, dass Ramesh zurückkehrte, von wo immer er sich aufgehalten haben mochte. Seine Lider flatterten, er öffnete die Augen und sah direkt auf Leo. Langsam kam er auf ihn zu. Leo stand auf.

„Du bist da. Wie schön." Wieder war es, als verschränkten sich ihre Blicke. Für die Länge eines Atemzuges sahen sie sich an, dann ging Ramesh voran ins Haus. „Möchtest du etwas essen? Ich bin noch nicht lange hier."

Leo hatte beinahe vergessen, was Essen war. Er glaubte, auch jetzt nichts hinunterwürgen zu können, doch er nickte und half den Tisch zu decken. Brot und eingelegtes Gemüse standen auf der Arbeitsplatte bereit.

„An drei Vormittagen arbeite ich in Oldenburg in einer Praxis für Krankengymnastik. Damit ist mir ein Teil meines Einkommens sicher. Bei Kranken ist oft viel negative Energie. Und deutsche Patienten ... Danach muss ich mich immer erst wieder ins Gleichgewicht bringen. Und meistens habe ich dann auch keine Lust zu kochen. Was hast du heute gemacht?" Ramesh reichte ihm eine Karaffe Wasser. Leo schenkte sich ein. So gewann er Zeit zu überlegen, was er eigentlich den ganzen Vormittag getan hatte. Er konnte nicht sagen, er habe nur an Ramesh gedacht, obwohl er sich an nichts anderes erinnern konnte.

„Ich war an der Rezeption. Wie heute Abend. Um halb sechs muss ich wieder weg."

„Okay." Leo stellte fest, dass er ein Stück Brot in der Hand hielt und bereits kaute. Ramesh sah ihn an. „Du siehst aus wie hypnotisiert. Was haben die im Tagungshaus mit dir gemacht?" Leo zwang sich, bewusst am Tisch zu sitzen.

„Die Muh? Gar nichts. Ich bin einfach durcheinander. Deshalb bin ich hier." Er atmete tief durch. „Ich kann mich auf nichts konzentrieren. Auch nicht bei der Sammlung. Ich meine, ich war nie gut bei der Sammlung. Ich achte immer nur auf alles außerhalb von mir. Aber seit Samstag ..." Er brach ab. Es war ihm peinlich zuzugeben, wen er sah, sobald er die Augen schloss. Ramesh zog die Brauen hoch.

„Sammlung? Was ist das? Ich habe im Tagungshaus eine Einladung für die Teilnehmer gesehen." Leo stotterte sich durch eine unzusammenhängende Schilderung der Lehren seines alten Kodexwächters und Beas, die das Konzept der Sammlung weiter zu fassen schien. Als er Rameshs Hand auf seiner spürte, brach er ab.

„Eure Sammlung klingt interessant. Darf ich einmal daran teilnehmen?"

„Frag Bea." Ramesh nickte. Er drehte Leos Handfläche nach oben und fuhr mit dem Daumen darüber.

„Bin ich schuld, dass du durcheinander bist?“

„Ja.“ Es war einfacher gewesen, dieses Ja auszusprechen, als Leo geglaubt hatte. Er fühlte die grobe Wolle von Rameshs Pullover und hörte seinen eigenen Puls in den Ohren.

„Ich hatte Angst dich anzurufen, weil ich nicht wusste, ob du jemals frei bist, um zu telefonieren. Heute Abend hätte ich mit dir gesprochen. Ich hätte irgendein Problem erfunden, bei dem nur du helfen konntest. Montagabend habe ich dich nicht gesehen. Ich war besorgt, Bea hätte dich bestraft.“ Dieser Gedanke war Leo nie gekommen. Bea hätte sein Fehlverhalten mit solcher Bescheidenheit hingenommen, dass er um Verzeihung gebeten hätte.

„Muh bestrafen nicht“, sagte er.

„Das beruhigt mich.“ Da schien leise Ironie mitzuschwingen. Leo kannte das Phänomen, wenn er auch nicht verstand, wie Ironie funktionierte oder wozu sie gut sein sollte. Er hob den Kopf von Rameshs Arm und sah ihn an. „Leo, das meine ich so. Ich habe doch keine Ahnung, was Muh glauben und tun. Obwohl ich seit zwei Jahren Kurse in eurem Tagungshaus gebe.“

„Wir glauben nichts.“ Ramesh runzelte die Stirn.

„Oder was ihr tut. Ihr tut etwas, ich sehe euch doch immer fleißig arbeiten.“ Leo überlegte.

„Wir bemühen uns, unauffällig und bescheiden zu leben und Menschen in Bedrängnis zu helfen. Bea sagt, in der heutigen Zeit können Muh dies mit Kursangeboten leisten. Und Bea sagt auch, dass ...“

„Ist das jetzt wichtig?“

„Nein“, gab Leo zu, schockiert über die Selbstverständlichkeit, mit der er beiseite wischte, was Bea verkündete. Er sah zu, wie Ramesh den Tisch aufräumte und Tee aufgoss.

„Grüner Tee ist meine deutsche Angewohnheit. Wenn du das nächste Mal kommst, mache ich dir Chai. Der ist indisch.“ Sie trugen ihre Becher nach draußen und setzten sich vor dem Schuppen in die Sonne. „Was macht dein Sonnenbrand?“

„Besser. In der Dusche hat kein Muh etwas gesagt.“ Die Aussage nahm Ramesh hin, obwohl er einen Moment aussah, als wollte er nachfragen. Schweigend saßen sie nebeneinander, das von der Sonne gewärmte Holz im Rücken.

„Wann bleibst du das nächste Mal über Nacht?“ Leo blickte in den fast weißen Himmel. Die nächsten Tage würden Regen bringen.

„Wieder am Samstag?“ Ramesh stellte seinen Becher ab. Nachdem er sich vergewissert hatte, dass auch Leo seinen Tee getrunken hatte, nahm er ihm den Becher aus der Hand und kniete sich vor ihn.

„Samstag arbeite ich bis acht. Aber ...“ Er schüttelte den Kopf und begann von Neuem. „Ich verspreche dir, dass ich dich nicht in einen Gewissenskonflikt bringen will. Wenn es für dich besser ist, mich nicht zu treffen, sag es mir jetzt. Diese Geheimnistuerei halte ich nicht lange aus. Und du auch nicht.“ Leo wusste, dass es nicht richtig war, wenn er sich aus dem Haus schlich. Aber zum ersten Mal in seinem Leben gab es einen Menschen, der ihn als etwas Eigenständiges sah, nicht als einen Muh unter vielen. Wenn er in Rameshs Aufmerksamkeit stand, schien er sich in eine andere Person zu verwandeln.

„Ich komme am Samstag. Egal, was passiert.“

Auszug aus: Dores Muh, Geschichte der Gemeinschaft Muh von den Anfängen bis zur Gegenwart. Teil 2: Das 20. Jahrhundert

(…) So wie die französischsprachigen Anwohner der Ostkantone gezwungen wurden, ihre Namen einzudeutschen, verlangte man von den Muh, ihre ursprünglichen Familiennamen wieder anzunehmen. Dies führte zu Problemen, weil aufgrund der Möglichkeit des Wechsels der Fürsorgepartner bei den jüngeren Muh die familiäre Zuordnung nicht immer eindeutig möglich war. Es scheint außerdem, dass die Standesämter der einzelnen Gemeinden sehr unterschiedlich mit dieser Frage umgingen. (Siehe Kopie der handschriftlichen Notiz im Gemeinderegister von Eupen.) (…) In Weyrscheid vergaben die Muh ihnen bekannte Familiennamen an die jüngeren Muh, auch wenn nicht überliefert war, dass sie tatsächlich zu diesen Familien gehörten. Auf jeden Fall sind die Dokumente zwischen 1940 und 1947, in denen Muh mit einem Familiennamen aus der Welt bezeichnet sind, nicht eindeutig und lassen einen Schluss auf die Identität nur unter Vorbehalt zu. (…)

Freitag, 13. Mai

Christa

Am folgenden Nachmittag brach Christa so zeitig von Crea. Heim und Pflege auf, dass sie mit einem Sicherheitsabstand zu siebzehn Uhr bei Frau Finke eintraf. Die Erfahrung sagte ihr, dass Justin Brown Probleme haben würde, an einem verkehrsreichen Freitag seinen selbstgesetzten Termin einzuhalten. Doch sollte er extra früh aus Hamburg aufgebrochen sein oder bei Frau Finke anrufen, wäre es besser, sie wäre vor Ort.

Frau Finke war nervös. Sie hatte von ihrer Nichte gebackenen Kuchen aufgefahren, der nun auf dem Tisch wartete, während sie durch den Raum wanderte und laut über Schinkenröllchen mit Spargel nachdachte. Christa versuchte erfolglos, sie in ein Gespräch zu ziehen. An Frau Finke perlten alle Themen ab. Einzig die Gemeinheit der Einbrecher und die Rücksichtslosigkeit der Polizei hielten ihre Aufmerksamkeit. Gegen achtzehn Uhr befürchtete Christa, Frau Finke habe sich im Tag geirrt. Wenn Justin Brown am Montag bei der Leeraner Polizei vorsprechen sollte, wollte er vielleicht erst am Montag in die Frickenstraße kommen. Beim dritten Schlag der Standuhr nahm sie ein Motorengeräusch wahr. Christa trat ans Fenster. Frau Finke stellte sich neben sie.

„Das muss er sein."

Tatsächlich hielt das Auto auf Frau Finkes Auffahrt. Aus dem Inneren stieg ein Mann Anfang dreißig. Er nahm seine Sonnenbrille ab, strich die Haare aus der Stirn und betrachtete abschätzend Frau Finkes Haus.

„Fesch", bemerkte Frau Finke mit einem Seitenblick auf Christa. Sie ließ die Gardine fallen.

„Machen Sie die Tür auf, Frau Hemmen. Ich sehe schnell nach dem Tee."

Einen halben Meter vor der Tür stand der Mann, dessen Bild Christa auf Facebook gesehen hatte.

„Guten Abend, ich bin Justin Brown. Sind Sie Frau Finke?" Damit hätte sie rechnen müssen.

„Nein, ich bin Christa Hemmen, eine Bekannte von Frau Finke. Kommen Sie herein. Frau Finke kümmert sich um den Tee." Sie ließ ihn eintreten und wies mit der Hand in den Hauptflur.

„Mein deutscher Kollege hat mir berichtet, dass die Fahrt von Hamburg nach Ostfriesland lang ist. Ich habe mich auch mit dem Verkehr verschätzt. Es tut mir leid, dass Sie warten mussten auf mich." Sein Akzent war fast nicht zu hören. Im Wohnzimmer drehte Justin Brown sich um und lächelte Christa an. Die verfiel in ihren Geschäftsmodus.

„Es war zu erwarten, dass an einem Freitag der Verkehr von Hamburg nach Bremen stark ist. Hier kommt Frau Finke mit frischem Tee. Möchten Sie ein Glas Wasser?" Das wollte er, und Christa ging selbst in die Küche, damit Frau Finke sich mit ihm bekannt machen konnte. Als sie wieder ins Wohnzimmer kam, saßen die beiden am Teetisch. Frau Finke schien über die Begrüßung vergessen zu haben, dass sie ihrem Gast Tee anbieten wollte. Auch das übernahm Christa, ebenso das Auflegen des mit süßer Creme gefüllten Butterkuchens.

Justin Brown bedankte sich mehrmals für das authentische Gebäck, wie er sich ausdrückte. Während Frau Finke über die schreckliche Geschichte von Frau Browns Verschwinden klagte, machte er sich über den Kuchen her, als habe er an diesem Tag noch nichts zu essen bekommen. Frau Finke freute sich über einen Mann mit Appetit und signalisierte Christa, ihm ein zweites Stück zu servieren. Mit einem tiefen Seufzer kam sie auf den Einbruch zu sprechen.

„Ich hoffe so sehr, dass nicht auch noch persönliche Gegenstände gestohlen wurden. Ich kann ja nur über die Dinge sprechen, die offen herumstanden oder hingen, in dem Fall. Da werden Sie noch einmal nachgucken müssen." Er schüttelte bedauernd den Kopf.

„Das tut mir leid, aber ich fürchte, genau das kann ich nicht tun. Sehen Sie, ich war noch nie in Grans Haus. Ich weiß auch gar nicht, was für Dinge sie besitzt."

„Aber bestimmt erinnern Sie sich an Schmuck oder Bilder von früher. Ihre Großmutter hat ja nicht immer in diesem Haus gewohnt", versuchte Christa ihn aufzuheitern. Wieder schüttelte er den Kopf.

„Schmuck trägt sie, glaube ich, kaum. Ich kann mich nur an ihren Ring erinnern. In den USA hatte ich keinen Kontakt zu Gran. Ich habe sie erst in Hamburg kennengelernt." Über Frau Finkes Gesicht glitt ein Schatten.

„Wie kann das denn sein? Frau Braun ist Ihre Großmutter." Ihr Misstrauen war erneut erwacht. Christa hatte versucht, ihr zu erklären, dass der Enkel ihrer Mieterin identifiziert war. Damals, vor einer Stunde, hatte Frau Finke sich beruhigt gezeigt, weil Okko Lüken von diesem Besuch wusste. Jetzt fixierte sie ihren Gast, als rechnete sie damit, dass er gleich eine Waffe zöge. Er bemerkte ihren Ausdruck nicht, weil er ein drittes Stück Kuchen verzehrte.

„Das ist richtig", sagte er zwischen zwei Gabeln Butterkuchen. „Aber meine Großeltern leben getrennt. Mein Vater war damals noch sehr jung und hat ihr nicht verziehen, dass sie ausgezogen ist. Er wollte nie mit ihr zu tun haben, und natürlich durften auch wir Kinder keinen Kontakt zu ihr haben. Aber sie ist immer noch gut freund mit ihrem Mann, auch wenn sie nicht zusammen leben. Er hat ihr erzählt, dass ich nach Deutschland komme, und ihr meine E-Mail-Adresse gegeben. Sie hat mir geschrieben. Erst eine E-Mail, und nachher in Deutschland einen Brief. Im Oktober haben wir uns in Hamburg getroffen." Er legte die Gabel neben sein halb gegessenes Kuchenstück. Christa sah ein verräterisches Glitzern in seinen Augen. Mitgefühl schwappte in ihr hoch. Sie füllte seine Tasse. Dankbar lächelte er sie an.

„Ich darf nicht die Hoffnung verlieren, dass sie noch lebt", teilte er ihr mit. „Gott schützt seine Kinder."

„Wie wahr", murmelte Frau Finke. Christa sah von ihm zu ihr, dann wieder zu ihm.

„Was werden Sie jetzt machen? Das Haus ist in absolutem Chaos nach dem Einbruch. Und es stinkt von dem verdorbenen Obst. Sie sollten sich ein Hotelzimmer suchen und morgen nachsehen, ob Sie aufräumen können." Er zögerte, als dämmerte ihm jetzt erst, was ein Einbruch bedeutete.

„Ich sehe mir Grans Haus an, wenn ich darf, Frau Finke. Noch ist es hell, da kann ich sehen, wie schlimm es ist. Danach entscheide ich, was ich tue. Wo sind die Einbrecher eingestiegen? Muss ich da etwas beachten?" Frau Finke sah hilfesuchend zu Christa. Die hoffte, dass sie sich an alles erinnerte, was Okko Lüken ihr erzählt hatte.

„Also, der Einbrecher, es war wohl nur einer, ist durch ein Flurfenster gestiegen. Ein Schreiner hat die Scheibe notdürftig mit Holz ersetzt. Frau Finke hat einen Glaser beauftragt, das Fenster zu reparieren. Nicht wahr?"

„Meine Nichte war das. Ihr Mann ist mit einem Glaser befreundet, und der ..."

„Jedenfalls", überging Christa den weiteren Redefluss, „brauchen Sie sich nicht um das Fenster zu kümmern."

Justin Brown nutzte die Gelegenheit, nach einem Schlüssel zu fragen. Christa begleitete ihn zu Fuß um die Kurve zu dem anderen Haus.

„Es ist wirklich sehr einsam hier", stellt er fest, als sie mit der Kurve die Bäume hinter sich ließen. Von der Straße aus sah man nur das Haus von Frau Finkes Nichte. „Da ist es keine Überraschung, dass der Einbruch ein paar Tage unbemerkt geblieben ist." Sie gingen unter der Krähenkolonie zum Haus. „Kann man nichts gegen die Vögel unternehmen?" Christa hob den Blick zu den Krähen, die laut schreiend in den Bäumen saßen oder im Tiefflug unter den Ästen glitten.

„Die Krähen stehen unter Naturschutz. Da kann man nichts machen." Er zuckte mit den Schultern.

„Wie ich Gran kenne, mochte sie diese schwarzen Vögel."

„Krähen."

„Krähen. Danke. Ich kenne das Wort, aber ich vergesse es immer."

Ehe sie zur Haustür gingen, drehten sie eine Runde über den Hof und lugten durch die Zweige auf die Felder hinter dem Grundstück.

„Die Polizei glaubt, dass der Einbrecher von dort auf das Grundstück gekommen ist. An den Büschen sind ein paar Zweige frisch abgeknickt. Hinter den Feldern ist da“, sie zeigte nach links, „ein Dorf. Backemoor. Und in diese Richtung ist praktisch gar nichts.“Sie zeigte nach rechts. Justin Brown nickte. Er war etwas größer als sie und schien unter dem Jackett eine sportliche Figur zu verstecken. Ansonsten hatte er seine lange Autofahrt nach einem Arbeitstag gut überstanden. Sie roch nur einen Hauch von Leder und Moos, keinen Schweiß, wie das zu erwarten gewesen wäre.

Im Haus dagegen schlug ihnen sofort der Fäulnisgeruch entgegen. Sie stellten die Türen auf und öffneten alle Fenster. Die Obstschale mit den traurigen Resten der Orangen und die mit blauem Flaum bedeckte Spinatpackung brachten sie nach draußen.

„Hier können Sie nicht übernachten“, stellte Christa fest. Er sah sich im Wohnzimmer um und schob mit dem Fuß ein Stück Stuhllehne hin und her.

„Ich glaube, es ist nicht so viel Arbeit. Und oben war der Einbrecher nicht. Ich habe meinen Schlafsack mitgebracht. Darin kann ich oben schlafen.“ Plötzlich war sie besorgt, als wäre er ein kleiner Junge.

„Und was wollen Sie essen? Im Kühlschrank ist alles verdorben.“ Er überlegte.

„Ich bestelle Pizza. Das geht hier doch, oder?“ Sie musste lachen.

„Ja, das geht auch hier. Wissen Sie was? Ich helfe Ihnen beim Aufräumen. Dann sind Sie schneller fertig.“ Er dachte einen Moment nach.

„Also gut. Aber unter einer Bedingung. Wir sagen nicht mehr Sie. Ich bin Justin.“ Wieder streckte er ihr die Hand entgegen. Diesmal fühlte sie sich etwas klebrig an, weil er faule Äpfel aufgehoben hatte. Christa zögerte. Sie mochte es nicht, dass er so nett war, und sie mochte es noch weniger, dass sie ihn nett fand. Das Schlimmste war, dass sie sich über seinen Vorschlag freute, als wären seine Worte irgendetwas wert.

Auszug aus: Dores Muh, Geschichte der Gemeinschaft Muh von den Anfängen bis zur Gegenwart. Teil 2: Das 20. Jahrhundert

(…) Die ostbelgischen Kantone wurden verschiedentlich als Horte des Friedens bezeichnet. Diese Situation endete schlagartig am 09. August 1944 mit der Bombardierung des Bahnhofs von St. Vith durch die Alliierten. Von da an überflogen amerikanische und britische Bomberstaffeln die Gemeinden auf dem Weg zu den Städten im Deutschen Reich. Gleichzeitig häuften sich Gerüchte über das rasche

Vordringen der US-Truppen durch Frankreich. Die deutsche Propaganda schürte in der Bevölkerung Angst vor Racheakten der Amerikaner.

Während sich deutsche Truppen durch Ostbelgien ins Reich zurückzogen, kam es vermehrt zu Angriffen der Weißarmisten des Widerstands auf deutsche Einrichtungen. Dadurch verstärkte sich der Druck auf die Bevölkerung und somit auf die Muh. (…)

Leo

Seit Leo an diesem Nachmittag an der Rezeption stand, fürchtete er, Ramesh zu verpassen. Als er das Foyer betrat, spürte er seine Gegenwart trotz des geballten Charmes von drei Damen um die fünfzig, die ihn mit Fragen über das Programm ab Juli bombardierten. Rameshs Lächeln war für die Damen, sein Blick galt nur Leo. Die Damen ließen von Leo ab und bestürmten Ramesh, ob er schon Buchungen für den nächsten Kurs annähme.

„Alle Buchungen laufen über das Tagungshaus. Herr Muh, wissen Sie, ab wann die neuen Kurse gebucht werden können?" Die Damen drehten sich wieder zu Leo, der ihnen sagte, was er ihnen in den letzten zehn Minuten dreimal erzählt hatte.

„Buchungen sind möglich, sobald das neue Programm vorliegt. Ich frage gleich nach, wann das sein wird." Als verkündete er eine Neuigkeit, brachen die Damen in lautes Rufen aus. Unter Versprechungen, auf jeden Fall den Anschlusskurs zu buchen, führten sie Ramesh in den Kursraum.

Leo notierte die Frage. Er hatte nicht vor, Bea noch an diesem Abend zu behelligen. So weit er informiert war, hatte sie das Programm für die drei Sommermonate geplant, aber noch nicht in Druck gegeben. Nur einige lange im Voraus geplante mehrtägige Veranstaltungen konnten schon seit Anfang des Monats gebucht werden. Wie es der Zufall wollte, erkundigten sich innerhalb der nächsten Stunde weitere Teilnehmer nach dem Programm. Da Bedarf zu bestehen schien, beschloss er, die Frage nicht länger aufzuschieben. Er könnte eine andere Frage dazu stellen. Vielleicht merkte Bea nicht, worauf er hinauswollte. Als gegen Ende des Yoga-Kurses Inna durch das Foyer ging, bat er sie, ihn kurz zu vertreten.

„Warum rufst du Bea nicht an?", fragte sie, als sie sich auf den Stuhl vor dem Computer fallen ließ.

„Ich muss auch etwas abholen", antwortete er ausweichend und lief die Treppe hoch. Hier oben war bereits alles dunkel, nur aus Beas Büro fiel Licht auf den Flur. Er fand sie in einem Skype-Gespräch. Christa Hemmen, die freitags meist kurz vorbeischaute, war nicht da.

„Leo Muh, was gibt es?“ Sie minimierte das Skype-Fenster, in dem Leo gerade noch einen Muh sah, der ihm vage bekannt vorkam. Der Kodexmeister war es nicht, vielleicht einer der ihr anvertrauten Muh in der Welt. Der Magdeburger Muh besprach sich oft mit Bea wegen seiner Arbeit in einer Beratungsstelle für illegal in Deutschland lebende Menschen. Leo fragte nach dem neuen Programm. Bea blätterte in ihrem Kalender. „Sommermodule, da steht es. Wir bekommen die neuen Programme nächste Woche.“

„Okay. Das kann ich auch Inna sagen. Sie ist jetzt gerade an der Rezeption. Sag mal, Bea, gibt es so etwas wie eine Broschüre über die Muh? Wo drinsteht, woher wir kommen, was die Sammlung ist und so weiter? Ramesh McPhelps hat mich danach gefragt.“ Er hatte Bea selten ratlos gesehen. Jetzt öffnete sie eine Schublade, schloss sie wieder, ging zu einem Schrank und durchsuchte dort einen Karton.

„Wir hatten früher mal solche Flyer. Ich weiß gar nicht, ob ich in diesem Zentrum jemals einen in der Hand gehabt habe. Es fragt auch nie jemand danach. Oh, warte.“ Sie nahm ein Buch aus dem Regal. „Der erste Band von Dores Muhs Geschichte der Muh. Über die Sammlung steht nicht viel darin, jedenfalls nicht über die moderne Form. Wenn es ihn interessiert, kann McPhelps das Buch behalten. Wir haben genug. Sag ihm auch, dass Dores einen zweiten Band schreibt.“

Leo betrachtete das braun gebundene Buch skeptisch. Er wusste, dass es erst vor zwei Jahren erschienen war, doch für ihn sah es aus, als käme es aus der Frühphase der Gemeinschaft. Als er es aufschlug, erwartete er den süßlichen Geruch alten Papiers. Stattdessen roch er neue Farbe. Im Foyer zeigte er Inna das Buch.

„Eine Ausgabe steht im Aufenthaltsraum. Hast du da mal reingeschaut?“ Inna schüttelte den Kopf. Auch sie schnupperte vorsichtig, ehe sie zum Inhaltsverzeichnis blätterte.

„McPhelps interessiert sich für die Muh? Für uns interessiert sich doch keiner. Nur für das, was wir der Welt geben.“ Sie räumte den Stuhl für Leo, der bescheiden auf ihre Fußspitzen blickte. Sie hatte unbestreitbar recht, wenn sie sagte, dass sich niemand für die Muh interessierte. Muh fielen nicht auf, also sahen die Menschen aus der Welt sie nicht. Sie kamen in das Sandkruger Zentrum, um Kurse zu belegen, kauften Schafs- und Ziegenkäse vom Moresneter Zentrum oder verlangten die Dienste von Edus in der Welt lebender Familie, wenn sie Hufschmiede brauchten. Selbst Christa Hemmen nahm nur, was ihr bereitwillig gegeben wurde. Leo fühlte sich kalt, wenn er daran dachte, dass er für Ramesh nur eine Kuriosität sein könnte. Den Gedanken schob er eilig zur Seite, als er im

Flur hinter dem Foyer die lauten Stimmen der Yoga-Damen hörte. Doch die Unsicherheit blieb und ließ ihn ihre Fragen nach dem Programm noch bescheidener als sonst beantworten. Immerhin konnte er ein Datum anbieten. Sie forderten sich gegenseitig auf, sich an den Termin zu erinnern, tippten eine Notiz in ihre teuren Smartphones oder zückten elegante Kugelschreiber, um in ledergebundene Kalender zu schreiben. Unter Lachen und Winken verließen sie das Foyer.

„Du siehst müde aus", bemerkte Ramesh. Leo zuckte zusammen. Dass er seine Nähe jetzt anders als vor anderthalb Stunden nicht bemerkt hatte, schien zu bestätigen, dass er sich nur einbildete, zwischen ihnen sei mehr als Worte. Ohne aufzusehen, schob er ihm das Buch hin.

„Hier, das ist die Geschichte der Muh. Bea sagt, über die Sammlung steht wenig drin, aber viel über unsere Entstehung und die Idee dahinter. Im Prinzip leben wir nach den Regeln dieser ersten Zeit. Und ich soll dir ausrichten, dass Dores Muh einen zweiten Band schreibt. Falls es dich interessiert." Erst nachdem er gesehen hatte, wie Rameshs Hände das Buch vom Tresen nahmen, wagte er, den Kopf zu heben. Ramesh würde das Buch betrachten, nicht ihn. So könnte er in seinem Gesicht nach Zeichen suchen, dass die Muh nur seltsame Clowns von mittlerem Unterhaltungswert waren. Zunächst sah er Überraschung. Ramesh blätterte durch das Buch, las einige Überschriften. Dann sah er zu Leo, wieder mit diesem Lächeln, dass ihn einzuhüllen schien.

„Danke. Ich werde das sehr genau lesen, damit ich dich besser verstehe. Wann möchte Bea das Buch zurückhaben?"

„Du kannst es behalten. Bea sagt, wir haben genug davon." Ramesh nickte und fuhr mit dem Finger über den Buchrücken.

„Ein weiterer Muh ist der Autor. Es muss mehr von euch geben, als man denkt. Hast du es gelesen?"

„Nein. Aber ich kenne Dores Muh. Wenn er über diese alten Zeiten spricht, klingt es viel spannender." Ramesh musterte ihn nachdenklich.

„Das waren außergewöhnlich viele Worte von dir. Du bist sonst so einsilbig." Zu den regelmäßigen Themen von Leos Wochengesprächen mit Bea gehörte sein unbescheidenes Reden. Leo fand, wenn Muh etwas nicht auf Anhieb verstanden, sollte man es ihnen dreimal sagen. Bea meinte, eine einfache Wiederholung und Abwarten seien bescheidener. Ausgerechnet vor Ramesh sollte er dem Ideal der Muh entsprechen.

„Einsilbig?"

„Okay, das waren drei Silben. Es bleibt bei morgen Abend?" Als Leo nickte, fuhr Ramesh fort. „Ich arbeite den ganzen Tag in Wilhelmshaven, da lasse ich das Telefon ausgeschaltet. Aber auf der Rückfahrt mache ich es an. Hör zu, es soll morgen regnen. Ich hole dich ab. Keine Widerrede, das hätte ich letzte Woche schon tun sollen. Aber dieses Mal kommst du nicht durch mit deiner Bescheidenheit. Ruf mich an, wenn du außerhalb eures Geländes bist. Wir treffen uns dann am Wöschenweg. Wann ungefähr? Halb elf?" Leo nickte wieder. Viele Entscheidungen brauchte er im Leben nicht zu fällen, aber er hatte angenommen, dass er seine Ausbrüche selbst durchführte.

Es nahten Stimmen eines weiteren Kurses, der zu Ende gegangen war. Ramesh steckte das Buch ein.

„Ich sollte jetzt gehen. Du rufst mich an, versprochen?" Er sah Leo an. Der nickte noch einmal, aber diesmal schien Ramesh sein Schweigen angesichts der immer näher kommenden Teilnehmer für normal zu halten. „Gute Nacht. Versuch zu schlafen."

Er ging, wie immer entspannt, eine Leinentasche über der Schulter. Leo sah ihm nach. Um ihn herum verblasste das Foyer, das ganze Haus schien auseinanderzufallen, als er nun in Gedanken Ramesh zum Parkplatz folgte und im Dunkel des Abends für einen Moment in seinen Armen war. Dann sprangen Licht und Ton zurück, Kursteilnehmer strömten an ihm vorbei, andere tauchten vor ihm auf, und eine Flut von Fragen jagte die Erinnerung an Ramesh fort.

Samstag, 14. Mai

Justin

Justin erwachte, als sein Kopf gegen ein Schreibtischbein stieß. Er rieb seine Stirn und setzte sich vorsichtig auf. Die Luft im Arbeitszimmer war stickig. Er hatte gestern Abend kurz gelüftet, aber wegen der Mücken die Fenster schnell wieder schließen müssen. Die ersten Sonnenstrahlen genügten nun, die Temperatur drinnen ansteigen zu lassen. Regentropfen aus der Nacht lagen noch auf den schrägen Scheiben, verdunsteten jedoch vor seinen Augen.

Beim Aufstehen merkte er die Folgen der Aufräumaktion gestern Abend und des Schlafens auf der dünnen Isomatte. Nacken und Rücken schmerzten nach den ungewohnten Belastungen. Seit er in Deutschland arbeitete, fand er zu wenig Zeit für sein Training. Vielleicht sollte er in Hamburg nach einem Fitnessstudio Ausschau halten, das auch nachts geöffnet war. Justin schob eines der Fenster auf. Ein Schwall unerwartet kühler Luft kam ihm entgegen. Draußen wehte ein frischer Wind. Die Äste der Bäume vor dem Haus schaukelten zum Ärger der Krähen, die laut protestierend um die Baumwipfel flogen. Es roch nach nassem Laub und Erde und ein wenig nach Gülle. Das Wort hatte er gestern von Christa gelernt. In Hamburg roch man nie Gülle, auch nicht in New York oder San Francisco. Er musste zugeben, dass der Geruch auch in seiner leichten Form unangenehm war.

Bis auf den Wind und die Krähen war es ruhig. Justin konnte sich nicht erinnern, wann er zuletzt eine derartige Abwesenheit von Lärm erlebt hatte. Menschen sah er keine, gleichgültig in welche Richtung er schaute. Von San Francisco, New York oder Hamburg war er volle Gehwege und Straßen gewohnt. All das nicht zu erleben, dazu die kühle klare Luft zu atmen, verunsicherte ihn. Die Hintergrundmusik seines Lebens war plötzlich abgeschaltet. Hier hatte Gran während der letzten Jahre gewohnt. Vielleicht meinte sie, die Ruhe helfe ihr bei der Konzentration auf ihre Arbeit. In Hamburg war sie ihm wie eine Großstädterin erschienen, auf ihre Art elegant, interessiert an Cafés und Museen. Hier gab es nichts davon, doch sie musste etwas gefunden haben. Ansonsten hätte sie ihm nicht gesagt, dass sie froh war, dieses Haus in Ostfriesland entdeckt zu haben. Dabei hatte sie hier kaum Spuren hinterlassen. Von Christa wusste er, dass das gesamte Mobiliar dem verstorbenen Schwager von Frau Finke gehört hatte. Nur dieses Arbeitszimmer unter dem Dach hatte Gran eingerichtet, und nur hier fand er Anklänge an die Frau, die er seit Oktober kannte.

Justin nahm sein Smartphone. Es war kurz nach neun, gerade noch Zeit, für ein Gespräch mit Trish in Seattle. Sein Großvater in Marin County bei San Rafael wäre allerdings schon im Bett. Er rief Trish an, stellte sich vor, wie das Telefon in ihrer Wohnung klingelte, einer Wohnung, die er nur über Skype kannte. Seit sie in Seattle arbeitete, hatte er sie nicht mehr von Angesicht zu Angesicht gesehen.

„Ich bin gerade erst nachhause gekommen. Im Büro war heute absolutes Chaos. Ich habe den ganzen Tag nichts gegessen. Keine Zeit." Trish zog ihre Jacke aus. Sie redete schnell, noch aufgekratzt von der Arbeit. „Ist alles in Ordnung bei dir?", fragte sie dann. „Wo bist du da?

Sie saß jetzt in ihrem dunkelblauen Kostüm vor ihm, als wäre dies ein Kundengespräch. Plötzlich konnte er ihr nicht von seinen Sorgen um Gran erzählen. Im Oktober hatte sie gesagt, die Geschichte seiner wiedergefundenen Großmutter sei niedlich. Das war ihr einziger Kommentar gewesen. Auf seine Berichte über die Treffen mit Gran hatte sie einsilbig reagiert. Es war offensichtlich, bei Skype-Gesprächen noch deutlicher als bei Telefonaten, dass sie Grans unkonventionellem Lebensstil misstraute. Ihr jetzt anzuvertrauen, dass Gran verschwunden war und er sich in ihrem Haus aufhielt, würde sie langweilen. Seine Probleme sollten sie nicht zusätzlich belasten.

„Ich bin auf Besuch. Ostfriesland heißt das hier." Sie äußerte Verwunderung, dass er die Zeit fand, Hamburg zu verlassen. Justin wusste, dass auch sie sechzig Stunden und mehr in der Woche arbeitete. Wenn sie ihn ermahnte, sich nicht hinter seiner Arbeit zu verstecken, meinte sie sich selbst. „Ich werde jetzt frühstücken. Schlaf gut, Trish." Er hauchte ihr einen Kuss zu und beendete die Verbindung.

Justin überlegte, ob sich noch etwas Essbares im Haus befand. Ein Café gab es vermutlich in so einer ländlichen Gegend nicht. Ehe er sich um sein leibliches Wohl kümmerte, dankte er Gott für seinen Schutz auf der Fahrt nach Rhauderfehn und bat darum, dass er sich in seiner Güte Gran, Trish, seinen Eltern und seinem Bruder und auch Justin annähme. Auch Christa Hemmen, die ihm am Vortag so sehr geholfen hatte, möge er beschützen.

Nach dem Gebet fühlte Justin sich gefestigt. Vorsichtig kletterte er die seltsame Mischung aus Leiter und Treppe hinunter ins Erdgeschoss. Dort hing immer noch der Geruch nach faulem Obst in der Luft. Unter der Dusche vollzog er sein zweites Morgenritual, das laute Aufsagen seiner Lebensziele. Auf das Rasieren verzichtete er, weil er dem Geruch so schnell wie möglich entkommen wollte. In der Küche fand er Kaffeemehl, aber kein Gerät mit dem man Kaffee zubereiten konnte. Schließlich erhitzte er Wasser in einem Wasserkocher und goss den Kaffee durch einen Porzellanfilter auf. Das Ergebnis schmeckte besser als erwartet. Im Küchenschrank entdeckte er neben den kleinen Teetassen des Schwagers auch ein paar Kaffeebecher, die Gran angeschafft hatte. Mit einem Stück von dem Brot, das der Pizzaservice als Beigabe mitgeschickt hatte, und einem Becher Kaffee setzte er sich auf die Bank vor dem Haus. In seinem Segelpullover war er genau richtig für einen frischen ostfriesischen Morgen angezogen. Die Sonne schien ihm ins Gesicht, der Wind zauste seine Haare, der Duft des Kaffees belebte ihn. Unter den Bäumen stritten die Krähen.

Nach einer Weile erinnerte er sich, dass am Nachmittag Christa kommen wollte. Sie hatte angeboten, ihm beim weiteren Aufräumen zu helfen. Viel gab es nicht mehr zu tun, aber die Atmosphäre des Hauses bedrückte ihn. Wenn Christa bereit war, ihren Samstag für ihn zu opfern, nahm er ihr Angebot gerne an. Bevor sie eintraf, sollte er einige Lebensmittel kaufen.

Justin stand von der Bank auf, streckte seinen Rücken und hielt inne, als er neben der Bank einen Blumentopf voller Zigarettenkippen entdeckte. Gran rauchte, das wusste er. Sie war eine Künstlerin, die schwarze Kleidung trug, zwangsläufig rauchte sie. Justin hielt Zigaretten für Teufelszeug. Immerhin hatte sie ihre Kippen nicht auf den Betonplatten ausgetreten und sich neben ihrem Körper und ihrer Seele auch noch gegen die Schöpfung versündigt. In der Nähe erklang ein Klopfen.

Zuerst konnte Justin das Geräusch nicht lokalisieren. Erst als er zwischen Haus und Außengebäude trat, entdeckte er die klappernde Tür. Sie war zwar abgeschlossen, saß aber so lose in der Falle, dass jede Windböe an ihr rüttelte. Justin vermutete die Werkstatt seiner Großmutter hinter der Tür. Er versuchte, durch das Fenster zu spähen, doch ein graugrüner Film außen und, wie der Versuch zeigte, auch innen, machte die Scheibe praktisch undurchsichtig. Justin wischte seine Finger an einem Taschentuch ab. Er hatte in der Küche einen Schlüsselbund gesehen. Nach dem Einkaufen wollte er die Schlüssel ausprobieren.

Er folgte bereits den Anweisungen einer Navigationsapp Richtung Rhauderfehn zum nächsten Einkaufszentrum, als er sich erinnerte, dass in der Werkstatt auch der Blutfleck sein würde. Streng sagte er sich, dass ein Fleck ihn nicht abhalten sollte, die Werkstatt seiner Großmutter zu betreten. Es war ihr Arbeitsplatz, der Ort, an dem sie Kunstwerke geschaffen hatte und bestimmt wieder erschaffen würde. Der Fleck war jedoch ein Blutfleck, und Blut war symbolisch. Wenn es den Körper verließ, war Gewalt im Spiel. Auf Gewalt folgte Tod. Diese Verbindung wollte Justin nicht weiterdenken, doch er spürte den Gedanken einem Dämon gleich in seinem Nacken.

Bis er das Einkaufszentrum erreicht hatte, war es Justin gelungen, sich von den unheimlichen Vorstellungen von Dämonen, Mördern und Blutflecken zu befreien. Als er auf der Rhauderwieke in den Ort fuhr, erfreute er sich an den Geschäften und Supermärkten. Für ihn waren dies Zeichen eines funktionierenden Marktes. Er sah Neubauten und Baustellen, Menschen investierten und mehrten den Reichtum des Landes. Menschen kauften ein und schoben überbordend volle Einkaufswagen zu ihren Autos. Jeder einzelne von ihnen trug dazu bei, dass eine Investition gelang und Rendite lieferte. Justin spürte das Kribbeln, das ihn immer erfasste, wenn es darum ging, ein neues Projekt einzuschätzen. Er stellte sein Auto auf dem weitläufigen Parkplatz des Einkaufszentrums ab und sah sich aufmerksam um. Den Markennamen des Einkaufzentrums und sein Logo kannte er aus Hamburg, wenn er auch noch nie dort eingekauft hatte. In Deutschland war der Konzern einer der größten. Wenn er sich hier angesiedelt hatte, war dies ein gutes Zeichen für den lokalen Markt.

Nachdem Justin Brot, Wasser, Fertiggerichte und diverse Putzmittel, die Christa ihm empfohlen hatte, in Grans Haus getragen hatte, war es Zeit, Granddad anzurufen. Granddad stand morgens früh auf. Wahrscheinlich goss er jetzt seine Blumen, ehe er zum Frühstück ins Haus ging. Es klingelte lange, und Justin fürchtete schon, sein Großvater schlafe noch, als der alte Mann sich meldete.

„Justin, wie geht es dir? Bist du zu ihrem Haus gefahren? Wie ist es da?“ Justin stand wegen des schlechten Mobilfunkempfangs auf dem Hof. Er sah um sich, zufällig direkt auf die Schuppentür.

„Es ist sehr ruhig. Das Haus ist ganz abgelegen, Granddad.“ Sein Großvater seufzte.

„Sie brauchte Freiraum. Sie musste sich zurückziehen können. Das Leben hier, mit mir und den Kindern, das war ihr damals schon zu viel. Wann sprichst du mit der Polizei?“

„Am Montag. Granddad, hatte sie irgendetwas, das Diebe wollten? Christa, das ist eine Bekannte der Nachbarin, die den Einbruch entdeckt hat, sagt, dass nur drei Bilder gestohlen worden sind. Alte Fotos.“ Justin konnte das Nachdenken seines Großvaters beinahe hören. Das atmosphärische Rauschen wurde lauter, ebbte wieder ab.

„Weißt du, was für Fotos?“ Justin hatte Christa gefragt, aber die hatte die Fotos nie gesehen. Er besaß nur die Beschreibung, die Frau Finke ihr gegeben hatte. Nachdem Justin seinem Großvater erzählt hatte, was er aus dritter Hand wusste, schwieg der eine Weile.

„Ich glaube, ich kenne die Fotos. Eines Tages hatte sie sie in der Handtasche. Wahrscheinlich waren die von ihrer Mutter. Sie hat sie immer wieder angesehen und geweint. Kurz darauf wollte sie die Trennung.“

„Wegen der Fotos?“ Justin hatte nie nachvollziehen können, weshalb seine Großeltern getrennt lebten. Soweit er wusste, hatten sie sich bis zu Grans Übersiedlung nach Europa regelmäßig getroffen. An ein paar alte Fotos als Trennungsgrund wollte er nicht glauben.

„Keine Ahnung, Justin. Eine Weile habe ich das geglaubt.“ Justin versprach, am Montag wieder anzurufen, wenn er mit der Polizei in Leer gesprochen hatte. Er steckte das Smartphone ein und lief in die Küche, um den Schlüsselbund zu suchen.

Die Tür zur Werkstatt sprang auf und gab den Weg frei in einen dämmrigen Raum. Justin schaltete die Deckenbeleuchtung an. Es summte und wurde schlagartig hell. Gran hatte die Lampe selbst eingebaut. Anders als normale Großmütter war sie handwerklich geschickt und gestaltete ihre Arbeitsplätze nach ihren Bedürfnissen. An der Schmalseite des Raums war ein dunkelroter Fleck an der Wand, auf dem Boden davor ein weiterer Fleck. Im kalten weißen Licht der Lampe waren sie unspektakulär, doch Justin fühlte seine Hoffnung auf ein Wiedersehen verfliegen. Wer so viel Blut verlor und dann verschwand, war nicht aus eigener Kraft gegangen.

Justin schickte ein kurzes Gebet zu seinem Schöpfer, er möge Grans Seele, ob in ihrem Körper oder außerhalb, beistehen. Dann zwang er sich, nicht wieder zu ihrem Blut zu sehen. In diesem Raum gab es andere Dinge zu entdecken. Die wollte er nachher Christa zeigen. Sie würde sich dafür interessieren.

Auf dem langen Arbeitstisch lag ein steinharter Klumpen Ton unter dem Tuch, das ihn hatte feucht halten sollen. Es war in Form des Klumpens getrocknet und hatte auch dessen Farbe angenommen. In einer Schüssel daneben war das Wasser zum Anfeuchten des Tuchs fast ganz verdunstet. Ein paar Werkzeuge lagen auf dem Tisch, einige andere auf dem Boden. Auch ein Bleistift und ein Skizzenbuch lagen dort. Im Regal standen einige Figurinen in verschiedenen Bearbeitungsstufen. Grans Darstellungen des menschlichen Körpers befremdeten Justin. Ihm widerstrebte, wie sie Menschen mit tierischen Körperteilen versah, doch auch er erkannte, dass ihre Arbeit mehr war, als wahlloses Zusammenstecken von Armen, Beinen und Geweihen. In der einen Ecke stand ein Brennofen, in der anderen eine elektrische Töpferscheibe. Ansonsten war der Raum leer. Irgendwo musste es noch ein Lager für Steine geben, doch dafür brachte er kein Interesse auf.

Justin trat vor die Töpferscheibe. Er betrachtete sie aufmerksam, ohne zu verstehen, wie sie funktionieren könnte. Versuchsweise berührte er das blau lackierte Metallgehäuse. Es fühlte sich kalt an. Als er die Hand zurückzog, musste er sein Gewicht von einem Fuß auf den anderen verlagert haben. Unter seinem linken Fuß knirschte etwas. Justin zog den Fuß beiseite, sah aber keinen Sand, der das Knirschen verursacht haben könnte. Dafür bemerkte er in einem Spalt neben der Betonplatte etwas Rotes. Neugierig hockte er sich vor die Betonplatte und fuhr mit den Fingern über die Fugen. Als er die anderen Platten untersuchte, merkte er, dass eine der Platten unter der Töpferscheibe nicht eingefugt war. Kurz entschlossen zog Justin den Stecker, probierte den Wasserzulauf und löste den Schlauch vom Wasserhahn. Dann schob er die Töpferscheibe beiseite. Mit einem der herumliegenden Werkzeuge stemmte er die Betonplatte hoch.

In dem Loch unter der Platte lag eine rote Blechdose. Er versuchte, sie herauszuheben, doch seine Finger waren zu breit, um in die schmalen Spalten zwischen Dose und Beton zu fassen. Draußen hupte ein Auto.

Justin trat vor den Schuppen. Die Wolken waren endgültig aufgerissen. Christa stand im Sonnenschein bei ihrem Auto und sah sich suchend um. Er blieb einen Moment stehen, wischte sich die Hände an der Jeans ab und betrachtete Christa. Sie sah verändert aus, stünde sie nicht neben dem Auto, das sie am Vortag gefahren hatte, hätte er sie nicht erkannt. Statt des Anzugs trug sie wie er Jeans, dazu einen blauen Troyer-Pullover. Ihre Haare waren zu einem Pferdeschwanz zusammengebunden. Ihr Anblick erinnerte ihn an die wenigen Mädchen in den Cowboy-Büchern seiner Kindheit.

„Hi, Christa! Hier bin ich." Sie drehte sich zu ihm.

„Ich war schon im Haus, aber da habe ich dich nicht gefunden." Er ging ihr entgegen, sah in ihr von der Sonne ausgeleuchtetes Gesicht. Die Falte zwischen den Brauen, die Fältchen an den Augenwinkeln, die Rötung am Kinn, die noch kein Pickel geworden war, all das lag vor ihm. Ihm war, als hätte er nie eine Frau ohne Make-up gesehen. Er schüttelte Christas Hand, wie er es sich für Deutsche antrainiert hatte.

„Ich habe gerade etwas in der Werkstatt gefunden. Gran hat eine Dose versteckt. Hier." Sie war ihm in die Werkstatt gefolgt, blickte jetzt aber in eine andere Richtung, direkt auf die Blutflecken. Justin berührte ihren Arm. Hastig sah sie zu ihm. „Ich versuche die ganze Zeit, nicht hinzusehen", sagte er leise. Sie nickte, als verstünde sie, was er nicht ausgesprochen hatte.

„Was hast du gefunden?" Erleichtert zeigte er ihr die Dose. Sie kniete sich auf die Betonplatten und schob vorsichtig ihre Finger in die Zwischenräume. Langsam hob sie die Dose aus dem Loch und reichte sie ihm. „Öffnen wir sie draußen."

Sie trugen die Dose zur Bank an der Hauswand. Der Deckel ließ sich leicht abheben. In der Dose lagen zusammengefaltete Papierbögen und Fotos. Justin nahm den obersten Bogen heraus und faltete ihn auseinander. Es war ein Blatt aus einem Skizzenbuch mit verschiedenen Ansichten eines Mädchenkopfes.

„Das kenne ich. Aber was ist das?" Christa sah ihn an. Justin schluckte. Er musste das Papier ablegen, so sehr zitterte plötzlich seine Hand.

„Das ist der schöne Kopf der Rebecca Kern." Christa warf ihm einen verwunderten Blick zu. Sie strich mit den Fingerspitzen über die Linien der Skizzen.

„Die sind mit der Hand gezeichnet. Rebecca Kern. Woher kenne ich den Namen?" Justin sah sie an.

„Das ist eine der berühmtesten Arbeiten von Gran." Er konnte sehen, dass sie nicht verstand, worauf er hinauswollte. „Gran ist eine Künstlerin. Margareth Brown ist ihr offizieller Name. Sie arbeitet als Greet Amelon." Christa öffnete den Mund und schloss ihn wieder.

„Ach so. Deshalb ist hier auch die Werkstatt."

„Ja, und deshalb ist sie so oft in Hamburg gewesen. Ihr Galerist ist dort, ein Herr Ohrenstein. Sie hat mich ihm vorgestellt. Er raucht auch." Sie betrachtete die Skizzen des Kopfes voller Ehrfurcht.

„Meine Mutter hat den Kopf der Rebecca Kern gerade erst in einem Museum in Groningen gesehen. Sie war sehr beeindruckt." Justin zog sein Smartphone aus der Tasche.

„Sie war auf der Eröffnung der Ausstellung im Februar. Hier sind die Bilder." Gemeinsam sahen sie die Bilder durch, die Gran als Greet Amelon in einem langen schwarzen Kleid zeigten. Sie sah ernst aus, als ahne sie, dass diese Feier die letzte ihres Lebens wäre. Erschrocken von dieser Vorstellung steckte Justin das Smartphone ein. „Sie kommt zurück in dieses Haus, Christa", beteuerte er, mehr sich selbst als ihr. Doch er konnte sehen, dass sie ihm nicht glaubte.

Um seine Unsicherheit zu überspielen, nahm er die übrigen Gegenstände aus der Dose und legte sie auf die Bank. Da waren weitere Skizzen von Figuren, die er, wenn auch nur von Abbildungen im Internet, kannte, und einige, die er noch nie gesehen hatte. Auf dem Boden der Dose lagen Fotos. Einige waren sepiabraun, andere schwarzweiß, ein paar in rötlich angelaufener Farbe, andere offenbar neu. Alle zeigten Straßenzüge. Es schienen Serien dieser Straßen zu sein. Wie bei einem Puzzle legten sie Reihen von fünf Straßen. Teilweise waren die Namen der Geschäfte lesbar, aber Justin erkannte sie nicht und auch Christa behauptete, sie nicht zuordnen zu können.

„Sie sehen irgendwie nicht deutsch aus. Auch wenn die Namen auf diesem Bild hier deutsch sind." Sie war ebenso ratlos wie er. Was Justin ihr nicht anvertraute, war das ungute Gefühl, dass diese Fotos und die gestohlenen Fotos in irgendeinem Zusammenhang standen.

Martina Sevecke-Pohlen

Christa

Gegen halb zehn Uhr abends traf Christa wieder im Patenbergsweg ein. In den Nachbarhäusern brannte Licht. Sie holte ihre Post aus dem Briefkasten, dabei sah sie, dass die Briefe ihrer Vermieterin abgeholt worden waren. Am Morgen hatte Christa beim Fegen des Treppenhauses die Fußmatte vor der unteren Wohnung von der rechten Ecke in die linke Ecke gerückt. Nun lag sie ordnungsgemäß rechts. Ärgerlich stieg sie die Treppe hoch. Die Leute sollten froh sein, dass sie das gesamte Treppenhaus reinigte. Wo die Fußmatte lag, war vollkommen gleichgültig. Niemand betrat die untere Wohnung.

Nach dem Duschen wanderte Christa in ihren Bademantel gehüllt in die Küche. Alle Arbeitsflächen und der Fußboden sahen aus wie nie benutzt. Margareth Busker Browns Küche war auch wieder akzeptabel, und am Abend hatten Justin und sie zufrieden festgestellt, dass nicht nur der Fäulnisgeruch das Wohnzimmer verlassen hatte, sondern auch kein verräterisches Glitzern mehr auf versprengte Glasscherben hinwies. Justin hatte angekündigt, er wolle auch diese Nacht im Arbeitszimmer schlafen. Seine Entscheidung erschien Christa nachvollziehbar. Das Bett zu übernehmen, wäre einem Verdrängen von Frau Brown gleichgekommen.

Justin und sie hatten versucht, das Auto seiner Großmutter zu öffnen, doch im ganzen Haus schien es keinen Schlüssel zu geben. Natürlich konnte Justin einfach an den Orten gesucht haben, an denen Frau Brown den Schlüssel nicht hatte verstecken wollen, weil es naheliegende Orte waren. Aber ihre anderen Schlüssel, sogar ihr Portemonnaie hatte sie offen herumliegen lassen. Weshalb sie gerade mit dem Autoschlüssel anders verfahren sollte, war nicht nachvollziehbar. Überhaupt war es seltsam, dass das Auto im Carport stand. Frau Finke und Amke Kehl bestätigten, dass es anfangs weg gewesen war. Eines Nachts hatte Frau Finke es kommen hören. Wäre Frau Brown die Fahrerin gewesen, hätte sie ein weiteres Mal, diesmal ohne ihr Auto und ohne das Mobiltelefon, verreist sein müssen. Christa konnte sich nicht vorstellen, dass Frau Brown auf ihr Smartphone mit allen Kontakten und Zugang zum Internet verzichtet hätte. Alles sprach dafür, dass eine andere Person das Auto wieder in den Carport gestellt hatte. Diese Person wäre auch verantwortlich für die Blutflecken in der Werkstatt.

Christa trug eine Kanne Tee ins Wohnzimmer. Sie holte E-Mails ab, kommentierte einige Statusmeldungen von Freunden und spielte kurz mit dem Gedanken, Heidi anzurufen, bis sie sah, wie spät es war. Statt zu telefonieren, holte sie sich eine Tüte Kekse und suchte im Internet nach Margareth Busker Brown. Das Ergebnis war ernüchternd, bis ihr einfiel, stattdessen Greet Amelon einzugeben.

Für diesen Namen gab es zahlreiche Treffer. Für eine allgemeine Übersicht klickte Christa den Wikipedia-Artikel an.

Greet Amelon, bürgerlicher Name Margareth Busker Brown, darstellende Künstlerin. Geboren am 16.02.1946 in Malmedy, Belgien. Ihre Mutter war Belgierin, der Vater ein US-amerikanischer Soldat. Nach der Heirat der Eltern kehrte die Familie 1948 mit dem Vater in die USA zurück. Amelon begann 1963 ein Kunststudium, das sie 1964 abbrach, um zu heiraten. Mit ihrem Mann bekam sie mehrere Kinder.

In den 1970er Jahren trennte sich das Paar. Greet Amelon nahm daraufhin ihr Kunststudium an der University of California Los Angeles (UCLA) wieder auf. Sie gehörte 1990 zu den Initiatoren von COLLECTION OF DREAMS, einer Dokumentation über Kinder in Gefangenenlagern weltweit. Nach einer ersten Europareise 1991, u.a. nach Brüssel (frz. Bruxelles), Dresden und Warschau, verlegte Amelon 1995 ihren Wohnsitz nach Europa.

Amelon befasste sich intensiv mit der Geschichte ihres Geburtslandes. 2002 erschien ihr vielbeachtetes Buch über belgische Künstler unter der deutschen Okkupation 1940-1944. Wegen gesundheitlicher Probleme zog sie sich 2005 vorübergehend aus der Öffentlichkeit zurück. Seit 2009 lebt und arbeitet Amelon in Deutschland.

Die meisten anderen Treffer verlinkten zu Zeitungsartikeln über Preisverleihungen oder Ausstellungseröffnungen. Auf der Internetseite einer Aachener Schule fand Christa jedoch einen Bericht von 2002 über eine Podiumsdiskussion zum Thema „Während der Herrenjahre—Ostbelgische Juden in der Zeit nach dem Anschluss an das Deutsche Reich“. Unter den Diskutanten war Greet Amelon. Über sie hieß es in der Zusammenfassung des Abends:

Frau Amelon wies am Beispiel von Juden, strenggläubigen Katholiken und Angehörigen der Gemeinschaft der Minderen und Heimatlosen darauf hin, dass bei einem derartigen schablonenhaften Menschenbild Anderssein zu Aussonderung führte.

Christa erinnerte sich dunkel an eine Stelle in Dores Interview mit ihr, in der sie bereits Mönche und Muh erwähnt hatte. Bei Gelegenheit sollte sie das Interview nochmals lesen. Inzwischen klickte sie einen weiteren Treffer an. Greet Amelon und Eberhard Hradzik vom jüdischen Gedenkverein in Marienau-Kolnerstedt, einem Christa völlig unbekannten Ort, hatten 2005 das neuerrichtete Besucherzentrum eines ehemaligen Konzentrationslagers eröffnet. Amelon sagte in ihrer Rede:

Man möchte zurückschrecken vor jeder Zurschaustellung von Brutalität. Doch hieße dies, die Augen zu verschließen vor dem, was in Marienau, in Auschwitz, Weyrscheid und an vielen anderen Orten geschah. Es hieße zu verleugnen, dass Leiden und Trauer, Scham und hilflose Wut in den Herzen der ersten, zweiten, dritten, vielleicht jeder weiteren Generation Überlebender glühen und weitere Zerstörung bewirken. Vielleicht ist das die tragischste Folge.

Anlässlich zur Verleihung eines Preises der Stadt Lüttich veröffentlichte 2012 die Aachener Zeitung ein Interview mit Greet Amelon. Neben einigen Herren in dunklen Anzügen stand eine ältere Dame, die viel schmächtiger aussah als auf dem Agenturbild in Dores Manuskript. Greet Amelon sagte unter anderem:

Ich darf nicht akzeptieren, was mir als Wahrheit angeboten wird. Ich muss nachfragen. Ich muss wissen, wer ich bin und wie ich geworden bin, was ich bin. Dann kann ich im Rückblick mein eigenes Handeln besser verstehen. Und offen gesagt staune ich manchmal, was ich alles mehr oder weniger gut in meiner Arbeit ausdrücken konnte.

Die aktuellste Erwähnung war vom vergangenen Januar auf Zeit-Online. In Hamburg hatten bildende Künstler Workshops in einer Erstaufnahmestelle für Flüchtlinge durchgeführt. Zu dem Artikel gehörte eine Fotostrecke mit Bildern von verstörenden Zeichnungen und Skulpturen, die die Flüchtlinge angefertigt hatten. Einige der teilnehmenden Künstler wurden zitiert, darunter Greet Amelon.

Es ist im Interesse der Mächtigen, dass wir vergessen, dass es sich um Menschen handelt. Jedes dieser Kinder, jede dieser Frauen, jeder dieser Männer hat eine eigene Vergangenheit hinter sich gelassen. Es liegt an uns, den Menschen in diesem mächtigen und reichen Europa, jedem einzelnen Menschen eine Zukunft zu geben. Wenn wir die Menschen nicht aufnehmen, werden sie nicht verschwinden. Einige werden trotzdem ihren Weg zu uns finden. Einige werden vor ihrer Zeit sterben. Ich höre jetzt schon das Schreien der heimatlosen Seelen, denen durch den von uns verursachten frühen Tod der Zugang zum Paradies verwehrt bleibt.

Wie so oft, wenn sie von aktiven und engagierten Menschen las, empfand Christa ihr eigenes Leben als minderwertig, als erreichte sie nicht den Standard, den diese Leute ihr vorgaben. Die Frau mit den Namen Greet Amelon und Margareth Busker Brown hatte sich jahrzehntelang für die Anliegen anderer eingesetzt. Sie hatte Erfahrungen vom Leben und Leiden aufgenommen und in ihre Skulpturen fließen lassen. Angesichts der Betonung von Leid fragte sich Christa, was der Hintergrund eines so perfekten Bildnisses wie der Rebecca Kern gewesen sein mochte. Es hätte sich um ein Abbild der Frau handeln können, die nicht verlassen worden war, oder um das junge Mädchen, welches nicht durch kriegerische Gewalt verkrüppelt wurde.

Leo

Der leiseste Windhauch verwirbelte die staubfeinen Regentropfen. Leo bemühte sich, nicht zu laufen. Die Menschen in den Häusern am Wald würden durch laufende Tritte beunruhigt aus ihren Fenstern sehen und ihn als Muh erkennen. Früher oder später fänden Berichte vom nachts zur Landstraße laufenden Muh ihren Weg ins Tagungshaus. Er konnte nur hoffen, ein lediglich schnell gehender Fußgänger erweckte kein Misstrauen.

Ramesh wartete ein paar Meter hinter der Einmündung in den Wöschenweg. Als Leo die Beifahrertür öffnete, drehte er den Kopf zu ihm.

„Warum habe ich nur immer das Gefühl, du kommst nicht?" Das konnte Leo nicht beantworten. Er ließ sich in eine Umarmung ziehen, vergrub sein Gesicht in dem mittlerweile vertraut duftenden Pullover und fühlte die nassen Haarsträhnen unter seiner Hand.

„Ich bin durch den Regen gelaufen. Wieso sind deine Haare nass?"

„Weil ich geduscht habe. Ich habe den ganzen Tag mit zwanzig angehenden Ingenieuren an der Jade Hochschule in Wilhelmshaven Entspannungstechniken geübt. Danach war ich alles andere als entspannt. Das Studentenwerk ist nicht knauserig, deshalb nehme ich die Kurse ganz gern mit. Zwei bis drei Termine pro Semester. Aber die Stimmung ist immer verkrampft." Etwas in Leo wollte einen Vorwurf aus der Bemerkung hören. Er hob den Kopf von Rameshs Schulter.

„Ich bin auch Ingenieur." Ramesh legte eine Hand an seine Wange. Im unsicheren Licht der nächsten Laterne fühlte Leo mehr als er sah, dass er den Kopf schüttelte.

„Du bist vor allem Leo Muh. Ich kann in dir lesen, wie in einem offenen Buch. Und jede Seite enthält eine Überraschung." Leo überlegte noch, inwiefern er überraschend sein sollte, als Ramesh den Motor startete und auf die leere Straße fuhr. Ein paar Minuten später standen sie vor dem Haus. Leo wartete, während Ramesh das Auto in dem Nebengebäude abstellte, das er optimistisch als Garage bezeichnete. Das Tor ließ sich nur unter lautem Knarren zuziehen, aber nicht schließen.

„Wenn ich noch mal bei Tageslicht hier bin, sehe ich mir das Tor einmal an", sagte Leo. Im nächsten Moment fiel ihm ein, dass er nicht absehen konnte, wann sich dazu Gelegenheit ergäbe. Im Haus schien der süße Duft nach Sandelholz und Jasmin die Kälte von den Steinplatten zu verstärken.

„Weißt du, wie man ein Feuer anzündet?"

„Natürlich."

Im Ofen lag das Holz schon bereit. Während Leo der Flamme Sauerstoff zufächelte, machte Ramesh sich in der Küche zu schaffen.

„Hast du schon gegessen?“, rief er in den Wohnbereich. Wenig später kam er mit einem Teller und zwei Bechern Chai ans Feuer. Leo nahm ihm die Becher ab, bis er sich auf dem Schaffell niedergelassen und ein Räucherstäbchen angezündet hatte. Dann reichte er ihm einen der Becher. Ramesh beobachtete ihn, als er den Chai versuchte.

„Zu würzig?“ Leo nahm einen weiteren Schluck.

„Nein. Ungewohnt.“ Aus Neugier beugte er sich über den Teller.

„Kalte Kartoffeln und Schwarzbrot?“ Ramesh seufzte.

„Ich bin von chaotischen Briten und einem halben Dutzend weltfremden Schweizern aufgezogen worden. Wenn ich so etwas zu essen bekommen habe, war alles gut. Die Briten waren meistens nur stoned und haben mich vergessen. Zum Glück. Ohne die Schweizer wäre ich nicht hier.“ Er ordnete die Kartoffeln im Halbkreis um das Schwarzbrot. „Mit normalen Leuten habe ich erst zusammengewohnt, als ich schon erwachsen war. Meine Ersatzmutter Sunita hat mir beigebracht, wie man kocht, ohne das Haus in Brand zu setzen.“ Er machte eine Pause, um eine halbe Kartoffel zu kauen. „Irgendwann koche ich einmal richtig für dich.“ Leo rekapitulierte die Rede sorgfältig.

„Was ist stoned?“ Ramesh sah ihn an, als suchte er nach einem Witz. Als er den nicht fand, stellte er seinen Teller auf den Rand des Ofens.

„Das“, sagte er ernsthaft, „erkläre ich dir ein anderes Mal. Wir müssen reden.“ Wie um seinen Worten den drohenden Beiklang zu nehmen, nahm er Leos Hände. „Ich habe gestern Abend in dem Buch über die Muh gelesen.“ Diese Aussage nahm Leo unkommentiert hin. „In dem Buch steht auch etwas über eure Fürsorgepartnerschaften. Du hättest die Zuweisung ablehnen können.“

„Ja. Aber ich dachte … Ich glaube heute, dass ich Bea beeindrucken wollte. Sie hat immer gesagt, ich könnte nicht hinnehmen. Also habe ich die Zuweisung angenommen, weil niemand, nicht Bea, nicht der Kodexmeister und am wenigsten Edu, damit gerechnet hätte, dass ich dazu bereit wäre. Fünf Jahre, habe ich mir gesagt, sind nicht lang.“ Er beobachtete in Rameshs Gesicht, wie der die Erklärung in normales Denken übersetzte. Schließlich sah er Leo mit zusammengekniffenen Brauen an.

„War das nicht etwas blöd?“ Die Frage brauchte Leo nicht zurückzuübersetzen.

„Es war unbescheiden. Aber das habe ich erst später erkannt.“ Er überlegte. „Wir teilen ein Zimmer. Er sieht mich nicht an und er spricht nicht mit mir.“ Ramesh runzelte die Stirn.

„Mir gefällt das gar nicht, dass du mit ihm in einem Zimmer schläfst.“ Leo sah ihn erstaunt an.

„Die Betten stehen auseinander.“ Ehe Ramesh sich von seinem Luftholen erholt hatte, sprach er schnell weiter. „Wenn ich wieder im Gemeinschaftsschlafraum schlafe, kann ich nicht mehr zu dir kommen.“

„Das weiß ich ja. In eurem Buch steht, dass dieses Neutral-Moresnet von Preußen und Belgien verwaltet wurde und die dort geborenen Männer deshalb vom Militärdienst ihrer Länder befreit waren. Aber das galt nicht für Männer, die dorthin gekommen waren, um in den Galmeierz-Minen zu arbeiten. Wenn ein Fahnenflüchtiger erwischt wurde, haben die Muh die Ehefrau aufgenommen, damit die versorgt war. Und sollte der Mann das Zuchthaus überlebt haben, wurde die Fürsorgepartnerschaft aufgelöst." Leo erkannte, dass er selbst einen Blick in Dores Buch hätte werfen sollen.

„Was hat das mit mir zu tun?"

„Mit uns. Könntest du dir vorstellen, die Muh zu verlassen?" Die Erinnerung an seinen Versuch, die Gemeinschaft hinter sich zu lassen, löste heftiges Zittern aus.

„Wir kennen uns erst seit einer Woche."

„Wir kennen uns seit zwei Jahren, seit ich den ersten Kurs bei euch angeboten habe. Du hast mir das Formular für den Konzeptvorschlag gegeben. Erinnerst du dich nicht? Ich schon. Ich bin mit jedem Stück Papier, das irgendwie mit dem Tagungshaus in Verbindung stand, zu dir gekommen. Ich habe mir jedes Formular dreimal von dir erklären lassen, nur um mit dir sprechen zu können. Auch auf die Gefahr hin, dass du mich für blöd hältst. Aber okay, du hast recht. Trotzdem: Würdest du die Muh verlassen?" Das Zittern war jetzt so stark, dass Ramesh es bemerken musste. Leo schüttelte den Kopf. Wenn er den Mund öffnete, würden seine Zähne aufeinanderschlagen. Er nahm es hin, dass Ramesh ihn in den Arm nahm. Über das Klopfen in seinen Ohren hörte er gerade noch Rameshs Stimme, verstand ihn jedoch nicht. Nach einer Weile richtete er sich auf.

„Ich habe mir geschworen, dass ich nie wieder die Gemeinschaft verlasse. Das letzte Mal war so schrecklich. Diese Leere ... Als ob der Boden unter den Füßen langsam wegbröckelt." Er holte tief Luft. „Bei Bea fühle ich mich sicher." Das musste lächerlich klingen. Bea war nur ein paar Jahre älter als er, noch nicht einmal Mitte dreißig, und was immer sie neben ihrer Wächterschulung studiert haben mochte, eine Psychologin war sie nicht. Für Ramesh konnte sie nur eine Frau mit dubioser Macht sein. Für Leo garantierte sie seit drei Jahren, dass am Morgen die Sonne aufging und es jeden Tag genug zu essen gab.

„Du meinst das ernst." Das war eine Feststellung. Trotzdem verwunderte sie Leo. Außenstehende bemühten sich nach seiner Erfahrung nicht herauszufinden, was die Beweggründe von Muh waren. Wenn man Muh nicht ignorieren konnte, zog man sie ins Lächerliche.

„Wir kennen uns seit einer Woche. Egal wie lange du schon ins Tagungshaus kommst, Ramesh. Woher weißt du, ob du mich nächste Woche noch sehen willst? Oder in einem Monat? Oder nächstes Jahr?" Er versuchte, ruhig zu atmen und Ramesh in die Augen zu sehen. Beides zusammen schien nicht zu gehen. Also sah er ihm nur in die Augen und atmete nicht.

„Ich weiß es." Ramesh klang trotzig. Für seine Entgegnung holte Leo kurz Luft.

„Woher?"

„Ich weiß es einfach. Ich liebe dich." Wer liebte, der bevorzugte. Bevorzugung war unbescheiden und somit zu vermeiden. Daher waren es nicht die Worte, die Leo berührten. Es war der Tonfall. Der Mann, der diese drei Worte zu ihm sagte, war ihm immer selbstsicher vorgekommen. Davon war jetzt nichts mehr zu merken. Immerhin hielt Leo seinen Blick. Es gelang ihm jetzt auch, gleichzeitig zu atmen, obwohl er immer noch zitterte. Bilder tauchten aus seiner Erinnerung auf: das Anwesen aus grauem Kalksandsteingebäuden mit Schieferdach, die vom Smog der Stadt schwarz gepuderten Gebäude der Technischen Hochschule, die leere Wohnung in Köln, Beas milder Blick über den Besprechungstisch, Christa Hemmens schwarz umrahmte Augen, der unfreundliche Rücken Edus, der kreisende Bussard über den Roggenfeldern. Wie vor dem Ertrinken, dachte er, ehe er Ramesh sah, doppelt, lachend umgeben von seinen Kursteilnehmerinnen, jede alt genug seine Mutter zu sein, und direkt vor ihm, die Lippen zusammengepresst, als könnte er weitere Beteuerungen nur mit Mühe zurückhalten.

Drei Worte klangen ihm in den Ohren. Dass sie überhaupt zu ihm gesagt worden waren, machte sie besonders. Sie kamen aus der Welt, zu der Leo sich nicht zählen konnte, deren Regeln unmuhisch waren, deren Verheißungen zu folgen, Entscheidungen verlangte. Gleichgültig was er Ramesh antwortete, er war jenseits des milden Gleichmuts der frühen Lehren, einzig weil Ramesh diese drei unscheinbaren Worte zu ihm gesagt hatte. Und er musste antworten. Es gab nur eine Möglichkeit.

„Ich dich auch. Glaube ich." Während er das sagte, wusste Leo schlagartig, dass er nicht mehr hinter diese Bestätigung zurückweichen konnte. Selbst sein Zusatz war wertlos.

Der Chai war abgekühlt. Leo bestand darauf, den Becher leerzutrinken, während Ramesh normalen schwarzen Tee aufgoss. Als sie dann nebeneinander vor dem Feuer saßen, fragte er sich, was sich verändert hatte. Bis Sonnenaufgang blieben noch vier Stunden. Er konnte sich nicht vorstellen, vorher auch nur eine Minute zu schlafen.

Sonntag, 15. Mai

Kati

KATI HEMMEN BÜGELTE GERNE. FÜR SIE GAB ES AN EINEM SONNTAG, AN DEM JÖRN arbeitete, nichts Entspannenderes, als Hemden, Tischwäsche und Geschirrhandtücher zu bügeln. Zufrieden räumte sie die akkurat gelegten Hemden in Jörns Hälfte des Kleiderschranks. Tischwäsche und Geschirrhandtücher verstaute sie im Schrank für Haushaltswäsche. Alles in ihrem Haus hatte seinen Platz.

Nach einem Blick auf die Uhr setzte sie Teewasser auf. Während Kati das Geschirr auf den Couchtisch im Wohnzimmer stellte, blieb ihr Blick immer wieder an den dicken Büchern aus der Fernleihe der Oldenburger Stadtbibliothek hängen. Mit diesen Büchern kämpfte sie für ihren Vortrag bei den Landfrauen. Es ärgerte Kati, dass sie zum Lesen einer Seite fast eine Viertelstunde benötigte. Sie musste zahlreiche Wörter nachschlagen, und wenn sie das Seitenende erreicht hatte, war ihr oft entfallen, worum es oben auf der Seite gegangen war. Kati fürchtete, sie habe ihre Fähigkeiten über die Jahre hatte einschlafen lassen.

Am Vormittag, nachdem Jörn zur Arbeit gefahren war, hatte Kati einen Nusskuchen gebacken. Den schnitt sie gerade an, als Christa eintraf. Ihre Tochter brachte Kekse mit, gekaufte natürlich, aber die Idee zählte. Kati hielt ihren Töchtern zugute, dass sie berufstätig waren und nicht so viel Zeit mit Backen verbringen wollten. Junge Frauen waren heutzutage nicht belastbar. Sie sah es jeden Tag bei den Betreuerinnen im Mädchenwohnheim.

Gemeinsam trugen sie Tee, Kuchen und Kekse ins Wohnzimmer. Christa ging gleich zu den Büchern, die Kati von der Teetafel weggeschoben hatte, damit kein Tee auf sie spritzte. Sie blätterte in einem Buch mit einer Übersicht über Greet Amelons Werk. Beim Kopf der Rebecca Kern hielt sie an und betrachtete die Abbildung der Büste. Ihr Interesse verwunderte Kati. Bisher hatte Christa von allen Verwandten und Bekannten am wenigsten Neugier gezeigt.

„Ich habe gestern einige Skizzen zu dieser Büste gesehen“, bemerkte sie in einem abgelenkten Ton.

„Wo denn?“ Christa sah weiter auf das Foto der Rebecca Kern, aber ihre Augenbrauen rückten zusammen.

„In einem Haus in Rhauderfehn. Ich erzähle es dir gleich.“ Sie legte das aufgeschlagene Buch zu den anderen und setzte sich in einen Sessel. Kati schenkte ihr ein.

„Ich muss dir gleich unbedingt mein Kleid für die Hochzeit zeigen. Ich habe es zur Anprobe hier. Morgen Abend kommt die Schneiderin vorbei, falls noch Änderungen nötig sind. Hast du schon etwas Schönes gefunden?“ Christa sah sie einen Moment an, als verstehe sie nicht, was Kati meinte.

„Ein Abendkleid? Nein, noch nicht. Ich habe auch noch gar keine Vorstellungen.“ Das fand Kati beunruhigend.

„So etwas kannst du nicht bis zur letzten Minute hinausschieben, Christa. Es gibt da in Oldenburg ...“

„Nein, Mutti. Wie geht es mit deinem Vortrag voran?“ Kati fand dieses Ablenkungsmanöver unfair. Sie erzählte, was sie herausgefunden hatte.

„Was mich ärgert, ist, dass ich keinen Anknüpfungspunkt finde. Ich kann schlecht hingehen und zu den Frauen sagen: Ich bin so schlau, jetzt erzähle ich euch etwas über Greet Amelon.“ Christa nickte.

„Du hast recht. Das kannst du nicht machen. Ich habe einen Anknüpfungspunkt für dich. Greet Amelon wohnt in Rhauderfehn. Unter ihrem offiziellen Namen Margareth Busker Brown.“ Kati fragte sich, wieso ausgerechnet Christa etwas über Greet Amelon wissen sollte. Künstler hatten bei ihr keine Chance, noch weniger als ein netter Ehemann.

„Bei euch auf dem Fehn? Wie kommt das denn?“ Christa zuckte mit den Schultern.

„Das verstehe ich auch nicht. Justin meint, die Ruhe sei wahrscheinlich gut für ihre Konzentration. Ich finde es da, wo sie wohnt, ein wenig zu ruhig. Im stillen Tal ist eine Durchgangsstraße dagegen.“ Als Mutter musste Kati einfach fragen.

„Wer ist dieser Justin? Ein Kollege?“ Christa errötete, aber so leicht, dass es auch Unmut über die dumme Frage sein konnte.

„Nein, nein. Justin Brown ist ein Enkel von Margareth Busker Brown. Das Problem ist nämlich, dass sie seit einem Monat verschwunden ist.“

„Verschwunden? Wie der Johannes Bruns?“ Christa verzog das Gesicht und nickte.

„Ja. Wie der Johannes Bruns. Das ist etwas unheimlich.“ Sie berichtete von der Vermieterin, die über eine Pflegerin Alarm geschlagen hatte, von dem Blutfleck, dem Einbruch und von Justin Brown. Kati hörte sich die Geschichte mit Grausen an. Einen Moment lang fragte sie sich, ob es noch angemessen war, an dem Vortrag über Greet Amelon zu arbeiten, aber eine verschwundene, vielleicht sogar ermordete Künstlerin war für viel mehr Landfrauen interessant als eine lebende Greet Amelon. „Okko Lüken von der Polizei in Rhauderfehn meint, ein Jugendlicher wäre zu einer Art Mutprobe in das Haus eingebrochen. Laut Frau Finke fehlten nur drei Fotos. Das Portemonnaie war da, mit Geld.“

„Also soll der Einbruch nichts mit Greet Amelons Verschwinden zu tun haben?“ Christa hielt die Handflächen nach oben.

„Anscheinend nicht. Aber das ändert nichts an den Blutflecken. Ja, und dann haben Justin und ich gestern eine Dose mit Skizzen und Fotos entdeckt. Die hatte Frau Brown unter einer Betonplatte in der Werkstatt versteckt.“

„Warum das denn?“ Wieder hielt Christa die Hände mit gedrehten Handflächen hoch.

„Wir haben keine Erklärung. Aber bei den Skizzen waren verschiedene Ansichten der Rebecca Kern. Und alte Fotos, die Justin nicht kannte“ Kati hütete sich, ihrer Neugier über diesen Justin nachzugeben. Wenn die geringste Chance bestünde, dass Christa ihn mochte und er sie zu Heidis Hochzeit begleitete, dann durfte sie jetzt nichts sagen. Ihre trotzige Tochter brächte es fertig, einem netten jungen Mann den Laufpass zu geben, ehe er ein einziges Wort herausgebracht hatte.

Auszug aus: Dores Muh, Geschichte der Gemeinschaft Muh von den Anfängen bis zur Gegenwart. Teil 2: Das 20. Jahrhundert

(…) Auch die Menschen in Weyrscheid fürchteten sich vor den herannahenden Alliierten. Der kleine Ort lag an der Bahnlinie zwischen Bütgenbach und Büllingen, wo die Warche in die Bütgenbacher Talsperre fließt. 1944 waren 250 Menschen dort gemeldet, darunter vierzig Angehörige der Muh unter den Familiennamen Rehm, Kern und Hoven, wobei diese Namen, wie oben erwähnt, nicht zwangsläufig familiäre Beziehungen ausdrückten. Ebenfalls lebte in Weyrscheid eine Gruppe Mönche bei der Wallfahrtskapelle des Heiligen Widukind zu Alexandria. In dieser Kapelle wurden neben einem Schlüssel des Stadttors von Jerusalem ein Teil der Schädelplatte des Heiligen und ein Fingerknochen aufbewahrt. Der Fingerknochen des Heiligen Widukind zu Alexandria galt als wundertätig. Noch bis ins frühe neunzehnte Jahrhundert suchten Pilger mit krankhaften Veränderungen der Hände die Fürsprache des Heiligen. Während der deutschen Okkupation wuchs die Gemeinschaft offiziell auf sieben Brüder an. Einzelne Quellen legen jedoch nahe, dass im Sommer 1944 mindestens neun Mönche in Weyrscheid lebten. (Siehe auch Interview B und die Kopie des Briefs von Ludwig Schornstein, Pastor von Weyrscheid von 1921 bis 1944, an Erwin Klingenberg.) Wenigstens zwei dieser Mönche sollen im Reichsgebiet im Widerstand aktiv gewesen sein. (Siehe Kopie des Briefs von Maria Mölter an Ludwig Schornstein.) (…)

Montag, 16. Mai

Amke

Regen verdunkelte das Cremeweiss der Crea-Fassade zu einem Vanillegelb. Amke parkte neben Frau Hemmens Auto und stieg vorsichtig über einer Pfütze aus. Auch Herr Meinert war schon da. Selten kam er vor Amke, doch an diesem Morgen hatte sie über zwei Kilometer einem Traktor hinterher schleichen müssen, weil sie auf der schmalen Straße nicht hatte überholen können. Sie lief in ihr Büro, sammelte ihre Unterlagen für die Dienstbesprechung zusammen und hastete in den Verwaltungsbereich. Hinter der geschlossenen Bürotür von Frau Hemmen und Herrn Meinert hörte sie Herrn Meinert reden. Soweit sie verstand, ging es um die Dienstbesprechung in Wardenburg am kommenden Tag. Damit hatte sie nichts zu tun. Amke ging nach vorne ins Kundenzentrum, doch Frau Hahn war nicht an ihrem Platz. Amke lauschte. Ein Geräusch lockte sie in die Teeküche.

„Hier bist du!", rief sie Frau Hahn zu, die gerade die Spülmaschine ausräumte.

„Ich bin gleich vorne. Brauchst du etwas?"

„Neue Briefmarken, falls du mir eine Rolle geben kannst. Sonst täte es ein Kaffee. Durchgelaufen ist er ja schon." Frau Hahn klappte die Spülmaschine zu.

„Du kannst beides haben." Sie füllte den Kaffee in die vorgewärmte Thermoskanne, wobei ein Schwall auf die Arbeitsfläche schoss und über deren Rand tropfte. Von Frau Hahn kam ein Zischen. Amke reichte ihr einen langen Streifen Küchenrolle.

„Was ist los mit dir?" Vom Boden sah Frau Hahn zu ihr auf.

„Hast du heute schon die Zeitung gesehen?" Amke reichte ihr einen weiteren Streifen Küchenrolle.

„Nein. Als ich zu Hause losgefahren bin, war der Zeitungsbote noch drei Häuser weg. Warum?" Frau Hahn kam vom Boden hoch, zwei kaffeebraune Knäuel in den Händen.

„Gestern Morgen haben zwei Jungen an der Ems bei Weekeborg eine Frauenleiche gefunden. Da dachte ich," sie zeigte mit dem Kinn zur Bürotür gegenüber, „dass es vielleicht die Leiche von der verschwundenen Nachbarin von Frau Finke sein könnte." Amke nahm ihr die Küchenrollenknäuel ab und warf sie in den Mülleimer.

„Und das steht im General-Anzeiger?" Frau Hahns Hals verfärbte sich puterrot, ihr Gesicht behielt das zarte Elfenbein ihrer Grundierung. Amke goss ihren Kaffee lieber selbst ein. Sie zögerte, ehe sie auch der vor Aufregung zitternden Frau Hahn einen Kaffee gab.

„Das weiß ich nicht. Aber ich habe auch darüber geschrieben." Amke legte den Kopf schief.

„Wie das? Du bist keine Journalistin."

„Natürlich nicht. Ich schreibe für eine Online-Zeitung. Weißt du noch, vor ein paar Jahren gab es hier eine Mitmachzeitung. Da konnte jeder mitschreiben." Amke überlegte.

„Kam sonntags als Beilage der Umsonstzeitung, nicht wahr?" Frau Hahn nickte heftig.

„Genau. Die Papierausgabe wurde eingestellt und es gab die Mitmachzeitung nur noch online. Später haben sie die ganz eingestellt. Und einige von uns, die schon lange dabei waren, fanden das nicht gut. Wir haben uns zusammengetan und schreiben unsere eigene Zeitung. Inzwischen sind wir wieder zwanzig Leute aus Ostfriesland und dem Emsland." Sie glühte geradezu.

„Und wie kommst du an die Leiche? Hast du die auch selbst gefunden?" Frau Hahn lachte ein wenig zu schrill. Vorsichtshalber schloss Amke die Tür zum Flur. „Und? Hast du?"

„Natürlich nicht. Also, gestern Mittag hat mich ein Freund angerufen, der in Oldenburg Biologie studiert." Amke zog die Brauen hoch.

„So junge Freunde hast du? Du magst die Jungs wohl gerne knackig." Frau Hahn schüttelte energisch den Kopf.

„So jung ist der gar nicht. Zweiundzwanzigstes Semester, glaube ich. Das ist einer von denen, die so viel zu tun haben, dass sie keine Zeit finden zum Studieren. Einer seiner Jobs im Umweltschutz ist bei einer Organisation, die die Wasserqualität an der Ems überwacht. Man kann den offiziellen Messungen nicht trauen. Deshalb fährt er am Wochenende hundert Messstellen an. Eine ist bei dieser Landzunge bei Weekeborg, die für den Vogelschutz angelegt wurde. Als er da ankam, war alles voller Polizei." Amke schlürfte ihren Kaffee.

„Und dann?" Frau Hahn schwenkte ihren Becher so stark, dass Amke mit einer neuen Kaffeeflut rechnete.

„Da waren zwei Jugendliche. Der Jüngere ist der Sohn von meinen Nachbarn. Mein Freund kennt den."

„Jetzt ist er schon dein Freund", bemerkte Amke. Frau Hahn winkte ab.

„Er hat gefragt, ob die beiden etwas angestellt hätten. Und da haben sie es ihm erzählt. Die wollten an der Renaturierungsstelle angeln. Da haben sie etwas im Reet gerochen. Und weil es echte Jungs sind, haben sie nachgesehen und die Leiche gefunden." Nun sah Frau Hahn plötzlich ganz fahl aus. „Eine ziemlich zerfledderte Leiche muss es gewesen sein. Mein Freund meint, dass sie mehrere Wochen im Wasser gelegen haben muss."

„Wie, die Polizei hat ihn die Leiche sehen lassen?"

„Natürlich nicht. Aber, wie gesagt, die beiden sind echte Jungs. Und sie mussten eine ganze Weile auf die Polizei warten. Die Bilder hat der Sohn meiner Nachbarn meinem Freund aufs Handy geschickt, damit ich sie online bringe. Und das habe ich gemacht. Ich schicke dir den Link. Sieh es dir selbst an."

Schweigend leerten sie ihre Tassen. Frau Hahns Aufregung war verflogen und einer blassen Melancholie gewichen. Amke spekulierte über die Auswirkungen von brackigem Emswasser auf einen menschlichen Körper. Fische, Krebse, Schnecken und natürlich Möwen hatten bestimmt das Ihrige geleistet.

Dienstag, 17. Mai

Amke

Am Dienstag regnete es immer noch. Der Wetterbericht vertröstete die Bewohner Ostfrieslands auf den Mittwoch, an dem der Frühling zurückkehren werde. Amke sprintete vom Auto zur Eingangstür von Crea. Heim und Pflege. Die morgendlichen Fahrten zu Klienten, die sie selbst im Auge behalten wollte, ließen sich immer schlechter mit ihren Verwaltungsaufgaben koordinieren. In den vergangenen zwei Jahren war so viel Schreibtischarbeit hinzugekommen, dass Frau von Geldern davon sprach, Amke von den Pflegeeinsätzen zu entbinden. Die war skeptisch. Anfangs hatte es ihr gefallen, Dienstpläne aufzustellen, doch sie vermisste die Einsätze in den Haushalten. Wenn ihr jetzt weitere Frauen unterstellt wurden, verlöre sie noch mehr den Kontakt zu der Arbeit, für die sie den Beruf ergriffen hatte.

Vielleicht gab es schon Nachrichten aus Wardenburg. Herr Meinert war zur großen Dienstbesprechung gefahren, doch Entscheidungen, die schnell umgesetzt werden sollten, teilte Frau von Geldern telefonisch mit. Frau Hemmen zuckte jedoch mit den Schultern, als Amke fragte.

„Wenn sie etwas mitzuteilen hat, ruft sie mich an." Sie sah müde aus, als hätte sie schlecht geschlafen. Amke zwang sich, nicht zu fragen, wie es ihr gehe. Ihr Verhältnis zu Frau Hemmen hatte sich in der letzten Woche verbessert, doch so heikle Themen wie das Befinden mied sie vorsichtshalber.

Das Telefon klingelte. Über den Besprechungstisch hinweg erkannte Amke Frau von Gelderns Stimme. Sie redete lange auf Frau Hemmen ein, die machte lediglich „Hm" und „Aha". Schließlich hielt sie den Daumen ihrer rechen Hand nach oben. Amke wartete ungeduldig auf das Ende des Gesprächs.

„Sind die Stellen genehmigt?" Frau Hemmen nickte. Sie musste sich noch von dem langen Monolog der Geschäftsführerin erholen.

„Ja. Drei Stellen zum ersten Juli oder früher. Haben Sie schon einmal so ein Stellenangebot verfasst?" Amke vergaß immer wieder, wie jung Frau Hemmen war.

„Ja, das habe ich alles in den Unterlagen. Wenn Herr Meinert kommt, setze ich die Daten der Stellen einfach in die Vorlagen ein." Jacky Schnuis bekäme nun ihre Chance. Amke hatte bereits eine Initiativbewerbung von ihr auf dem Schreibtisch. Sie würde ihr eine Einladung schicken und einen Zettel mit Hinweisen dazu legen.

Frau Hemmen, und erst recht Herr Meinert, brauchten nicht zu wissen, dass sie schon ein langes Gespräch mit dieser Bewerberin geführt hatte.

Gerade hatten sie ihre Besprechung fortgesetzt, als Frau Hemmens Smartphone klingelte. Amke wäre nicht soweit gegangen zu behaupten, sie sehe erfreut aus. Da waren Überraschung, Verwunderung, vielleicht auch Sorge, als sie auf das Display sah. Auch wenn Amke nicht über das vollständige Repertoire und schon gar nicht über die Grundeinstellung einer diskreten Pflegerin verfügte, wandte sie schamlos passende Verhaltensmuster an, wenn sie damit ihre Ziele erreichen konnte. Diesmal signalisierte sie, gehen zu wollen.

„Bleiben Sie ruhig hier. Aber ich muss das Gespräch annehmen." Amke machte eine Geste, die Dankbarkeit und Großzügigkeit vereinte.

„Hallo, Justin", sagte Frau Hemmen. Amke erkannte den Namen sofort. Sie sah aus dem Fenster.

„Nein, du störst nicht. Was gibt es?" Amke hörte seine Stimme als männliches Brummen im Hintergrund, konnte aber anhand von Frau Hemmens eingestreuten Hms und Ohs keine Rückschlüsse auf den Grund des Anrufs ziehen.

„Ja, das musst du unbedingt tun. Wann ist dein Termin in Leer bei der Polizei?" Amke zog die Brauen hoch. Möglicherweise hatte der Termin von Frau Browns Enkel mit der Frauenleiche vom Sonntag zu tun. Der General-Anzeiger hatte am Morgen die Leiche kurz erwähnt, aber Amke nahm an, dass Frau Hemmen noch keine Gelegenheit gehabt hatte, die Zeitung durchzublättern. Die Online-Zeitung von Frau Hahn und ihren Mitstreitern hatte schon am Sonntag ausführlich berichtet und am Montag gemeldet, dass die Polizei aufgrund einiger bei der Leiche gefundenen Gegenstände optimistisch sei, die Frau schnell identifizieren zu können. Amke fragte sich, woher Frau Hahn diese Information hatte. Das gehörte nicht zu den Dingen, die Polizisten den Nachbarn von Zeugen erzählten.

„Ja. Das ist wohl der Grund. Hast du denn Fotos von deiner Großmutter?" Beinahe hätte Amke triumphierend in die Luft geboxt, doch sie wusste sich zu beherrschen. „Natürlich habe ich Zeit, dich zu treffen. Ruf mich an, wenn du wieder in der Frickenstraße bist. Ja, bis morgen."

Amke drehte sich wieder um. Frau Hemmen war blass, aber sie sah vor allem aus wie eine Frau, die sich gebraucht fühlte. Amke hoffte, dass sie nicht unter einem Helfersyndrom litt. Mit solchen Frauen hatte sie in der Vergangenheit schlechte Erfahrungen gemacht. Andererseits sah dieser Justin mit seinem markanten Kinn und den lässig gestylten Haaren von seinem Facebook-Profilbild wirklich gut aus. Wenn eine Frau so einen Mann in einer schwachen Stunde erwischte, hatte sie gute Chancen, ihn für sich zu gewinnen.

„Schlechte Nachrichten?" Frau Hemmen schüttelte den Kopf.

„Noch nicht, würde ich sagen. Das war der Enkel von Frau Brown. Offenbar wurde eine Frauenleiche in der Ems gefunden. Die Polizei in Leer hat ihn gebeten zu kommen. Er soll Fotos von seiner Großmutter mitbringen." Amke entschied, dass sie Frau Hemmen nicht mit den Fotos in Frau Hahns Online-Zeitung belasten sollte. Wenn Justin Brown die Frau aus der Ems als seine Großmutter identifizierte, gäbe es genügend unappetitliche Fragen, über die sie nachdenken musste.

Leo

Es gab anspruchsvollere Arbeiten als das Warten der Fahrräder. Zwanzig Muh, von denen einige täglich zum Sandkruger Bahnhof fuhren, benötigten Fahrräder, dazu kamen Räder, die Kursteilnehmer ausleihen konnten. Ihre Wartung oblag nicht offiziell Leo, sie gehörte nur zu den Aufgaben, die in den letzten Jahren meistens ihm zugefallen waren. An diesem Nachmittag hatte er einige kleinere Reparaturen durchgeführt und sich dabei mehr Zeit gelassen als notwendig, damit er anschließend nicht beim Unkrautjäten zu helfen brauchte. An den Wellen kommender und gehender Kursteilnehmer schätzte er die Uhrzeit ab. Wenn der nächste Schwall Menschen aus dem Haus käme, konnte er zum Duschen hineingehen.

Leo stellte das letzte Fahrrad zu den anderen und begann, das Werkzeug aufzuräumen. Sein Handy klingelte. Im Display stand ein einzelnes R, mehr hatte er nicht gewagt einzugeben, falls ein anderer Muh sein Handy in die Hand bekommen sollte. Es gab nur diese fremde Nummer, und ihre Einzigartigkeit würde Fragen aufwerfen.

„Ich bin im Fahrradschuppen." Er hörte das mittlerweile gewohnte leise Lachen. Seit Leo am Sonntagmorgen über den Zaun des Tagungszentrums gestiegen war, telefonierten sie in wenigen Stunden Abständen. Er setzte sich hinter der Schuppentür auf den Betonboden, von wo aus er den Weg zum Schuppen im Blick hatte.

„Die finden ja immer etwas zu tun für dich." Über seine Pflichten diskutierte Leo nicht.

„Und wo bist du?"

„In Oldenburg. Um halb acht gebe ich in der Krankengymnastikpraxis, in der ich morgens arbeite, einen Yoga-Kurs. Gleich muss ich reingehen, aber vorher wollte ich deine Stimme hören. Alles klar bei dir?" Leo lehnte den Kopf an die Schuppentür. Durch das Telefon hörte er den Oldenburger Straßenverkehr rauschen.

„Ja?" Ramesh sagte etwas zu jemand anderem, ehe er wieder ins Telefon sprach.

„Meine Teilnehmer kommen. Ich vermisse dich. Bist du übermorgen Abend an der Rezeption?"

„So steht es im Plan."

„Dann sehen wir uns. Heute rufe ich noch einmal durch, wenn ich zu Hause bin, okay? Ich liebe dich, vergiss das nicht." Leo kam nicht mehr dazu zu sagen, dass er Ramesh liebte und das nicht vergessen konnte. Ihm blieb gerade noch Zeit, von der Tür zurückzurutschen, als Inna hereinfuhr und vor ihm zum Stehen kam.

„Was machst du auf dem Boden?", fragte sie so vorwurfsvoll, wie eine Muh fragen konnte. Er rappelte sich hoch und steckte das Handy ein. „Du hast telefoniert", teilte sie ihm mit. Vorsichtig stellte sie ihr Rad auf dem Ständer ab und löste die Gummibänder, mit denen eine Kiste auf dem Gepäckträger befestigt war. Leo stellte die Kiste für sie auf den Boden.

„Ja." Es brachte nichts zu leugnen. Inna musterte ihn wenig geduldig und schob ihr Fahrrad in den hinteren Schuppenteil, wo sie es abstellte.

„Soll ich dir einräumen helfen?", fragte sie, als sie zurückkam. Er nickte. Gemeinsam hockten sie sich hin und sammelten die Werkzeuge zusammen. Inna schwieg taktvoll, doch als Leo nicht von sich aus sagte, mit wem er gesprochen hatte, legte sie eine Handvoll Schrauben auf den Boden und sah ihn an.

„Mit wem hast du telefoniert? Du siehst so seltsam aus." Automatisch fuhr er sich über das Gesicht. Inna lachte auf. „Mensch, Leo." Sie rieb mit einem Zipfel seines Hemdes an seiner Wange, bis mehr schwarzer Schmier auf dem Stoff als auf seiner Haut war. „Lass die Hände unten, wenn du nicht noch mehr Unheil anstellen willst. Ich hoffe, es war nicht Christa Hemmen." Überrascht sah er sie an.

„Warum sollte ich mit Christa Hemmen telefonieren?"

„Weil du sie geküsst hast." Er musste sich daran erinnern, dass er tatsächlich vor etwas mehr als zwei Wochen Christa Hemmen geküsst hatte. Christa Hemmen, so sehr er sie nach wie vor mochte, war seitdem bedeutungslos geworden.

„Das ist kein Grund, sie anzurufen."

„In der Welt schon." Inna sagte das mit befremdlicher Überzeugung. Leo sah sie an, bis sie rot wurde. „Ich weiß, wovon ich rede." Das Werkzeug war in den beiden Kisten verstaut, aber sie blieben auf dem Boden hocken. Leo musste an Innas Ausbrüche aus dem Zentrum in Raeren denken.

„Inna, ich habe nicht mit Christa Hemmen gesprochen."

„Aber mit wem dann? Als ich hier reinkam, hast du ausgesehen wie eine Katze vor dem Sahnetopf." Der Vergleich ärgerte ihn, zumal er keine Ahnung hatte, was sie damit meinte. Als er nicht antwortete, beugte sie sich zu ihm vor.

„Ich weiß nur, dass es nicht Edu war. Es sei denn, ihr seid geniale Schauspieler und täuscht das ganze Zentrum. Du kannst ihn nicht ausstehen." Seine Gefühle so drastisch ausgesprochen zu hören, schockierte Leo. Er sah Inna ins Gesicht.

„Du hast recht, der war es nicht. Versprichst du, mich nicht zu verraten?" Sie runzelte die Stirn.

„Raus damit. Es ist niemand aus dem Zentrum. Das wüsste ich, und ich sage dir, das gäbe eine Menge Ärger, wenn du deinen Fürsorgepartner mit jemand aus dem gleichen Zentrum hintergehen würdest." So hatte Leo die Situation noch gar nicht betrachtet. Er kannte niemand, der vor Ablauf der fünf Jahre aus einer Fürsorgepartnerschaft gegangen wäre, falls dieser Schritt im Kodex vorgesehen war. Dass jemand während dieser Zeit eine Verbindung zu einem anderen Muh begann, hatte er ebenfalls noch nie gehört.

„Versprich es mir, Inna."

„Okay, ich verspreche dir, dass von mir niemand etwas erfährt. Wer ist es?" Er biss sich auf die Lippen.

„Ramesh McPhelps." Inna überlegte.

„Ist das nicht ein Kursleiter? So ein großer, mit langen Haaren?" Er nickte. Inna stieß einen schrillen Pfiff aus, der in der Betonkonstruktion des Schuppens hallte. Es war nicht an ihm, sie daran zu erinnern, aber gleichmütig klang ihr Pfiff nicht.

„Wow, der sieht gut aus. Aber ein bescheidener Typ ist er nicht. Er benutzt Ironie." Sie musterte ihn nachdenklich. „Das ist toll. Natürlich verrate ich nichts, Leo. Wie lange seit ihr zusammen?" Muh waren nicht im Sinne der Welt mit einem Menschen zusammen. Dass Inna das Wort so leicht über die Lippen kam, war bewundernswert wie verstörend, als müsste er sich Sorgen um sie machen, weil auch sie für Muh unmögliche Erfahrungen gesammelt hatte.

„Zehn Tage. Aber was heißt das schon? Ich weiß noch nicht einmal, wann ich ihn das nächste Mal treffen kann." Sie grinste.

„Oh, das kriegen wir hin. Ich bin dir noch etwas schuldig für die offenen Fenster damals. Aber irgendwann musst du mit Bea reden." Leo schüttelte den Kopf. Er vertraute Bea in allen anderen Fragen, doch er konnte sich nicht vorstellen, dass sie so ein Abweichen von den Regeln gutheißen würde.

Mittwoch, 18. Mai

Christa

Am Mittwochmorgen war Christa aufgeregt, als habe die Leeraner Polizei sie ins Präsidium gebeten. Harry schien ihre Nervosität nicht zu bemerken. Er arbeitete sich durch einen aufwändigen Antrag und warf nur gelegentlich einen Blick zu Christa. Die blätterte lustlos in ihren Unterlagen, tippte hin und wieder einen Satz, den sie sofort wieder löschte, und las den vollständigen Artikel im Online-Duden über die Getrennt- und Zusammenschreibung bei Verben. Als ihr Smartphone klingelte, hätte sie beinahe mit dem Ellenbogen ihre Tasse auf den Boden gefegt. Es war Justin.

„Hi, Christa. Ich wollte nur sagen, dass ich jetzt mit dem Kommissar nach Oldenburg in die Gerichtsmedizin fahre." Er räusperte sich, aber seine Stimme blieb heiser. „Ich weiß nicht, wann ich wieder hier bin. Vielleicht kommst du nach deiner Arbeit zu Grans Haus?"

„Ja, das kann ich machen." Nach ein paar belanglosen Sätzen beendete er das Gespräch. Christa fing einen Blick von Harry auf.

„Ist alles in Ordnung, Christa?"

„Ja, klar. Wieso?" Zur Ablenkung ging sie zur Toilette, tupfte an ihrem Lidstrich, zog die Ärmel ihrer Hemdbluse unter dem Blazer gerade. Auf dem Rückweg ins Büro begegnete ihr Frau Kehl mit einer Kaffeetasse. Sie bemerkte den schnellen Blick, mit der die Pflegerin sie musterte. Etwas in ihr rebellierte, doch sie brachte nicht die Kraft auf, Frau Kehl in ihre Schranken zu verweisen.

„Möchten Sie auch Kaffee, Frau Hemmen? Frau Hahn hat gerade neuen gemacht."

Christa hatte nichts anderes zu tun, wie ihr plötzlich bewusst wurde. Sie folgte Frau Kehl in die Teeküche und erlaubte ihr, zwei Tassen für sie und Harry zu füllen.

„Jetzt ist er in Leer, oder?" Sie schüttelte den Kopf.

„Nein. Auf dem Weg nach Oldenburg." Frau Kehls Blick verriet, dass sie ahnte, was Justin in Oldenburg machen sollte.

„Sie sollten nicht vom Schlimmsten ausgehen." Das klang nicht überzeugt und erst recht nicht überzeugend. Doch Christa nickte und trug die beiden Tassen in ihr Büro. Wenn es sich bei der Frau aus der Ems nicht um Margareth Busker Brown handelte, würde die Polizei Justin immer wieder auffordern, Leichen zu identifizieren, bis er eines Tages seine Großmutter erkannte. Wahrscheinlich wäre es das Beste, wenn die Ungewissheit jetzt endete.

„Harry, was macht die Gerichtsmedizin?“ Vielleicht wusste Harry ein paar weniger düstere Gründe für Justins Besuch in Oldenburg. Er sah sie misstrauisch an, erklärte aber ausführlich, was er wusste, wobei er sämtliche ihrer Befürchtungen bestätigte.

Christa wusste nachher nicht, wie sie den Tag im Büro hinter sich gebracht hatte. Harry fuhr um halb fünf nach Hause, sie harrte aus, bis es Zeit wurde, in die Frickenstraße zu fahren. Frau Hahn hatte die Tür des Kundenzentrums abgeschlossen und war gegangen. Frau Kehl wies eine Pflegerin in den Telefondienst ein. Sie hob die Hand zum Gruß, als Christa an der offenen Bürotür vorbeiging. Christa nickte ihr zu und trat erleichtert auf den Parkplatz. Jetzt konnte sie endlich etwas tun.

Die versprochene Wetterbesserung war eingetreten, zumindest hatte es bisher nicht geregnet. Auf der Fahrt Richtung Backemoor kam zaghaft die Sonne heraus. Weißblühender Wiesenkerbel schwankte im Wind, hinter den Zäunen weideten Rinder, dazwischen standen Möwen und Krähen. Die Frickenstraße lag wie immer still unter den hohen Eichen, hinter der Kurve vor Frau Browns Haus waren jedoch mehrere Autos geparkt. Ein Transporter mit einem roten Auto auf der Ladefläche schlich rückwärts von der Auffahrt. Christa hielt neben Frau Finke, die mit einer anderen Frau und einem Mann die Vorgänge am Haus beobachtete.

„Was ist hier los, Frau Finke?“, fragte Christa. Frau Finke beugte sich bis zu Christa ins Auto.

„Die Braun ist tot, Frau Hemmen. Ich habe doch von Anfang an gesagt, dass ihr etwas passiert ist.“

„Sie hatten recht, Frau Finke.“ Von ihrem Standort aus konnte Christa niemand auf dem Hof erkennen. Es liefen einige uniformierte Polizisten herum und auch ein paar Leute in weißen Einwegoveralls. Insgesamt gewann sie den Eindruck, dass die Geschehnisse am Haus ihrem Ende zu gingen. Das wurde bestätigt, als die Leute im weißen Overall hinter dem Transporter vom Hof fuhren. „Ich fahre jetzt zum Haus. Oder soll ich Sie nach Hause bringen?“ Frau Finke winkte ab.

„Nein, nein. Wir gehen jetzt zu Frau Tjaden und erzählen ihr alles.“ Langsam setzten sich die drei Richtung Kurve ab. Christa fuhr ebenso langsam auf die Auffahrt und hielt hinter Justins Auto. Aus der Werkstatt kam Okko Lüken und winkte ihr zu. Sie winkte zurück, wurde aber abgelenkt, als zwei Männer aus dem Haus traten. Der eine war Justin, der andere vermutlich der Kommissar. Christa ging den beiden entgegen. Als Justin sie erkannte, ließ er den Kommissar stehen und rannte zu ihr. Im nächsten Moment war sie in seinen Armen und kurz davor, an seiner Schulter zu ersticken.

Eingehüllt in Anzugstoff aus dunkelblauer Schurwolle atmete Christa Kaffee und etwas Strenges, das sie sofort an die Gerichtsmedizin denken ließ. Sie stand da, konzentriert auf ihr Gleichgewicht, und spürte unter ihren Händen die beinahe fiebrige Hitze seines Rückens. Freundlicherweise flogen die Krähen nicht bis zu ihnen, dafür näherten sich menschliche Schritte.

„Guten Tag. Darf ich fragen, wer Sie sind?" Justin richtete sich auf. Sein Gesicht war rot verquollen, die Haare standen wirr über der Stirn. Seine rechte Hand lag immer noch auf Christas Rücken.

„Das ist Christa Hemmen. Sie ist eine Freundin von mir." Er deutete mit der Hand auf den Mann im braunen Cordjackett. „Kriminalhauptkommissar Harms. Der Titel ist korrekt, oder?" Sie streckte dem Kommissar eine Hand entgegen, die er feucht schüttelte und schnell wieder losließ.

„Kannten Sie Frau Brown?"

„Nein." Er nickte langsam, als hätte er sich über eine positive Antwort gewundert.

„Wir halten Sie auf dem Laufenden, Herr Brown. Auf Wiedersehen."

Der Mannschaftswagen war bereits abgefahren, nun rollte auch das Auto von Kommissar Harms von der Auffahrt. Justin ging zur Bank und ließ sich schwerfällig nieder. Sie setzte sich neben ihn. Nach langem Schweigen begann er über seine Erlebnisse in der Gerichtsmedizin zu sprechen.

„Sie waren sehr vorsichtig. Zuerst haben sie mir den Ring gezeigt. Du hast ihn bestimmt gesehen auf den Fotos."

„Ja, ich erinnere mich an den Ring. Er sieht ungewöhnlich aus." Sie warf einen verstohlenen Blick auf Justin. An seiner Haltung oder seinem Ausdruck änderte sich nichts.

„Sie hat ihn selbst gemacht. Es war ein Trauerring für ihre Mutter, aber sie hat ihn erst gemacht, als sie in Europa wohnte. Aus einem Nagel, den sie an einer Gedenkstätte in Belgien gefunden hat, glaube ich."

„Was ist ein Trauerring?" Immer noch regte er sich nicht und sprach in einer seltsam gepressten Stimme.

„Habt ihr diese Tradition nicht in Deutschland? Man trägt einen Ring als Erinnerung an einen Toten. Manchmal sind Haare vom Verstorbenen in dem Ring. Oder das Gold stammt von seinem Schmuck. Ich habe keine Ahnung, warum sie diesen Nagel für ihre Mutter verwendet hat." Seine Stimme brach. „Hast du schon einmal einen toten Körper gesehen?" Ungefragt kamen die Bilder von Beas Vater, viel zierlicher als im Leben, eine zusammengekrümmte Puppe mit riesiger Kopfwunde. Wie damals stieg es heiß aus ihrem Magen hoch. Sie atmete tief durch.

„Ja.“ Sie wollte nicht an Beas Vater denken, nicht an Wasserleichen oder an all das, was sie am Vorabend im Internet zu dem Thema gelesen hatte. Justin sah sie kurz an und legte eine Hand auf ihre.

„Tut mir leid.“ Er musste einen schier unerschöpflichen Vorrat an Höflichkeit besitzen.

„Schon okay. Es ist lange her.“ Wieder sah er sie an, doch er stellte keine weitere Frage. Seine Hand blieb auf ihrer, bis sie sich fragte, ob er vergessen hatte, dass sie dort lag.

„Es gibt Ereignisse, da frage ich mich, warum Gott zulässt, dass sie geschehen.“ Er saß mit zurückgelehntem Kopf und blickte in den Himmel, der sich jetzt leuchtend blau über die Frickenstraße wölbte. Keine Wolke war mehr zu sehen, die Sonne brannte. In weniger als vierundzwanzig Stunden wäre es ihm peinlich, dass er sich vor ihr hatte gehen lassen.

„Vielleicht gibt es einen größeren Plan“, versuchte sie eine Antwort. Er seufzte.

„Vielleicht. Ich muss das glauben. Seine Weisheit ist unermesslich. Meine dagegen ...“ Er machte eine wegwerfende Handbewegung. Nach einer Pause fügte er hinzu: „Ich muss Granddad anrufen. Er hat gesagt, ich soll ihm Bescheid geben, wenn ich mehr weiß. Nun ja, ich weiß jetzt mehr.“ Er unterdrückte ein Schluchzen und zog seine Hand zurück. „Mein Telefon ist noch im Auto.“

Christa stand auf. Endlich ergab sich eine Gelegenheit zu praktischer Hilfe.

„Ruf deinen Großvater an, Justin. Ich mache Tee.“ Sie ging ins Haus und zog die Küchentür hinter sich zu, um nur ja nichts von seinem Telefonat zu hören.

Frau Brown hatte die Küche von Frau Finkes Schwager übernommen und nur wenige Neuerungen eingeführt. Christa fand einen Wasserkocher, eine Teekanne, ein Teenetz und losen schwarzen Tee. Bei einer Amerikanerin hätte sie Teebeutel erwartet, aber Frau Brown hatte einer anderen Generation angehört. Es war schwer zu entscheiden, welche ihrer Angewohnheiten altersbedingt oder ihrem Interesse an der Kultur ihrer Wahlheimat geschuldet waren.

Christa goss einen starken Tee auf. In einem Unterschrank fand sie ein verstaubtes Stövchen und eine Tüte klebriger Teelichte, was sie als Hinweis auf Frau Browns Vorliebe für Kaffee deutete. In einem weiteren Schrank entdeckte sie Kandis. Nach kurzem Abwägen stellte sie statt der kleinen Teetassen die großen Kaffeebecher auf den Tisch und schmierte einige Scheiben Brot. Justin hatte vermutlich nicht zu Mittag gegessen. Wenn ihm vom Stress schlecht wurde, sollte er etwas zum Herauswürgen haben. Dieser Gedanke passte so sehr zur kaltschnäuzigen Pragmatik ihrer Mutter, dass Christa schockiert Brot und Margarine wegräumte und die geschmierten Scheiben beinahe im Kühlschrank versteckt hätte.

Sie musste fast zwanzig Minuten warten, bis Justin kam. Frische Tränenspuren glänzten auf seinem Gesicht, mit der roten Nase sah er aus wie ein kleiner Junge. Auf ihr Geheiß setzte er sich an den Tisch. Christa warf ein Stück Kandis in seinen Becher und goss Tee darauf. Der Zucker knisterte.

„Was hast du da hineingeworfen?" Argwöhnisch lauschte er an seinem Tee.

„Kandiszucker. Der macht diese Geräusche, wenn er im heißen Tee zerspringt und schmilzt."

„Eigentlich nehme ich keinen Zucker." Sie sah ihn streng an.

„Heute doch." Er nippte am Becherrand. „Du musst auch etwas essen. Hier ist Brot mit Margarine. Leider war kein Belag im Kühlschrank." Zu ihrer Überraschung lächelte er.

„Deutsches Butterbrot." Das Lächeln verflog. „Granddad hat die Nachricht gut aufgenommen. Er sagt, ich soll mich um alles kümmern. Weil sie hier gewohnt hat, soll sie hier beerdigt werden." Er rieb seine Augen wie ein müdes Kind. „Ich habe keine Ahnung, was man in Deutschland machen muss."

„Ich auch nicht", gab Christa zu. „Aber ich kann das leicht herausfinden. Wenn du möchtest, helfe ich dir und regle in Rhauderfehn alles, sobald deine Großmutter beigesetzt werden kann." Er sah sie an.

„Danke, Christa." Er dachte kurz nach. „Morgen fahre ich zurück nach Hamburg. Aber ich kann am Freitag wiederkommen. Besuchst du mich dann? Ich möchte für dich kochen."

„Gerne."

Auszug aus: Dores Muh, Geschichte der Gemeinschaft Muh von den Anfängen bis zur Gegenwart. Teil 2: Das 20. Jahrhundert

(…) Am Abend des 10. September hörte man die Geschütze der Alliierten vor Bütgenbach und Büllingen, als junge Männer in SS-Uniformen in Weyrscheid einzogen. Sie gehörten zu einer Einheit des Obersturmbannführers Hans Otto Adler. (Über die Hintergründe des Massakers und den Prozess gegen Adler siehe Liane Faulwinkel, 1999, pp. 184.) Eine Gruppe von Adlers Männern war in den Nachmittagsstunden von Weißarmisten nahe Weyrscheid in einen Hinterhalt gelockt worden. Mindestens sieben junge SS-Männer starben dabei. Mit einigen Vertrauten, die in der Einheit als Adlerbrut bezeichnet wurden, machte Adler sich auf, den ostbelgischen Widerstand endgültig auszurotten.

Auf dem Weg nach Weyrscheid ist die Erschießung mehrerer polnischer Fremdarbeiter auf einem Feld dokumentiert, ehe die SS-Männer den Schwarzbach Hof der Muh am Rande von Weyrscheid erreichten. Damals lebten nur zehn alte Männer und Jungen in der Zelle, darunter der sechsundsiebzigjährige Kodexwächter Claas Rehm. Claas Rehm und sein Bruder Ruit wurden bereits auf dem Hof erschossen. Die Frauen der Gemeinschaft mussten mit den Kindern in den Ort Weyrscheid laufen. Unter ihnen waren die Witwe des Kodexwächters Alma Rehm und deren Schwester Gerta. Bei Gerta handelt es sich vermutlich nicht um die Witwe von Ruit Rehm, obwohl auch der mit einer Gerta verbunden gewesen war. Mit Gerta kam deren Tochter Ada mit den Kindern (Namen nicht gesichert), sowie Fanny Hoven und deren Söhne Jacques und Pierre, Amalie Kern und deren zwei Kinder (Namen nicht gesichert) und Karoline Rehm mit drei Kindern (Namen nicht gesichert).

Insgesamt sechsundachtzig der verbliebenen Anwohner von Weyrscheid, darunter die Muh und die Mönche der Wallfahrtskapelle des heiligen Widukind zu Alexandria, wurden Im Hof der Mühle versammelt. Die übrigen befanden sich entweder in Evakuierung oder hatten sich rechtzeitig in Sicherheit bringen können. Die ganze Zeit flogen britische Flugzeuge über den Ort, doch dies hielt die SS-Schergen nicht von ihrer blutigen Tat ab. Sie schossen auf die Frauen, Kinder und alten Leute. Als gegen Mitternacht die ersten Amerikaner in den Ort einzogen, fanden sie die Toten und einige Schwerverletzte, die sie nach Malmedy bringen ließen.

Laut der amerikanischen Akten überlebten Maria Mölter, Therese Frantzen und Baby, Jeanne Fontaine, Phillipe Kemper und die Kinder Klas Mäuver, Erna Rehm, Guido Hoven, Anton Opitz, Maria Hamacher und Louise Brevel. (…)

Leo

Je näher die Zeit für den Meditationskurs kam, desto unruhiger wurde Leo. Zuletzt hatte er am späten Dienstagabend eine Textnachricht von Ramesh erhalten, zum Telefonieren war er nicht gekommen. An diesem Tag hatte er noch nichts von ihm gehört und es auch nicht gewagt, ihn anzurufen. Mittlerweile war ihm übel vor Anspannung.

Inna kam eine halbe Stunde vor Kursbeginn ins Foyer. So weit er wusste, war sie nicht für die Rezeption eingeteilt. Auf seine Frage lächelte sie nur milde und begann, benutzte Tassen einzusammeln und auf den Küchenwagen zu räumen. Nachdem sie den Wagen in die Küche gebracht hatte, stand sie plötzlich neben ihm hinter dem Tresen und beantwortete Fragen der eintrudelnden Teilnehmerinnen, verteilte die neuen Programme und erklärte, wie eine Buchung ablief. Gereizt sah Leo ihr zu, bis ihm heiß wurde und sich sein Kopf von alleine zur Tür drehte. Ramesh kam auf ihn zu, zwei seiner Teilnehmerinnen im Schlepptau. Genau in diesem Augenblick sprach Inna die Damen an. Sie streckten begierig die Hände nach den Programmen aus. Während die beiden untereinander diskutierten, ob sie schon an diesem Abend den neuen Kurs buchen sollten, stand Ramesh vor Leo.

„Du siehst blass aus", bemerkte er kaum hörbar über dem Trubel. Leo fragte sich, ob jemand mit seiner hellen Haut blass sein konnte.

„Das kommt vom Warten", brachte er heraus. Ramesh lächelte seine Teilnehmerinnen an.

„Du weißt, dass ich komme. Immer. Es tut mir leid, dass ich mich den ganzen Tag nicht gemeldet habe. Heute Abend rufe ich dich an. Halb elf, okay?" Leo nickte. Ramesh und seine Teilnehmerinnen gingen weiter. Inna drehte sich zu ihm.

„Bei allem Gleichmut kannst du auch einmal danke sagen."

„Danke, Inna." Sie nahm eine Handvoll Kekse vom frisch bestückten Küchenwagen.

„Iss das. Du siehst wirklich aus, als würdest du jeden Augenblick umfallen. Schöne Augen hat er." Er nickte und knabberte geistesabwesend einen der Kekse. Inna sah auf die Uhr. „Ich komme kurz vor Ende des Kurses wieder. Mit ein bisschen Glück kann ich wieder etwas Zeit für dich herausschinden. Aber das geht nicht bei jedem Kurs, den er hier gibt. Du musst mit Bea sprechen."

Das sagte sie so leicht. Leo sah ihr nach, wie sie Richtung Küchentrakt ging. Die nächsten anderthalb Stunden zogen sich hin, obwohl er viel zu tun hatte. Mittwochs bot Bea nach dem letzten Kurs für interessierte Teilnehmer eine offene Sammlung an. Streng genommen schloss die abendliche Sammlung den Tag ab, daher sollten alle Arbeiten vorher beendet sein. Für den Küchendienst und diejenigen Muh, die eine Sammlung als Endpunkt des Tages bevorzugten, hielt Bea später eine weitere Sammlung ab. Von Leo erwartete sie, dass das Foyer bis zur offenen Sammlung aufgeräumt war.

Inna kam wie versprochen, doch in allen Kursen hatte sich herumgesprochen, dass das neue Programm vorlag. Leo fand nicht einmal Zeit, darauf zu achten, wann Ramesh an ihm vorbeiging. Enttäuscht legte er den Riegel am Türschloss um und dimmte das Licht im Foyer. Langsam ging er die Treppe zum Sammlungsraum hinauf. Von allen Seiten strömten Muh. Er schloss sich ihnen an und trat in einen Raum, dessen gerundete Seite nur aus Fenstern bestand. In der Mitte des Halbrunds brannten zwei Kerzen vor einer Schale. Dort würde Bea kniend durch die Sammlung führen. Eine Bewegung in der Scheibe bewog Leo, sich umzudrehen. An der Tür begrüßte Ramesh Bea mit gebeugtem Haupt, die gefalteten Hände in Höhe der Augen. Er zeigte auf seine beiden Teilnehmerinnen, die ihm seit dem frühen Abend folgten. Bea wechselte ein paar Worte mit ihnen, ehe sie Inna herbeiwinkte. Ihre Anwesenheit ließ Leo ahnen, dass sie die drei zu Bea geführt hatte. Ramesh grüßte auch sie mit gefalteten Händen. In vollendeter Bescheidenheit führte sie ihn und die Damen in den Sammlungsraum und wies sie auf eine Position gegenüber Leo. Den Damen reichte sie eine Unterlage für die Knie, Ramesh half ihnen, die Unterlage auszubreiten.

Die ganze Zeit schien Rameshs Aufmerksamkeit bei seinen Teilnehmerinnen und Inna zu liegen. So viel Leo unter gesenkten Wimpern zu ihm starrte, kein einziges Mal sah Ramesh in seine Richtung. Dafür hatte Leo ihn vor sich und konnte beobachten, wie er Inna Fragen zu Körperhaltung und Position der Hände stellte. Unterdessen war der Raum dunkler geworden. Bescheiden trat Bea zwischen die Kerzen. Sie blieb stehen, bis es ruhig geworden war, dann kniete sie nieder. Nach einem Moment der Stille berührte sie den Rand der Schale. Ein warmer Klang breitete sich aus.

„Wir sind zusammengekommen, uns zum Ende des Tages zu sammeln. Blicken wir in Bescheidenheit und Gleichmut auf unseren Tag. Achten wir auf unsere Gedanken. Was unwichtig war, lassen wir gehen. Was wichtig war, halten wir fest. Was uns beschäftigt hat, lassen wir fliehen. Was uns lehren soll, sehen wir an."

Wieder erfüllte der warme Klang der Schale den Raum. Ehe Leo die Augen schloss, fing er ein kaum merkliches Nicken von Ramesh auf. Er kniete in einem wohligen Gefühl der Wärme, wie unter der Wolldecke vor dem Ofen in Rameshs Haus. Beim erneuten Klang der Schale öffnete Leo die Augen und sah direkt in Rameshs.

Um Leo erhoben sich die Muh. Er rappelte sich hoch und stolperte mit tauben Beinen zu Inna. Dort stand jetzt Bea, und Ramesh stellte ihr Fragen über die Sammlung. Wenig von dem, was sie sagte, machte Sinn für Leo, doch Ramesh und sogar seine Damen schienen zu wissen, worüber sie sprach. Es waren die Damen, die das Gespräch aufrecht erhielten, als die Gruppe langsam den Raum durchquerte und auf den Flur trat, wo Bea sich verabschiedete. Inna ging mit den Damen die Treppe hinunter, Leo folgte neben Ramesh.

„Eure Sammlung ist faszinierend." Er sah zu ihm auf. Es erschien ihm unglaublich, dass ein Außenstehender das ernst meinte. „Inna ist deine Schwester? Sie ist nett."

„Woher weißt du, dass sie meine Schwester ist?"

„Weil sie es mir gesagt hat." Sie hatten die Tür erreicht. Die Damen schritten voran, Ramesh grüßte noch einmal mit gefalteten Händen und trat ebenfalls in die Dunkelheit. Inna schloss die Tür ab. Leo sah den dreien durch die Glastür nach, bis sie hinter der Hecke verschwunden waren. Inna schaltete die Außenbeleuchtung aus.

„Komm, Leo. Das war der Gong zur Abendmahlzeit." Sie stieß ihm in die Seite. Als er den Kopf zu ihr drehte, hielt sie ihm einen mehrfach gefalteten Zettel hin. „Vielleicht bekommst du mehr Appetit, wenn du diesen Brief gelesen hast." Er riss ihr den Zettel aus der Hand und überflog, was darauf stand.

„Wie kommst du daran?" Sie zuckte mit den Achseln.

„Ich habe ihn gefragt, ob ich dir etwas geben soll. Dann habe ich ihm Papier und Stift geliehen. War das falsch?"

Donnerstag, 19. Mai

Christa

IN RHAUDERFEHN HATTEN SICH IN DEN LETZTEN JAHREN ZAHLREICHE DIENSTLEISTER FÜR ältere Menschen angesiedelt. Nach mehreren fehlgeschlagenen Anläufen war es der Gemeinde gelungen, einen runden Tisch für die Akteure in der Pflege ins Leben zu rufen. Christa saß einmal im Monat im Rathaus, trank dünnen Kaffee, und diskutierte Pläne für ein umfassendes Pflegenetzwerk auf dem Boden der Gemeinde. Als stellvertretende Vorsitzende des Runden Tischs fand sie selten eine Entschuldigung, dem Treffen fernzubleiben. An diesem Donnerstag hatte sie wieder anderthalb Stunden abgesessen. Auf dem Rückweg verführte sie das sonnige Wetter zu einem Umweg an einer Bäckerei vorbei. Dort erstand sie ein belegtes Brötchen und ein Stück Kirschstreusel für ihre Mittagspause.

Als Christa die Bäckerei verließ, begegnete ihr Okko Lüken, der eine Kiste Diätcola aus dem Supermarkt trug. Obenauf lagen einige Tüten Kartoffelchips.

„Wohin des Wegs, Frau Hemmen?“, fragte er und verlagerte das Gewicht der Getränkekiste gegen seinen Bauch. Die Frage erschien ihr impertinent, andererseits war er ein Mann und schleppte schwer an seiner Verpflegung. Eine charmantere Ansprache war nicht zu erwarten.

„Zurück ins Büro“, entgegnete sie wahrheitsgemäß, wie das ihre Art war, wenn sie mit der Polizei sprach. Er nickte wissend.

„Ah, Sie kommen vom runden Tisch. Woher ich das weiß? Erstens steht es in der Zeitung, zweitens hat mir Ihre Frau Hahn verraten, wo Sie waren.“ Christa hätte Frau Hahn nicht als ihre Frau Hahn bezeichnet. Frau Hahn gehörte sich selbst auf eine für Christa nicht immer nachvollziehbare Weise.

„Sie haben mich angerufen? Warum?“ Es war vermutlich besser, ihn direkt zu seinem eigentlichen Anliegen zu führen. Herr Lüken schnaufte leise, als er die Kiste wieder ein wenig verschob. Aber nun hatten sie den Mannschaftswagen erreicht. Er stellte die Kiste auf den Beifahrersitz und drehte sich zu Christa um.

„Ich wollte hören, wie es mit Frau Finke und dem Enkel ihrer Mieterin aussieht.“ Er schlug die Tür zu und sah auf sie herab. Unwillkürlich stellte Christa einen Vergleich zu Justin an. Herr Lüken war etwas größer. Seine nachtblaue Uniform verwischte die Individualität seiner Gesichtszüge zum netten Polizistengesicht, das nicht so recht zu dieser durchsichtigen Lüge passen wollte.

„Gut“, sagte sie nur und wandte sich zum Gehen. Er schloss sich ihr an.

„Böse Sache, das mit der Frau Brown“, stellte er fest. Christa bestätigte dies. Sie fühlte sich nicht berechtigt, über Frau Brown zu sprechen. Es war Justins Großmutter, sie war nur zufällig in diese Sache hineingezogen worden. „Kennen Sie diesen Herrn Brown näher?“

„Ich kenne ihn flüchtig“, gab Christa zu. Er wollte wohl auf die Umarmung am Vortag hinaus. Wie angenehm ihr Justins Umarmung gewesen war, brauchte Herr Lüken nicht zu wissen.

„Aber Frau Finke hat keine Probleme mehr gehabt? Oder jemand in der Straße beobachtet?“ Ihm fielen noch mehr Fragen ein, dennoch verstärkte sich Christas Eindruck, dass es ihm nicht um Frau Finke ging.

„Nein. Aber sie hat mir versprochen, mich anzurufen, falls ihr etwas auffällt.“ Sie hatten die Ampel an der Rhauderwieke erreicht. Herr Lüken drückte auf den Knopf.

„Das ist gut. Ältere Leute scheuen oft vor direktem Kontakt mit der Polizei zurück.“ Die Autos machten keine Anstalten anzuhalten. Herr Lüken räusperte sich. „Ich wurde übrigens in eine Sonderkommission in Leer berufen. Es geht um eine Mordserie.“ Sie hob den Kopf.

„Meinen Sie den Mord an Keno Oltmann?“ Er stutzte.

„Woher wissen Sie das?“ Das konnte sie beinahe wahrheitsgemäß beantworten.

„Frau Kehl hat mir von dem Mord erzählt. Sie kennt die Familie. Weitläufig, wie das so in Ostfriesland ist.“ Ehe er antworten konnte, wurde es grün, und sie überquerten die Straße. Sie wandte sich nun nach links. Zu ihrem Unmut ging auch er in diese Richtung. Vor der Tür von Crea. Heim und Pflege blieb sie stehen. Er hielt an und sah zu ihr herab.

„Hätten Sie Lust, mit mir essen zu gehen?“

„Ich?“ Das war nicht die intelligenteste Reaktion. Er nickte und strahlte, als hätte er in seinem Gesicht eine Lampe angezündet. Ein Polizist, das wusste Christa von Andy Vosgerau und ihrem Vater, konnte ein nützlicher Bekannter sein, nicht nur wenn es einen Mord gegeben hatte. Außerdem suchte sie immer noch einen Begleiter für Heidis Hochzeit. Allmählich wurde die Zeit knapp. „Warum nicht? Aber heute habe ich leider keine Zeit.“

„Offen gesagt, heute kann ich auch nicht. Ich bin im Dienst. Aber nächste Woche? Wissen Sie was, ich rufe Sie an.“

„Gute Idee“, erwiderte Christa nicht ganz unehrlich und betrat das Kundenzentrum. Als sie sich umdrehte, winkte er ihr zu und ging zurück Richtung Ampel. Hinter ihr schniefte jemand. Christa trat an den Tresen, wo Frau Hahn sich die Nase putzte.

„Haben Sie sich bei diesem schönen Wetter erkältet?“ Frau Hahn schüttelte den Kopf. Sie stopfte das Taschentuch in die Tasche ihres Rocks.

„Nein. Ich musste nur an meine Schwester denken. Frau Hemmen, nehmen Sie mir das bitte nicht übel. Okko Lüken ist ein netter und reinlicher Mann. Aber er hat eine Schwäche für nützliche Frauen.“ Sie sah Christa aus großen Augen an.

„Nützliche Frauen?“ Die Vorstellungen, die Christa mit diesem Ausdruck verband, passten nicht zu Okko Lüken. Natürlich konnte sie sich täuschen. Frau Hahn schien ihn zu kennen, so wie sie die Hälfte der Bewohner Rhauderfehns zu kennen schien.

„Ja, nützlich. Er war in der Klasse meiner Schwester am Gymnasium in Leer. Für einen Abschluss, mit dem er zur Polizei gehen konnte, brauchte er eine gute Note in Mathematik. Ein Jahr lang war er mit meiner Schwester zusammen. Sie hat ihm Nachhilfe in Mathe gegeben. Später war er mit unserer Kusine zusammen. Da durfte er auf dem Firmengelände des Vaters Autofahren üben. Mit der Nele von der Zahnarztpraxis hier nebenan war er zusammen, solange er Probleme mit den Weisheitszähnen hatte. Mit der Olga vom Friseur drüben beim Supermarkt geht er regelmäßig zum Bowlen. Dafür kriegt er immer die besten Termine und eine kostenlose Nackenrasur. Mareike vom Fahrradcafé war seine Freundin, als er ein preiswertes E-Bike gesucht hat. Die Liste ist noch länger, Frau Hemmen. Glauben Sie mir.“ Christa nickte nachdenklich. Wenn er ein nützlicher Polizist war, wollte sie gern eine nützliche Bekannte, nicht Freundin sein. Auf diese Weise gewänne sie direkten Einblick in die Ermittlungen im Mord an Margareth Busker Brown.

„Ich glaube Ihnen ja, Frau Hahn. Machen Sie sich keine Sorgen. Herr Lüken wird auch uns sehr nützlich sein.“ Sie zwinkerte Frau Hahn zu und ging in ihr Büro, um ihr belegtes Brötchen zu verzehren.

Als Christa am späten Nachmittag die Treppe zu ihrer Wohnung hochstieg, hörte sie ihr Telefon klingeln. Wie so oft um diese Uhrzeit war es Heidi.

„Wir streichen am Wochenende das Haus. Wann hast du Zeit? Freitag, Samstag oder Sonntag? Alle drei Tage wären natürlich optimal.“ Christas Nackenhaare sträubten sich.

„Ich habe keine Zeit.“ Freitagabend war sie in der Frickenstraße bei Justin eingeladen. Christa wusste nicht, was sie von dem Abend erwarten sollte. Vielleicht gab es nichts zu erwarten. Justin hatte noch unter dem frischen Eindruck des Todes seiner Großmutter gestanden, als er sie umarmte. Er hatte in ihr die Pragmatische gesehen, die Frau, die ihm half, die Beerdigung zu planen. So eine Frau fragte er nicht, ob sie über Nacht bei ihm bleiben wollte. So einer Frau wollte er nicht auch noch den Samstag opfern. Aber Christa hatte auch keine Lust, ihren Samstag und, wenn es nach Heidi ginge, zusätzlich den Sonntag mit Anstreichen zu verbringen.

„Wieso hast du keine Zeit?" Heidis Betonung des Du war schwer erträglich.

„Weil ich etwas anderes vorhabe." Heidi lachte höhnisch.

„Du? Das ist doch wohl Quatsch. Was solltest du auch vorhaben? Du gehst nicht aus und du hast keinen Freund. Dann kannst du Druschka und mir beim Anstreichen helfen." Wäre Heidis Tonfall nicht so überheblich gewesen, hätte Christa sich vielleicht erweichen lassen. So wiederholte sie nur stur:

„Ich habe etwas anderes vor."

„So, jetzt hörst du mir mal zu. Ich habe in drei Wochen Hochzeit. Bis dahin muss das Haus fertig gestrichen sein, und wir müssen umgezogen sein. Die Arbeit wächst mir über den Kopf, und du stellst dich an und behauptest, du hättest keine Zeit. Typisch für dich. Weißt du was? Auf deine Hilfe verzichte ich gerne." Es knackte in der Leitung und das schnelle Piepen erklang, für den Fall, das Christa nicht bemerkt hätte, dass Heidi aufgelegt hatte.

„Dumme Kuh", sagte sie laut zu ihrem Wohnzimmer und stellte das Telefon zurück in die Ladestation. Im nächsten Moment blinkte das Display auf und zeigte Heidis Nummer an.

„Du musst nicht böse sein auf Heidi. Sie hat Stress, da ist sie etwas wild", versuchte Andrej Heidi zu verteidigen. Im Hintergrund konnte Christa ihre Schwester schimpfen hören. Plötzlich empfand sie Mitleid mit ihm. Er musste Heidis Wildheit, wie er es ausdrückte, täglich ertragen.

„Ich habe etwas vor, Druschka. Aber mal sehen. Vielleicht komme ich am Samstag."

„Das ist eine gute Idee, Christa. Weißt du was, ruf dann einfach auf meinem Telefon an." Das versprach sie.

Freitag, 20. Mai

Justin

Die Sonne war kurz vor der Autobahnabfahrt Filsum herausgekommen, als begrüßte ihn Ostfriesland mit allen Ehren. In der Krähenkolonie schienen sich weniger Vögel aufzuhalten als noch am Mittwoch, und die vom Regen gewaschene Auffahrt wies weniger weiße Sprenkel auf. Justin schaltete den Motor aus, löste den Gurt und lauschte auf die Stille. Selbst durch die geschlossenen Scheiben des Autos spürte er eine Ruhe über der Landschaft, wie er sie bisher nur in den Bergen rund um das Haus seines Großvaters erlebt hatte.

Er dankte Gott, der ihn sicher über die deutschen Autobahnen in die Frickenstraße gebracht hatte, stieg aus dem Wagen und atmete tief durch. Die klare Luft verhieß milderes Wetter. Ehe er sich in das Haus wagte, ging Justin hinunter zur Straße, beobachtete die Kühe auf der Weide, sah den Krähen zu und vermied die ganze Zeit sorgfältig, zum Haus von Frau Finkes Nichte zu sehen. Entgegen seiner Erziehung wollte er keinen Kontakt zu Grans Nachbarn aufnehmen. Er hatte beschlossen, den Mietvertrag für ihr Haus nach der Beerdigung zu kündigen. Bis dahin war es ihm möglich, Christa einzuladen. Sie zog es bestimmt vor, ihn nicht in einem Hotel zu treffen. Ihrem Freund wäre das sowieso lieber.

Diese Gedankenkette trübte seine Stimmung. Justin warf einen letzten Blick auf die friedlich grasenden Kühe und kehrte zurück zu seinem Auto, um Schlafsack, Reisetasche und eine Kiste mit Lebensmitteln ins Haus zu bringen. Für Christa zu kochen, wäre eine Gelegenheit, endlich wieder richtig zu essen. Lange Arbeitstage kannte Justin auch aus New York. Doch Hamburg und seine auf das Büro reduzierte Welt zehrten an seinen Kräften. Deutschland erlebte er nur im Kontakt mit der Leeraner Polizei und mit Christa.

Nachdem Justin herausgefunden hatte, wie man Grans Gasherd bediente, begann er mit dem Kochen. Als Schüler hatte er im Restaurant eines Freundes mit koreanischen Wurzeln gearbeitet. Leider mochte Trish kein koreanisches Essen. Christa hatte bestimmt noch nie koreanisch gegessen, und würde es zu schätzen wissen. Er fragte sich, ob er einen Fehler begangen hatte, sie nicht zu bitten, ihren Freund mitzubringen, andererseits wollte er diesen Mann gar nicht kennenlernen. Über das Schneiden von Zwiebeln, Knoblauch, Ingwer und Fleisch vergaß er den möglichen Faux Pas. Seine Spezialität, mit Rettich und Fischsauce vergorenen Chinakohl, wollte er Christa nicht vorsetzen. Falls sie Sauerkraut mochte und er noch einmal für sie kochen durfte, wäre eine milde Version des Gerichts ein geeigneter Einstieg. Wahrscheinlich kämen sie aber nie wieder wie an diesem Abend zusammen. Deshalb bereitete er Reis mit Bohnen zu, füllte verschiedene Gemüsesorten und rührte eine Sojabohnensuppe. Als Getränk hatte er Mineralwasser vorgesehen. Justin mied Alkohol, wann immer er konnte, allenfalls Bier trank er. Frauen sollten aus seiner Sicht jedoch Bier meiden

Das Tischdecken erwies sich als schwieriger als das Kochen in einer fremden, minimal eingerichteten Küche. Justin deckte in dem winzigen Esszimmer auf. Eine ineffektive Lampe hing viel zu hoch über dem Tisch, und die Tischdecken hatten alle einen Gelbstich. Justin hoffte, Christa würde die Verfärbungen bei der schlechten Beleuchtung nicht bemerken. Glücklicherweise hatte er Kerzen mitgebracht, so dass sie die Gerichte auf dem Tisch sehen konnten.

Wie erwartet kam Christa pünktlich die Auffahrt hochgefahren. Justin ging ihr entgegen. Sie sah ihn nicht sofort, so dass er für einen kurzen Moment ihr Gesicht sehen konnte, wie es nicht für die Öffentlichkeit war. In diesem Moment sah sie anders aus, entspannter. Dann schien ein Ruck durch sie zu gehen. Sie zog den Riemen ihrer Tasche über die Schulter, schlug die Autotür zu und drehte sich zum Haus. Sein Anblick war unerwartet für sie, doch sie lächelte und streckte ihm die Hand hin.

„Es riecht köstlich, Justin." Er schnupperte an seinem Ärmel.

„Das bin ich. Der Geruch hängt in meinem Hemd. Ich hoffe, du magst koreanisches Essen." Sie hob die Hände. An keinem ihrer schlanken Finger steckte ein Ring. Erleichterung meldete sich und wurde sofort unterdrückt. Wahrscheinlich mochte sie bei der Arbeit keinen Schmuck an den Fingern tragen.

„Ich habe es noch nie probiert."

Er führte sie in das kleine Esszimmer und bugsierte sie um den Tisch herum zu ihrem Platz. Christa betrachtete neugierig, was er auf ihren Teller löffelte.

„Das riecht gut. Wo hast du kochen gelernt?" Es machte ihn verlegen, dass sie ausgerechnet diese Fähigkeit lobenswert fand.

„Mein Freund in der Schule war aus einer koreanischen Familie. Als wir Teenager waren, hatten sie ein Restaurant. Da habe ich in den Ferien ausgeholfen."

„Und wenn du jetzt in der Stadt bist, gehst du da essen?"

„Nein. Dieses Restaurant gibt es nicht mehr."

„Wie schade." Er lachte.

„Nein, nein. Nicht wie du denkst. Mein Freund hat eine Restaurantkette daraus gemacht. Aber wenn ich in San Francisco bin, kochen wir zusammen." Sie schüttelte verwundert den Kopf.

„Mein Vater ist Koch. Er arbeitet in einem Restaurant in Wardenburg."

„Das ist da, wo du wohnst, nicht wahr?“ Er erinnerte sich, dass sie eine gute Stunde entfernt wohnte. Vermutlich kam sie jetzt von der Arbeit und hatte sich extra für ihn umgezogen. Statt einer weißen Hemdbluse, wie sie sie am Mittwoch getragen hatte, trug sie ein hellrotes Oberteil aus einem seidigen Material. Es passte erstaunlich gut zu dem kühlen Grau ihres Anzugs. „Das ist ein lustiger Zufall. Und deine Großmutter ist auch Künstlerin?“ Sie lachte und verbrannte sich im nächsten Moment den Mund. Nachdem sie ein paar Schlucke Wasser getrunken hatte, schüttelte sie den Kopf.

„Nein, alles andere als das. Meine Großmutter wohnt in einem kleinen Haus am Waldrand und beobachtet ihre Nachbarn.“ Justin zog die Brauen hoch.

„Weißt du, das hat Gran auch gemacht. In Hamburg, wenn ich mit ihr ausgegangen bin, hat sie immer die Leute angesehen. Und neben dem Teller lag ein kleines Skizzenbuch, da hat sie ganz schnell gezeichnet.“ Er seufzte unwillkürlich. In seinem Alter sollte er so etwas nicht sagen, doch die Abende mit Gran waren die Höhepunkte eines jeden Monats gewesen. Christa legte kurz eine Hand auf seine. Er mochte ihre natürlichen Fingernägel. Bei Trishs blutrotem Nagellack wurde ihm manchmal unheimlich, wenn ihre Hand seinen Arm berührte. Auch ihr Parfüm war so blumig, dass er sich manchmal bei einem Floristen wähnte, wenn sie neben ihm ging. Christa roch nach etwas Frischem, Kühlen, dass gut zu ihrer sauberen Art passte. Beinahe bedauerte er, dass das Aroma der Speisen vor ihnen ihr Parfüm überdeckte.

„Wann hast du sie kennengelernt?“

„Im Oktober. Sie ist jeden Monat zu Herrn Ohrenstein in die Galerie gefahren. Dann haben wir uns getroffen, und sie hat mir Hamburg gezeigt. Sie kannte die Stadt gut.“ Justin füllte Christas Glas mit frischem Mineralwasser. „Ich finde es sehr schade, dass ich sie so spät kennengelernt habe.“

„Hat sie denn gar keinen Kontakt zu deinem Vater gehabt, als sie noch in den USA lebte?“ Justin schüttelte den Kopf. Er war überzeugt, sein Vater hätte in einem anderen Ton über Gran gesprochen, wäre sie ein Teil seines Lebens geblieben.

„Ich kann natürlich nicht sicher sein, Christa. Aber er hat sie selten erwähnt. Und wenn, dann schlecht. Es ist merkwürdig, weil er sonst so viel Wert auf die Familie legt, aber Gran … Sie hat ihm sehr weh getan, als sie ihre Familie verlassen hat. Damals war er gerade zehn Jahre alt.“ Er konnte sehen, wie diese Information sie bestürzte. Eilig sprach er weiter, um Gran, seine Familie und auch sich in einem besseren Licht darzustellen. „Gran war noch ein kleines Kind, als sie mit ihrer Mutter aus Belgien in die USA kam. Eigentlich sollte es Kinder wie sie nicht geben. Es war nicht vorgesehen, dass Soldaten in den Ländern, in denen sie eingesetzt waren, heirateten. Es muss Liebe auf den ersten Blick gewesen sein, so wie mein Urgroßvater immer sagte. Ich habe ihn noch gekannt." Anders als Gran war ihr Vater vor wenigen Jahren mit beinahe hundert Jahren gestorben. „Grans Mutter war nicht glücklich in den USA. Sie hatte schlimme Dinge erlebt im Krieg, aber die Leute in der kleinen Stadt, in der sie mit ihrem Mann wohnte, hielten sie für eine Deutsche. Nach ein paar Jahren ist die Familie nach San Rafael gezogen, und ihr Mann hat eine Schuhfabrik gehabt. Gran ist da zur Schule gegangen und dann hat sie angefangen, Kunst zu studieren. Sie hat aber Granddad kennengelernt und ..."

„Und?", fragte Christa, als Justin nicht weitersprach. Er konnte sie nicht ansehen, denn aus seiner Sicht hatten seine Großeltern eine Sünde begangen.

„Sie mussten heiraten. Sagt man das auch auf Deutsch?" Christa nickte. Erleichtert, weil sie es ihm ersparte, die peinlichsten Details über das Leben seiner Großeltern auszusprechen, fuhr er fort. „Mein Granddad hatte eine Kette mit Möbelgeschäften in der Bay Area, und Gran hat sich um das Haus und den Garten gekümmert. So wie alle Frauen. Das waren die sechziger Jahre." Christa nickte. Sie hatte ihre Portion Bohnen gegessen und nahm jetzt von dem Rindfleisch. „Probier erst. Das ist scharf." Den zweiten Löffel ließ sie wieder in die Schüssel fallen. Vorsichtig leckte sie etwas Soße von der Spitze ihrer Gabel.

„Hm, das ist gut. Scharf, aber gut. Erzähl weiter, Justin. Wie viele Geschwister hat dein Vater?"

„Nur einen älteren Bruder." Justins Vater ließ seinen Bruder immer den Makel spüren, dass er der Grund für die Heirat gewesen war. „Und dann ist etwas passiert." Justin hielt inne. Er war nicht sicher, wie er Christa auf Deutsch erzählen sollte, was er in der englischen Version seiner Gran nicht hatte nachvollziehen können. Christa musterte ihn aufmerksam.

„Was ist passiert?" Er riss sich zusammen.

„Grans Mutter wurde krank. Sie hat immer schon viele Tabletten geschluckt. Hausfrauen in dieser Zeit machten das. Heute würde man sagen, sie war tablettenabhängig. Und an einem Tag, das muss 1968 gewesen sein, hat sie zu viele Tabletten genommen. Dem Arzt hat sie gesagt, es war ein Unfall. Aber ich glaube das nicht." Er machte eine Pause, um auch noch etwas von dem scharf gewürzten Fleisch zu essen.

„Hat deine Großmutter mit dir darüber gesprochen?" fragte Christa vorsichtig. Er nickte, kaute, schluckte und trank etwas Wasser.

„Ja. Sie wollte mir erklären, warum sie ihre Familie verlassen hat. Sie sagt, an dem Tag, an dem sie zu ihrer Mutter gefahren ist, nachdem die zu viele Tabletten genommen hatte – an dem Tag hat es angefangen."

„Was?" Diesen Punkt verstand er nach wie vor nicht.

„Gran sagte, sie ist zu ihrer Mutter gefahren und hat sie gefragt, wie sie das nur tun konnte. Und ihre Mutter hat ihr etwas zu lesen mitgegeben. Und dann hat sie Gran etwas erzählt. Etwas darüber, wie Frauen ihr Leben wegwerfen, wenn sie Männer lieben ..." Unsicher sah er zu Christa, die Messer und Gabel nebeneinander an den Tellerrand gelegt hatte. Sie stimmte keine Hasstiraden auf Männer an, aber sie nickte langsam, als sei ihr dieser Gedanke nicht fremd. „Gran sagt, sie hat gelesen, was ihre Mutter ihr gegeben hat. Und plötzlich wusste sie nicht nur, warum ihre Mutter so viele Tabletten schluckte. Sie wusste auch, warum sie selbst unglücklich war. Und warum sie das vorher nicht gemerkt hatte. Und von dem Tag an konnte sie nicht einfach mit Granddad weiterleben. Sie hat es versucht, sagt sie, aber es ging nicht. Und als ihre Mutter ein paar Jahre später an Krebs gestorben ist, hat sie Granddad verlassen."

„Und ihre Kinder", ergänzte Christa. Sie sah ihn an. Ihre Augen waren eine seltsame Mischung aus Grau und Blau. Justin wandte mit Mühe den Blick ab.

„Ja. Und ihre Kinder. Gran ist wieder an die Universität gegangen und hat ihr Studium zu Ende gemacht. Und dann hat sie als Künstlerin gearbeitet. Das war nicht schwer für sie, weil so viele Leute mit Geld sie kannten. Und sie war immer noch mit Granddad verheiratet. Er hat ihr Geld gegeben. Ich glaube, er schickt ihr immer noch Geld. Ihr Einkommen war immer so unregelmäßig. Erst in den letzten Jahren war es besser, da wollten die Leute ihre Arbeiten kaufen. Aber da konnte sie nicht mehr so viel arbeiten."

„Wieso ist deine Großmutter eigentlich nach Europa gegangen?" Justin begann, das Geschirr zusammenzustellen. Christa half ihm, es in die Küche zu tragen. „Wollen wir zuerst spülen?", fragte sie. „Dann ist das erledigt. Und du kannst weitererzählen." Der Vorschlag war ungewöhnlich. Justin hasste Abwaschen, und da es in Grans Küche keine Spülmaschine gab, hätte er nur ungern mit der Hand abgewaschen. Christa schien zu wissen, was sie tat, als sie an der Spüle die benutzten Teller und Gläser stapelte. Er ergriff ein Geschirrhandtuch.

„Ich glaube, am Anfang war da eine Einladung zu einer Veranstaltung in Paris. Sie hat ziemlich früh, noch an der Uni, diesen flämischen Namen angenommen. Gesagt hat sie nur, dass der Name ihrem wahren Ich entspricht. Ich glaube, dass Greet eine Form von Margareth ist. In Paris hat sie französische Künstler kennengelernt. Dann hat sich das verselbständigt. Sie hat in den Ateliers dieser Leute gearbeitet, ist gereist, hatte Ausstellungen. Dann bekam sie Lehraufträge, hat ein Buch geschrieben, gewann Preise. Für Gran war Europa richtig gut. Sie hatte Erfolg und konnte einigermaßen von dem Geld leben." Für das Spülen hatte Christa das Jackett ihres Anzuges ausgezogen. Als Justin an ihr vorbei nach den gespülten Messern und Gabeln griff, sah er, wie das hellrote Oberteil dezent ihre

Figur betonte. Trish trug selten helle Farben, sie bevorzugte starke, dunkle Töne. Natürlich hatte Trish ausgeprägtere Kurven als Christa. Verwirrt drehte er sich zum Abtrocknen von Christa weg.

„Ich habe im Internet gelesen, dass sie mit Initiativen gegen rechte Politik gearbeitet hat." Anscheinend hatte sein Wegdrehen sie nicht verärgert. Erleichtert sortierte er Gabeln, Messer und Löffel in die Tischschublade.

„Ja, das hat sie. Mein Vater hat sich mit Granddad deswegen gestritten. Er sollte es ihr verbieten. Granddad hat nur gelacht. Weißt du, mein Vater ist konservativ. Und er versteht nicht, dass hier eine andere Erinnerungskultur existiert. Wegen des Nationalsozialismus."

„Es ist so hübsch, dass du nach Wegen den Genitiv verwendest." Justin errötete.

„Aber der Genitiv ist richtig, oder?" Christa sah ihn über einen schaumbedeckten Topfdeckel an.

„Ja, aber niemand verwendet ihn nach Wegen. Außer dir." Damit konnte er wenig anfangen, wenn er auch das Kompliment erkannte.

„Wenn du fertig bist, Christa, mache ich Kaffee. Du hast doch noch Zeit für Kaffee?"

„Aber sicher."

Den Kaffee tranken sie draußen auf der Bank. Die Sonne stand schon tief, war aber noch nicht untergegangen. Im Haus hatte er zwei Decken gefunden. Jeder mit einer Decke um die Schultern, die dampfenden Kaffeebecher in der Hand, saßen sie nebeneinander. Die Hauswand gab noch ein wenig Wärme vom Tag ab, jenseits der Straße stand Dunst über der Weide, gerade so viel, dass nur die Spitzen der höchsten Halme aus den weißen Wolken stachen. Die Krähen unterhielten sich noch leise in den Eichen. Justin atmete die frische kühle Luft. Neben ihm hatte Christa ein Bein über das andere geschlagen. Ihr Knie unter dem Hosenstoff sah so schmal aus. Überhaupt war sie ein wenig zu dünn für seinen Geschmack. Er erinnerte sich an Trish und das Versprechen, dass sie einander gegeben hatten. Christa mochte eine Frau sein, aber er würde ihre Weiblichkeit ignorieren. Sie hatte außerdem ganz andere Eigenschaften, die viel wichtiger waren.

„Glaubst du, deine Großmutter weiß, dass du hier bist?" Beinahe erschrocken sah Justin zu Christa. Er hatte so intensiv über sie nachgedacht, dass er vergessen hatte, wer neben ihm saß. Mit Mühe rief er sich ihre Frage in Erinnerung.

„Ja. Das glaube ich." Sie blickte nach Westen, wo die Sonne rot hinter den Ästen stand.

„Vielleicht hat sie hier etwas für dich hinterlegt. So wie ihre Mutter für sie. Du warst ihr einziger Verwandter in Europa." Der Gedanke war Justin noch gar nicht gekommen. Er hatte den Sekretär im Wohnzimmer nach dem Einbruch wieder eingeräumt. Unter den Gegenständen, die er dort hineingelegt hatte, war ihm nichts aufgefallen, was als Nachricht gemeint gewesen sein könnte. Oben im Arbeitszimmer, wo er auch in dieser Nacht schlafen wollte, lag ebenfalls nichts offen herum.

„Ich glaube nicht. Aber ich werde nach ihrem Adressbuch suchen. Das brauche ich für die Traueranzeigen."

„Weißt du schon, wann ... deine Großmutter freigegeben wird?"

„Nein. Aber wenn ich die Adressen habe, kann ich schon einmal eine Tabelle für Serienbriefe anlegen."

„Stimmt."

Es wurde dunkler, weil die Sonne hinter einem Baumstamm verschwunden war. Ein leichter Wind kam auf, wie um ihren Weg zum Horizont zu beschleunigen. Justin stellte fest, dass sein Ellenbogen gegen Christas Arm drückte. Sie schien das nicht zu stören. Er atmete tief durch.

„Sie weiß, dass du alles tust, was möglich ist, Justin." Sie musste sein Atmen mit einem Seufzen verwechselt haben. Der Druck ihres Armes gegen seinen verstärkte sich unmerklich. Er sah auf ihren Knöchel über dem geschnürten Schuh. In diesen dünnen Strümpfen musste sie frieren.

„Ich weiß. Ist dir warm genug?" Sie nickte. Er merkte, dass er es war, dessen Gewicht sich nun deutlich zu ihr verschob. Ihr Scheitel war seinem Kinn bereits nahe und er roch wieder ihr Parfüm. Gerade legte sich sein Kinn wie von selbst an ihrer Schläfe ab, als sie auf die Uhr sah. Ein wenig zu schnell für eine kontrollierte Bewegung stand sie auf.

„So spät schon. Ich muss jetzt wirklich los. Danke für das Essen, Justin." Das Licht aus dem Zimmer beleuchtete ihr Gesicht. Ihre Augen erschienen größer als sonst, das Lippenrot tiefer. Er erinnerte sich daran, dass er die Außenbeleuchtung einschalten musste, damit sie sicher vom Grundstück kam.

Samstag, 21. Mai

Leo

Mondlicht zwischen den Zweigen sprenkelte den Asphalt mit hellen Flecken, als Leo Richtung Wöschenweg ging. Es war erstaunlich mild für nach dreiundzwanzig Uhr. An der Landstraße erschien es ihm im ersten Moment dunkler, bis sich seine Augen daran gewöhnt hatten, dass hier keine Straßenlaternen standen. Die leicht abschüssige Straße lag vor ihm, dahinter die Felder. Einige Meter hinter der Einmündung wartete das Auto.

„Ist es hier eigentlich sehr anders als in Indien?“ fragte Leo, als sie an der Haustür standen.

„Kälter, leerer, trockener, weniger Touristen. Weniger Insekten. Keine Elefanten. Schade. Elefanten sind so stark und weise.“ Ramesh drehte sich zu den Feldern um, die im leichten Wind raschelten. „Eigentlich mag ich es so leer. Aber der Winter ist farblos und kalt. Daran werde ich mich nie gewöhnen. Und dieses Haus kann man nicht heizen. Ich weiß nicht, wie meine Großmutter das all die Jahre ausgehalten hat.“ Leo folgte ihm ins Haus. Das Feuer im Ofen war gelegt, Leo zündete es an, wartete, bis die Scheite sicher brannten und setzte sich an den Tisch, wo Ramesh Reste seines Abendessens wegräumte.

„Möchtest du?“ Auf einem Teller lagen noch Reiskuchen. Leo hatte zwar zu Abend gegessen, nahm aber einen Kuchen. Für einen an die schlichte Muh-Küche gewöhnten Gaumen war es eine Geschmacksexplosion. Ramesh schob ein Glas Wasser zu ihm. „Ich versuche, alles so zu kochen, wie ich es von Sunita kenne. Nur auf Knoblauch muss ich verzichten. Ich bin ein paar mal im Monat in Bremen, da besorge ich mir die richtigen Zutaten.“

„Deine Mutter war Deutsche, oder?“ Ramesh lachte bitter.

„Sie hatte einen britischen Pass, so wie meine Großmutter. Ihr Deutsch war miserabel“, fuhr er fort, als er Leos hochgezogene Augenbrauen sah. „Deutsch habe ich von den Schweizern in Kochi gelernt. Du hättest mich hören sollen, wie ich damals gesprochen habe. Der Vater meiner Mutter war in der britischen Armee in Osnabrück. Er hat meine Großmutter in Sheffield geschwängert und mit nach Deutschland genommen. Geheiratet hat er sie, als seine erste Frau gestorben ist. Da durfte sie seine Kinder großziehen. Später hat er sie hier geparkt.“

„Und wie bist du nach Indien gekommen?“

„Meine Mutter war wie bei Armee-Kindern üblich im Internat. Als sie mit der Schule fertig war, hat mein Großvater sie nach Deutschland geholt. Aber sie ist schnell abgehauen. Sie hat sich mit irgendwelchen britischen Musikern eingelassen, die glaubten, sie könnten wie die Beatles in Hamburg eine Weltkarriere beginnen. Einer von denen hat uns nach Indien mitgenommen." Ramesh machte ein Gesicht als hätte er Zahnschmerzen. „Ich habe lange gedacht, das wäre mein Vater. Fragen kann ich ihn nicht, denn er hat sich erschossen, als ich neun war." Etwas in Rameshs Stimme warnte Leo nachzufragen.

„Tut mir leid." Ramesh hob die Schultern, als wollte er etwas abwehren, das er hinter sich spürte.

„Ja. Er konnte nett sein, wenn er nicht zugedröhnt war." Er zerpflückte ein Stück Brot. „Meine Mutter ist nach Hamburg zurückgeflogen. Ich glaube, sie hatte Angst, die Behörden würden einmal genauer hinsehen, was sie so trieb. Ihre Mutter hat mich hierher geholt, und ich bin in Sandkrug zur Schule gegangen. Ich konnte mich gar nicht mehr an Deutschland erinnern und fand alles nur kalt und schrecklich. Was meine Mutter in der Zeit gemacht hat, weiß ich nicht. Sie ist hier wieder aufgetaucht, als ich zwölf war. Ich sollte mit ihr und ihrem neuen Freund nach Indien. Die Schweizer, bei denen wir früher gewohnt hatten, haben uns wieder ein Zimmer überlassen. Die gehörten zu so einer komischen Sekte und mussten immer Gutes tun. Ein bisschen wie ihr Muh."

„Wir sind keine Sekte", erinnerte Leo geduldig. An den Vorwurf war er seit dem ersten Schuljahr gewöhnt. Ramesh warf ihm einen raschen Blick zu.

„Du weißt aber, was ich meine?"

„Natürlich. Wir sind seltsam, unfrei, wirr im Kopf ..."

„Das habe ich nicht gesagt. Und nicht gemeint." Ramesh betrachtete die Brotkrümel auf der Tischplatte. Er sah zu Leo. „Wirklich nicht." Zeit zu antworten ließ er ihm nicht. „Die Schweizer haben darauf geachtet, dass ich zur Schule gegangen bin. Irgendwann ist sie abgehauen. Als ich den Sekundarschulabschluss hatte, hat meine Großmutter mir Geld für ein Ticket nach Deutschland geschickt. Hier bin ich noch ein Jahr zur Schule gegangen und habe dann in Bremen meine Ausbildung gemacht."

„Warum bist du wieder nach Indien gegangen?" Ramesh schloss die Augen.

„Da kam einiges zusammen. Jemand, von dem ich dachte, dass ... Ach, einen Job habe ich nach der Ausbildung zum Physiotherapeuten nicht gefunden, wegen der Hautfarbe. Und dann tauchte meine Mutter auf, hat gejammert, ich wäre ihr einziger Sohn, der sich doch um seine Mutter kümmern muss. Wir haben uns noch auf dem Flug nach Kochi zerstritten. Ich bin dann zu der Familie eines Schulfreunds gezogen und habe mit denen und nachher nur noch mit seiner Mutter – das ist Sunita – gelebt, bis ich vor knapp drei Jahren nach Deutschland gekommen bin."

Leo wusste, dass er nicht fragen sollte. Die Frage war weder bescheiden noch diskret, und er hatte den Verdacht, dass die Antwort ihm nicht gefallen würde. Er biss sich auf die Lippen, aber die Frage wollte hinaus.

„Jemand aus der Welt ... In der ganzen Zeit hast du doch bestimmt auch viele Männer gehabt." Ramesh verzog den Mund.

„Weißt du, ich habe als Kind so viele Nächte in einem Schrank gesessen und gehofft, dass mich keiner von den Kerlen meiner Mutter findet und verprügelt oder sonstwas versucht. Damals habe ich mir geschworen, dass ich nie etwas mit diesem Dreck zu tun haben will. Aber wenn man dann ganz auf sich gestellt ist ... Am Anfang der Ausbildung hatte ich einen, der hat seine rassistischen Machtspiele ausgelebt. Und in Kochi war ich mit meinem früheren Schulfreund zusammen. Aber der brauchte nur Ablenkung, bis Sunita ihm eine Ehefrau beschafft hat." Er sah Leo an, doch der fühlte sich überwältigt von so vielen Worten, dass er nicht reagierte. Leo pickte die letzten Reste Reiskuchen vom Teller. „Bei dir war bestimmt alles ruhiger. Und gut geplant." Dazu konnte Leo nur mit den Schultern zucken. Ramesh musterte ihn nachdenklich, dann zog er ihn hoch und setzte sich mit ihm vor den Ofen.

„Hier, nimm die Decke." Er drapierte eine Decke um Leo, legte sich selbst eine über die Schultern und nahm Leos Hände. Das war der Augenblick, vor dem Leo sich gefürchtet hatte. „Kannst du dir nicht doch vorstellen, in der Welt zu leben? Mit mir? Ich weiß ja, dass du das versucht hast und es schrecklich für dich war. Aber da warst du allein. Ich würde alles tun, damit es dir leichter fällt." Leo zog seine Hände zurück.

„Nein." Er verschränkte die Arme, um sich gegen Ramesh und dessen Verheißungen zu wappnen. „Das ist alles viel komplizierter als du glaubst. Ich gehöre zur Gemeinschaft und bin Teil einer Fürsorgepartnerschaft. Und nach den Regeln der Muh sind wir auch eine Lebenspartnerschaft nach deutschem Recht eingegangen. In Belgien wären wir verheiratet. Die Lebenspartnerschaft müsste man auflösen, und das geht nicht so leicht. Und eine Fürsorgepartnerschaft kann man nicht auflösen. Und ..."

„Aber nach fünf Jahren endet sie." Ramesh hatte das Buch über die Muh gelesen und pochte auf das, was er wusste. Er versuchte, Leo in den Arm zu nehmen, doch der wich zurück.

„Bis dahin sind noch mehr als zwei Jahre. Bitte, versuch mich zu verstehen, Ramesh. Ich habe meine Solidarität versprochen. Nicht mehr und nicht weniger. Was würde das über mich sagen, wenn ich nicht in der Lage wäre, fünf Jahre solidarisch zu sein?"

„Ich weiß nicht, was das über dich sagen würde. Ich weiß nur, dass du jedes Mal, wenn ich dich sehe, elender aussiehst. Das muss dir doch auffallen, wenn du in den Spiegel siehst."

„Wir haben keine Spiegel", sagte Leo und kam sich lächerlich vor. Ramesh nahm das beinahe gleichmütig hin.

„Dann geh rüber ins Bad. Da hängt ein Spiegel."

„Mir geht es gut." Er fuhr sich mit beiden Händen über den Kopf, ehe er die Arme wieder vor der Brust verschränkte. Seit der letzten Rasur waren seine Haare fast zwei Zentimeter gewachsen. Er mochte es nicht, wenn sich die Haare zwischen seinen Fingern aufstellten, als wäre er ein ungepflegtes Tier. „Du hast einmal gesagt, spirituelle Liebe ist bedingungslos und erträgt Schmähungen", fuhr er fort, um nicht mehr über sich selbst nachdenken zu müssen. „Ist es nicht genau das, was Muh mit den Fürsorgepartnerschaften praktizieren? Es geht nicht darum, was der andere Muh einem gibt. Es geht nur darum, dass zwei Muh mehr Chancen haben zu überleben als einer."

Ramesh legte den Kopf zurück und stöhnte.

„Ja, das habe ich gesagt. Aber das heißt nicht, dass du dich ausnutzen lässt, nur damit ..." Er sprach nicht weiter. Leo nutzte die Gelegenheit.

„Dann musst du auch einsehen, dass ich nicht gegen mein Versprechen handeln kann." Ramesh schüttelte den Kopf.

„Willst du zwei Jahre lang diese Farce für die Muh durchziehen, dann noch eine Aufhebung vor Gericht aussitzen und dich die ganze Zeit heimlich hierher schleichen?" Jetzt war der Zeitpunkt gekommen, an dem Leo all die Argumente, mit denen er sich seit Tagen quälte, hätte vorbringen müssen. Er wusste seit der Sammlung am Mittwoch, dass er es nicht aushalten würde, jahrelang auf gestohlene Momente mit Ramesh zu warten. Mit gesenktem Kopf saß er da, dabei spürte er körperlich, wie Ramesh ihn mit den Augen absuchte, ob es Hinweise gebe, was er dachte und wie er sich entschieden hatte. Behutsam rückte Ramesh näher an ihn. „Ich liebe dich. Bedingungslos. Glaubst du mir das?" Leo nickte. Die Frage machte es ihm nicht leichter. Nach einer Pause fuhr Ramesh fort: „Ich kann mir nicht vorstellen, dass dieses Versteckspiel irgendeinem guttut, weder uns noch deinem Fürsorgepartner. Wenn es dir lieber ist, spreche ich mit Bea Muh."

„Das ist nicht nötig", murmelte Leo. Das Brennen in seinen Augen konnte er nur kontrollieren, indem er die Lider fest schloss. Darauf richtete er seine Konzentration. Deshalb ließ er sich auch umarmen und küssen, bis er am liebsten aus dem Haus gerannt wäre, weil der Schmerz in der Brust kaum auszuhalten war. Als er später in Rameshs Umarmung lag und durch dessen Pullover die Herzschläge gegen seine Wange spürte, war jeder Schlag wie eine Anklage. Er drückte mit dem Handrücken seine Tränen zurück und hoffte inständig, die Nacht würde nie enden. Wenn sie endete, würde er nie wieder in dieses Haus kommen.

Sonntag, 22. Mai

Bea

Bea Muh ging ihren Terminkalender für die kommende Woche durch. Die Wochengespräche mit ihren Muh nahmen viel Raum ein. Drei Gespräche führte sie an jedem Tag, bis auf den Sonntag, an dem sie sich Zeit für die Planung der muh-internen Angelegenheiten nahm. Eine halbe Stunde für jeden Muh war im Grunde zu wenig, dessen war sie sich bewusst. Andererseits führten nur wenige Kodexwächter regelmäßige Gespräche mit den ihnen Anvertrauten. Bea überflog die Namensliste. Unter ihrer Führung befanden sich mehrere Muh, die in anderen Zentren als schwierig aufgefallen waren. Edu gehörte dazu, und wenn er auch der einzige Muh war, den Bea am liebsten täglich in ihrem Büro gesehen hätte, so gab es noch einige, denen ein zweites Gespräch gutgetan hätte. Ann beispielsweise war noch so jung und schon so weit weg von ihrem Heimatzentrum. Leo sah in den letzten Tagen aus, als schliefe er kaum. Bea hoffte, er brütete eine Sommergrippe aus. Die Alternative wäre ein Schub an Verliebtheit in Christa. Für beide wäre das nicht gut, sie waren jeder auf seine Art nicht mit sich im Reinen.

Ein Blick auf die Uhr veranlasste Bea, den Terminkalender zu schließen. Sie durchquerte das Foyer, wo Inna an der Rezeption stand. Bea hatte für Leo und Ann eine andere Aufgabe gefunden, nachdem Christa Hemmen sich angemeldet hatte. Die beiden jäteten Unkraut im Küchengarten und waren hinter den hohen Lebensbaumhecken unsichtbar für Besucher. Sicherheitshalber wollte Bea Christa am Parkplatz abholen und in einem weiten Bogen um den Küchengarten herumführen.

Vor der Glastür begrüßte sie einige Teilnehmer, die gerade durch das Hauptt-or kamen, ehe sie am Gebäude vorbei in den hinteren Garten ging. Nach dem langen Sitzen im Büro hätte Bea liebend gerne mit Ann getauscht und einige Beete bearbeitet. Wenn sie etwas aus ihrer Jugend vermisste, dann war es die Arbeit im Freien.

Sie hörte Ann reden, lange bevor sie sie sah. Ihr Akzent gab den Worten etwas Keckes, was sich schwer mit dem Bild einer Muh vereinbaren ließ. Bea blieb stehen, nicht um zu lauschen, sondern um zu erkennen, ob es Ann gut ging. Hinter der Hecke lachte sie hell, dann ratterte sie einen weiteren Satz heraus, in einem Tempo, das für die deutsche Sprache zu hoch war. Leo erwiderte etwas, und

Ann lachte erneut. Bea trat nun in den Küchengarten. Leo stand auf den langen Stil einer Harke gelehnt und sah Ann zu, die am Boden kniete und sich eine Schnecke über die Hand kriechen ließ. Als er Bea bemerkte, grinste er sie an.

„Ann möchte die Schnecken umsiedeln, Bea." Ann sprang vom Boden auf und lief zu Bea, um ihr die Schnecke zu zeigen.

„Eine Schnurl ... eine Schnirkel ... Schnecke, sagt Leo. Ist sie nicht schön? Ich dachte, alle Schnecken sind braun. Die dürfen wir nicht töten, Bea."

„Was möchtest du denn mit ihr machen, Ann?" Bea erwartete eine Bemerkung von Leo, etwa dass Ann die Schnecken für die Muh kochen solle, weil sie aus der französischen Sprachgemeinschaft kam und wusste, wie man Schnecken zubereitete. Doch er stand nur da, rot von der Sonne und der Anstrengung.

„Ich möchte, dass sie umziehen. Schau, wir haben schon einen Eimer voll." Bea nickte. Sie hatte Mühe nicht zu lachen, doch eine Kodexwächterin lachte nicht vor ihren Muh.

„Leo, geh nachher mit Ann in den Wald. Sucht euch eine Lichtung und setzt die Schnecken da aus." Ann klatschte in die Hände, Leo nickte, als hätte er so etwas befürchtet.

„Du lässt unsere Igel hungern, Bea", sagte er mit einem Schatten seines üblichen Spotts.

„Unsere Igel haben sich an Schnecken schon überfressen, Leo. Gib denen im Wald eine Chance." Er nickte ohne jedes Funkeln in den Augen. Sie musste versuchen, ihn am Abend zu sprechen. „Wenn euch zu heiß ist, macht ihr eine Pause, okay? In der Küche stehen Wasserflaschen und Rosinenbrötchen für euch."

Als Bea weiterging, hörte sie Ann ununterbrochen reden. Natürlich konnte sie Leos Nerven strapazieren. Im Zentrum war sie beliebt, so wie Welpen bei den meisten Leuten beliebt waren. Sogar Edu wechselte zusammenhängende Sätze mit ihr. Nur konnte Anns Redefluss auch anstrengen. Wenn es Leo aus einem Grund, den Bea herausfinden würde, schlecht ging, wäre Ann Ablenkung und Überforderung zugleich.

Am hinteren Parkplatz setzte Bea sich auf den großen Stein, der Autofahrer auf den Zaun aufmerksam machen sollte. Hier war es schattig, nur einzelne Strahlen drangen durch die Zweige, aufgemischt von den ewig zitternden Blättern. Ein harziger Duft, wie Bea ihn von der Eifel vermisste, wehte aus dem Kiefernwald heran. Sie schloss die Augen und gab sich der Ruhe hin, die sie aus den Bäumen strömen fühlte. Bea ließ das nahende Auto fast bis zum Parkplatz kommen, ehe sie die Augen öffnete. Als Christa aus ihrem Wagen stieg waren ihre sonst blassen Wangen von der Wärme gerötet, und auch ihre Bluse hatte einen ungewöhnlichen Farbton.

„Hast du entschieden, dass Sommer ist?“, begrüßte Bea sie. Christa lachte verschämt und zupfte am Saum der Bluse.

„Findest du die Farbe zu auffällig? Ich weiß nicht, was mich geritten hat, die Bluse zu kaufen. Ich war gestern in Wardenburg, und diese Bluse hing vor einer Boutique.“ Bea betrachtete die Bluse eingehend, um eine fundierte Antwort geben zu können. Kleidungsstücke interessierten sie nur hinsichtlich ihrer Funktion. Christa trug sonst nur gedeckte Farben, wie auch eine Muh sie gewählt hätte. Der Farbton ihrer neuen Bluse leuchtete wie Seewasser auf kitschigen Postkarten und ließ ihre Augen in einem klareren Blau strahlen. Ein technisch versierter Muh, Leo vielleicht, würde ihr erklären können, wie dies zusammenhing. Christas Namen müsste sie ihm jedoch unterschlagen.

„Für mich ist die Farbe ungewohnt. Aber ich glaube, sie steht dir.“ Christa zupfte weiter an ihrem Saum.

„Das hat die Verkäuferin auch gesagt. Am Donnerstag habe ich mir übrigens das Abendkleid für die Hochzeit gekauft. Es wird noch geändert. Hier“, sie machte eine vage Handbewegung unter ihrer Brust, „und hier“, sie fuhr mit den Knöcheln ihrer Zeigefinger über die Seitennähte an der Taille, „ist es zu weit.“ Sie gingen gemächlich über den weitläufigen Rasen des Tagungshauses. „Die Schuhe habe ich schon zu Hause. Die muss ich jetzt einlaufen. Ich trage so selten hohe Absätze, dass ich wirklich üben muss, darin zu tanzen.“ Bea besaß keinerlei Vorstellung über Schuhe, in denen erwachsene Frauen erst lernen mussten zu gehen. Die Kursteilnehmerinnen kamen ausschließlich in bequemem Schuhwerk, gegen das Bea selten Einwände erhoben hätte. Sie vermutete jedoch, dass die Preise so ausgenommen schlichter Schuhe entgegen jeder Logik besonders hoch sein dürften. Das Klientel des Tagungshauses bestand hauptsächlich aus dem alternativ gefärbten Bürgertum der Stadt Oldenburg.

Christa berichtete von den anderen Ausstattungsstücken, die sie sich für die Hochzeit ihrer Schwester hatte zulegen müssen. Bea lauschte staunend. Es klang, als ob eine andere Christa zu der Hochzeit gehen würde, nicht die Frau, die sie seit Jahren wegen ihrer schlichten Kleidung und nüchternen Wesens schätzte. Erst in der Sicherheit ihres Büros stellte sie die wichtige Frage, die über weitere Abschirmmaßnahmen entscheiden musste.

„Hast du einen Begleiter gefunden?“ Bea konnte die Frage unter dem Anschein freundschaftlicher Anteilnahme stellen, während sie den Wasserkocher füllte. Christa nahm das Geschirr aus dem Schrank.

„Nein“, sagte sie langsam und stellte das Geschirr auf den Besprechungstisch. „Ich hatte mir überlegt, ob ich vielleicht Justin fragen könnte. Aber dann hat die Polizei die Leiche seiner Großmutter gefunden.“ Bea drehte sich zu ihr um.

„Oh, nein. Die arme Frau. Das hat vermutlich alles durcheinandergebracht.“ Christa schnaubte.

„Und ob. Ich bin zu ihm gefahren – nicht nach Hamburg, sondern in das Haus der Großmutter in Rhauderfehn. Er war so traurig, hat geweint wie ein Kind." Sie hielt inne und dachte einen Moment nach. „Er hatte sie gerade richtig kennengelernt. An dem Tag konnte ich ihn natürlich nicht fragen. Freitag habe ich ihn wieder getroffen. Aber da ..." Christa zögerte. „Da war auch nicht der richtige Zeitpunkt." Sie starrte geradeaus Richtung Fenster, und Bea fürchtete schon, sie sähe Leo. Als sie neben Christa trat, merkte sie jedoch, dass deren Blick an der Wand haftete.

„Du magst ihn, oder?" Bea war unsicher, ob sie das fragen durfte. Aber Christa zuckte nur mit den Schultern.

„Ja. Aber was heißt das schon?" Sie verteilte Tassen, Untertassen und Teller auf dem Tisch. Bea brachte das angezündete Stövchen und eine Dose mit Keksen, die zu dunkel für die Teilnehmer geworden waren. „Ich werde mir übrigens eine Wohnung in Rhauderfehn suchen, Bea." Bea hätte beinahe erleichtert durchgeatmet. Sie schaffte es, ihren Seufzer hinter dem Rauschen des Wasserkochers zu verstecken.

„Das ist eine gute Idee. Du wirst viel entspannter sein."

„Nach dem Umzug."

„Ja, natürlich." Bea überlegte, ob Ironie in Christas Bemerkung mitgeklungen haben könnte. Christa saß unterdessen am Besprechungstisch und spielte mit einer Büroklammer, die sie dort gefunden hatte.

„Es ist schon seltsam, wie viele Menschen ermordet werden. Erst Johannes Bruns, von dem habe ich dir erzählt, oder? Dann ein gewisser Keno Oltmann."

„Keno? Ist das ein Name?" Bea goss Christa Tee ein und füllte ihre eigene Tasse.

„Ja. Eine ostfriesische Form von Konrad. Aber ich finde immer, dass es japanisch klingt. Keno Oltmann ist vor ein paar Jahren aus einer Einrichtung für Kurzzeitpflege in Papenburg entführt worden. Ein halbes Jahr später hat man seine Leiche auf einem Firmengelände oder so gefunden, eine kleine Werft oder ein Yachtclub. Das war ähnlich wie bei Johannes Bruns, weil die beiden etwa gleich alt waren und entführt und dann mit viel Brutalität ermordet wurden. Und dann die Großmutter von Justin. Habe ich dir erzählt, dass diese Frau eine Künstlerin war? Greet Amelon. Sie muss ziemlich bekannt gewesen sein bei Leuten, die sich für Kunst interessieren."

„Also kanntest du sie nicht", schloss Bea. Christa grinste.

„Du wirst es nicht glauben: Ich kannte den Namen und ihr bekanntestes Werk. Meine Mutter hat eine Ausstellung in Groningen besucht und da dieses Bildnis gesehen. Im Internet kannst du es dir auch ansehen. Der schöne Kopf der

Rebecca Kern." Bea war sicher, dass sie das vergessen würde. Glücklicherweise dachte Christa schon weiter. „Was ich aber eigentlich sagen wollte, Bea: Ich war gestern Nachmittag bei Heidi und Druschka zum Anstreichen im neuen Haus. Erst wollte ich gar nicht hinfahren, weil Heidi sich am Telefon wieder so unmöglich aufgeführt hat. Aber Druschka hat sich für sie entschuldigt. Das konnte ich schlecht ignorieren. Und da habe ich eine ganz seltsame Geschichte gehört."

„Was für eine seltsame Geschichte?" Bea versuchte, das Anstreichen, den Streit mit Heidi und die Morde in einen Zusammenhang zu bringen. Christa nippte an ihrem Tee.

„Die Leiche von Johannes Bruns aus Wardenburg wurde in einer Hütte an der Thülsfelder Talsperre gefunden. Andy Vosgerau, der Polizist, mit dem mein Vater befreundet ist, sagt, dass da ziemlich viel Wald ist. Und kein Weg führt direkt zu der Hütte. Aber irgendwie muss Johannes Bruns von Wardenburg an die Talsperre gebracht worden sein. Da kommt nur ein Auto in Frage."

„Und was hat diese Hütte mit dem Anstreichen bei deiner Schwester zu tun?" Christa machte eine beruhigende Geste.

„Dazu komme ich jetzt. Heidi und Druschka haben ihren gesamten Bekanntenkreis mobilisiert. Als ich gestern da war, waren wir zu zehnt. Die meisten hatten irgendetwas mit Druschka zu tun. In dem Sinne, dass sie Russisch sprechen. Ich habe zusammen mit einer Frau ein Zimmer gestrichen. Diese Frau wohnt in Garrel, ganz in der Nähe der Talsperre, und geht da oft mit ihrem Hund spazieren. Sie sagt, sie hat da Ende März und Anfang April oft ein rotes Auto gesehen. Das war ihr unheimlich, weil sie dort sonst alleine ist. Ab Mitte April war das Auto nicht mehr da." Bea runzelte die Stirn.

„Das muss nichts bedeuten. Es kann ja das Auto von Urlaubern gewesen sein. Aber sicherheitshalber sollte sie mit der Polizei sprechen." Christa schnippte einen Kekskrümel von der Tischkante.

„Das sage ich mir auch. Als wir gestern darüber gesprochen haben, ging es uns beiden darum, dass man sich als Frau nirgendwo sicher fühlen kann. Aber zu Hause unter der Dusche ist mir eingefallen, dass sie ganz in der Nähe der Hütte gewesen sein muss. Ich rufe heute Abend Heidi an. Druschka kennt diese Frau ja und kann sie bestimmt überreden, zur Polizei zu gehen. Ach, das hätte ich jetzt fast vergessen ..." Christa kramte in ihrer Handtasche. Bea versuchte derweil, sich Christa in einem Abendkleid mit all den seltsamen Accessoires, die sie ihr beschrieben hatte, vorzustellen. Das Bild bekam eine lächerliche Note, wenn sie sich dazu Leo in der normalen Kleidung eines Muh vorstellte.

„Du solltest auf eine günstige Situation warten, um diesen Justin zu fragen, ob er dich begleiten möchte", wagte sie zu sagen. Christa sah von ihrer Tasche hoch.

„Ja, das könnte ich. Nur, ich sehe ihn das nächste Mal zur Beerdigung. Ist das ein günstiger Zeitpunkt?" Bea musste zugeben, dass eine Beerdigung ungünstig war.

„Vielleicht später an dem Tag, wenn ihr euch etwas entspannt habt", versuchte sie, sich selbst zu überzeugen. Ihr ging es weniger um den Seelenfrieden eines Justin in der Welt, den sie nicht kannte und vermutlich nie kennenlernen würde, als um Leos, für den sie die Verantwortung trug. Christa zog einen Papphefter aus ihrer Tasche.

„Ich weiß nicht. Justin ist sehr religiös, glaube ich. Der entspannt sich an so einem Tag nicht. Hier. Das ist das Manuskript von Dores Muh." Sie schob den Hefter über den Tisch. Bea schlug ihn auf. Oben eingeheftet waren zwei Zettel in Christas Handschrift. „Auf diesen Zetteln habe ich notiert, was mir grundsätzlich aufgefallen ist. Rechtschreibfehler und so habe ich im Text markiert. Ich hoffe, er kann alles lesen."

„Ach, Dores ist bewandert in Handschriften." Bea blätterte einmal kurz durch das Manuskript. Beim Interview von Greet Amelon hielt sie die Seiten fest, damit sie nicht von selbst weiterblätterten. „Ist das Justins Großmutter? Ich werde Dores erzählen, dass sie tot ist. Jetzt erinnere ich mich. Als er mir das Manuskript gegeben hat, hat er mir dieses Bild gezeigt und von der Frau gesprochen. Ich fürchte nur, ich habe vergessen, was er gesagt hat. Ich fand es ziemlich ablenkend, Gretas Baby auf dem Arm zu halten." Das Telefon klingelte. Bea seufzte. „Das ist der Kodexmeister." Christa stand auf.

„Schon verstanden. Ich melde mich." Sie schlüpfte aus dem Büro.

Martina Sevecke-Pohlen

Christa

Christa ging hinunter ins Foyer, wo Inna ihr von der Rezeption zulächelte, und trat in den sonnenbeschienenen Garten. Einige Teilnehmer hatten sich vor der Glastür auf Bänke gesetzt und tranken dort ihren Pausentee, andere vertraten sich auf dem Rasen die Füße. Christa sah niemand, den sie kannte, weder von den Muh noch bei den Teilnehmern. Je bekannter das Tagungshaus im Großraum Oldenburg wurde, desto öfter traf sie auf Kollegen oder Mitarbeiter von Institutionen, mit denen sie beruflich zu tun hatte. An diesem Sonntagnachmittag war Christa erleichtert, unbehelligt aus dem Gebäude gehen zu können. Sie flanierte an den Beeten vorbei und bog auf den Parkplatz ab. Dort sah sie Leo.

Er stand mit dem Rücken zu ihr in der Mitte des Parkplatzes und blickte zwischen den Sträuchern auf der anderen Straßenseite auf die Weide dahinter. Seine Arbeitshose war mit Erde beschmiert, das T-Shirt verschwitzt, der Kopf von der Arbeit gerötet. Neben ihm auf dem Boden stand ein großer weißer Eimer, für den Christa keine Erklärung fand. Beim Klang ihrer Absätze drehte er sich um.

„Guten Tag, Christa Hemmen." Es wunderte sie etwas, dass er ihr nicht entgegenkam, andererseits war er offensichtlich erschöpft.

„Hallo, Leo." Sie stand jetzt bei ihm und sah, dass in dem Eimer hunderte kleiner Hausschnecken umeinander krochen.

„Ehe du fragst, das ist eine Rettungsaktion für Schnecken. Ann möchte nicht, dass ihnen etwas passiert. Deshalb bringen wir sie in den Wald." Er sah an Christa vorbei in den Garten. „Wenn sie denn noch kommen sollte." Da keine Ann zu sehen war, wandte er sich wieder Christa zu. „Und wie geht es dir?"

„Gut." Sie fand es schwierig, sich auf das Gespräch zu konzentrieren. Bei ihrer letzten Begegnung hatte sie ihn geküsst. Ihre Erinnerung war verworren, was nach ihrer Einschätzung für die Romantik der Situation sprach. Jetzt stand er direkt vor ihr, viel realer als an jenem Abend, weil sie ihn sehen konnte. Aus der Erinnerung an jenen Kuss, aus der sinnlichen Wahrnehmung seiner Gegenwart und befeuert durch den Verdacht, dass Bea dafür gesorgt hatte, dass sie ihm nicht mehr begegnet war, entstand die Idee, Leo als Begleiter für die Hochzeit einzuladen. Sie blendete bewusst aus, weshalb sie ihn in der Vergangenheit von der Liste potentieller Begleiter gestrichen hatte. Er war nett, bescheiden, er erwiderte ihren Kuss, er war ein Mann. Das schien in diesem Moment zu genügen.

„Leo, gehst du mit mir zu Heidis Hochzeit?" Christa hatte keine Ahnung, ob er von Heidi und deren Hochzeit wusste. Sein Blick schnellte von den Schnecken zu ihr.

„Was sagst du da?" Sie begann eine langwierige Erklärung, dabei trat sie einen halben Schritt näher und sah, zwangsläufig, auf ihn herab. In seinen Augen war etwas, das sie als Sehnsucht deuten wollte, sein Zurückweichen erschien ihr Ausdruck muhischer Bescheidenheit und schlicht süß. Im nächsten Moment hielt sie ihn bei den Schultern und versuchte, seinen Mund mit ihren Lippen zu fangen. Er war gezwungen, sie bei den Handgelenken zu packen und ihre Hände wegzuziehen. Nun war es an Christa, erschrocken zurückzustolpern. Er hielt immer noch ihre Handgelenke. Sie spürte den Druck seiner Finger, so stark, dass es keinen Zweifel gab, dass er sie nicht freigeben wollte, obwohl er ihrem Kuss ausgewichen war.

Einen Moment sahen sie sich an, dann ließ er ihre Handgelenke los.

„Wie kannst du mich so etwas fragen?" Er starrte sie an, als erwartete er, sie werde ihn anspringen und wieder zu küssen versuchen, oder alternativ erwürgen. „Ich bin Muh. Ich gehe nicht zu ... zu Veranstaltungen in der Welt."

„Leo", begann Christa, doch er richtete sich zu voller Größe auf, was nicht über sein Zittern hinwegtäuschte.

„Christa Hemmen, ich danke dir für dein Vertrauen. Als Muh kann ich dich nicht begleiten. Es wäre ein Verstoß gegen alle Prinzipien der Bescheidenheit, Demut und Solidarität."

„Solidarität?" Das war das einzige Wort, das Sinn zumachen schien. Sie stellte sich vor, wie er vor Edu stand und dessen Kuss hinnahm, ohne ihn abzuwehren, ohne seine Hände wegzuschieben, ja ihn sogar an sich zog. Etwas Heißes breitete sich in ihr aus, sie schnaubte und warf in einer für ihre Verhältnisse dramatischen Geste die Haare zurück. „Mit diesem, diesem Edu?" Er wurde rot, was Christa nur noch wütender machte. Am Rande ihres Blickfelds nahm sie eine Bewegung war. Sie drehte sich um. Zwei Meter neben ihnen stand eine Muh, an dem Erdstrich auf der Wange leicht als Leos Partnerin in der Gartenarbeit erkennbar. Mit großen Augen sah sie von Christa zu Leo. Er nahm den Eimer auf.

„Komm, Ann. Schenken wir deinen Schnecken die Freiheit." Ohne auf Ann zu warten, ging er Richtung Wald. Sie starrte Christa an, dann folgte sie Leo.

Christa stand einen Moment allein auf dem Parkplatz. Etwas tropfte von ihrem Kinn. Sie wischte es weg und stellte fest, dass sie weinte. Es war ihr absolut schleierhaft, wieso sie Leo hatte küssen wollen, ja wieso sie ihn überhaupt zu Heidis Hochzeit hatte mitnehmen wollen. Sein wütender Blick und die großäugige Aufmerksamkeit dieser Ann trieben ihr das Blut in die Wangen. Sie floh in ihr Auto, erleichtert, sitzen zu können und brach heulend vor Scham und Enttäuschung über dem Lenkrad zusammen.

Mittwoch, 25. Mai

Leo

Es war Leos Gewohnheit gewesen, Anrufe einfach anzunehmen. Selten hatte es für ihn Anlass gegeben, sich zu vergewissern, wer ihn sprechen wollte. In den wenigen Tage mit Ramesh war er gezwungen gewesen, darauf zu achten, wer anrief, denn Rameshs Anrufe konnte er nicht vor anderen Muh annehmen. Jetzt wollte er sie nicht mehr annehmen. Er wünschte sich ein Telefon, das bestimmte Nummern von vorneherein blockierte. Weil sein Handy das nicht konnte, beschränkte er sich darauf, das Telefon stumm zu stellen und Anrufe von R zu löschen.

Die Anrufe kamen am Sonntag, als Leo noch meinte, mit seiner Entscheidung im Reinen zu sein. Sie kamen am Montag, am Dienstag und am Mittwoch, auch zu Zeiten, an denen Leo wusste, dass Ramesh arbeitete. Stumm geschaltet oder nicht, das Handy meldete sich stur, und Leo spürte durch den Jackenstoff, dass jemand aus der Welt sein Schweigen nicht hinnehmen wollte.

Obendrein kursierten neue Gerüchte über ihn und Christa Hemmen. Als er am Sonntagabend das erste Mal auf Christa angesprochen wurde, beschuldigte er Ann, sie habe die Szene auf dem Parkplatz weitererzählt. Ann beteuerte, sie habe nichts gesehen und nichts gesagt. Er wusste, dass sie mehr gesehen hatte, als ihm recht sein konnte, aber er glaubte ihr. Jemand anders erzählte Geschichten, zusammengereimt aus der Tatsache, dass Christa Hemmen im Tagungshaus gewesen war und er auf dem Parkplatz. Bea hielt die Gerüchte über ihn und Christa offenbar für unbedeutend, jedenfalls sprach sie ihn in seinem Wochengespräch am Mittwoch nicht darauf an. Sie stellte Fragen nach seiner Gesundheit und erinnerte ihn daran, dass er wie jeder Muh das Recht auf ein paar Tage in seinem Heimatzentrum habe. Alternativ bot sie ihm an, für einige Wochen in das Zentrum in Lüttich zu ziehen, wo Muh an Energiesystemen für autarke Zentren arbeiten. Leo wäre gerne an einen Ort geflohen, an dem es keine Handys gab, einen Ort außerhalb der Reichweite von Ramesh. Sein Heimatzentrum war kein Rückzugsort. Er war so lange nicht mehr dort gewesen, dass die Muh keinen Augenblick von ihm ablassen würden. Dem fühlte er sich nicht gewachsen. Nach Lüttich wäre er noch vor wenigen Wochen gern gegangen. Den fachlichen Austausch mit anderen Ingenieuren hätte er unbescheiden genossen. Jetzt glaubte er, unkonzentriert und geplagt von nie gekannten Kopfschmerzen keinen Beitrag leisten zu können.

Eine Vertretung am Tresen konnte er auch nicht finden. Leo hatte Ann gebeten, doch die war im Service für die Tagungsgäste eingesetzt. Inna hatte er wohlweislich nur indirekt gefragt, aber auch sie hatte eine andere Aufgabe. So stand er den ganzen Nachmittag im Foyer und wartete auf den Moment, in dem Ramesh ihn zur Rede stellen würde. Obwohl Leo sich ausmalen konnte, was Ramesh fragen würde, besaß er keinerlei Vorstellung von Antworten, die weitere Fragen unterbanden. Seine Gründe, den Kontakt zu Ramesh abzubrechen, erschienen ihm nach wie vor stimmig. Der Haken war, dass sie für Außenstehende dürftig klingen mussten.

Ramesh kam ein paar Minuten früher als üblich. Als Leo sein Gesicht sah, fragte er sich, ob auch er solche Schatten unter den Augen hatte und die umstehenden Tagungsgäste und Muh erkennen konnten, weshalb sie beide diese Schatten hatten.

„Warum meldest du dich nicht?“ Ramesh schien gleichgültig zu sein, wer ihn hörte. Er sprach leise, unternahm ansonsten keinen Versuch, das Gespräch geheim zu halten. Leo öffnete ein altes Telefonbuch von Oldenburg auf dem Tresen und zeigte auf einen Eintrag. Ramesh beugte sich darüber. „Was ist los? Hat man dir das Handy abgenommen, damit du keinen Kontakt mehr nach draußen hast?“

„Ich wollte mich nicht melden. Ich ... Es ist besser so, glaub mir.“

„Was ist besser so?“ Er spürte Rameshs Blick, musste ihn ansehen und konnte nur hoffen, dass niemand merkte, was ihn der Blick kostete.

„Ich werde dich nicht mehr sehen. Nicht mehr zu dir kommen. Bitte, ruf mich nicht mehr an.“ Rameshs Augen wurden finster. Er überlegte kurz, ehe er sich zu einer Entgegnung durchrang.

„Nachher ist mehr Zeit. Wir müssen darüber reden.“

Leo sah ihm nach, wie er zu seinem Kursraum ging. Die Teilnehmerinnen schwirrten um ihn wie lästige Fliegen, doch er schien sie gar nicht wahrzunehmen. Kein Lachen, kein neckisches Kompliment war zu hören. Die Tür fiel zu. Im Foyer war es jetzt ruhig. Ann sammelte Tassen ein und wischte über Tischplatten. Leo stand vor dem Telefonbuch und zitterte. Obwohl er Ramesh nicht berührt hatte, schien an seinen Fingerspitzen die Erinnerung an warme Haut und glatte Haare zu hängen. Rameshs Haare waren die ersten menschlichen Haare, die Leo in der Hand gehabt hatte. Er würde seine Haut nie wieder berühren. Er würde es hinnehmen, ihn mehrmals in der Woche zu sehen und sich bescheiden seiner Verachtung beugen. Die Welt war hart, und der Schmerz, den er jetzt empfand, wäre nichts zu dem, was er hätte durchmachen müssen, hätte er für Ramesh die Gemeinschaft der Minderen und

Heimatlosen aufgegeben, nur um zu merken, dass er ihn daran hinderte, so zu leben, wie es für einen Mann aus der Welt richtig war. Wie zur Warnung wallte Schmerz in ihm auf, als schlüge eine enorme Echse ihren Schwanz gegen sein Inneres. Er biss die Zähne zusammen und schloss die Augen, während Wellen eiskalter Schmerzen durch ihn brandeten. Ein Japsen in seiner Nähe veranlasste ihn, die Augen wieder zu öffnen. Blut tropfte auf das Telefonbuch.

„Was hast du gemacht?" Ann stand vor ihm, die Augen weit vor Schreck. Er öffnete die Hand und stellte fest, dass er einen Kugelschreiber zerdrückt hatte. Warum er ihn in der Hand gehalten hatte, in der linken noch dazu, verstand er nicht. Versuchsweise pflückte er ein Stück der Hülle aus seiner Handfläche. Ann drückte ein Geschirrhandtuch auf die Wunde. Wie in Trance hielt er das karierte Tuch fest und sah zu, wie sich die Ränder rot färbten. Er hörte Ann telefonieren. Bea lief die Treppe hinunter, aus Richtung Küche kam ein anderer Muh.

„Du kommst mit auf die Krankenstation." Bea nahm seinen rechten Arm. Der andere Muh hob prüfend das Geschirrhandtuch.

„Wie hast du das geschafft?" Eine Antwort schienen sie nicht zu erwarten. Bea führte ihn aus dem Foyer, der andere Muh ging voraus. Als Bea mit Leo in der Krankenstation ankam, hatte er schon Einweghandschuhe angezogen.

„Sollte ich nicht mit ihm zum Arzt fahren, Ruit?" Er stellte fest, dass er auf einem der beiden Betten saß, Bea neben ihm. Ruit schüttelte den Kopf. Leo hatte wenig mit ihm zu tun gehabt. Ruit arbeitete im Oldenburger Klinikum als Pfleger und besaß eine Vorliebe für makabre Witze, die bei den meisten Muh auf Unverständnis stießen. Leo wollte zu keinem Arzt, begriff auch nicht, warum Bea die Frage mehrfach wiederholte. Erst als Ruit mit einer Pinzette die einzelnen Teile des Kugelschreibers aus seiner Handfläche entfernte, begann er zu verstehen, dass er sich eine richtige Verletzung zugefügt hatte.

„Ach was, Bea. Es sieht aus, als hätte Leo Glück gehabt. Besser wäre es, wenn du uns stabilere Kugelschreiber kaufen würdest."

„Damit er sich das nächste Mal die Sehnen durchtrennt?"

„Zum Beispiel. Aber diese kleinen Plastiksplitter sind doch fies. Gut dass sie blau sind, Leo. Die roten hätte ich vielleicht nicht alle erwischt." Leo grinste, weil er annahm, dass Ruit einen Witz gemacht hatte. Er konnte die Uhr nicht sehen, aber die gedämpften Geräusche aus dem Foyer zeigten, dass eine Reihe Kurse zu Ende gegangen war. Ramesh würde ihn nicht an der Rezeption antreffen. Bis Freitag hatte er Ruhe.

Donnerstag, 26. Mai

Christa

JUSTIN HATTE DIE GESAMTE PLANUNG VON MARGARETH BUSKER BROWNS BEISETZUNG Christa überlassen. Lediglich mit zwei Personen hatte er selbst telefoniert, und die hatten nichts mit Frau Brown zu tun, dafür viel mit Greet Amelon. Aus Hamburg reiste der Galerist Josef Ohrenstein an, aus Amsterdam die Agentin Mona Wouters. Sie hatte es übernommen, die Presse zu informieren.

Obwohl die Beisetzung kurzfristig angesetzt worden war, saßen drei Journalisten im hinteren Teil der ansonsten fast leeren Friedhofskapelle. Kriminalhauptkommissar Harms saß mit dienstlicher Miene nahe beim Ausgang. Ein unauffälliger Herr von der Botschaft war erschienen. Der Bürgermeister, eine Vertreterin des Kunstvereins, und eine Gruppe älterer Leute, die sich anscheinend kannten, füllten die vorderen Reihen. Ganz vorne saß Justin mit Christa, der so die Rolle der Gastgeberin zufiel. Zu ihrem Glück war Christa an Beerdigungstees gewöhnt. Sie hatte ihrer Mutter geholfen, Dutzende auszurichten, denn wann immer jemand Im stillen Tal starb, wurde Kati Hemmen gebeten, sich um Tee und Kuchen für die Trauergäste zu kümmern.

Die kleine Gemeinde folgte dem Sarg auf den Friedhof, wo Justin ein paar Worte über seine Großmutter sprach. Der Bürgermeister überließ es der Dame vom Kunstverein, die Arbeit von Greet Amelon zu loben. Anschließend schüttelte der Bürgermeister Justin und Christa die Hand, ihm folgten die Dame vom Kunstverein und die älteren Leute, allen voran ein Herr wie ein sommerlicher Weihnachtsmann mit Pinocchio-Nase, dahinter drei Damen mit Hüten, der Herr von der Botschaft und der Kriminalhauptkommissar. Die Reporter warteten wie mit Frau Wouters abgesprochen, bis die Trauergesellschaft den Friedhof verlassen hatte.

„Wir fahren jetzt zum Haus meiner Großmutter", erklärte Justin auf dem Parkplatz Frau Wouters und Herrn Ohrenstein. Die beiden zogen ein letztes Mal an ihren Zigaretten, ehe sie in ihre Autos stiegen. Justin fuhr voran, es folgte das leuchtend gelbe Cabrio von Frau Wouters und zum Schluss die lange schwarze Limousine von Herrn Ohrenstein, die ein unaufmerksamer Beobachter für den Leichenwagen hätte halten können. Christa nahm einen Umweg zu der Bäckerei, in der sie den Kuchen vorbestellt hatte. Sie erreichte das Haus in der Frickenstraße, als Frau

Wouters ihren schwarzen Hut, der eine perfekte Ergänzung zu ihren ausladenden Hüften gewesen war, auf den Rücksitz des Cabrios warf. Für Christa, die gerade aus ihrem Auto stieg, sah es aus, als werfe sie eine überdimensionierte Frisbee-Scheibe. Die Vorstellung erheiterte sie ungemein, so dass sie einen Hustenanfall vortäuschen musste. Herr Ohrenstein tätschelte ihren Arm.

„Wir alle vermissen Greet sehr, meine Liebe." Christa lehnte dankend eine Zigarette ab. Sie ließ Justin mit den beiden im Hof stehen, während sie den Kuchen ins Haus trug und den Teetisch vorbereitete. Frau Kehl war am Vortag mit ihr nach der Arbeit in die Frickenstraße gekommen und hatte geholfen, den Tisch mit einem mitgebrachten rein weißen Tuch zu decken und das zierliche Ostfriesen-Teegeschirr aus dem hintersten Schrankfach herauszusuchen und zu spülen. Als Dekoration hatten sie kleine Rosenbüsche in weißen Übertöpfen gewählt. Schnittblumen am Tag der Beerdigung zu besorgen, wäre zu aufwändig gewesen.

„Sie sind bestimmt Justins Freundin", mutmaßte Frau Wouters, als Christa mit einem Tablett Törtchen und einer Teekanne aus der Küche kam. Frau Wouters nahm ihr das Tablett ab und stellte es auf den Tisch.

„Wir haben uns hier kennengelernt. Ich war bei der Vermieterin von Frau Brown, als Justin zum ersten Mal hierher kam." Frau Wouters nickte süßlich lächelnd.

„Das ist ein Jammer mit Greet. Wirklich ein Jammer. Ihr Spätwerk war so ausgereift und konsequent." Frau Wouters sah sich in dem kleinen Esszimmer um. „Das ist alles so authentisch", rief sie Herrn Ohrenstein zu, der mit Justin gerade den Raum betrat. „Dieses herbe einfache Leben in Ostfriesland hat Greets Arbeit gutgetan, finden Sie nicht Herr Ohrenstein?" Christa fand, dass er nicht zustimmend aussah, als er einen Platz am Fenster ansteuerte.

„Ja, ja. Die Abgeschiedenheit komme ihr entgegen, behauptete sie. Die Ruhe." Er sprach das Wort aus, als täte es ihm im Mund weh. „Sie war äußerst streng gegen sich selbst. Im einfachen Leben liege die Kraft, sagte sie einmal. In der Bescheidenheit der Wünsche. Ich habe sie gefragt, was sie sich wünschte. Gerechtigkeit, war ihre Antwort. Gerechtigkeit mit allen Konsequenzen."

„Ah, Greet hat gerne provoziert. So sind sie alle, die Künstler. Man muss ja über sie reden können." Frau Wouters nahm neben ihm Platz. Christa schenkte Tee ein, Justin servierte Kuchen und Törtchen. „Ich habe trotzdem nicht verstanden, warum sie sich hier eingenistet hat. Sie hatte eine so nette Wohnung in Vaals. Von da war sie schnell in Lüttich oder Aachen, und sie brauchte nur gut zwei Stunden nach Amsterdam. Aber sie meinte, die Luft täte ihr gut. Wegen ihrer Lunge." Frau Wouters beugte sich über den Tisch zu Justin und begann eine

Geschichte über seine Großmutter. Ihr Deutsch war erstklassig, doch beladen mit einem starken niederländischen Akzent. Nach Justins Gesichtsausdruck zu urteilen, verstand er nur die Hälfte von dem, was sie erzählte.

„Greet hatte eine markante Art, die Welt zu beschreiben. Kannten Sie sie gut, meine Liebe?“ Christa musste zugeben, dass sie Frau Brown nie getroffen hatte. Herr Ohrenstein nickte betrübt. „Die besten gehen zuerst. Für Greet war das keine Plattitüde. Sie hatte ihre Mutter früh verloren.“ Christa sah zu Justin, doch der war in sein Gespräch mit Frau Wouters vertieft.

„Ich dachte, sie war Mitte zwanzig, als ihre Mutter starb.“ Herr Ohrenstein seufzte.

„Jedes Alter ist zu früh, meine Liebe.“ Er stieß seine Kuchengabel entschlossen in ein Erdbeertörtchen, als müsse er zusehen, wenigstens diesen Genuss noch einzufangen. „Solche Unklarheiten gehörten zu ihrem Image. Wenn sie über sich sprach, ließ sie sich selten auf bestimmte Daten festlegen. 'Ungefähr' war ihr Lieblingswort. Ich musste es ständig aus ihren biografischen Texten streichen. Wahrscheinlich habe ich, ohne es zu wollen, ihre Passion unterstützt und hunderte widersprüchliche Daten in die Welt gesetzt. Die Nachwelt wird über mich herziehen, aber sie weigerte sich, mich mit konkreten Angaben zu unterstützen.“

„Sie waren bestimmt lange ihr Galerist“, wagte Christa zu sagen. Sie war nicht sicher, ob man so etwas fragen durfte. Er nickte und beeilte sich, einen Happen Törtchen zu schlucken.

„Lange? Ich habe sie in den frühen 1990er Jahren in Paris getroffen und gab ihr meine Karte, falls sie sich entschließen konnte, ihre Arbeiten in Deutschland von mir ausstellen zu lassen. Es war nur ein kurzes Gespräch auf einer Party, mehr nicht. Dann rief mich ein paar Jahre später Tine Larsson an. Die stellte bei mir aus, eine umwerfende Malerin. Sie hatte Greet gerade kennengelernt und war begeistert von ihren Skulpturen. Ich traf die beiden in Paris und organisierte Greets erste eigene Ausstellung in Europa. Später ging sie nach Amsterdam und kam schließlich nach Hamburg.“ Herr Ohrenstein seufzte.

„Ich fürchte, ich verstehe wenig von Kunst“, gab Christa zu. Herr Ohrenstein schüttelte den Kopf.

„Wer tut das schon, meine Liebe? Ich meine, wer versteht wirklich etwas davon? Ich weiß, ich verstehe etwas von Preisen und vom Verkaufen. Aber von Kunst?“ Er ließ sich ein weiteres Törtchen auf den Teller legen. Christa füllte seine Tasse. „Diese Tassen sind wirklich sehr zierlich. Das passt gar nicht zu Greet.“ Sie erklärte, dass Frau Brown mit den Gegenständen gelebt hatte, die bei ihrem Einzug bereits im Haus waren.

„Ihre Vermieterin war deswegen misstrauisch.“

„Verständlich, meine Liebe. Als Greet mit dieser Bescheidenheitsgeschichte anfing, dachte ich, es wäre eine neue Masche. Sie hatte schon vor ihrer Krankheit viel mit Vereinen gearbeitet, die Erinnerungsarbeit an den Nationalsozialismus leisten. Sie hat kostenlos oder zum Selbstkostenpreis kleinere Denkmale gestaltet. Nach ihrer Krankheit hat sie mit solchen Arbeiten wieder angefangen, ehe sie sich größere Skulpturen zutraute. Und, na ja, es war naiv von mir, aber ich glaubte damals zu verstehen, weshalb sie das tat." Er sah Christa offenbar an, dass sie nicht wusste, was er meinte. „Ich nahm an, Greet wäre die Tochter von Überlebenden des Holocaust. Es passte von den bekannten Daten her. Viele Überlebende sind in die USA gegangen."

„Was ist an der Annahme naiv?" Christa kam sich dumm vor, doch er lächelte verständnisvoll.

„Meine Liebe, ich habe aus meinem speziellen Erfahrungsbereich auf Greets Erfahrungen geschlossen. Sie hat mich äußerst taktvoll korrigiert. Ihre Mutter war eine katholische Frau aus Waimes. Das ist in Belgien, in der Wallonie. Deren Eltern sind früh gestorben, und nachdem die Deutschen Belgien überrannt hatten, musste die junge Frau sehen, wie sie in diesen gefährlichen Zeiten ganz allein zurechtkam. Sie hat in der Landwirtschaft gearbeitet und ist nach der Befreiung in Malmedy gestrandet. Da lernte sie einen amerikanischen Soldaten kennen, mit dem sie später in die USA gegangen ist. Es klingt romantisch, nicht wahr? Aber ich fürchte, auch diese Geschichte hat Narben hinterlassen. Diese Art Narben überträgt sich auf die nächste Generation." Christa sah ihn fragend an. „Kennen Sie Greets Arbeit?"

„Ich habe ein paar Abbildungen gesehen. Von der Rebecca Kern ..."

„Ah, natürlich." Herr Ohrenstein runzelte die Stirn. „Der schöne Kopf der Rebecca Kern. Ein schauderhafter Titel, aber Greet bestand darauf. Der Name hat alle möglichen Assoziationen geweckt. Rebecca und Elieser am Brunnen, Rebecca und Isaak. Wenn ich die Rebecca ansehe, sehe ich nichts Biblisches. Es gibt Leute, die sehen Bezüge zu dem Roman von Daphne du Maurier. Unfug. Erinnys, Tisiphone, Dike, Poine, solche Frauengestalten kann ich in ihr entdecken. Oder Nemesis, die Göttin des gerechten Zorns und der ausgleichenden Gerechtigkeit. Greet hat sich nie dazu geäußert." Er wich einer ausholenden Armbewegung von Frau Wouters aus, die Justin einen beinahe-Unfall auf der Hinfahrt schilderte. Sie schien zu merken, dass sie ihm fast ins Gesicht geschlagen hätte. Im nächsten Moment saß sie sittsam und drehte lediglich den Kopf zu ihm.

„Herr Ohrenstein, wir müssen für Justin eine Aufstellung von Greets unverkauften Stücken machen. Wann rufe ich Sie da am besten an?" Herr Ohrenstein gab zu verstehen, dass er jederzeit gerne mit ihr sprach. „Gut." Sie erhob sich. „Ich muss jetzt leider fahren, Justin."

Herr Ohrenstein wollte nun auch aufbrechen. Beide mussten jedoch noch ins Bad und anschließend eine Zigarette rauchen. Schließlich stieg Herr Ohrenstein als erster in seine Limousine und fuhr davon. Frau Wouters schloss das Verdeck ihres Cabrios. Dann kam sie noch einmal zurück zu Justin und Christa, die bereit zum Winken vor dem Haus standen.

„Justin, diesen Umschlag hat Greet mir vor Jahren gegeben. Das war, als sie wegen der Chemotherapie in die Klinik musste. Sie wollte die Sachen, die in dem Umschlag sind, nicht allein in der Wohnung lassen. Wenn ihr etwas passieren würde, sollte ich den Umschlag verbrennen. Ich bin nun mal eine treue Seele, und sie tat mir leid. Da habe ich gesagt, okay. Aber als sie dann nach der Chemo aus der Kur kam, wollte sie den Umschlag nicht wiederhaben. Bei mir wäre er besser aufgehoben. Und jetzt hat ihr jemand das angetan. Vielleicht zählt ein Mord zu dem, was sie mit Passieren meinte, und die Polizei sollte den Inhalt sehen. Ich habe keine Ahnung, was in dem Umschlag ist." Sie reichte Justin einen dicken braunen Umschlag.

Nachdem auch sie fort war, standen Christa und Justin vor dem Haus in der Nachmittagssonne. Er seufzte tief.

„Danke, Christa. Du hast alles so gut organisiert. Ich weiß nicht, wie ich mich bedanken kann." Er sah sie an und wirkte trotz des eleganten schwarzen Anzugs wie ein kleiner Junge. Sie legte kurz ihre Hand an seinen Arm.

„Soll ich uns Kaffee machen?" Er nickte. Als sie zehn Minuten später mit zwei dampfenden Bechern nach draußen kam, saß er auf der Bank und schlug mit dem Umschlag gegen sein Knie.

„Machst du ihn nicht auf?" Er sah sie aus tränenfeuchten Augen an.

„Ich trau mich nicht. Es ist wie ein Sakrileg." Er legte den Umschlag neben sich auf das Holz und nahm beide Becher, während Christa sich hinsetzte. Nachdem sie ihren Becher sicher in der Hand hielt, legte er eine Hand auf den Umschlag. „Meinst du, ich sollte den Umschlag öffnen, Christa?" Das war die Frage des Enkels, dem die Großmutter ein Leben lang vorenthalten worden war, bis er ihr als Erwachsener begegnete.

„Ja." Sie konnte ihm nicht sagen, Frau Brown hätte gewollt, dass er den Inhalt des Umschlags kannte. Wahrscheinlich hatte sie genau das vermeiden wollen. Doch in dem Fall hätte sie den Umschlag von Mona Wouters zurückfordern und seinen Inhalt eigenhändig vernichten sollen.

Justin nahm einen Schluck Kaffee. Er stellte den Becher neben sich und fuhr mit dem Zeigefinger unter der Klebelasche entlang. Vorsichtig, als erwartete er einen peinlichen Scherzartikel darin, steckte er die Hand in den Umschlag. Er zog eine Art Buch und einige lose Zettel heraus und legte sie zwischen sich und Christa auf die Bank.

„Was ist das? Das sieht alt aus." Nachdem er einen weiteren Schluck getrunken hatte, öffnete er das Buch, wobei die Bezeichnung Buch nicht recht zutraf. Christa beugte sich zu ihm, um besser sehen zu können. Ihr Arm drückte gegen seinen. Erst richtete sie sich auf, dann akzeptierte sie, dass sie sonst nicht alles sehen konnte. Es handelte sich um ein dickes Heft, mit weichem Einband und mit einem Faden gebunden, nicht wie eine Kladde in festem Karton. Das Papier war an den Rändern braun angelaufen, die innen liegenden Bereiche der Seiten hatten eine ockergelbe Farbe. Jemand hatte jeweils zwei enge Zeilen zwischen die vorgedruckten Linien gekritzelt

„Das sieht aus wie Je ne peux pas oublier. Das heißt, ich kann nicht vergessen. Dahinter ... Das kann ich nicht lesen. Tut mir leid."

„Warum ist das Französisch? Konnte Gran Französisch?" Er sah verwundert aus, als er einen der Zettel auseinanderfaltete. Der Form nach handelte es sich um einen Brief, geschrieben an eine Therese, unterzeichnet von Jeanne. Das Datum war der sechzehnte Juni 1949. Gemeinsam öffneten sie alle Zettel. Es handelte sich um acht Briefe von Jeanne an Therese, geschrieben zwischen November 1948 und Mai 1954. Christa suchte nun in dem Heft nach Daten. Sie standen zwischen die Doppelzeilen gezwängt und oft vom Text überdeckt. Die Einträge begannen im Januar 1948 und endeten im August 1954.

„Vielleicht ist das das Tagebuch von deiner Urgroßmutter." Er zuckte mit den Schultern.

„Vielleicht. Aber es ist Französisch." Christa versuchte sich an das zu erinnern, was sie über Margareth Busker Brown und Greet Amelon wusste.

„Im Wikipedia-Artikel steht, dass die Mutter deiner Großmutter Belgierin war. Und Herr Ohrenstein sagte etwas von einem Ort in der Wallonie. Es kann durchaus sein, dass sie Französisch sprach." Justin zückte sein Smartphone und suchte den Wikipedia-Artikel über seine Großmutter.

„Du hast recht, Christa. Grans Mutter war Belgierin, mehr steht hier nicht. Und Gran wurde in Malmedy geboren. Hier ist der Artikel über die Stadt: Da sprechen die Leute auch Französisch." Er nahm die Briefe auf. „Aber haben die Briefe auch mit ihr zu tun? War Grans Mutter Therese oder Jeanne?"

„Dein Großvater kennt bestimmt den Namen seiner Schwiegermutter." Er nickte.

„Gute Idee. Ich rufe ihn an. In San Rafael ist jetzt Vormittag." Christa saß daneben und versuchte so zu tun, als ob sie weder Justins Gespräch mit seinem Großvater verstünde noch Interesse dafür aufbrächte. Schließlich steckte Justin sein Smartphone wieder ein. „Granddad sagt, seine Schwiegermutter hieß Therese. Er will nachsehen, ob er irgendwo noch Unterlagen über sie findet. Ob sie

Französisch sprach, weiß er nicht." Er blätterte wieder durch das Tagebuch. „Ich glaube nicht, dass der Kriminalhauptkommissar dieses Tagebuch braucht. Aber es wäre schön zu wissen, was darin steht. Es ist die Geschichte meiner Familie. Ich sollte wissen, was Therese aufgeschrieben hat." Christa schloss die Augen. Sie wollte ihm helfen, und sie hatte die Möglichkeit dazu.

„Freunde von mir kommen aus Belgien. Wenn du möchtest, kann ich fragen, ob sie das Tagebuch und die Briefe übersetzen würden."

„Oh, das ist eine gute Idee, Christa. Sie müssen das auch nicht umsonst machen." Bea würde kein Geld annehmen, da war Christa sicher. Aber sie hatte noch eine Frage.

„Justin, meine Schwester heiratet am zehnten Juni. Würdest du mich begleiten?" Sie sah sein Zögern, als müsse er verschiedene Argumente gegeneinander abwägen. Dann strahlte er sie an.

„Ja, Christa. Ich begleite dich gern."

Freitag, 27. Mai

Bea

Bereits am Telefon hatte Bea den Eindruck gewonnen, dass Christa in ungewöhnlicher Hochstimmung war. Als sie nun in Beas Büro trat, erkannte Bea sie kaum wieder. Christas Augen leuchteten, ihre Wangen waren gerötet, und die Bluse in einem milchigen Mohnrot verstärkte beides.

„Justin geht mit dir zu Heidis Hochzeit", wagte sie eine Vermutung. Christa sah sie so fassungslos an, dass Bea lachen musste. Sie merkte, wie Anspannung von ihr abfiel. Wenn Christa sich überwunden hatte, Justin zu fragen, würde sie Leo in Ruhe lassen.

„Woher weißt du das?"

„Das sehe ich. Er muss wirklich nett sein, dass du dich so darüber freust." Christa warf einen schnellen Blick auf ihr Spiegelbild in der schwarz lackierten Tür des Aktenschranks. Was sie dort sah, schien ihr zu gefallen. Sie setzte sich mit übereinandergeschlagenen Beinen an den Besprechungstisch und grinste Bea an.

„Das ist er. Er kommt auch zum Polterabend. Als ich ihm erklärt habe, was das ist, war er ganz begeistert." Bea klappte ihr Laptop zu.

„Soll ich uns Tee machen?" Sie ging in die Teeküche, ohne Christas Antwort abzuwarten. Christa stellte eine Kunststoffdose auf den Tisch.

„Viele Grüße von Justin. Er hat mir die Kuchenreste von gestern überlassen." Bea reichte ihr zwei Teller.

„Das ist nett. Hm, sieht gut aus. Wie war es denn?" Christa folgte ihr in die Teeküche, um Tassen und Untertassen zu holen.

„Wie Beerdigungen halt sind. Glücklicherweise hat es nicht geregnet. Das wäre zu deprimierend gewesen. Es waren auch nur wenige Trauergäste da. Justin hat den Termin mit Absicht so kurzfristig angesetzt. Er wollte nicht, dass die ganzen Leute aus der Kunstszene einfallen. Die Agentin seiner Großmutter hat ein paar ausgewählte Journalisten informiert, außerdem den Bürgermeister und den Vorstand des Kunstvereins in Rhauderfehn. Dann waren da noch ein paar andere Leute. Woher die kamen, weiß ich nicht. Die sind auch sofort wieder gegangen. Den einen habe ich schon einmal irgendwo gesehen. Aber wenn es Leute aus Rhauderfehn waren, kann das überall im Ort gewesen sein. Richtige Gäste waren nur die Agentin und der Galerist." Sie redeten über die Beerdigung, während Bea das Teenetz aus der Kanne hob und den Tee einschenkte. Christa holte unterdessen einen Umschlag aus ihrer Handtasche.

„Was ist das?“ Bea zog das Heft zu sich über den Tisch und blätterte durch die Seiten. „Ist das ein Tagebuch?“

„Ja.“ Christa zeigte auf die versteckten Datumseinträge. „Die Agentin hat Justin diesen Umschlag gegeben. Vor ein paar Jahren hatte Justins Großmutter sie gebeten, den Umschlag für sie aufzubewahren. Jetzt, nachdem die Großmutter ermordet wurde, wollte sie, dass Justin entscheidet, ob die Sachen in dem Umschlag wichtig für die Polizei sein könnten.“ Bea schloss das Heft und strich über die raue Oberfläche.

„Und ist es das?“

„Wir glauben das nicht.“ Bea bemerkte das Wort Wir. Christa und Justin hatten offenbar einen intensiven Austausch über das Tagebuch geführt. „Wir glauben, dass es sich um das Tagebuch von Justins Urgroßmutter Therese Frantzen handelt. Seine Großmutter ist als Kleinkind mit der Mutter aus Belgien in die USA ausgewandert. In Belgien hat die Mutter in Malmedy gewohnt, bis ihr Mann sie mitnehmen konnte. Er war amerikanischer Soldat. Und das hier sind Briefe, die sie von einer Frau namens Jeanne bekommen hat.“ Christa legte einen Stapel Briefe vor Bea. Das Papier war so stark vergilbt, dass es beinahe die Farbe von Kaffeefiltern angenommen hatte. Bea nahm einen der Briefe in die Hand und versuchte, ihn zu lesen. Er war auf Französisch geschrieben, aber so eng und mit so schlechter Feder, dass sie Mühe hatte, die Wörter zu erkennen.

„Warum sind diese Briefe und das Tagebuch so wichtig, dass Justins Großmutter sie ihrer Agentin anvertraut hat?“

„Das wollen wir herausfinden. Und Justin interessiert natürlich alles, was mit seinen europäischen Vorfahren zu tun hat. Bis vor kurzem wusste er gar nicht, dass seine Vorfahren aus Belgien kommen.“ Bea nickte. Aus ihrem Umgang mit Menschen aus der Welt wusste sie, dass Vorfahren für viele dieser Leute wichtig waren. „Könntest du das Tagebuch und die Briefe übersetzen, Bea? Du sprichst doch Französisch.“ Bea seufzte.

„Christa, wann soll ich das denn noch machen? So gut ist mein Französisch auch nicht.“

„Jetzt bist du zu bescheiden.“ Bea sah Christa an.

„Vielleicht. Lass mal sehen. Wie schnell braucht Justin diese Übersetzung?“ Christa zuckte mit den Schultern.

„Es ist nicht dringend. Machst du es?“ Bea schüttelte den Kopf, doch als sie Christas Gesichtsausdruck sah, lächelte sie.

„Warte ab. Ich habe eine Idee.“ Sie wählte eine Nummer auf ihrem Handy. „Bea. Hast du einen Moment Zeit? Ja, jetzt gleich. In meinem Büro.“ Christa zog die Brauen hoch und sah sie fragend an. „Gleich kommt jemand, der besser qualifiziert ist als ich." Sie schenkte Christa frischen Tee ein.

„Wo ist eigentlich Leo? Der steht doch freitags immer an der Rezeption. Als ich eben kam, hat noch jemand nach ihm gefragt." Bea unterdrückte ein Seufzen.

„Leo hat eine andere Aufgabe. Ann ist inzwischen gut in der Lage, ihn an der Rezeption zu vertreten. Sie braucht Praxis, und ein Freitag ist ein guter Tag, um zu üben." Falls Christa mangelnde Geduld in ihrem Ton ausmachte, sagte sie nichts. Jemand klopfte an den Türrahmen.

„Du wolltest mich sprechen, Bea." Edu Muh stand dort, den Blick gesenkt, die Hände verkrampft. Bea sammelte sich in Geduld.

„Ja, Edu Muh. Komm herein. Ich habe hier ein Problem, das du wahrscheinlich besser lösen kannst als ich." Er trat in den Raum, ohne auch nur den Blick in Christas Richtung schweifen zu lassen. Wie jedes Mal, wenn er sie so konzentriert ansah, wurde Bea beklommen zumute. Sie fragte sich, was er außer ihr von seiner Umgebung wahrnahm. Dass Leo sich nicht wohl in seiner Fürsorgepartnerschaft mit Edu fühlte, konnte sie in solchen Momenten gut nachvollziehen. „Setz dich."

„Danke." Er sank auf die Kante eines Stuhls. Bea schob das aufgeschlagene Tagebuch zu ihm.

„Edu Muh, kannst du diese Schrift lesen? Es fällt mir schwer, die einzelnen Buchstaben zu entziffern." Er sah auf das Tagebuch, ohne dass sich seine Augen bewegt hätten. Sie glaubte schon, er habe sie nicht gehört und auch nicht den Text beachtet, als er nickte. „Du kannst den Text lesen?", vergewisserte sie sich.

„Ja", antwortete er mit ein paar Sekunden Verzögerung. „Je vais tout noter pour ma fille. Ich werde alles für meine Tochter aufschreiben." Falls er sich fragte, was sie ihm da vorgelegt hatte, war seinem Gesicht nichts anzumerken.

„Ein Freund von Christa Hemmen kommt aus den USA. Er hat dieses Tagebuch seiner belgischen Urgroßmutter gefunden. Und auch einige Briefe an sie. Nun würde er gerne wissen, was darin steht. Ich bitte dich, das Tagebuch und die Briefe zu übersetzen. Du kannst selbstverständlich ablehnen. Dieser Mann hat nichts mit den Muh zu tun, es ist also keine Angelegenheit der Gemeinschaft. Trotzdem wäre es freundlich von dir, ihr diesen Gefallen zu tun." Bea wartete. Sie kannte diese Verzögerungen bei Edu und nahm sie hin. Aus ihrer Sicht war es ein Fortschritt, dass er sein Handy eingeschaltet ließ und prompt erschien, wenn sie ihn zu sich bat. Es hatte beinahe zwei Jahre gedauert, bis sie ihm so viel abgerungen hatte. Ob es weiterer zwei Jahre bedurfte, bis er sofort auf eine Frage antwortete, ließ sich nicht vorhersagen. Christa auf der anderen Tischseite strahlte Missfallen und Ungeduld aus. Bea hoffte, er fühlte sich nicht unter Druck gesetzt, ansonsten würde es länger dauern, bis er sich zu einer Äußerung überwinden konnte.

„Wann soll ich die Übersetzung machen?“ Das war unerwartet. Bea lächelte milde.

„Du müsstest neben deiner normalen Arbeit übersetzen. Meinst du, dass du das einrichten kannst?“ Er nickte, die Augen immer noch unverwandt auf dem Tagebuch.

„Ja. Abends. Nach der gemeinsamen Mahlzeit.“ Bea war erstaunt über seine Redseligkeit. Sie schloss das Tagebuch, schob es mit den Briefen zurück in den Umschlag und reichte ihn Edu. Der nahm ihn, ohne einen Blick darauf zu werfen.

„Ja, das ist eine gute Zeit.“ Er stand einfach da, bis Christa ihn ansprach.

„Danke, Edu. Das ist sehr freundlich.“ Dieser Satz musste Christa viel Großzügigkeit gekostet haben. Er sah sie an und nickte. Auch jetzt war Bea nicht sicher, ob er auf Christas Dank reagierte oder einfach auf ihre Stimme.

„Kann ich jetzt gehen?“ Auf ihr Nicken verließ er das Büro. Christa verzog das Gesicht.

„Meine Güte. Du glaubst wirklich, dass er es schafft, sich mit den Worten eines anderen Menschen auseinanderzusetzen?“

„Ja“, sagte Bea nicht ganz so überzeugt, wie sie gerne geklungen hätte.

Samstag, 28. Mai

Edu

Am großen Tisch spielten einige Muh ein Kartenspiel, die anderen lasen oder schrieben Briefe. Ann und ihr Fürsorgepartner hielten sich nicht im Gemeinschaftsraum auf. Die anderen machten längst keine Witze mehr über die beiden. Edu bedauerte Anns Abwesenheit. Sie war die einzige, die manchmal mit ihm redete, und er spürte, dass er sich ihr gegenüber mehr Mühe gab, freundlich zu sein, als bei allen anderen Muh, mit Ausnahme von Bea. Ann schien nicht zu merken, wenn er kurz angebunden sprach. Anfangs hatte er versucht, sie loszuwerden, doch sie ließ sich nicht verjagen und durfte nun bei ihm sitzen. Es war anstrengend, ruppig zu Ann zu sein, also sparte Edu seine Kräfte.

Von seinem Platz am Fenster konnte Edu Inna sehen, die mit ihrem Zeichenblock unter der Lampe saß. Wenn sie nicht zeichnete, beobachtete sie Leo, der so tat, als lese er in einem Buch. In unregelmäßigen Abständen blätterte er um, doch sogar quer über den Raum konnte Edu sehen, dass er nicht las. Inna arbeitete an Zeichnungen für eine Ausstellung über Wildkräuter, die sie mit den Schülern der Oberschule in Sandkrug erarbeitete. Edu bewunderte ihre Zeichnungen, er wusste, wie schwierig es war, Gegenstände korrekt abzubilden. Nur aus der Entfernung wagte er einen gelegentlichen Blick auf ihren Zeichenblock. Sobald sich ihr Kopf ansatzweise in seine Richtung bewegte, sah er weg.

Vor Edu auf dem Tisch lagen zwei Wörterbücher und ein Brief von Jeanne an Therese. Er wusste nicht, wer die beiden gewesen waren. Er wusste auch nicht, wo Jeanne gelebt hatte. Der erste Brief ließ den Eindruck entstehen, dass sie auf einem Bauernhof wohnte. Therese wohnte in den USA, Jeanne erwähnte es mehrfach. Den groben Inhalt des Briefes hatte Edu erschließen können. Nur wenn er jetzt Satz für Satz vorging, stieß er immer wieder auf Wörter, die er nie gehört hatte. Falls er diese Wörter im Wörterbuch fand, kannte er das deutsche Wort nicht. Am Nachmittag hatte Ann ihm erklärt, was eine Wäschemangel war und wozu ein Leibchen diente. Sie öfter zu fragen, sie gar zu bitten, ihm zu helfen, kam für ihn nicht in Frage. So quälte er sich durch die ersten Sätze von Jeannes Brief, identifizierte mühsam ihre spitzen Buchstaben und notierte Wörter, die er am nächsten Tag online suchen wollte.

Kurz vor der Sammlung kam Bea in den Gemeinschaftsraum. Sie erschien selten hier unten, da Kodexwächter traditionell Distanz zu ihren Schutzbefohlenen hielten. Bea sprach in den öffentlichen Bereichen des Tagungshauses mit den Muh, und sie empfing sie oft zu Besprechungen. Das war mehr Kontakt als die meisten Muh von ihren Heimatzentren kannten, aber sie nahmen es hin, wenn Bea wie jetzt in den Aufenthaltsraum kam. Sie nickte bescheiden in die Runde, ehe sie sich zu Edu an den Tisch setzte.

„Kommst du zurecht, Edu? Die Schrift ist schwer zu lesen." In ihrem Blick lag Sorge um ihn. Edu erkannte das, konnte aber nicht darauf reagieren.

„Ja." Sie wartete einen Moment, aber er sah keinen Grund, weshalb er mehr sagen sollte.

„Brauchst du Hilfsmittel, die es im Gemeinschaftsraum nicht gibt?" Er überlegte. Es gab vieles, was er benötigt hätte, besonders Wissen über Haushaltsgeräte und Kleidungsstücke im zwanzigsten Jahrhundert.

„Das Internet." Sie nickte.

„Was benötigst du außerdem?" Er zuckte mit den Schultern. Bea sah sich um.

„Leo Muh. Bitte setze dich zu uns." Edu zuckte zusammen. Er hielt den Blick gesenkt, doch er konnte hören, wie widerwillig Leo sein Buch beiseite legte und zu ihnen kam. Leo setzte sich neben Bea. Er hatte den Ärmel seines Sweatshirts so weit über die linke Hand gezogen, dass der weiße Verband beinahe verdeckt war. Ann hatte Edu erzählt, dass er einen Unfall gehabt hatte. Niemand sonst, erst recht nicht Leo, hatte es für nötig gehalten, ihn zu informieren. Bea schenkte ihnen beiden das gleiche milde Lächeln. Sie erklärte Leo, welche Aufgabe Edu übernommen hatte und wo Probleme auftraten. „Siehst du eine Möglichkeit, die Briefe und das Tagebuch so aufzubereiten, dass Edu schneller mit der Übersetzung vorankommt?" Leo nahm den Brief und hielt ihn ans Licht.

„Man könnte die Briefe so einscannen, dass die Verfärbungen nicht mehr zu sehen sind. Dann lässt man ein Texterkennungsprogramm darüber laufen und formatiert den Text. Die Handschrift könnte Probleme bereiten. Man muss die Texte durchgehen und kontrollieren, ob die Wörter richtig erkannt wurden."

„Kannst du die Texte scannen und Korrektur lesen?" Leo kniff die Augen zusammen, als er versuchte, den Briefanfang zu entziffern.

„Chère Thérèse, j'espère que tu vas bien et Maggie se porte à merveille. Liebe Therese, ich hoffe, dir geht es gut und auch Maggi geht es gut. Das kann ich lesen. Wenn es gut gescannt ist, geht es leichter."

Edu hob den Kopf so weit, dass er Leo ansehen konnte. Natürlich sprachen die Muh aus der deutschen Sprachgemeinschaft einigermaßen Französisch, das wusste er. Es überraschte ihn nur immer aufs Neue. Als Leo den Brief wieder auf den Tisch legte, senkte Edu den Blick. Er wollte nicht, dass jemand meinte, er zeigte Interesse an seiner Umgebung. Doch er spürte Beas Blick auf sich und war sicher, dass sie ihn beobachtet hatte.

„Dann schlage ich vor, dass ihr ab morgen gemeinsam an den Übersetzungen arbeitet. Leo, du bereitest die Briefe und das Tagebuch vor. Dann kann Edu die Texte leichter lesen und übersetzen. Was meint ihr dazu? Leo?" Beas Stimme klang warm und freundlich, ließ aber keinen Widerspruch zu. Leo räusperte sich.

„Ja, Bea." Begeistert klang er nicht, doch das hatte sie sicher nicht erwartet.

„Edu, was sagst du?

„Ja, Bea."

„Gut. Ihr fangt morgen Nachtmittag an. Du, Edu, bist morgen nicht auf der Baustelle. Und du, Leo, schonst deine Hand und arbeitest sowieso im Büro. Geht ins Planungsbüro, da habt ihr alle Geräte, die ihr benötigt. In der Woche könnt ihr abends auch da arbeiten. Die Texte kontrollieren kannst du wahrscheinlich an jedem unserer Rechner, Leo."

Sie stand auf und verließ den Gemeinschaftsraum so bescheiden, wie sie ihn betreten hatte. Leo setzte sich wieder zu Inna. Sie beugte sich zu ihm und flüsterte ihm etwas zu, doch Leo nahm das Buch wieder auf und ignorierte sie. Edu fragte sich, was mit ihm los war. Wahrscheinlich dachte er an Christa Hemmen.

Dienstag, 31. Mai

Frau Hahn

Der Tag war bisher ruhig verlaufen. Herr Meinert befand sich noch in Wardenburg auf der großen Dienstbesprechung, Amke und Frau Hemmen saßen drüben im Büro in der Besprechung der hauswirtschaftlichen Hilfen. Gelegentlich sah Frau Hahn ein Auto der cremeweißen Flotte von Crea. Heim und Pflege von der Rhauderwieke auf den Parkplatz abbiegen. Das Telefon klingelte nicht, und auch durch die Glastür kam niemand. Frau Hahn nippte an ihrem Kaffee und schlug den General-Anzeiger auf. Es war ihr eigenes Exemplar, die beiden für das Kundenzentrum, die sie jetzt jeden Morgen persönlich beim Bäcker kaufte, lagen ordentlich auf einem der Glastische im Wartebereich.

Die Titelseite studierte Frau Hahn gründlich. Dort befanden sich die Meldungen, über die die Leute redeten, wenn sie warten mussten. Es zahlte sich aus, wenn sie über die passenden Antworten auf die meist rhetorisch gemeinten Fragen verfügte. Ein paar Seiten weiter entdeckte sie ein Bild von Okko Lüken in seiner blauen Uniform, wie er mit einer Grundschulklasse Fahrräder kontrollierte. Er lächelte in die Kamera, und jede Mutter konnte sich beruhigt fühlen, wenn dieser nette junge Polizist das Fahrrad des Sohnes oder der Tochter auf Verkehrssicherheit überprüft hatte. Frau Hahn hielt nicht viel von seinen Frauengeschichten, doch auch sie konnte sich nur schwer Okkos Charme entziehen. Auf der gleichen Zeitungsseite entdeckte sie einen Artikel, der die Presseerklärung ihres Freundes wortwörtlich wiedergab. Es ging um die Wasserqualität der Ems, die durch das Ausbaggern und Aufstauen sank. Frau Hahn hatte ihm geholfen, die Pressemitteilung zu verfassen. Sie warf einen kurzen Blick auf die von ihr erstellte Grafik darunter und blätterte weiter.

Auf der ersten Seite des zweiten Buches entdeckte sie noch ein bekanntes Gesicht. Man vergaß nie den Mann, der einem die erste Zahnfüllung verabreicht hatte. Ihr ehemaliger Zahnarzt Dr. Ingo Middendorf stellte gemeinsam mit dem Bürgermeister sein neues Buch vor. Vielleicht war der Bürgermeister in seiner Jugend auch von Middendorf mit Plomben traktiert worden und revanchierte sich nun als Werbeträger. Dr. Middendorf hatte schon vor Jahren seine Praxis aufgegeben. Seitdem widmete er sich dem Schreiben. Die Geschichte der Fehne hatte es ihm angetan, besonders die Zeit des Nationalsozialismus. Frau Hahn kannte keines seiner bisher vier Bücher. Sie wusste, dass sie jedes Mal kleine Skandale auslösten, dass Nachbarn nicht mehr miteinander redeten und, angeblich, jemand „Judenfreund“ auf die Fensterscheibe der leerstehenden Praxisräume gesprüht hatte. Frau Hahn wohnte in der Straße, in der die Praxisräume lagen. Ihr war an den Fenstern nichts aufgefallen, obwohl sie nach der Arbeit extra vor dem Haus angehalten hatte.

Frau Hahn las nur die Bildunterschrift, der zweispaltige Artikel interessierte sie nicht. Sie blätterte weiter. Auf der letzten Seite des Buches ging es um eine verweste Leiche in Cloppenburg. Für Frau Hahn waren Leichen grausig, und mit Cloppenburg verband sie überdimensionierte Tiermastbetriebe und das Museumsdorf. Sie nahm noch einen Schluck Kaffee und vertiefte sich in den Text. Es handelte sich nach den ersten Erkenntnissen der Polizei um die sterblichen Überreste eines Albert Jakena, von dessen Verschwinden aus einem Altenheim in Papenburg der General-Anzeiger vor elf Monaten berichtet haben wollte. An diesen Bericht besaß Frau Hahn keine Erinnerung, nicht einmal an die Überschrift. Laut General-Anzeiger war Albert Jakena von einem Spaziergang nicht zurückgekehrt. Man war in Papenburg davon ausgegangen, dass er in einen Kanal gefallen und ertrunken sei. Mehrere Kanäle hatte man durchsucht, aber keine Spur von Jakena gefunden, wohl aber einen Fuhrpark an Fahrrädern aus dem Wasser gezogen. Jemand hatte jedoch den alten Mann, Jakena war zum Zeitpunkt seines Verschwindens weit über neunzig gewesen, nach Cloppenburg gebracht, ihn dort in einem Abbruchhaus gefangen gehalten, über einen längeren Zeitraum misshandelt und schließlich getötet.

Dieser letzte Absatz über den Tod von Jakena weckte Frau Hahns Aufmerksamkeit. Sie nahm noch einen Schluck Kaffee, sah das Telefon warnend an, damit es sich nur ja nicht mit einem Klingeln meldete, und trug die Zeitung in Frau Hemmens Büro. Amke und Frau Hemmen zeigten sich nicht empört über ihr unerwartetes Eindringen. Geradezu erfreut beugten sie sich über die Zeitung.

„Bei Pruin sind Aktionswochen für Wäsche!“, rief Amke, ließ sich aber durch mehrfaches Klopfen auf die Überschrift des Artikels bewegen, ihn zu lesen. „Wieder aus einem Pflegeheim“, lautete ihr nächster Kommentar.

„Und aus Papenburg. Dieser Landwirt, dem Sie hinterhergeschnüffelt haben, kam der nicht auch aus einem Heim in Papenburg?“, fragte Frau Hemmen. Amke nickte.

„Ja. Der wohnte in Aschendorf und war in Papenburg in Kurzzeitpflege. Aber der Jakena war bestimmt nicht auch bei Thea untergebracht.“

„Bei wem?“, fragte Frau Hahn gleichzeitig mit Frau Hemmen. Amke schob die Zeitung zurück zu Frau Hahn.

„Thea Lakeberg ist die Leiterin des Heimes, wo Keno Oltmann in der Kurzzeitpflege war. Ich kenne Thea aus der Supervisionsgruppe. Sie ist ein Kontroll-

Freak. Es muss sie verrückt gemacht haben, dass dieser Oltmann aus ihrer Einrichtung entführt wurde. Um den Menschen Oltmann ging es ihr bestimmt nicht, sondern um die Lücke im System, die es ihm ermöglicht hat, sich unbeaufsichtigt außerhalb des Heimes zu bewegen. Oltmann hat es vor drei Jahren erwischt. Danach hat sie bestimmt ein Regiment aufgezogen, das Nord-Korea wie einen Kindergarten aussehen lässt." Frau Hemmen zog die Brauen hoch.

„Moment. Der Oltmann war in dieser Einrichtung mit dem langen Namen. Elisabethen-Haus Emswiesen. Die haben immer super Bewertungen." Amke winkte ab.

„Das beweist nur, dass Thea der begabtere Diktator ist. Diesem Kim Jong-Un fehlt die sichere Hand einer wirklich guten Krankenschwester, die sich auf Qualitätsmagement spezialisiert hat." Sie sah von Frau Hemmen zu Frau Hahn. „He, das war ein Kompliment. Ich bewundere Thea. Sie geht mir nur auf die Nerven."

„Tatsächlich?" Frau Hemmen schien mit einem Lachen zu kämpfen. „Und weil diese Frau Lakeberg es nicht ertragen konnte, dass ihr ein Bewohner abhanden gekommen ist, kann Albert Jakena nicht im Elisabethen-Haus gewohnt haben?"

„Genau. Der muss einfach in einem anderen Heim gewesen sein. Ich werde mich erkundigen."

„Bei wem?", platzte Frau Hahn heraus. Solche Erkundigungen gehörten ihres Wissens in den Aufgabenbereich der Polizei. Amke zögerte. Das allein war schon bemerkenswert und weckte sofort Frau Hemmens Misstrauen.

„Sie sollen nicht schnüffeln, Frau Kehl", sagte sie in einem auffallend milden Ton. Amke sah sie an.

„Das werde ich nicht, Frau Hemmen. Ich werde nur mit ein paar Kolleginnen von früher reden. Und eventuell mit einer Bekannten aus der Supervisionsgruppe." Amke machte ein überzeugend braves Gesicht. Frau Hemmen nickte.

„Tun Sie das. Und Sie, Frau Hahn, werden auch nur zuhören, wenn die Leute im Kundenzentrum reden."

„Natürlich", erwiderte Frau Hahn. „Das mache ich doch immer." Sie nahm die Zeitung und überließ die beiden den Freuden ihrer Besprechung.

Martina Sevecke-Pohlen

Edu

EDU MUH EMPFAND DIE WOCHENGESPRÄCHE ALS TORTUR. TROTZDEM FREUTE ER SICH BEINAHE AUF den Dienstagvormittag, wenn er zu Bea ging. Ihre Aufmerksamkeit galt in diesen dreißig Minuten ihm. Selbst wenn er die gesamte Zeit schwieg, was er schon mehrfach durchgehalten hatte, blieb Bea ruhig und geduldig. Er glaubte nicht, dass sie verstand, was in ihm vorging. Das verstand Edu selbst nicht, und er war großzügig genug, nicht von anderen Muh zu erwarten, dass sie seine Probleme lösten. Wenn er an Beas Besprechungstisch den Kopf in die Hände stützte und auf die Tischplatte starrte, fühlte es sich an, als läse Bea durch die Schädeldecke seine Gedanken. Anschließend fühlte er sich erleichtert, als hätte er ihr sein Herz ausgeschüttet.

Auch an diesem Dienstag hielt er den Kopf zwischen den gespreizten Fingern wie eine schwere Kugel. Die Maserung des Tischs kannte er inzwischen. Edu saß immer auf dem gleichen Stuhl, den er immer in die gleiche Position zum Tisch schob. Beas Worte perlten an ihm vorbei, dem ruhigen Plätschern eines Wiesenbachs nicht unähnlich. Er achtete nur auf den Klang ihrer Stimme. Alles andere wäre zu anstrengend gewesen. Die ersten fünfzehn Minuten seiner Sitzung hatte er so verbracht. Beas Stimme verstummte. Er wartete. Als sie nicht wieder zu sprechen anfing, hob er den Kopf. Sie lächelte milde.

„Du bist also noch da, Edu Muh." Er ließ die Stirn wieder zwischen die Finger fallen.

„Ja, Bea." Er hatte gesprochen. Sie würde ihn jetzt wahrscheinlich zu weiteren Äußerungen bringen. Edu legte seine Hände auf die Tischplatte. Das Holz fühlte sich warm an. Er schob sich zurück, bis sein Rücken die Lehne des Stuhls berührte, und hob den Kopf.

„Ich bin zufrieden mit der Arbeit auf der Baustelle." Danach hatte Bea nicht gefragt, doch sie nickte nachdenklich.

„Das hast du gestern in der Baubesprechung erwähnt. Du weißt, dass ich heute über andere Fragen mit dir sprechen möchte." Edu schwieg. Sie wusste, dass er es wusste, und er wusste, dass sie das wusste. Sehr viel Wissen war in dem Raum. Sie sollten das Fenster öffnen. „Es interessiert mich zum Beispiel, wie Leo und du mit der Übersetzung vorankommen." Edu überlegte. Seine Erinnerung an die Sitzungen im Planungsbüro waren verschwommen. Bisher hatte er nichts übersetzt. Seine Aufgabe hatte darin bestanden zu entscheiden, ob die von Leo eingescannten Briefe und Tagebuchseiten lesbar waren.

„Frag besser Leo, Bea."

„Das werde ich bestimmt machen, Edu. Aber Leo sehe ich erst morgen. Du bist jetzt hier. Erzähl mir doch einfach, was ihr gemacht habt. Wenn ich die technischen Zusammenhänge nicht verstehe, frage ich nach."

Edu seufzte tief ob dieser Zumutung, begann aber einen groben Bericht. Details konnte er nicht liefern, weil seine Erinnerung Lücken aufwies. Das war oft der Fall, wenn es um Dinge ging, die ihn nicht interessierten. In letzter Zeit verlor er große Teile eines Tages. Edu fragte sich, ob das ein schlechtes Zeichen war. In seinem Alter, da war er sicher, sollte er ein besseres Erinnerungsvermögen haben.

„Ihr habt also alle Briefe und das Tagebuch gescannt."

Er nickte, nicht ganz sicher, ob das stimmte. Am Sonntag hatten sie viele Seiten gescannt. Er erinnerte sich an den Geruch des Scanners in der stickigen Luft des Planungsbüros. Die Sonne hatte auf das Fenster geschienen und den Raum aufgeheizt. Leo hatte mehrmals über seine Hand geschimpft, weil er die Finger nicht so bewegen konnte, wie er wollte. Darüber hatte Edu sich geärgert, aber er hatte nichts gesagt. Er war nicht für die Verletzung verantwortlich. Aber er wusste, wer.

„Was macht ihr als nächstes?"

Leo hatte am Montag angefangen, die einzelnen Dateien der gescannten Seiten in Text umzuwandeln. Das war sehr langsam vorangeschritten, und die ersten Texte wiesen horrende Fehler auf. Leo hatte ihm gesagt, er solle die Texte durchgehen, ob alle französischen Wörter richtig wiedergegeben waren. Damit hatte Edu den Montagabend verbracht. Er erinnerte sich an das mühselige Abgleichen und Verbessern. Bis auf diese Anweisung hatte Leo nichts gesagt. Edu konnte damit leben, wenn er den Mund hielt. Zu Beginn ihrer Fürsorgepartnerschaft hatte Leo so getan, als gäbe es etwas zu sagen. Edu hatte sich gewundert, dass jemand ernsthaft glauben konnte, ihn zum Reden bringen zu können. Bea schien das zwar auch zu glauben, aber Bea war die Kodexwächterin. Sie besaß das Recht auf Fragen und Antworten, Leo nicht.

„Fehler korrigieren. Das Programm kann diese Handschrift nicht gut in Schriftzeichen umwandeln." Die Antwort schien Bea zu gefallen, vielleicht weil sie so lang gewesen war. Sie lächelte aufmunternd.

„Aha. Ja, das kann ich mir vorstellen. Gut lesbar war sie nicht. Wie lange wird das Korrigieren dauern?" Edu zuckte mit den Schultern. Er hatte keine Ahnung, wie viele Einzeldateien existierten. Das hätte er Leo fragen können, er hätte sogar einfach auf der Festplatte nachsehen können, aber sein Interesse reichte nicht aus.

„Korrigierst du gerade die Briefe oder das Tagebuch?" Er sah auf die Tischplatte. Sein Kopf fühlte sich wieder so schwer an.

„Das Tagebuch." Von Bea kam eine Welle Geduld. Er schnappte danach und wickelte sich in dieses warme Gefühl. Geduld brauchte er. Er empfand viel zu wenig Geduld.

„Und wie kommt Leo mit seiner verletzten Hand zurecht?" Edu runzelte die Stirn, aber er fand keinerlei Erinnerung an die Hand. Da waren ein weißer Verband und gelegentliches Schimpfen am Sonntag. Er wusste nur von der Verletzung unter dem Verband, weil Ann ihm am Mittwoch nach dem Unfall im Foyer begegnet war. Sie hatte so aufgeregt geplappert, dass er ihr einen der Kekse vom Servierwagen der Tagungsgäste gegeben hatte. Das hatte sie beruhigt. Ann hatte ihm auch von Christa Hemmen erzählt. Sie war wütend, weil Leo glaubte, sie habe herumerzählt, was sie beobachtet hatte. Edu konnte es egal sein, was Leo machte oder wer über ihn lästerte. Aber alle Muh schienen zu glauben, dass es ihm etwas ausmachte, wenn sein Fürsorgepartner einer Außenstehenden nachlief.

„Gut."

„Hat er Schmerzen?" Edu schüttelte den Kopf. Er fragte sich, woher er so etwas wissen sollte. Bea schenkte ihm einen ihrer langen Blicke. Er raffte sich auf.

„Leo Muh hat nichts gesagt." Das stimmte sogar. Edu sagte nie die Unwahrheit. Nur manchmal vergaß er Teile der Wahrheit. Oder er ließ sie weg. Er sprach nicht darüber, dass er nicht schlief. Deshalb wusste er, dass Leo in letzter Zeit auch nicht viel schlief. Wahrscheinlich wartete er darauf, sich wieder heimlich mit Christa Hemmen treffen zu können. Die Küchen-Muh hatte über den fehlenden Schlüssel geschimpft, und Edu wusste nur von einem Muh, der Interesse an einem Schlüssel haben konnte. Sollte Christa Hemmen Leo den Laufpass gegeben haben, geschah ihm das recht.

„Tut dir etwas weh?" Er schüttelte den Kopf. Inzwischen hatte er sich so weit unter Kontrolle, dass er sich mit dem Hammer auf den Daumen schlagen konnte, ohne mehr zu empfinden als die Anwesenheit von Schmerz. Wenn er eine Tages wieder schlafen könnte, wäre alles gut.

Christa

An der Tür zur Bäckerei traf Christa auf Okko Lüken. Seine Uniform wurde auf charmante Weise durch ein Paket mit dem geblümten Papier der Bäckerei ergänzt. Sie hielt ihm die Tür auf, damit er seinen Kuchen unbeschadet auf den Parkplatz tragen konnte.

„Viele Dank, Frau Hemmen. Ich würde Ihnen gerne ein Stück Kuchen anbieten, aber leider sind die Stücke abgezählt." Christa seufzte innerlich, nicht weil ihr Kuchen entging, sondern weil sie sich ungern am Mittag anbaggern ließ.

„Um diese Tageszeit ist mir nicht nach Süßem."

„Das kann ich verstehen", beeilte er sich zu versichern. „Mir ist Pizza auch lieber, aber die Jungs und Mädels auf der Wache wollten Kuchen." Christa überlegte kurz, ob sie diese Aussage für ihre Zwecke nutzen konnte.

„Dann gibt es etwas zu feiern?" Er richtete sich und sein Kuchenpaket auf.

„Meinen Geburtstag." Christa gratulierte artig, was ihm sichtlich schmeichelte. „Eigentlich war der schon gestern, aber da war ich den ganzen Tag in Leer. Sie wissen doch, dass ich in die Sonderkommission berufen wurde, die sich mit der Leiche in der Fischerhütte an der Thülsfelder Talsperre, dem Toten aus dem Bootshaus in Papenburg—das war vor Ihrer Zeit—und jetzt dem Kerl aus Cloppenburg befasst. Heute holen wir die Feier nach, ehe ich nach Leer fahre."

„Wie nett." Auch Christa richtete sich auf und sah ihn so treuherzig wie möglich von unten an. Sein Kinn hatte eine angenehme Form, nicht zu rund und nicht zu spitz. Interessanter als Okko Lükens Unterkiefer war jedoch, dass die Sonderkommission Johannes Bruns, Keno Oltmann und Albert Jakena in einen Zusammenhang brachte. So weit waren Frau Kehl, Frau Hahn und sie auch gekommen. Andys Gerüchte fußten offensichtlich auf realen Überlegungen bei der Polizei. „Im Präsidium hat jemand ein Auge auf Sie, Herr Lüken." Er errötete um die Kinnspitze.

„Ja, so sieht es aus. Die Mitarbeit in der SOKO Alte Kameraden wird hoffentlich meiner Karriere dienen." Sie zog die Nase kraus.

„Alte Kameraden?" Er hatte den Anstand, etwas mehr zu erröten.

„Nun ja. Alte Männer. Kriegsgeneration. Da passt ein alter Militärmarsch als Namensgeber. Das ist nicht das Gleiche wie damals mit den Döner-Morden, Frau Hemmen."

„Und es ist auch nur der inoffizielle Name, sozusagen der Name aus der Umkleidekabine." Sie lächelte freundlich. Er nickte, aber als hätte er Zahnschmerzen.

„So ist es." Sein Lächeln strahlte auf. „Möchten Sie mit mir feiern? Ich lade Sie zum Essen ein. Heute Abend in Leer?" Christa nickte.

„Okay." Sie holte sich schnell ein Stück Kuchen für die Mittagspause, schließlich bekäme sie am Abend eine richtige Mahlzeit auf Okko Lükens Kosten. Wieder im Büro suchte sie Alte Kameraden im Internet und ließ sich gerade den Militärmarsch vorspielen, als Harry hereinkam.

„Was ist denn hier los?" Er stand mit den Händen in den Hüften vor ihr und sah auf sie herab. Christa hielt das Video an.

„Ich lerne dazu, Harry. Was sagt dir Alte Kameraden?" Er musterte sie misstrauisch.

„Militär, Pomp und Tötungsverherrlichung. Warum?" Seine Reaktion stimmte sie nachdenklich.

„Militär – das lässt sich nicht verleugnen. Warum sollte man bei der Polizei inoffiziell eine Sonderkommission, die die Morde an drei alten Männern untersucht, Alte Kameraden nennen? Nur weil es Männer aus der Kriegsgeneration sind?“ Harry, den sie bisher von ihren Überlegungen zu den Morden ferngehalten hatte, setzte sich mit einem Ächzen.

„Ich weiß nicht, woher du dein Wissen hast, Christa. Na, sinnvoll wird der Name doch nur über Gemeinsamkeiten. Das Alter bestimmt. Und sonst? Vielleicht die gleiche Einheit. Ich kenne mich mit solchen Sachen nicht aus. Kriegsdienstverweigerer, wie man zu meiner Zeit noch sagte, war ich. Und ich bin nach wie vor stolz darauf.“ Ehe er eine längere Geschichte mit seinen Erfahrungen im Altenheim, die unweigerlich in eine Geschichte über seine früh beendete Faustballkarriere gemündet hätte, beginnen konnte, schlüpfte Christa aus dem Büro.

WEISSE HOSEN AUSSERHALB EINER KÜCHE ODER EINES KRANKENHAUSES GABEN CHRISTA DAS Gefühl der Hoffnungslosigkeit. Okko Lüken hatte offensichtlich sein Bestes getan, die verführerischen Aspekte seines Wesens vorzuführen. Die weiße Jeans erinnerte Christa jedoch zu sehr an die Kochhose ihres Vaters, eine Ähnlichkeit, die durch das leichte Hochwasser verstärkt wurde. Sie sah schnell von Okkos Knöcheln zu seinem Kopf, wo die gegelten kurzen Haare hoch standen. Justin sah mit dieser Frisur besser aus. Aber beide Männer weckten mit ihrer erstaunlich aufrührerischen Frisur den Eindruck, als wollten sie sich von dem aufgezwungenen Stil ihrer Arbeitswelt lossagen.

„Das ist eine hübsche Bluse“, begann Okko den Versuch, dem Abend eine feierliche Note zu verleihen. Seit Heidi ihr vor Jahren den Tipp gegeben hatte, lagen bei Christa immer eine Bluse und ein T-Shirt im Auto, für den Fall, dass sie direkt nach der Arbeit in eine andere Kleidungsvariante wechseln musste. Zwei Jahre lang hatte sie sich in unregelmäßigen Abständen aufgerafft, die ungetragenen Blusen gegen ein der Witterung angemessenes Modell auszutauschen. In den letzten Wochen brauchte sie die Reservekleidung immer wieder. Auf Okkos Kompliment hin zupfte Christa an den Manschetten ihrer Ärmel und lächelte mit muhischer Milde zu ihm auf.

„Danke, Herr Lüken.“ Sie hatten sich in der Ledastraße vor dem griechischen Restaurant verabredet und zufällig hintereinander geparkt. Er wies auf das Restaurant.

„Möchten Sie da essen oder lieber noch etwas laufen?“

„Lieber noch etwas laufen.“ Sie stiegen die Treppe hinunter zu dem Spazierweg an der Leda. Ein paar Enten flohen vor ihnen ins Wasser, ansonsten herrschte an diesem Ende des

Ledaarmes Ruhe. Erst als sie in den Bereich unterhalb des Kinos und der Touristeninformation kamen, trafen sie auf mehr Spaziergänger. Sie flanierten auf der Promenade bis zur Doktor-vom-Bruch-Brücke und bogen dann in die Altstadt ab. Okko sprach die ganze Zeit von den komplizierten Regelungen, denen er unterworfen war, wenn er einen Teil seiner Arbeitszeit im Polizeipräsidium in Leer und einen Teil in Rhauderfehn ableisten musste. Christa konnte seinen Schilderungen nicht immer folgen, vermutete aber, dass sie das gar nicht können sollte. Um so mehr lobte sie ihn. Bis sie in der Brunnenstraße vor einem Restaurant stehen blieben, hatte sie ihn überzeugt, dass sie seinen Wert zu schätzen wusste.

„Vielleicht hier?" Er ließ sie eintreten und ging dann voran zu einem Kellner, der um diese Zeit noch nicht mit Gästen gerechnet hatte. Um so zuvorkommender wurden sie an einen Tisch komplimentiert. Nachdem der Kellner ihre Getränkebestellung aufgenommen hatte, ließ er sie allein.

„Ich war hier noch nie. Irgendwie zieht es mich nach der Arbeit immer nach Hause." Christa nahm an, dass sie sich rechtfertigen musste, weil sie bei der Wahl des Restaurants keine Hilfe gewesen war.

„Aber Sie kennen Leer?" Sie nickte fast schon geschäftsmäßig.

„Ja, ja. Ich habe oft beruflich hier zu tun. Wir streben eine Anbindung unserer betreuten Wohnungen am Untenende an die medizinische Versorgung eines Krankenhauses an. Meine Aufgabe ist es, Beziehungen herzustellen und mit unserer Justiziarin die Verträge vorzubereiten." In Okkos Augen blitzte etwas. Anscheinend war sie nun als nützliche Frau qualifiziert.

„Wir sollten nicht länger Sie sagen", lautete sein nächster Beitrag. „Ich glaube, ich bin der ältere von uns. Und ich heiße Okko." Einen so behäbigen Stil hätte sie ihm nicht zugetraut.

„Ich heiße Christa." Sie schüttelte seine Hand. Seinem Ausdruck nach hatte er ein Küsschen erwartet. Die Bedienung brachte seine Diätcola und ihr Wasser. Die nächsten Minuten waren der komplizierten Auswahl von der Karte gewidmet. Nachdem sie bestellt hatten, kam Christa zur Sache.

„Du hast mir viel von deinem Dienstplan erzählt, aber gar nichts von der Sonderkommission."

„Ach, da gibt es nicht viel zu erzählen." Sie nickte verständnisvoll.

„Ich weiß. Über laufende Ermittlungen spricht man nicht. Ein Freund meines Vaters ist bei der Polizei", fügte sie hinzu. Okko musterte sie erfreut, als stellte dieser Freund des Vaters eine Verbindung zwischen ihnen her. „Er ist auch mein Pate", schob sie zur weiteren Legitimierung hinterher.

„Tatsächlich? Dann bist du ja sozusagen eine Kollegin." Sie machte eine abwehrende Handbewegung, die beinahe die Vase mit der Solitär-Rose umgeworfen hätte, wäre Okko nicht zur Stelle gewesen.

„Wie gut, dass du die Vase festgehalten hast. Weißt du, ich frage mich, was genau deine Sonderkommission untersucht. Du hast gesagt, es geht um Albert Jakena. Das ist der Mann aus dem Abbruchhaus bei Cloppenburg. Es geht um Keno Oltmann. Den hat übrigens eine Mitarbeiterin von mir gekannt." Das war eine großzügige Auslegung von Frau Kehls Gespräch mit der Pflegerin von Oltmanns Schwiegertochter und ihrer Bekanntschaft mit der Leiterin des Elisabethen-Hauses. Aber im dritten Fall musste sie nicht so weit ausholen. „Und es geht um Johannes Bruns. Der kam eigentlich aus Wardenburg und war ein Familienmitglied." Ihre Mutter wäre vermutlich unter dem Einfluss von zwei Gläsern Sekt bereit, Maite Bruns zu ihrer Blutsschwester zu erklären.

„Die Namen der drei Kandidaten hast du dir jedenfalls gut gemerkt. Offenbar hast du ein persönliches Interesse an dem Fall."

„Rein persönlich. Und mich beschäftigt die Frage, ob Frau Busker Brown, du weißt, Frau Finkes Mieterin aus der Frickenstraße, auch zu euren alten Kameraden zählt. Das ist übrigens ein schmissiger Marsch, wenn man das so ausdrücken darf." Okko holte tief Luft, gleichzeitig schüttelte er den Kopf. Das dabei entstehende Geräusch war befremdlich.

„Nein, Christa. Sie gehört nicht dazu. Es gibt verschiedene Gründe, die dagegen sprechen, den Mord an Frau Brown in eine Reihe mit den anderen drei zu stellen. Auch wenn die US-Botschaft Harms Druck machen möchte. Er bearbeitet weiter den Mord an der Frau. Du kennst den Enkel, nicht wahr?" Es war an Christa, tief einzuatmen. Justin mochte für die Polizei der Enkel sein, für sie war er ein empfindsamer und gutaussehender Mann mit Sinn für die richtige Länge seiner Hosen. Er hatte für sie gekocht und ihr das Tagebuch und die Briefe seiner Urgroßmutter anvertraut.

„Ja, ich kenne ihn. Aber, Okko, was spricht denn dagegen, dass der Mord an Frau Brown in Zusammenhang mit den Morden an den drei Männern steht?" Er tat sich erschreckend leicht mit seiner Antwort.

„Wie du schon sagtest, sind das drei Männer. Frau Brown ist, nun ja, eine Frau. Das ist Punkt eins. Punkt zwei: Sie ist deutlich jünger als die drei. Jung genug, um eine Tochter von denen zu sein. Die drei haben am zweiten Weltkrieg teilgenommen. Deshalb nennen wir die Sonderkommission Alte Kameraden. Und Punkt drei, und das sollte ich dir nicht sagen, obwohl du es in der Zeitung lesen und eins und eins zusammenzählen kannst: Die Vorgehensweise bei den Männern war gleich. Alle wurden aus ihrem Umfeld, in dem man sie unter Beobachtung hatte, entführt und an einen einsamen Ort gebracht. Dort wurden sie gefangengehalten, misshandelt und getötet."

„Johannes Bruns ist verhungert", platzte Christa heraus. Okko seufzte.

„Ja. Der Täter wurde wahrscheinlich daran gehindert, so zu verfahren wie bei den anderen. Die Taten liegen zeitlich jeweils ein Jahr auseinander. Auch dafür wird es Gründe geben. Diese Frau Brown wurde in ihrer Werkstatt erschlagen und in die Ems geschafft. Sie war sofort tot. Da war vermutlich ein gewisses Überraschungselement im Spiel. Wie gesagt, das ist eine vollkommen andere Vorgehensweise."

Christa dachte an den weinenden Justin. Er hatte gerade seine Großmutter gefunden und sofort wieder verloren. Er war allein in einem fremden Land. Und wenn sie ihn nicht völlig falsch einschätzte, fand er seinen Beruf nicht so erfüllend, wie er das vermutlich erwartet hatte.

Edu

Nach der Abendmahlzeit schleppte sich Edu in das Planungsbüro. Bemerkungen, er solle sich einen netten Abend mit Leo machen, machten die Muh nur noch selten. Es hatte sich herumgesprochen, dass einzig Solidarität zwischen ihnen bestand. Edu hätte auch auf die Solidarität verzichten können. Er hätte auf das gesamte Zentrum, mit Ausnahme seiner Kodexwächterin, verzichten können, auf die Welt um das Zentrum, auf sich selbst auch. Er allein, das sah er deutlich und mit saurer Befriedigung, war der größte Stein auf seinem Weg zu mehr Gleichmut.

Schwerfällig stieg er die Stufen in die erste Etage hoch, mit dem Gewicht seines Körpers drückte er die Flurtür auf. Die Räume hier oben waren leer, die Türen standen offen. Es roch nach dem Reinigungsmittel im Wischwasser. Wann immer Edu diesen Geruch wahrnahm, spülte Wehmut in seine Bitternis. Es roch nicht nach dem Haus nahe Bastogne, in dem er aufgewachsen war, nicht nach dem Zentrum, zu dem seine Familie als in der Welt lebende Muh gehört hatte, nicht nach dem Flur im Studentenwohnheim in Aachen oder nach der Wohnung in Kirchhellen, in der er untergetaucht war. Wahrscheinlich handelte es sich um eine allergische Reaktion.

Durch den Geruch des Putzmittels aus seiner selbstgewählten Starre gebracht, betrat er den Raum. Die Tische standen zu einem langen Rechteck geschoben. Leo saß bereits an einem Platz neben der Schmalseite. Muh mieden die Schmalseiten von Tischen. Diese Position hob aus der Gruppe heraus. Wenn sich Rechtecke nicht vermeiden ließen, nutzten sie die Schmalseiten für Unterlagen oder Geräte. Die Gruppe, die die Tische so ungünstig angeordnet hatte, hatte den Beamer an die schmale Tischseite gestellt.

Leo ignorierte Edus Eintreten. Der deutete das als eine Form der Rücksichtname. Wenn sie gezwungen waren, diese Übersetzung gemeinsam durchzuführen, sollte jeder so tun, als existierte der andere nicht. Edu setzte sich so weit wie möglich von Leo entfernt an den Tisch und klappte das Laptop an diesem Arbeitsplatz auf.

„Brief eins und zwei habe ich durchgesehen. Die kannst du übersetzen." Edu schielte zu Leo, aber der starrte auf den Text vor ihm. Gelegentlich verglich er die Transkription mit dem Ausdruck des gescannten Briefes. Resigniert öffnete Edu die Transkription des ersten Briefes und begann mit der Übersetzung.

Er wusste nicht, wer diese Jeanne gewesen war. Therese Frantzen, deren Tagebuch neben ihm lag, war die Urgroßmutter von Christa Hemmens Freund in der Welt gewesen. Dieser Freund war Amerikaner und wollte etwas über die Geschichte seiner Familie in Belgien erfahren. Edu konnte nicht nachvollziehen, wozu das nutzen sollte. Der Mann gewann nichts, wenn er las, wie seine Urgroßmutter nach dem Krieg das Problem fehlender Windeln gelöst hatte. Erst recht war es für ihn unwichtig zu hören, welche Gerichte Jeanne, eine Frau ohne Nachnamen, aus Kohl kochen konnte. Diese Jeanne schien so unwichtig gewesen zu sein, dass sie an ihrer eigenen Gegenwart litt.

Während er ihren ersten Brief an Therese überflog, gewann Edu den Eindruck, Jeanne müsse jung gewesen sein. Ihre Handschrift auf dem Originalbrief war gedrängt und unregelmäßig. Auffallend waren ihre Fehler, als hätte sie niemals richtig schreiben gelernt. Er überlegte kurz, ob Deutsch ihre Muttersprache gewesen sein mochte, doch bei ihrem Vornamen war das unwahrscheinlich. Edu stellte sich eine junge Frau ohne Bildung vor, die abends am Küchentisch das Briefpapier nahe an die Petroleumlampe schob und mühsam einen Brief schrieb, der den Atlantik überqueren sollte. Nicht immer waren ihre Finger sauber gewesen, verriet der Originalbrief. Eine Fliege war mit dem Papier dieses ersten Briefes verschmolzen. Er wusste nicht, ob dies nur durch das Pressen im Umschlag hatte geschehen können. Therese hatte es unterlassen, die Fliege zu entfernen, und so war sie in dieses Büro gelangt.

(…) An manchen Tagen ist die Angst so groß. Ich kann dann nicht raus und meine Arbeit machen. Der Hepp lässt mich dann drinnen arbeiten. Aber manchmal kommt es einfach so. Dann höre ich etwas, und dann ist alles wieder da. Meine Hände zittern und ich möchte mich nur irgendwo verstecken. Wir haben jetzt wieder ein Pferd. Damit fahren wir zum Markt nach Malmedy, wenn wir Käse und Gemüse verkaufen. Es geht nicht viel schneller, als wenn wir zu Fuß gehen. Vier Stunden brauchen wir. Aber wir können mehr Gemüse mitnehmen. Der Hepp sagt, wir brauchen Geld. Die Felder an der Warche dürfen wir immer noch nicht pflügen wegen der Minen. Es bricht mir das Herz, wenn wir durch Waimes kommen. Wenn wir an eurem alten Haus vorbeifahren, denke ich, wie gut du es jetzt hast. Ich hätte nicht hierbleiben sollen. (…)

Edu las seine Übersetzung noch einmal durch, ehe er den zweiten Brief öffnete. Waimes kannte er. Seine Eltern hatten als Hufschmiede bis an die deutsche Grenze Kunden besucht. Manchmal, wenn es im Sommer sehr heiß gewesen war, hatten die Kinder am Ufer der Bütgenbacher Talsperre spielen dürfen. Es war Edu immer unheimlich gewesen, wenn er sich dort zwischen den Deutsch sprechenden Kindern einen Weg zum Wasser suchte. Aber damals schon hatte sein missmutiger Blick Fremde auf Abstand gehalten.

Er warf einen Blick zu Leo, der mit gerunzelter Stirn auf den Bildschirm starrte. Immer wieder nahm er Korrekturen vor. Diese Jeanne war kein Musterbeispiel des belgischen Schulsystems vor dem Krieg. Ein Texterkennungsprogramm musste an ihr scheitern. Thereses Tagebuch sah noch schlimmer aus als die Briefe von Jeanne.

„Hast du den zweiten Brief da?" Die Frage kam so unerwartet, dass Edu zweifelte, richtig gehört zu haben.

„Warum?" Leo seufzte tief. Er rieb sich über die Augen und sah unwillig zu Edu.

„Hast du? Welches Datum hat der Brief? Und steht da etwas von Pfannkuchen, die Jeanne mit dem Brief schickt?" Es war weniger anstrengend, den Brief zu überfliegen, als die Frage abzublocken. Edu fuhr die Seite bis zum Ende des Dokuments hinunter.

„Das Datum ist der zweite Dezember 1948. Und Pfannkuchen", Edu las den Satz noch einmal, „will Jeanne vielleicht mit dem nächsten Brief schicken." Noch einmal überflog er den Absatz, aber Jeanne hatte ernsthaft vorgehabt, Pfannkuchen über den Atlantik zu schicken. Er sah, wie Leo den Kopf schüttelte.

„Das hier ist der dritte Brief. Vom zwanzigsten März 1949. Jeanne ist froh, dass die Pfannkuchen Therese und ihrer Familie geschmeckt haben." Edu hoffte, dass Therese die mehrere Wochen alten Pfannkuchen nicht wirklich an ihre Familie verfüttert hatte. Er zog die Schultern hoch.

„Da fehlt ein Brief", sagte er. „Ist das wichtig?"

„Keine Ahnung. Ich schreibe es für Bea auf." Leo machte eine Notiz auf einem Zettel neben der Tastatur, rieb sich noch einmal über die Augen und las weiter. Wegen seiner Hand war er den ganzen Tag mit dem Aufbereiten der Briefe beschäftigt. Selbst Edu, der schlechte Nachrichten mit Hingabe verinnerlichte, hielt so viele Stunden mit Jeannes Briefen für Folter.

„Christa Hemmens Freund in der Welt wird mit dieser Information nicht viel anfangen können." Edu beobachtete Leos Profil. Der presste die Lippen zusammen und sagte nichts.

„Christa Hemmen nutzt die Geduld der Kodexwächterin aus. Es ist nicht die Aufgabe der Muh, kostenlos zu übersetzen." Leo stützte das Kinn in die Hand und blickte unverwandt auf den Bildschirm.

„Christa Hemmen möchte vor ihrem Freund aus der Welt gut aussehen. Deshalb hat sie gesagt, sie kümmert sich um die Übersetzungen. Aber alles, was sie macht, ist Bea zu belasten." Leo schien fest entschlossen, ihn nicht zu beachten, doch sein Kinn zitterte und im Licht der Deckenlampen glitzerten seine Augen. Befriedigt wandte sich Edu Jeannes zweitem Brief zu.

Es war Winter geworden, und Jeanne litt unter der Kälte. Es gab nicht genug Kohle, die Männer hatten im Sommer Torf aus dem Hohen Venn geholt. Die im letzten Jahr im Sturm gefallene Eiche lag zerteilt in der Scheune. Jeden Morgen ging Jeanne mit einem Korb hinaus, die Äste zu spalten. Ihre Mitbewohner gaben ihr das Gefühl, nicht dazuzugehören. Am liebsten saß sie alleine im Stall.

Bald sind es acht Jahre. Damals kannten wir uns noch nicht, meine Liebe, aber ich habe dir so oft davon erzählt. Auf Knien hat er mich angefleht, dass ich mitkomme nach Charleroi. Aber ich wollte nicht. Ich hatte Angst. Am nächsten Tag kamen die Deutschen, aber er war schon fort. Ich habe gestern gehört, dass er bis Südfrankreich gekommen ist und dort geheiratet hat. Eine Frau aus Malmedy hat mich erkannt. Ihr Bruder war mit ihm aus Charleroi geflohen und ist letzte Woche aus Frankreich gekommen. Ich habe die ganze Zeit gedacht, er wäre tot.

Ein paar Zeilen weiter gestand sie:

Wenn ich gewusst hätte, dass er noch lebt, hätte ich mich nicht mit dem Walter eingelassen. Ich rede mir ein, dass es irgendetwas geändert hätte. Dass ich mutiger gewesen wäre. Du weißt, wir haben die abgeschossenen Soldaten versteckt und weitergeschickt nach Altbelgien. Mehr konnten wir hier nicht tun. Es hat uns ja auch so nichts geholfen. Es wird immer so bleiben, wie ich es Nacht für Nacht träume, und ich es am Tag sehe.

Edu überlegte, was Jeanne, und wenn er sie richtig verstand, auch Therese, erlebt haben mochte. Die Region um sein Heimatzentrum war im Winter 1944 Schauplatz heftiger Kämpfe zwischen Deutschen und Amerikanern gewesen. Da das Zentrum erst nach Kriegsende entstanden war, gab es unter den Muh niemand, der die Kämpfe erlebt hatte. Nur die Bauern hatten manchmal noch darüber gesprochen, wenn Edu als Kind seine Eltern auf die Höfe begleitet hatte. Aber die Generation war ausgestorben. Bea hatte gesagt, Therese und Jeanne seien nach der Befreiung Ostbelgiens im Herbst 1944 nach Malmedy gekommen. Vielleicht waren sie während der Ardennenoffensive dort gewesen und hatten miterlebt, wie die Deutschen die Stadt zurückerobert hatten. Wenn sie die Stadt nicht verlassen hatten waren sie bei den Bombardierungen Ende des Jahres dort gewesen. Aber niemand, der in eines der zahlreichen Dörfer hätte gehen können, wäre freiwillig in der Stadt geblieben.

Samstag, 4. Juni

Leo

Obwohl seine Hand nicht mehr schmerzte, und Ruit ihm zuletzt ein Pflaster auf die Wunde geklebt hatte, war Leo weiterhin nicht für einen normalen Dienst eingeteilt. Es musste ein Versehen Beas sein, die davon auszugehen schien, dass er die ganze Woche an den Briefen arbeiten würde. Bis zum späten Samstagvormittag hatte Leo den achten Brief überprüft und etwa die Hälfte des Tagebuchs durchgesehen. Außer ihm befand sich niemand im Planungsbüro, hinter dessen geschlossenen Fenstern die Temperaturen rasch anstiegen. Er ging in den Speiseraum für ein frühes Mittagessen, sah dort aber niemand, mit dem er hätte reden mögen. Inna mied er in diesen Tagen, wenn er es irgendwie bewerkstelligen konnte. Aber sie stand gerade an der Rezeption, das hatte er gesehen. Die übrigen anwesenden Muh sollten am Nachmittag im Garten arbeiten. Sie besprachen während ihrer Mahlzeit, wie sie vorgehen wollten, einen toten Baum an der Grenze zu einem bewohnten Grundstück zu fällen.

Leo aß hastig und zog sich unauffällig zurück. Er ging wieder in die erste Etage, in der Hoffnung, Bea habe ein Einsehen und gebe ihm eine andere Aufgabe. Doch Beas Büro war leer. Es war nicht seine Absicht zu schnüffeln, aber er konnte die Notizen für ein Seminar auf ihrem Schreibtisch nicht übersehen. Es kam nicht oft vor, aber manchmal baten Kursleiter Bea als Supervisorin zu ihren Teilnehmern. Wahrscheinlich hatte sie das bei der Morgenbesprechung erwähnt. Leo war zu abgelenkt gewesen, um sich auf die Tagesordnung konzentrieren zu können. Seine Gedanken wanderten, nur nicht zu den Aufgaben vor ihm. Jeannes Briefe machten alles nur noch schlimmer. Leo war froh, ihr nie persönlich begegnet zu sein. Er stellte sie sich als eine der älteren Frauen aus der Welt vor, die kontinuierlich über ihre schwere Jugend redeten, verbittert und darauf bedacht, bei ihren Gesprächspartnern ein schlechtes Gewissen auszulösen.

Aber einer ihrer Selbstvorwürfe war nachvollziehbar. Aus einem 1940 verständlichen Entschluss hatte sie sich einen Fehler konstruiert, mit dem sie ihr Leben vergiftete. Nur sah Leo aus der Distanz von beinahe achtzig Jahren auf Jeannes Entscheidung, nicht mit dem namenlosen Mann aus ihrem Brief nach Frankreich zu fliehen. Aus seiner Sicht war es absehbar gewesen, dass andere mächtige Staaten Deutschland in die Schranken weisen würden. Er hätte sich notfalls zu

Fuß nach Südfrankreich durchgeschlagen, um dort im belgischen Widerstands die Befreiung der Heimat vorzubereiten. Andere Muh hatten diesen Weg gewählt. Im Winter 1940 hatte Jeanne die Wende im Krieg nicht voraussehen können. Sie hatte ihren namenlosen jungen Mann gehen lassen und fest geglaubt, die Deutschen hätten ihn erschossen. Als sie erfuhr, dass er lebte und in Frankreich geheiratet hatte, war etwas in Jeanne zerbrochen. Das spürte Leo durch all die Jahrzehnte. Dieses Gefühl machte ihm Angst.

Sein Pflichtbewusstsein war an diesem Nachmittag so angeschlagen, dass er sich nicht überwinden konnte, weiter an Thereses Tagebuch zu arbeiten. Er räumte seinen Arbeitsplatz auf, driftete noch einmal zu Beas leerem Büro und dann zurück, die hintere Treppe nach unten. In der Küche herrschte so kurz vor der Kaffeepause der Hausgäste Hochbetrieb. Leo ging ungehindert durch die nach Kuchen duftenden Flure zur Hintertür. Die Muh bei der Gartenarbeit befanden sich auf der anderen Seite des Hauses. Vor der Glastür unterhielten sich Teilnehmer. Der Geruch nach verbranntem Tabak zog über den Rasen zu Leo. Er ging an den Teilnehmern vorbei auf die Straße. Wenn einer der Muh, die mit dem Fahrrad zum Bahnhof gefahren waren, jetzt von seinen Verpflichtungen in Oldenburg zurückgekommen wäre, hätte Leo ihn wieder ins Haus begleitet. Doch niemand kam ihm entgegen. Die Leute aus der Welt arbeiteten hinter hohen Hecken in ihren Gärten. Aus einem Garten roch es nach gegrilltem Fleisch. Ihm wurde übel, doch das Gefühl legte sich, als er an den Wöschenweg kam und der Geruch nach heißem Asphalt und Getreide alle anderen Gerüche vertrieb.

Bis auf das kurze Stück des Weges durch Sandhatten blieb dieser Geruch nach Asphalt und Getreidefeldern, gelegentlich vernebelt durch die Abgase von Autos. An der Straße war es viel wärmer als im Garten unter den Bäumen. Auch auf dem Weg zwischen den Feldern schien die Hitze zu stehen wie an einem Sommertag. Hoch am Himmel kreiste ein Bussard. Leo hatte ihn früher schon gehört, als er zum ersten Mal diesen Weg gegangen war. Seine Schreie veranlassten ihn jedes Mal, den Blick vom Boden zu heben. Er versuchte, überallhin zu sehen, nur nicht nach vorne, damit er überrascht sein konnte, wenn er ankam. Doch die ganze Zeit wusste er, dass hinter den blaugrünen Roggenfeldern und dem dunkleren Mais Rameshs Haus stand, und er aus eigenem Entschluss in diese Richtung ging.

Das Haus lag still in der Sonne, die Vorhänge zugezogen. Das offene Außengebäude war leer. Leo zögerte. Er wollte nicht zurückgehen, aber es war ihm unangenehm, für etwaige Passanten sichtbar vor dem Haus zu warten. Hinter dem Haus war vor ein paar Tagen das Gras gemäht worden. Der Anblick schreckte Leo auf. Er war fast nur im Dunkeln bei Ramesh gewesen. Gras, das auf eine merkwürdige Weise eine Verbindung zwischen ihnen hergestellt hatte, hatte er nicht gesehen und auch keine Gedanken daran verschwendet. Nun war es ohne sein Zutun geschnitten worden, von Ramesh, der nach eigenem Bekunden zwei Jahre lang nicht einmal den Versuch unternommen hatte.

Leo setzte sich mit dem Rücken gegen die Tür des Außengebäudes. Hier strich der Wind durch die Bäume und kühlte die Luft. Von ferne drangen die Samstagsgeräusche der Landbevölkerung heran, die Rasenmäher, Bohrmaschinen und Kettensägen. Überall war man beschäftigt. Nur er saß dort, wo ihn niemand erwartete, wo er womöglich nicht mehr willkommen wäre. Seit Tagen kamen keine Anrufe mehr. Erst war Leo erleichtert gewesen, bis er sich klar gemacht hatte, was dieses Schweigen bedeutete. So sehr er mit sich gekämpft hatte, die Anrufe, so lange sie kamen, nicht anzunehmen, so hatte er sich gezwungen, nun nicht seinerseits das Schweigen zu brechen. Er lehnte die Stirn auf die Knie. Nachdem er beinahe zehn Tage das Tagungshaus nicht verlassen hatte, war sein Marsch entlang der staubigen Straße ermüdend gewesen. Er schloss die Augen und lauschte auf die Motoren und den Ruf des Bussards. Die Schuppentür hinter ihm knackte, Laub raschelte, Insekten summten. Alles um ihn lebte. Nur er spürte tief in sich totes Holz. Hinter seinen Augen brannte es. Das Brennen quälte ihn seit Tagen, und wenn ihn jemand auf seine geröteten Lider ansprach, hatte er über die schlechte Beleuchtung im Planungsbüro und die trockene Luft dort geklagt. Er hielt seine Augen fest geschlossen, die Nase am Stoff seiner Jeans, und zwang das Selbstmitleid zurück in die kleine Kammer jenseits seines Bewusstseins, wo es gären und schäumen konnte, so viel es wollte.

Während seine Aufmerksamkeit auf das Wegschieben und Abschließen gerichtet war, hatten sich die Umgebungsgeräusche minimal verändert. Leo nahm diese Veränderung erst wahr, als sich jemand vor ihn kniete. Er hob die Stirn von den Knien und stellte fest, dass er kaum etwas sehen konnte. Mit dem Handrücken fuhr er sich über die Augen.

„Ich musste kommen“, hörte er sich sagen. Bis zu diesem Moment hatte er nicht gewusst, nicht wissen wollen, weshalb er vor dem Schuppen saß. Die Sonne schien ihm schräg ins Gesicht. Sie musste ihn blenden, nur das erklärte die Notwendigkeit zu blinzeln. In einem Moment klarer Sicht nahm er Ramesh wahr, der seine Hände auf den Knien festhielt und ihn wortlos ansah. Er beugte sich über Leos Handrücken, küsste die Knöchel und drehte die Handflächen vorsichtig nach oben.

„Was hast du mit deiner Hand gemacht?“ Leo musste auf das Pflaster sehen, um sich zu erinnern.

„Ich habe einen Kugelschreiber zerdrückt.“ Etwas in Rameshs Augen veränderte sich. Er fuhr mit dem Finger über die Handfläche.

„Hat das ein Arzt gesehen?"

„Nein. Einer der Muh ist Krankenpfleger im Klinikum. Er hat gesagt, dass es nicht nötig ist." Leo sah zu, wie Ramesh seine Hand untersuchte.

„Wann hast du dieses Kunststück fertiggebracht?" Er merkte, dass er beim Luftholen zitterte.

„Mittwoch vor einer Woche." Wieder schienen ihre Blicke aneinanderzuhaften. Leo spürte, wie ihm das Atmen schwerer fiel.

„Verstehe." Ramesh verstand wirklich. Die Erkenntnis floss Leos Arm hinauf und versetze ihm einen Stich in die Brust. Seine Augen brannten wieder, so dass er den Blick senken musste. „Komm mit rein. Ich will mir das ohne Pflaster ansehen." Er zog Leo vom Boden hoch. Im nächsten Moment standen sie eng umschlungen. Leo atmete wieder Rameshs Duft nach Zedernholz und Zimt, spürte seinen Herzschlag an der Wange und sein Kinn auf seinem Kopf. Es gelang ihm nur mit Mühe zu atmen, und er erklärte sich das Kratzen in Augen und Hals mit dem Straßenstaub, den er eingeatmet haben musste. Dann gab er das Denken auf und stand einfach in der Umarmung.

Nach einer Weile führte Ramesh ihn ins Haus und wies ihn an, die Hände in der Küche zu waschen.

„Kennst du dich mit Verletzungen aus?", fragte Leo, als er am Küchentisch saß und Ramesh das Pflaster abzog.

„Du willst gar nicht wissen, was ich im Krankenhaus in Kochi alles gemacht habe. Kollegen hier wird schlecht, wenn ich darüber spreche. Wie hast du es geschafft, einen Kugelschreiber so zu zerdrücken, dass die Hülle zersplittert ist?"

„Ich weiß es nicht. Auf einmal war alles voll Blut." Ramesh klebte ein neues Pflaster auf die Wunde.

„Ich weiß nicht, zu welchen Schreibgeräten ich dir raten soll, wenn du so unkontrolliert mit deinen Aggressionen bist. Vielleicht einen von diesen dicken Bleistiften für Kinder. Warum bist du nicht ans Telefon gegangen? Du warst nirgendwo zu sehen, niemand wusste angeblich, wo du warst. Ich hatte schon Angst, dass sie dich in ein anderes Zentrum geschickt hätten oder eingesperrt oder schlimmer." Leo ließ den Kopf hängen.

„Du hast nicht mehr angerufen."

„Ich musste akzeptieren, dass entweder du oder deine Leute nicht wollten, dass wir reden." Leo schüttelte den Kopf.

„Von den Muh weiß keiner, dass ich jemals bei dir war. Ich dachte, ich könnte – was weiß ich?–die Zeit zurückdrehen, bis alles so war, bevor ich zu dir gekommen bin. Aber dann ... dann habe ich diese Briefe gelesen und verstanden, dass es manchmal nur eine Entscheidung geben kann. Und jetzt muss ich wieder zurück, weil wir gleich die Abendmahlzeit haben." Er blinzelte gegen das Kribbeln in seinen Augen und hoffte, sich halbwegs verständlich gemacht zu haben. Ramesh atmete tief durch.

„Was für Briefe? Egal, das kannst du mir später erzählen ..." Leo unterbrach ihn. Auch darüber hatte er vorher nicht nachgedacht, doch es war die einzige Entscheidung, die er treffen konnte.

„Ich verlasse die Muh." Er war nicht sicher, welche Reaktion er erwarten konnte. Er war nicht einmal sicher, ob er so weit gehen wollte. Aber alles erschien ihm besser als die Einsamkeit der letzten Tage und ein Elend wie das von Jeanne. Ramesh sah ihn lange an.

„Du meinst das ernst."

„Ja." Irgendwo am Rande seiner Vorstellungskraft blinkten Möglichkeiten. Er traute sich nicht, näher hinzusehen, doch sie waren da und schienen immer mehr von ihrer Transparenz zu verlieren. „Ich kann heute Abend schon kommen." Ramesh zögerte.

„Du kannst jetzt sofort bleiben. Wozu zurückgehen? Aber wenn Bea Muh dich trotz deines seltsamen Verhaltens bisher nicht bei Wasser und Brot auf dem Dachboden eingesperrt hat, kann man vielleicht mit ihr reden. Du hast nichts zu verlieren. Wenn sie sich stur stellt, kommst du eben ohne ihren Segen." Leo überlegte.

„Meine Identitätskarte und mein Führerschein liegen auch noch bei ihr." Er sah, das Ramesh protestieren wollte, und legte eine Hand auf seinen Arm. „Das ist kein Problem. Wenn einer von uns das Auto fährt, bekommt er einen Umschlag mit Identitätskarte oder Personalausweis, Führerschein und Fahrzeugschein. Normalerweise bekomme ich den Umschlag dienstags, wenn ich mit der Küchen-Muh einkaufen fahre. Aber Mittwoch ist mein Wochengespräch. Da könnte ich Bea sagen, dass ich zu dir gehen möchte, und meine Papiere verlangen."

„Mittwoch ist dieses Gespräch? Wann am Mittwoch? Ich bin der Grund für den ganzen Ärger, den du dir aufhalst. Da ist es nur richtig, dass ich dich nicht allein in dieses Gespräch gehen lasse."

„Acht Uhr. Gleich nach dem Frühstück. Dreißig Minuten dauert so ein Gespräch normalerweise." Leo war nicht sicher, ob er Ramesh in dem Gespräch mit Bea dabeihaben wollte. Bisher hatte immer ein Kodexwächter alle Behördengänge begleitet und alle schwierigen Gespräche in der Welt geführt. Wenn Ramesh ihn begleitete, trat er in dieser Hinsicht an Beas Stelle. Andererseits war Leo jetzt schon überzeugt, dass er die Hälfte aller wichtigen Fragen vergessen würde. Er sah zu, wie Ramesh auf dem Smartphone seinen Terminkalender aufrief und den Mittwoch suchte.

„Das passt. Um neun muss ich in Oldenburg sein. Dann treffe ich dich am Mittwoch bei euch im Foyer und gehe mit zu Bea Muh. Aber wenn du heute

Abend kommst, kannst du ja schon ein paar deiner Sachen aus dem Haus schmuggeln." Leo verzog das Gesicht.

„Muh besitzen keine privaten Gegenstände. Alles ist Gemeinschaftsgut." Wie die Dinge lagen, brachte er wirklich nur sich selbst mit. Die nächste Frage war abzusehen. Er wappnete sich.

„Lass mich das klarstellen. Ihr esst vom gleichen Teller und tragt die gleichen Unterhosen?"

„Ja." Ramesh seufzte tief.

„Ich habe ja gesagt, du bist voller Überraschungen. Aber ich kenne solche radikalen Besitzverweigerer. Davon gab es immer wieder Gruppen in Kerala. Europäer, die wir irgendwann in der Klinik hatten. Aber ihr wascht euer Zeug wenigstens."

„Gehören diese Europäer zu den Dingen, die ich lieber nicht wissen will?"

„Ja. Vergiss, dass ich sie erwähnt habe. Hier, nimm den Schlüssel. Falls es Ärger im Tagungshaus gibt, kommst du hierher, Tag oder Nacht."

Andy

Von der Haustür der Hemmens aus sah Andy dem wilden Treiben auf der Strasse zu. Kirsten hatte ihm einige angeschlagene Teller mitgegeben. Die hatte er kunstvoll zerschmettert, aber ohne Kirsten machten solche Feste keinen Spaß. Sie hatte Nachtdienst, und weil er am Sonntagmorgen Frühdienst hätte, würde er sie erst am nächsten Nachmittag wiedersehen.

Die älteren Gäste, zu denen Andy sich widerwillig zählen ließ, machten den Weg frei für Heidi und Andrej. Sie trug einen alten Besen über der Schulter und schwenkte drohend einen Handfeger, er folgte ihr mit einem großen Karton. Unter dem Johlen der jungen Leute begannen die beiden mit dem Auffegen der Scherben. Der Lärm war kolossal, aber die gesamte Nachbarschaft befand sich sowieso auf dem Polterabend. Andy klatschte mit den anderen rhythmisch in die Hände. Dermaßen angefeuert fegten und schaufelten Heidi und Andrej. Beide waren schon rot im Gesicht. Andrej händigte Kati sein Jackett aus. In Hemdsärmeln stürzte er sich erneut ins Gemetzel. Krachend schaufelte er die Porzellanscherben in den Karton, scheppernd zerbrachen neue Teller und Tassen um Heidis Füße. Glücklicherweise hatte sie ihre hochhackigen Sandalen gegen Turnschuhe getauscht. Auch die jungen Leute aus Andrejs Freundeskreis zerschmissen fröhlich Geschirr, das Mischa und Lubov in großen Mengen extra für die aus Russland Angereisten mitgebracht hatten.

Andy betrachtete die jungen Frauen. Sie waren für seinen Geschmack zu herausgeputzt, zu jung auch, aber hübsch anzusehen. Die Männer waren zu schick für einen Wardenburger Polterabend. In Oldenburg wären sie vielleicht nicht aufgefallen. Heidis Rock wallte um ihre Knöchel. Andy sah verwundert ihren verkniffenen Mund. Christa dagegen lachte frei heraus. Hinter ihr stand ein großgewachsener Mann. Auch er hatte sich seines Jacketts entledigt und klatschte fröhlich in die Hände. Wenn Christa sich zu ihm umdrehte, strahlte er. Andy kniff die Augen zusammen. Das Gesicht kannte er nicht. Da es sich höchstwahrscheinlich um keinen Wardenburger handelte, musste Christa ihn in Rhauderfehn kennengelernt haben. Es war erstaunlich, was für interessante Leute in Ostfriesland lebten. Dass er nicht von dort stammte, bezweifelte Andy keinen Augenblick. Dieser Mann kam aus der Großstadt, war offen für ländliche Traditionen und zeigte deutliches Interesse an Christa.

Andy musste sich eingestehen, dass es ihn überraschte, wenn ein Mann Christas Wert erkannte. Zu Unrecht, wie Andy loyal dachte, ließen sich die meisten Leute von Heidis durchgeplanter Attraktivität täuschen. Sie hatte schon als kleines Kind gelernt, dass hellblonde Mädchen bevorzugt wurden, und ihr ganzes Leben nach dieser Erkenntnis gestaltet. Dieser Mann hinter Christa schenkte Heidi kaum einen Blick. Er achtete genau auf Christa, zückte einen Teller, wenn sie einen werfen wollte, und hielt sie kurz an der Taille fest, als Heidis Besen unkontrolliert zwischen die Beine der Umstehenden fuhr. Andy beschloss, sich nachher einmal mit ihm zu unterhalten. Es schadete nie, fremde Gäste zu durchleuchten.

„Sag mal, Jörn, wer ist der Typ, der mit Christa gekommen ist?" Jörn reckte den Kopf.

„Der in dem Cowboy-Hemd?"

„Das nennt man Westernhemd. Ja, der." Kirsten hatte ihm so ein Hemd bestellt, weil sie meinte, er könne im Sommer nicht in seinem alten Pullover herumlaufen. Wenn Andy Christas Begleiter sah, wurde er neidisch, weil er nie in der Lage wäre, Hemd und Jeans so elegant zu kombinieren. Er würde immer wie ein Polizist ohne Uniform aussehen.

„Vielleicht ein Kollege." Väter wussten oft weniger von ihren Kindern als die Mütter. Aber auch Kati starrte in unverhohlener Neugier über die hüpfenden Köpfe zu Christas Begleiter.

Die jungen Leute zogen in den Garten, die älteren Gäste gingen durch das Haus auf die Terrasse. An der Küchentür stand Kati mit einem Tablett.

„Weißt du, wer Christa heute Abend begleitet?" Ihre Augen leuchteten.

„Ich habe keine Ahnung, wer das ist, Andy. Warum?"

„Reine Neugier." Er nahm ihr das Tablett ab und trug es zum Terrassentisch. Kati folgte ihm mit einem zweiten Tablett.

„Da ist ja Christa. Nein, den Jungen habe ich noch nie gesehen." Sie stellte das Tablett ab und reckte den Hals. Christas Begleiter hatte sein Jackett vom Gartenzaun der Nachbarn genommen und leger über eine Schulter geworfen. „Aber er erinnert mich an jemand. An einen Schauspieler vielleicht?"

„Wahrscheinlich an mich in meinen wilden Jahren. Ich sehe mir den Kleinen mal an."

Andy mischte sich unter das Volk. Die meisten Leute kannte er vom Sehen, mit vielen war er persönlich bekannt. Heidi saß auf den Terrassenstufen und schnallte ihre Sandalen wieder an. Sie war umringt von einigen jüngeren Frauen, Schulfreundinnen vermutlich, da sie alle Deutsch sprachen. Die russischen Frauen hatten sich an der anderen Seite der Terrasse versammelt. Andrej kreiste mit einem Tablett Sektgläser von Gruppe zu Gruppe. Bei Christa und ihrem Begleiter blieb er mit seinem leeren Tablett stehen. Andy gesellte sich dazu.

„Du bist ja ganz aufgelöst", sagte er zu Andrej. Dessen graues Hemd zeigte dunkle Flecken unter den Achseln, doch anscheinend hatte er den Punkt überschritten, an dem er noch über sein Aussehen nachdachte.

„Ich nicht haben gedacht, Scherben sind so schwere. Sie müssen bringen viele Glück." Christas Begleiter nickte.

„Scherben bringen Glück. Das habe ich schon oft gehört in Deutschland. Ein lustiger Brauch, so ein Polterabend."

„Der Abend wird noch lustiger", meinte Andy mit einem Seitenblick auf Andrej. Der strahlte in aller Unschuld zurück. Heidi hatte ihn offenbar nicht auf das vorbereitet, was bald auf ihn zukäme.

„Ja, der Abend wird noch lustiger", wiederholte Andy. Er wandte sich an Christas Begleiter. Der lächelte höflich. Christa trat beschützend näher zu ihm.

„Andy, das ist Justin Brown. Das ist Andy, ein Freund meines Vaters und Polizist hier in Wardenburg." Dieser Justin hatte zumindest einen kräftigen Händedruck.

„Amerikaner?" Justin bestätigte das mit einem Grinsen wie aus einem Mode-Western.

„Sie leben aber nicht in Ostfriesland, oder?"

„Nein. Ich wohne in Hamburg." Das erklärte die Qualität der Kleidung und den unverwechselbaren Stil. Wahrscheinlich hatte Christa sich an eine Partnervermittlung gewandt. Das war vielleicht die beste Lösung. Jörn reichte in Vorbereitung des anstehenden Rituals Getränke herum. Andy und Christa nahmen Sekt, Justin einen Orangensaft.

„Sie fahren also heute Abend?" Andy zeigte auf das Glas. Justin sah auf seinen Saft, dann auf Andy.

„Entschuldigung. Wohin fahre ich?"

„Trinken Sie keinen Sekt, weil Sie nach dem Polterabend noch Auto fahren müssen?" Er musste geschickter fragen. Als Ausländer konnte sich der Mann immer mit Verständnisproblemen um eine Antwort drücken.

„Verstehe. Nein. Ich trinke nie Alkohol."

Andy musterte das frische Gesicht aufmerksam. So jung konnte der Mann nicht sein. Durch seine Blicke schien Justin sich zu einer Rechtfertigung genötigt zu fühlen.

„Alkohol ist ein Laster. Wie Zigaretten. Wir sollten darauf verzichten." Andy schielte zu Christa, die interessiert zuhörte, was ihr Begleiter zu sagen hatte. Entweder hatte sie ihr Gehirn ausgeschaltet oder sie kannte ihn noch nicht lange.

„Was die Zigaretten angeht, stimme ich Ihnen zu. Aber gegen ein Glas Bier hier und da ist nichts zu sagen."

Justin lächelte höflich. Andy wollte Christa um ihre Meinung bitten, doch in diesem Moment schlängelte sich ein warmer Arm um ihn. Heidi hing wie eine Klette an seiner Seite, die schwarz umrahmten Augen waren auf Justin gerichtet.

„Willst du mich nicht vorstellen, Christa? Ich bin immerhin die Braut."

Das wollte Christa sichtlich nicht, Heidis Bitte kam sie nur aus Gewohnheit nach. Justin gratulierte artig und sprach von einer netten Party. Zu Andys Erstaunen versuchte Heidi nicht, mehr über ihn in Erfahrung zu bringen. Stattdessen drückte sie Andys Arm gegen ihren und sah von der Höhe ihrer Absätze auf ihn herab.

„Ich habe Gerüchte gehört, Andy. Kannst du mir weiterhelfen?"

„Was ist das für eine Frage, Heidi? Ich bin kein Privatdetektiv." Er wollte einen der üblichen abgedroschenen Witze machen, die junge Frauen von Männern seines Alters erwarteten, etwa ob sie gehört habe, dass der Bräutigam schon verheiratet sei. Sie wischte seinen Einwand mit einem Lächeln beiseite.

„Ich weiß von einer Kusine von Druschkas Freund Mischa, dass Anfang letzter Woche der Bericht von der Gerichtsmedizin an die Polizei geschickt wurde. Mit den Ergebnissen über Johannes Bruns. Du brauchst nicht den Kopf zu schütteln, ich weiß, dass das stimmt. Und sag nicht, die Proben sind anonymisiert. Das weiß ich."

„Dann kann diese Kusine von Mischa nicht wissen, was in dem Bericht steht."

„Stimmt. Aber deshalb frage ich dich. Was hast du inoffiziell gehört?" Auch Christa hörte aufmerksam zu, und Justin, der mit Sicherheit nicht wusste, worum es ging, sah forschend von Heidi zu ihm.

„Heidi, das ist nicht der Ort für so etwas", versuchte Andy sich um die Antwort zu drücken. Er wusste, dass er wieder Interna preisgeben würde, wenn ihn niemand rettete. Jörn hätte sehen können, dass seine Töchter ihm Dienstgeheimnisse abrangen. Aber Jörn stand am Grill und beaufsichtigte die Koteletts. Heidi und Christa kamen näher, Christa einen halben Schritt und Heidi eine Umschlingung. Justin stand mit erwartungsvoll schief gelegtem Kopf hinter Christa und musterte ihn weiter aufmerksam. Andy gab nach.

„Man hat nicht viel Verwertbares gefunden. Nur Gesteinsstaub an einem Ärmel. Vielleicht hatte der Entführer den Staub an der Kleidung und hat ihn auf den Ärmel von Bruns übertragen. In der Hütte war sonst kein Gesteinsstaub. Und ich habe keine Ahnung, was die Kollegen davon halten. Und jetzt entschuldigt mich. Ich muss dahin gehen, wo der Kaiser zu Fuß hingeht."

Mit diesen Worten wand Andy sich aus Heidis Arm und floh ins Haus. Als er wieder auf die Terrasse trat, hatte sich die Schlange am Buffet aufgelöst. Andy füllte seinen Teller und suchte einen ruhigen Fleck zum Essen. Zu lange konnte er nicht bleiben, weil er morgen früh zum Dienst fahren musste. Immerhin war für seine Verpflegung gesorgt. Gerade wollte er sich von Jörn und Kati verabschieden, als laute Rufe und Klatschen den Höhepunkt des Abends ankündigten. Andy trat an den Rand der Terrasse und fand sich neben Justin wieder. Schweigend beobachteten sie, wie einige Wardenburger Freundinnen von Heidi Andrej zu Boden rangen und ihm die Hose auszogen. Katja Dreesen, die Andy am Morgen noch die Haare geschnitten hatte, goss Spiritus über die Hose, die alte Hella Kloopmann hielt ein Streichholz daran. Die brennende Hose fiel unter dem Gekreische der Umstehenden auf den Rasen. Jemand trat die Flammen aus.

„Das ist hier Tradition", erklärte Andy ungefragt. „Ohne Hose kann der Bräutigam nicht weglaufen."

„Verstehe. Sehr guter Gedanke. Was passiert jetzt?"

Heidis Freundinnen hatten die Reste der Hose in eine Blechdose gebettet. Nun trugen sie die Dose zu einem Blumenbeet, wo bereits ein Loch ausgehoben worden war. Unter Jammern und Lachen wurde die Hose beigesetzt. Mischa überreichte Heidi eine Flasche. Der Form der Flasche nach zu urteilen, handelte es sich um Wodka. Die Gäste jubelten, als Heidi die Flasche einen Moment hoch hielt. Dann legte sie die Flasche zu der Dose. Eine der Frauen schaufelte das Loch zu, eine andere wickelte Andrej ein geblümtes Bettlaken um die Hüften.

„Ein Jahr nach der Hochzeit darf Andrej die Flasche ausgraben. Dann kommen die gleichen Gäste wie heute und trinken den Wodka."

„Das ist cool. Und das macht man nur in Wardenburg?" Er mochte jung und unbedarft aussehen, aber da war etwas Abschätzendes in seinem Blick. Wahrscheinlich hatte er doch verstanden, dass er es mit einem viel zu redseligen Polizisten zu tun hatte. Am Ende war er selbst Polizist und nahm in Hamburg an einem internationalen Austausch teil. Aber das passte nicht. Dieser Justin hatte nicht den Blick eines Polizisten, eher den eines Anwalts oder Geschäftsmannes.

„Hier in der Gegend jedenfalls."

„Wirklich cool. Ich bin sehr glücklich, dass ich jetzt diesen Brauch kenne. Christa ist sehr nett, dass sie mich eingeladen hat."

„Nun, sie ist sehr nett", bestätigte Andy, der langsam wieder in seinen Befragungsmodus verfiel. „Wo hat sie Sie untergebracht?"

„Fischerkate heißt das Hotel. Hier in Wardenburg."

Als Andy eine Viertelstunde später auf seinem Fahrrad durch die leeren Straßen Wardenburgs fuhr, fragte er sich, wessen Idee es gewesen sein mochte, Justin in einem Hotel unterzubringen. So wie er Christa den ganzen Abend über angesehen hatte, sollte man erwarten, er übernachtete bei ihr.

Montag, 6. Juni

Amke

Amke Kehl behauptete von sich, dass sie keinen Spiegel benötigte. Das war gelogen. Im Privatleben legte sie Make-up auf und frisierte ihre hüftlangen orangeroten Haare zu dramatischen Hochsteckfrisuren. Im Dienst hingegen achtete sie auf matte Haut und festen Zopf. Sie war zu groß, um als adrett durchzugehen, geschäftsmäßig beschrieb sie besser. Also nutzte Amke die letzte Viertelstunde vor dem Eintreffen der ersten Bewerberin, um vor dem Spiegel Geschäftsmäßigkeit herzustellen.

Sechs Damen waren zum Vorstellungsgespräch eingeladen. Amke hatte sie sorgfältig ausgewählt, auch die Kandidatin vom Jobcenter in Aurich. Amke glaubte nicht, dass sie jemals eine Kandidatin einstellen würde, die ihre Bewerbungsunterlagen nach einem Anruf der Sachbearbeiterin schickte. Nach Amkes Überzeugung missbrauchten die Jobcenter den Pflegebereich als Zwischenlager für unqualifizierte Bewerberinnen.

Ihr Blick glitt über die sechs Fotos. Drei Stellen galt es zu besetzen, zwei Favoritinnen hatte sie bereits, auch musste das Jobcenter Aurich bloßgestellt werden. Außerdem wollte sie Dank für Informationen zu den Morden an Oltmann zeigen und, mit etwas Glück, etwas über Albert Jakena erfahren.

Crea. Heim und Pflege gab sich die Ehre mit einer Kommission bestehend aus Amke Kehl, Leiterin des Pflegebereichs, Harald Meinert in Jackett und Krawatte und Christa Hemmen in grauen Nadelstreifen. Frau Hahn öffnete die Tür für die erste Bewerberin. Die Frau aus Aurich schlurfte kurzatmig herein. Überquellend sackte sie zwischen die Armlehnen ihres Stuhls, um unter Amkes Blicken zu schmelzen.

„Haben Sie ernsthaft diese Person für eine Stelle bei uns in Erwägung gezogen?“, wollte Frau Hemmen wissen, kaum dass die Tür hinter der Frau zugefallen war. Herr Meinert grinste lediglich. Amke machte einen Strich hinter den Namen der Frau.

„Ach was. Die verdanken wir dem Jobcenter Aurich.“

Herrn Meinerts fortwährendes Grinsen hielt Amke nicht davon ab, die nächste Bewerberin hereinzubitten. Diese war eine ihrer Favoritinnen, eine erfahrene Kraft, die sich finanziell verbessern wollte. Herr Meinerts Grinsen wandelte sich zu einem wohlwollenden Lächeln, und auch Frau Hemmen wirkte entspannter.

Auch die dritte Bewerberin ging als Favoritin ins Rennen, wirkte aber zu nervös. Die vierte Bewerberin entpuppte sich als Glückstreffer, obwohl Amke ihre Papierpräsentation weniger beeindruckend gefunden hatte.

Als fünfte kam Frau Schnuis. Ihr Nasenring und die blauschwarze Beehive-Frisur ließen Frau Hemmen hin und her rutschen. Amke nickte kühl. Ihrem Einladungsschreiben hatte sie einen handgeschriebenen Zettel beigefügt, auf dem sie Frau Schnuis daran erinnerte, dass sie sich nie begegnet waren.

Die sechste Kandidatin, Celine Olwig, verdankte ihre Einladung dem Umstand, dass sie nach einer Berufswiedereinstiegsmaßnahme im Papenburger Julianenhof ein Praktikum absolviert hatte. Der Julianenhof gehörte normalerweise nicht zu den Einrichtungen, von denen Amke eine Praktikantin übernommen hätte. Andere Arbeitgeber hielten es offenbar wie sie, denn Frau Olwig war seitdem arbeitslos. Was Amke beim Überfliegen des Lebenslaufes hatte stutzen lassen, war das Datum des Praktikums.

„Ihr Praktikum ist jetzt schon ein Jahr her. In der Zeit haben Sie nicht gearbeitet?"

„Nur hin und wieder mal Wochenenddienst im Julianenhof. Äh, bar auf die Hand. Ich wollte das nicht in den Lebenslauf schreiben." Amke hatte solche Gerüchte über den Julianenhof gehört.

„Vor einem Jahr war Ihr Praktikum. Da haben Sie den Mann, dessen Leiche jetzt in Cloppenburg gefunden wurde, gekannt?" Herr Meinert räusperte sich, Frau Hemmen rückte näher an Amke heran. Frau Olwig errötete.

„Den Jakena? Ja, der war bei mir auf der Station. Furchtbar. Die anderen mochten ihn nicht, aber ich bin gut mit ihm klargekommen." Amke lobte sich selbst, dass sie die Daten von Frau Olwigs Praktikum und Albert Jakenas Verschwinden in Zusammenhang gebracht hatte.

„Wieso mochten die anderen ihn nicht? Waren das Mitarbeiter oder Bewohner?" Frau Olwig hob ihre Hände. Die Fingernägel waren kurz geschnitten und sauber. Amke nickte wohlwollend.

„Über die Bewohner hat er sich beschwert, dass sie so viel reden. Und die Kolleginnen fanden, er stellte sich an. Aber er brauchte Hilfe wegen seinem Arm."

„Was war mit dem Arm?" mischte sich Frau Hemmen ein. Es machte Frau Olwig sichtlich nervös, wenn Nadelstreifen sie ansprachen.

„Das war noch aus dem Krieg. Da hatte er einen Durchschuss am linken Oberarm. Ganz kurz vor Kriegsende, sagte er. Und die Wunde hat sich schlimm entzündet. Er ist knapp um eine Amputation herumgekommen. Den Arm konnten die Ärzte retten, aber die Beweglichkeit war stark eingeschränkt."

„Das wirkt sich natürlich auf die Persönlichkeit aus", übernahm Amke wieder. „Wie war er denn sonst?"

„Zu mir ganz nett. Er hat mir aus seinem Leben erzählt, dass er in Papenburg in der Buchhaltung von der Werft gearbeitet hat. Familie hatte er keine. Er hat gesagt, was er im Krieg erlebt hat, hat ihn ganz davon abgebracht zu heiraten. Deshalb ist er nach der Rente ins Altersheim gegangen. Der Jakena hat über zwanzig Jahre im Julianenhof gelebt. Das muss man sich mal vorstellen."

„Keine Familie? Wie traurig. Hatte er denn Freunde?"

„Er hatte in seinem Zimmer Fotos von Freunden, aber die meisten waren schon tot." Frau Olwig kicherte, was Amke zu ihrer nächsten Frage veranlasste.

„Hatte er vielleicht eine Freundin?" Frau Olwig lächelte entschuldigend.

„Er hatte eine ganz nette Bekannte. Ich habe sie einmal gesehen, als ich nach Dienstschluss vorne rausgegangen bin. Da hat sie ihm aus ihrem Auto geholfen." Sie zögerte. „Sie kam mir bekannt vor. Nein, falsch. Damals nicht. Aber ich glaube, ich habe letztens ein Foto von ihr gesehen. Vielleicht in der Zeitung? Da sieht man ja manchmal Leute, die mit ihrem Verein irgendeine gute Tat getan haben."

„War diese Bekannte denn von einem wohltätigen Verein?", mischte sich wieder Frau Hemmen ein, aber Frau Olwig schüttelte den Kopf.

„Keine Ahnung. Aber der Jakena hat ein paarmal gesagt, dass er vielleicht zu der Frau zieht. Sehen Sie, das klingt jetzt blöd, wenn ich das sage. Wo die mir doch den Praktikumsplatz gegeben haben. Aber der Julianenhof ist nicht so toll. Früher war er besser, das haben die Bewohner alle gesagt. Was hätte den Jakena da gehalten, wenn er in seinem Alter noch einmal von vorne hätte anfangen können?" Herr Meinert reckte sich zu Amkes Ohr.

„Führen Sie hier keine Verhöre." Amke holte tief Luft und hängte eilig die nächste Frage an.

„Aber dann ist Herr Jakena verschwunden?" Herr Meinert knurrte leise. Frau Olwig warf ihm einen panischen Blick zu, aber Amke verstärkte ihre wohlwollende Ausstrahlung.

„Ja. Das war an meinem letzten Tag. Ich hab ihm nach dem Mittagessen geholfen, eine neue Jacke anzuziehen. Dann habe ich ihm ein frisches Glas und eine Flasche Wasser gebracht. Das alte Glas wollte er behalten, weil er am Nachmittag zwei Gläser brauchte. Er bekäme Besuch, hat er gesagt. Und gezwinkert. Da hab ich ihm viel Vergnügen gewünscht und mich verabschiedet. Ja, und ein paar Tage später habe ich in der Zeitung gelesen, dass er vermisst würde." Nun raffte sich Herr Meinert auf. Ihm war offenbar eingefallen, in welchem Zusammenhang der Name Jakena in den letzten Tagen erwähnt worden war.

„Haben Sie der Polizei von dieser Bekannten erzählt?" Frau Olwig schüttelte den Kopf.

„Nein. Hätte ich? Die Polizei ist nie zu mir gekommen. Darüber hab ich mich schon gewundert. Die im Julianenhof wussten doch, dass ich an dem Tag Dienst hatte. Ich habe gedacht, es wäre nicht notwendig, dass die mit mir reden."

Nachdem Frau Olwig gegangen war, schimpfte Herr Meinert ein wenig wegen des Verhörs, doch Amke ließ sich nicht aus der Ruhe bringen.

„Also, wenn Sie mich fragen, Nummer zwei hat eine Stelle. Sonst schwanke ich, ob drei, vier oder sechs. Und Frau Hemmen?“ Frau Hemmen sah auf.

„Vielleicht sollten Sie Herrn Lüken erzählen, was wir eben von Frau Olwig erfahren haben.“ Frau Hemmen errötete, nickte aber.

„Ja, das sollte er wissen. Ich rufe ihn gleich an.“ Sie grinste unerwartet. „Das war sehr clever von Ihnen, Frau Kehl. Gegen jede Regel, aber sehr clever.“

Donnerstag, 9. Juni

Okko

Okko Lüken war mit sich zufrieden, als er an diesem Nachmittag aus Leer zurückkam. In seinem Gespräch mit Celine Olwig hatte er einige neue Informationen über Albert Jakena erfahren, die der Polizei bis dahin nicht bekannt gewesen waren. Ein höherrangiger Kollege hatte daraufhin ein weiteres Gespräch mit ihr geführt. Mittlerweile gab es ein Phantombild von Jakenas Freundin. Da Frau Olwig sie jedoch nur in gebückter Haltung gesehen hatte, als sie dem Mann aus ihrem Auto half, blieben ihre Angaben vage. Sie behauptete aber, die Frau wiedererkennen zu können und auch ein Foto von ihr in einer Zeitung gesehen zu haben. Über das Auto konnte sie nur sagen, dass es klein gewesen war.

Als Okko in den Feierabend ging, blätterte Frau Olwig noch sämtliche Zeitungen der letzten Wochen durch. Der höherrangige Kollege war gerade mit einem belegten Brötchen und Kaffee auf dem Weg zu ihr und hatte Okko gelobt. Davon sollte Christa Hemmen hören. Sie wäre, davon war Okko überzeugt, beeindruckt. Tatsächlich gratulierte sie ihm und ließ sich auf einen Tee in das Fahrradcafé am Untenende einladen. Eine ehemalige Klassenkameradin von Okko betrieb die Teestube in den Räumen der großväterlichen Fahrradwerkstatt, wobei in einem Teil der Werkstatt noch Teilnehmer einer Reha-Maßnahme für psychisch Kranke kleinere Reparaturen für Fahrradtouristen durchführten. Den Kuchen backten andere Teilnehmer dieser Maßnahme, so dass Konditorlehre und Sozialpädagogikstudium optimal verbunden waren. Trendbewusst bot Mareike ausschließlich Minikuchen aller Art an. Christa fand die Idee des Projekts gut, kannte auch ähnliche Projekte in großen Städten. Ihre Aufmerksamkeit widmete sie dann der Auswahl von Küchlein, bis Okko seine Gegenleistung für Celine Olwig auspackte.

„Als die SOKO eingesetzt wurde, ging man von drei Morden aus. Das hat sich geändert."

„Inwiefern?" erkundigte sich Christa durch einen halben Miniaturgugelhupf. Puderzucker klebte in ihren Mundwinkeln, was so gar nicht zu ihrem Nadelstreifen-Blazer passte. Okko fand, sie sehe verletzlich aus und benötige eine starke Schulter wie seine. Gerne hätte er sie geküsst, aber das wackelige Tischchen zwischen ihnen verhinderte das.

„Wir wissen seit heute Vormittag von zwei ähnlich gelagerten Fällen", setzte er sein Werben fort, konnte jedoch einem Limonentörtchen noch weniger widerstehen als Christas gezuckerten Lippen. Beherzt beförderte er das Törtchen von der Etagére auf seinen Teller. Für die nächsten dreißig Sekunden hinderte die fruchtige Creme ihn an weiteren Erklärungen. Christa begutachtete wieder die Kuchenauswahl auf der Etagére.

„Was sind das für Fälle?" erkundigte sie sich vor einem Biss in ein Rosenwassertörtchen. Okko nippte an seinem Tee.

„Vor acht Jahren hatten die Kollegen in Aachen mit einem Mord in der Nähe von—wie hieß das Kaff?—Kalterherberg zu tun. Das ist in der Eifel. Der Ort liegt oben auf einem Berg, und unten im Wald ist Belgien. In diesem Waldstück, noch auf deutscher Seite, stand eine Jagdhütte. Irgendwann haben die Nachbarn Mühe gehabt, ihre Hunde von dem Grundstück zu holen. Sie haben die Polizei gerufen, und die hat die Leiche eines gefesselten alten Mannes gefunden."

„Ich esse", bemerkte Christa, wirkte aber nicht sehr beunruhigt. „Wie hieß dieser Mann?"

„Weiß ich nicht. Wir kriegen die Akte morgen. Harms hat sie im Moment." Okko füllte Christas Tasse mit frischem Tee. „Der zweite Fall liegt noch länger zurück."

„Wie lange?"

„Zehn Jahre."

Nach einem höflichen Gerangel teilten sie vorsichtig einen Minikäsekuchen mit Erdbeergarnitur.

„Da ging es um einen Holländer aus dem Grenzgebiet zu Nordrhein-Westfalen. Der Mann lebte in Kerkrade. Vor zwölf Jahren hat seine Frau ihn vermisst gemeldet." Christa zupfte Erdbeerblättchen von ihrer Törtchenhälfte.

„Vor zwölf Jahren? Du hast eben von zehn Jahren gesprochen." Okko nickte. Es machte Spaß, Geheimnisse an aufmerksame Ohren zu verraten. Christa wusste hoffentlich, wie sie sich bedanken konnte.

„Warte ab. Die Frau in Kerkrade hat ihn vermisst gemeldet. Ungefähr zu dieser Zeit ist ihr Mann in der Nähe von Eindhoven aufgetaucht. Zusammen mit einer anderen Frau. Die Leute da dachten, es wäre ein Ehepaar, das sich zur Ruhe setzen wollte."

„Eindhoven", murmelte Christa. „Kenne ich das von Autobahnschildern?"

„Vielleicht. Sie haben auch eine Top-Fußballmannschaft." Er sah, wie sich ihre Augen trübten, als er Fußball erwähnte. Schnell kam er zum eigentlichen Thema zurück. „Jedenfalls hat der Kerl zwei Jahre in einem Dorf bei Eindhoven gewohnt, während die Kerkrader Polizei ihn gesucht hat. Dann ist vor zehn Jahren das Haus abgebrannt. Seine Leiche wurde in der Ruine gefunden. Todesursache: eingeschlagener Schädel mit dem berühmten stumpfen Gegenstand. Seine Partnerin war fort."

„Hat man die Frau gefunden?" Christa fand den Mord offenbar interessanter als Fußball. Sie sah ihn über den Rand ihrer Tasse aus Augen an, die für seinen Geschmack ein wenig zu grau waren. Immerhin wusste sie, ihre hellen Augen geschickt zu betonen. Okko schätzte das Dezente. Frauen, die sich so schminkten, zogen auch diskrete Beziehungen vor.

„Nein. Diese Akte liegt auch noch bei Harms."

Er streckte seine Hand nach Christas aus. Die ließ sich nicht vom Verzehr eines Mininusskuchens abhalten. Okko seufzte betont. Er machte seine eigenen Augen groß und legte romantisches Pathos in den Blick. Christa befreite ihre Hand, um mit der Serviette den Mund abzutupfen.

„Im Alter lebt man gefährlich", klärte er sie auf. Der Ansatz passte überall. Christa nickte.

„Ja. Anscheinend schützt sogar die Ehe nicht. Apropos, morgen heiratet meine Schwester."

„Das ist schön. Dann hast du am Wochenende wahrscheinlich keine Zeit für mich?" Sie schüttelte mit leicht gekrauster Stirn den Kopf, aber natürlich sah er ein, dass ihr Wochenende verplant war.

„Nein, tut mir leid, Okko. Ich habe auch Übernachtungsbesuch." Die flüchtige Röte stand ihr. Anscheinend war es ihr unangenehm, ihm absagen zu müssen. Okko lächelte sein charmantestes Lächeln.

„Aber nächstes Wochenende?"

„Vielleicht." Nun hatte er allerdings nicht den Eindruck, dass sie an ihn dachte.

Leo

Die Arbeit an Thereses Tagebuch empfand Leo als kaum weniger belastend als die Übersetzung von Jeannes Briefen. Das lag zu nicht geringen Teilen am Inhalt des Tagebuchs. Niemand im einundzwanzigsten Jahrhundert hätte freiwillig mit Therese getauscht und an ihrer Stelle in einem Hotel in Malmedy ausgeharrt. Die Stadt war während der Ardennenoffensive Ende 1944 von den Deutschen zurückerobert und anschließend von den Alliierten dreimal bombardiert worden. Aus der Schule kannte Leo Bilder des zerstörten Malmedy. Für Therese war das Hotelzimmer vermutlich ein guter Unterschlupf, bezahlt von ihrem amerikanischen Soldaten-Freund. Aber ein Hotel, das dieser Soldat bezahlen konnte, gehörte kaum zu den guten Adressen der Stadt.

Neben Thereses erbärmlichem Leben 1948 ging ihm Edu auf die Nerven. Bea hatte Leo im Wochengespräch versprochen, Edu zu erklären, dass er um eine Entbindung von seinem Fürsorgeversprechen gebeten habe. Am Mittwochabend hatte Edu bei der öffentlichen Sammlung gefehlt, da er aber die spätere Sammlung bevorzugte, hielt Leo es für unbescheiden anzunehmen, dieses Fehlen stehe in Zusammenhang mit seiner Bitte.

„Du brauchst diese Übersetzung nicht mit ihm zu machen", hatte Ramesh am Donnerstagmorgen gesagt, als er ihn vor dem Tagungshaus absetzte. Bea hatte ihm erlaubt, die Nacht bei Ramesh zu verbringen. „Bea Muh hat das zwar gesagt, aber wenn du nicht willst, mach es nicht." Ramesh war kein Muh und wusste nicht, dass unangenehme Arbeiten mit Gleichmut getan werden mussten. Trotzdem wäre es Leo lieber gewesen, Edu hätte auch nur ein Wort gesagt. Dieses schon selbstgefällige Schweigen provozierte ihn mehr als Anschuldigungen es getan hätten.

Am anderen Ende des langen Tisches arbeitete Edu an der Übersetzung, einen Ausdruck des gescannten Tagebuchs neben dem Laptop. Verglichen mit Thereses Schrift hatte Jeanne deutlich geschrieben. Zu viele Stellen hatte das Texterkennungsprogramm falsch interpretiert, und Leo hatte bei der Nachbearbeitung nur raten können. Therese sparte Papier und Tinte, indem sie Wörter und Eigennamen abkürzte und Buchstaben zum Ende einer Zeile unentwirrbar zusammenschob.

In ihrem ersten Eintrag hatte Therese von aufregenden Wendungen in ihrem Leben berichtet, ohne diese zu nennen.

`Wenn Baby groß ist, fragt sie bestimmt, wie wir nach Amerika gekommen sind. Wenn ich dann noch lebe, so wahr mir Gott helfe, will ich ihr alles sagen. Aber ich vergesse so viel. Das wird immer` schlimmer. Darum will ich ein Tagebuch führen. Und wenn ich zu dem Tag nicht mehr lebe, kann sie lesen, wie es war, hier in Malmedy auf die Abreise zu warten. Sie darf nicht denken, ich hätte leichtfertig gehandelt. Fehler habe ich gemacht, aber Babys Leben war kein Fehler.

Aufregendes konnte Leo in der Niederschrift nicht entdecken. Thereses Leben in Malmedy war noch eintöniger als das von Jeanne. Nach dem ersten normal geschriebenen Eintrag waren Thereses Sätze so verstümmelt, dass er sich fragte, wie sie hatte hoffen können, Margareth wäre ohne sie in der Lage, das Tagebuch zu entschlüsseln. Es bedurfte nicht der von Therese beklagten Vergesslichkeit, ratlos eine entzifferte Zeile wieder und wieder zu lesen, ohne auch nur zu ahnen, was sie gemeint haben könnte.

Bei F. NSt gegen rW, S gegen Schkn. Osw. bringt noch L.

Therese klagte über das Wäschewaschen in einem kleinen Handwaschbecken und tropfende Wäsche an einer Leine quer durch den Raum. Ein typischer Eintrag lautete:

Baby ins Bett gemacht, Laken waschen. Muss Maggi sagen. Amerikanischer. Nach Brot angestanden. Osw. kommt abends.

Die meisten Einträge waren so kurz und reihten sich übergangslos aneinander. Doch es gab auch längere:

Endlich. Montag geht es los. Ich habe J. geschrieben. Hoffe, sie kann kommen. Ich würde rausfahren, aber ich habe Angst, dass so kurz vor der Abreise etwas passiert. So war es das letzte Mal, als alle dachten, die Ungewissheit wäre vorüber. Aber ich möchte J. gerne noch einmal sehen. Seit Kett. habe ich sie nicht gesprochen. Sie wollte nie wieder nach Malm. kommen. Das verstehe ich. Ich wäre auch nicht geblieben, wenn ich Osw. nicht getroffen hätte. Hoffentlich kommt J.!

Einige Tage später machte Therese ihren längsten Eintrag bis dahin:

Heute war J. den ganzen Tag bei mir. Habe sie eben zum Bus gebracht. Ich war froh, ich glaube, sie auch. Geweint haben wir trotzdem. Wenn ich weggehe, ist sie ganz allein. Von den Mädels ist keins mehr übrig. Wäre besser für J., wenn sie in Kett. bleiben würde. Da könnte sie einen heiraten. Wer außer denen würde sie nehmen? J. wundert sich, dass ich Maggi sage. Sie findet es nicht wichtig, dass es amerikanisch klingt. Ich schon. Das Kind ist meins und ich nenne es Maggi. Eines Tages erkläre ich das Maggi und auch, warum sie nicht in ihrem Land und mit ihren Leuten leben durfte. Wenn ich mich traue. Es tut so weh, daran zu denken. Ich möchte an manchen Tagen nur weinen. Alles ist zu Ende. Vorbei. Für Maggi wird es wie ein Märchen sein. So war es für mich, mit Osw. als Prinz. J. sagt, wir müssen uns erinnern, wie es war, bevor es so furchtbar zu Ende ging. Ich will es nicht. Das braucht Maggi nicht zu wissen, dass der Kerl sogar gesagt hat, er nimmt mich mit. Aber J. hatte die Idee, alle Namen aufzuschreiben. Ich dachte wirklich, ich hätte das alles vergessen. Aber wir haben uns erinnert: Keno Oltmann, Thünn Läuven, Johannes Bruns, Albert Jakena, Josef Siemers, Walter Szydow, Eugen Retsin, Otto Paweltschik, Franz Hofmeier, Justus Waretzka. Und dann haben wir auch die Mädels aufgeschrieben: Leonie Brevel, Ada Kern, Margret Hoven, Irma Mölter, Marlene Hamacher, Jeanne Fontaine, Therese Frantzen. Therese geht jetzt doch auch. Endlich. Ich glaube wirklich, J. sollte in Kett. bleiben. Sie will es sich überlegen. Was soll aus ihr werden, wenn sie es nicht tut?

Leo las den Eintrag ein zweites Mal.

„Bist du dir bei den Namen sicher?“ Wie erwartet verzögerte sich die Antwort. Edu witterte in jeder Frage Kritik und tat so, als hörte er nichts.

„Ja“, entgegnete er schließlich, ohne den Kopf zu heben. Leo las die Liste der Männernamen laut vor. Diesmal hob Edu den Kopf, nicht aber den Blick.

„Was ist damit nicht in Ordnung?“

“Fällt es dir nicht auf? Zwei der Männer auf der Liste heißen so wie zwei alte Männer, die hier in der Nähe ermordet wurden. Die Zeitungen waren voll davon. Johannes Bruns und Albert Jakena. Dieser Johannes Bruns war aus Wardenburg, wie Christa Hemmen.“

Die letzte Bemerkung hätte er unterlassen sollen. Edu warf ihm den dunkelsten Blick zu, den er in den vergangenen zwei Jahren geerntet hatte.

„Ich lese keine Zeitung. Angelegenheiten der Welt kümmern mich nicht. Ich treibe mich auch nicht in den Betten der Welt herum und lerne da Geschichten von Mord und Totschlag.“

Leo verkniff sich eine Rechtfertigung. Er las die Zeitungen der Welt nicht, er sah ihre Schlagzeilen, wenn er sie für die Tagesgäste im Foyer auslegte. Das war eine Angelegenheit der Muh, wie er hätte anführen können. Alles andere ging Edu nichts an. In diesem Moment kam Leo erstmals der Gedanke, dass es Edu nahe gehen könne, dass er um eine Entbindung bat. Er tastete in der Tasche nach seinem Handy, als er weiterprach.

„Ob du es weißt oder nicht, ist egal. Es ist eine Tatsache, dass Bruns und Jakena innerhalb des letzten Jahres ermordet wurden. Hier im Nordwesten. Ein gleicher Name hätte Zufall sein können. Aber zwei? Deshalb frage ich, ob du dir bei den Namen sicher bist.“ Edus Interesse schien so weit geweckt, dass er im gescannten Tagebuch nach dem entsprechenden Eintrag suchte.

„Eigentlich ja." Zwei Wörter waren mehr, als Leo erwartet hatte. Angespannt sah er zu, wie Edu aufstand, zwei Schritte ging und ihm die Seiten des gescannten Tagebuchs zuschob. Da Edu ihn nicht ansah und auch nichts mehr sagte, fuhr Leo mit den Zeigefinger über die Zeilen bis zu Thereses Aufzählung. Bei Thünn Läuven und Otto Paweltschik ließ ihre Handschrift Spielraum für Interpretationen, Johannes Bruns und Albert Jakena waren jedoch klar lesbar wiedergegeben.

„Das sollten wir Bea sagen." Leo wartete, ob Edu Anstalten machte, das Handy zu nehmen. Da der nur mit gerunzelter Stirn an seinem Platz saß, trug Leo das Tagebuch hinüber zu Beas Büro. Es war eine gute Gelegenheit, Edus schlechter Laune für kurze Zeit zu entkommen. Er fand Bea an ihrem Schreibtisch. Sie tippte einen Text, unterbrach ihre Arbeit aber sofort, als er an den Türrahmen klopfte.

„Was gibt es, Leo Muh?" Ihr Blick erfasste seine Anspannung und den Ärger, den er aus dem Planungsbüro mitgebracht hatte. Dann entdeckte sie den Zettel in seiner Hand. Er reichte ihr das Blatt mit der Namensliste.

„In diesem Eintrag stehen die Namen von zwei Männern, die hier in der Gegend ermordet wurden, Bea." Sie nahm die Zettel und las an der Stelle, die er ihr mit dem Finger wies.

„Drei", sagte sie dann. „Christa Hemmen sprach von drei Männern. Ein Keno Oltmann wurde ebenfalls ermordet. Dieser Mord liegt schon ein paar Jahre zurück. Das sollte die Polizei wissen. Setzt die Arbeit fort. Wenn sie das nächste Mal kommt, gebt ihr Christa Hemmen das Original und eine Datei mit dem Text und der Übersetzung, soweit die dann fortgeschritten ist. Sie wird das Material an die Polizei weiterleiten."

Es war nun beinahe Zeit für die Sammlung. Leo räumte seinen Arbeitsplatz auf, Edu rührte sich nicht.

„Was ist? Hast du etwas dagegen, dass ich Bea die Textstelle gezeigt habe? Sie meint, die Polizei sollte davon wissen." Er konnte sich vorstellen, dass Edu längst vergessen hatte, dass er gerade bei Bea gewesen war. Ebenso fraglich war, ob er verstand, wie seltsam es war, wenn Therese Frantzen die Namen von drei in der letzten Zeit ermordeten Männern vor fast siebzig Jahren nebeneinander geschrieben hatte. Zeitverzögert schüttelte Edu den Kopf.

„Nein." In der folgenden Pause erholte sich Leo von der unerwarteten Antwort. „Laut Therese war J. in Malm. J. ist Jeanne. Malm ist Malmedy. Kett. ist Kettenis."

„Ja", sagte Leo ungeduldig, rief sich jedoch zur Ordnung. „Ja, das ist möglich", brachte er in ruhigerem Ton heraus."

„Hier steht: Wäre besser für Jeanne, wenn sie in Kettenis bleiben würde. Da könnte sie einen heiraten. Wer außer denen würde sie nehmen?" Misstrauisch sah Leo über den Tisch zu Edu, doch der hielt den Blick gesenkt.

„Und?"

„In der Welt wählen die Menschen ihre Partner aus." Leo rümpfte die Nase. Er mochte über diese Frage nicht diskutieren, und Edus ungewohnte Eloquenz ärgerte ihn.

„Und?"

„Warum schreibt Therese nicht, wen Jeanne in Kettenis heiraten sollte?"

Therese Frantzen war eine Frau aus der Welt, die 1948 etwas jünger als er gewesen sein dürfte. Es erschien Leo unsinnig, über ihre Motivation, einen Namen nicht in ihr Tagebuch zu schreiben, nachzudenken. Edu wartete nicht auf seine Antwort. An diesem Abend sprach er mehr als in den vergangenen Jahren zusammen.

„Vielleicht war Jeanne eine Muh? Das Zentrum in Kettenis gab es schon" Leo schüttelte den Kopf.

„Woher kannte sie dann Therese Frantzen?"

„Jeanne schreibt doch, dass sie ein paar Felder an der Warche wegen der Minen nicht bewirtschaften dürfen. Das Zentrum bei Weyrscheid lag an der Warche."

„Diese Therese ist niemals eine Muh", beharrte Leo. „Sie schreibt Tagebuch. Sie lebt außerhalb jeder Gemeinschaft, nicht einmal bei ihren Eltern. Das macht keine Muh." Er zögerte, nahm Edus dunklen Blick aber mit Gleichmut. „Wir reden von 1948. Wenn sie mit ihrer Familie in der Welt gelebt hätte und den Eltern etwas passiert wäre, hätte der zuständige Kodexwächter sie in seinem Zentrum aufgenommen. Außerdem schreibt sie, dass diese Jeanne ganz allein sein wird, wenn sie in die USA gegangen ist. Ich glaube, die beiden sind irgendwann in Malmedy gestrandet. Vielleicht wurden sie bei der Befreiung dahin evakuiert. Dann ist das Schreckliche, von dem Jeanne immer schreibt, die Bombardierung während der Ardennenoffensive. Muh? Glaub ich nicht."

Leos Arbeitsplatz war aufgeräumt. Er ging in einen der dunklen Kursräume, schloss die Tür und rief Ramesh an. Seiner Konzentration während der Sammlung wäre das Gespräch nicht zuträglich, doch er brauchte die Gewissheit, dass es nicht nur Leute wie Therese in der Welt gab.

Martina Sevecke-Pohlen

Christa

Am Abend saß Christa mit einer Peeling-Maske im Gesicht und dem Laptop auf den gekreuzten Beinen auf dem Sofa. Um acht Uhr am folgenden Vormittag hatte sie bei ihrer alten Klassenkameradin von der Realschule, Friseurmeisterin Katja Dreesen, einen Stylingtermin. Katja hatte versprochen, sie so zu schminken, dass am Abend vor dem Empfang nur ein kurzes Auffrischen notwendig wäre. Christa sollte sich lediglich mit der von Katja empfohlenen Maske entspannen und zeitig zu Bett gehen, damit keine Augenringe entstünden. Augenringe hatte sie immer, aber da der Freitag stressig und vor allem lang werden würde, hatte Christa sich auf das Pflegeritual eingelassen.

Bis zum Abwaschen der Maske wollte Christa im Internet nach Informationen über die Männerleichen aus Kalterherberg und Eindhoven suchen, von denen Okko ihr erzählt hatte. Das allgemeine Interesse an verwesten Leichen war so groß, dass meist ausführlich über sie berichtet wurde. Nach dem älteren Mordfall forschte Christa zuerst. Die Umstände um den Hausbrand in Eindhoven und die verschwundene Partnerin des toten Rentners hatten diesen Fall so interessant gemacht, dass auch die grenznahen deutschen Zeitungen darüber berichteten.

Anton Lieuwen hatte in Kerkrade ein Uhrengeschäft betrieben. Kerkrade lag direkt an der niederländisch-deutschen Grenze und teilte sich eine Straße mit dem deutschen Herzogenrath. In Kerkrade und fünf Kilometer weiter in Herzogenrath hatte die Polizei zunächst nicht an ein Verbrechen geglaubt, denn Lieuwen war mit zwei Koffern, seinen Papieren und zehntausend Euro in bar verschwunden. Als jedoch ein Fernfahrer Lieuwens Auto zwei Tage später leer an einem Rastplatz gefunden hatte, war die Polizei von einem Erpressungsversuch mit unvorhergesehenen Folgen für Lieuwens ausgegangen. Zur gleichen Zeit in Eindhoven zog ein Anton Lieuwen mit, wie die Nachbarn glaubten, seiner Ehefrau in ein ehemaliges Ferienhaus. Bis das Haus abbrannte, sah niemand eine Verbindung zu dem verschwundenen Mann aus Kerkrade. Was letztendlich dafür sprach, dass die Frau ihren Lebensgefährten getötet haben sollte, konnte Christa den Zeitungen nicht entnehmen.

Der spätere Mord in der Eifel hatte ebenfalls lokal Aufsehen erregt. Zudem war nur einen Monat zuvor ein Eifelkrimi erschienen, in dem das Opfer mehrere Wochen in einem einsamen Haus hatte vegetieren müssen. Der Autor dieses Krimis hatte es sich nicht nehmen lassen, darauf hinzuweisen, dass die dunklen

Wälder der Eifel eben nicht nur kreative Köpfe, sondern auch kriminelle Gehirne inspirierten.

Aachener Zeitung: Toter aus Jagdhütte identifiziert

Monschau: Bei der am Dienstag in einer Jagdhütte bei Kalterherberg gefundenen Leiche handelt es sich um Josef Siemers aus Aachen. Nachbarn hatten den Rentner vor zwei Monaten vermisst gemeldet. Allem Anschein nach wurde Siemers mehrere Wochen in der Hütte nahe dem ehemaligen Grenzübergang nach Küchelscheid festgehalten. Nach Aussage eines Polizeisprechers verfolgt die Polizei keine heiße Spur.

Einem weiteren Artikel entnahm Christa, dass Josef Siemers im Aachener Stadtteil Brand gelebt und bis zu seiner Rente in einer Weberei gearbeitet hatte. Seine Frau war bereits in den 1970er Jahren verstorben, der einzige Sohn einige Jahre später bei einem Motorradunfall ums Leben gekommen.

Zu dem Artikel gab es einen Leserbrief.

Aachener Zeitung online–Leserbriefe

Lisbeth Erven aus Höfen zu „Keine heiße Spur im Fall Siemers"

Josef Siemers ist ein Name, den viele Menschen in der Eifel mit der NS-Zeit in Verbindung bringen. So leid einem jedes Opfer einer Gewalttat tun sollte, Siemers ist selbst ein Täter. Noch immer leben Menschen, die Siemers nicht als netten Mann von nebenan kannten. So stellt sich auch die Frage, ob nicht ein später Racheakt vorliegt.

Nachdem sie den Leserbrief gelesen hatte, warf Christa einen Blick auf die Uhr, fuhr ihr Laptop herunter und begab sich ins Bad, die Maske abzuspülen.

Freitag, 10. Juni

Amke

INZWISCHEN WAR EIN MONAT SEIT AMKES KONSPIRATIVEM TREFFEN MIT JACQUELINE Schnuis vergangen. Amke hatte damals die Landwirtschaftskammer in Oldenburg angerufen und nach Dirka Menninga, dem Mädel von der Landwirtschaftskammer, wie Frau Schnuis sich ausgedrückt hatte, gefragt. Laut der Kammer war Dirka Menninga bei Oltmanns vermutlich als Dorfhelferin eingesetzt gewesen. Für die Zuweisung von Dorfhelferinnen seien die Maschinenringe zuständig. Maschinenringe, so viel wusste Amke, waren Selbsthilfeorganisationen landwirtschaftlicher Betriebe. Im Internet fand sie den für Aschendorf zuständigen Maschinenring und schrieb die zuständige Vermittlerin für Dorfhelferinnen an. Die meldete sich nicht, und Amke vergaß nachzuhaken.

Am Morgen des Freitags, an dem Frau Hemmen wegen der Hochzeit ihrer Schwester in Urlaub war, erhielt Amke auf ihrem Dienstsmartphone einen Anruf von Dirka Menninga. Einer ihrer Klienten war am Vorabend ins Krankenhaus eingeliefert worden. Sein Termin war frei, und Amke verabredete sich mit Frau Menninga in einem Hofcafé zwischen Schatteburg und Potshausen. Bei ihrem Eintreffen dort war der kleine Parkplatz vor dem Café leer. Amke ging ein paar Schritte, bis sie über eine Hecke auf den Hofplatz sehen konnte. Auch dort war niemand zu sehen, aber sie hörte Kühe in einem der großen Stallgebäude. Amke sah auf die Uhr ihres Telefons. Sie war pünktlich und laut Navigationsgerät am richtigen Ort. Trotzdem erwartete sie, die Tür zu dem kleinen Fehnhaus sei verschlossen. Sie ließ sich jedoch öffnen, und Amke trat in einen niedrigen dunklen Raum. Einige Tische mit frisch gebügelten schneeweißen Decken standen auf den alten Steinfliesen. Es roch nach Holz und Kuchen. Nur eine Frau saß an einem Fenstertisch. Sie sah aus, wie Amke sich eine Dorfhelferin vorstellte. Die blonden Haare waren kurz und praktisch geschnitten, die Wangen rosig, der Körperbau verriet, dass unter den überschüssigen zehn Kilogramm Muskeln lagen. Wegen Jacqueline Schnuis Bezeichnung Mädel hatte Amke eine jüngere Frau erwartet.

„Es tut mir leid, dass ich mich erst jetzt melde, Frau Kehl. Als Sie gemailt haben, war ich in Urlaub. Gestern hat die Vermittlerin die Notiz, dass sie mich anrufen wollte, wiedergefunden.“ Frau Menningas Händedruck war kräftig, ihr Blick schätzte Amke ab. Auch Amke hielt sich nicht zurück. Sie wollte so viele

Informationen wie möglich über diese Frau sammeln, damit sie nicht die falschen Fragen stellte. Es gab immer Leute, die glaubten, ihren Arbeitgebern durch Schweigen helfen zu können.

„Ach, so dringend war es nicht. Ich hoffe, ich halte Sie nicht von der Arbeit ab."

„Ich arbeite hier. Das Café gehört zu dem landwirtschaftlichen Betrieb. Wenn die Kinder in der Schule sind, mache ich hier sauber, danach kümmere ich mich um das Wohnhaus. Und ein bisschen Landwirtschaft ist auch dabei."

„Wie lange sind Sie denn in diesem Betrieb?" Wenn Frau Menninga lachte, sah sie tatsächlich jung genug aus, um als Mädel durchzugehen.

„Hier bin ich erst seit Anfang der Woche. Da muss ich mich noch in die Abläufe in der Familie und im Betrieb einfinden. Ein Café habe ich zum Beispiel noch nie mitbetreut. Aber ich habe ja einige Wochen Zeit, mich einzuleben. Und Sie sind bei einem Pflegedienst?" Sie sprachen kurz über die Vor- und Nachteile, an wechselnden Einsatzorten zu arbeiten. Dann erkundigte sich Amke nach Frau Menningas Zeit auf dem Oltmann-Hof.

„Das war eigentlich unauffällig. Drei Kinder zwischen vier und zwölf. Die Frau war lange im Krankenhaus und wurde anschließend zu Hause gepflegt. Der Mann war etwas eigen. Ich habe nicht viel von ihm gesehen. Und da gab es noch einen Altenteiler, aber der war in einer Einrichtung zur Kurzzeitpflege untergebracht. Mit dem hatte ich nichts zu tun." Amke erklärte, dass sie Frau Menninga wegen des Altenteilers kontaktiert hatte. Während Amke redete, wurde Frau Menninga wachsam. Sie setzte sich etwas aufrechter und zupfte an der Knopfleiste ihrer Strickjacke.

„Ich verstehe offen gesagt nicht, weshalb Sie diese Dinge wissen müssen. Ich bin zur Diskretion verpflichtet, so wie Sie auch." Amke musterte ihr Gegenüber, fand aber keinen Ansatzpunkt für unauffällige Fragen, mit denen sie zu den kniffligeren hätte überleiten können. Andererseits hatte sie sich zu diesem Treffen bereiterklärt. Wenn Frau Menninga wirklich an ihrer Verschwiegenheit festhalten wollte, hätte sie Amke nicht treffen müssen. Diskretion war nicht Amkes Stärke. Sie glaubte auch nicht an den Nutzen übertriebener Zurückhaltung. Deshalb hatte sie keine Skrupel, die Morde an Margareth Busker Brown und Johannes Bruns zu einem Verbrechen an einem Klienten ihres Arbeitgebers zu kombinieren.

„Es ist mir ein Bedürfnis, mich zu vergewissern, dass die Polizei ihre Arbeit macht. Ich hatte von der Leiterin des Elisabethen-Hauses, von Thea Lakeberg—vielleicht kennen Sie sie—gehört, dass Sie auf dem Oltmann-Hof gearbeitet haben, als der Mann verschwunden ist. Da dachte ich mir, ich frage Sie, welchen Eindruck Sie damals von der Polizei hatten."

„Das dürften doch ganz andere Beamte sein." Interesse war vorhanden. Amke warf noch ein paar Fakten vor Frau Menninga.

„Ich habe gehört, dass es Gemeinsamkeiten zwischen den Fällen gibt. Deshalb hat man eine Sonderkommission gegründet." Frau Menninga stand auf. Amke biss die Zähne zusammen. Wenn sie jetzt nein sagte, würde sie bei diesem Nein bleiben.

„Ich habe Ihnen noch gar nichts angeboten. Warten Sie einen Moment, ich sehe mal nach, ob es schon Kaffee gibt. Die Dame von den Landfrauen, die hier vorübergehend den Laden schmeißt, habe ich jedenfalls schon gesehen."

Frau Menninga verschwand durch eine frei schwingende Tür in den Küchenbereich. Von dort heulte seit ein paar Minuten der Motor eines Rührgeräts. Amke hoffte, die Einladung zu Kaffee sei ein gutes Zeichen. Zumindest hatte Frau Menninga sich nicht hinter dem Datenschutz versteckt. Wahrscheinlich benötigte sie die Zeit, in der sie den Kaffee holte, um sich klar zu werden, was sie sagen wollte. Lammfromm wartete Amke beinahe zehn Minuten, bis Frau Menninga ein Tablett hereintrug. Mit geschickten Handgriffen verteilte sie Tassen, Milchkännchen und Zuckerdose. Sogar an Kekse auf einer mit Initialen bestickten Stoffserviette hatte sie gedacht.

„Es hat etwas länger gedauert. Ich musste den Kaffee selbst aufsetzen, weil die Dame von den Landfrauen an den Kuchen gearbeitet hat." Amke signalisierte, dass Warten ihr gar nichts ausmachte. Frau Tjaden erwartete sie zwar in einer halben Stunde, aber sie benötigte keine zehn Minuten von diesem Café in die Frickenstraße.

„Den alten Herrn Oltmann kannte ich. In den letzten fünfzehn Jahren habe ich auf vielen Betrieben in der Region gearbeitet. Im Umland von Papenburg war der alte Herr Oltmann mit den meisten Altenteilern und den älteren Betriebsinhabern bekannt. Bei den jüngeren Leuten hatte er den Ruf, stur und selbstherrlich zu sein. Deshalb war ich erleichtert, als sein Sohn mir im Vorgespräch sagte, sein Vater gehe für die Dauer meines Einsatzes in Kurzzeitpflege."

Offenkundig war sie bereit, über die Oltmanns zu sprechen. Amke akzeptierte Milch und Zucker in ihrem Kaffee.

„Dann haben Sie ihn gar nicht getroffen?" Das wäre enttäuschend gewesen.

„Doch." Frau Menninga sah Amke an. „Ich habe ihn getroffen. An den Wochenenden. Wissen Sie, während eines Einsatzes wohne ich oft auf dem Betrieb. Bei Oltmanns habe ich bis auf meine freien Tage im Haus gewohnt. Am Sonntag hat der Sohn den Vater geholt. Er kam meistens zum Mittagessen und wurde nach dem Abendbrot zurück nach Papenburg gebracht. Ich sage Ihnen, ich war froh, wenn die Wochenenden vorbei waren." Das klang vielversprechend. Amke beugte sich leicht über den Tisch.

„Warum das?" Frau Menninga betrachtete Amke nachdenklich.

„Sie kennen das bestimmt von einigen Haushalten, in denen Sie pflegen. Zwischen den Generationen gibt es Streit ums Erbe. Bei den Oltmanns war das so. Der alte Herr Oltmann war zwar nicht mehr im Betrieb, hatte den aber nicht offiziell an seinen Sohn übergeben. Von dem Streit kann ich Ihnen erzählen, denn ganz Aschendorf weiß Bescheid. Deshalb erzähle ich Ihnen auch, dass der alte Herr Oltmann plötzlich vom Heiraten gesprochen hat."

„Davon habe ich gehört", gab Amke zu. Frau Menninga nickte.

„Sehen Sie."

„Aber mal unter uns", Amke schob ihren Kopf noch weiter vor. „War etwas an der Geschichte?" Frau Menninga verzog den Mund. Ihr schien der Streit der Oltmanns nach so langer Zeit noch auf die Nerven zu gehen.

„Keine Ahnung. An einem Sonntag beim Mittagessen ging es los. Vater und Sohn haben den ganzen Nachmittag gestritten. Zum Schluss hat der alte Herr Oltmann von mir verlangt, dass ich ihn nach Papenburg ins Altersheim fahre. Ich hab das gemacht, denn ehrlich gesagt hatte ich Sorge, dass etwas passiert, wenn der Sohn ihn fährt." Amke machte den Rücken gerade und starrte Frau Menninga an.

„Was um Himmels Willen?" Die schien ihre Reaktion für übertrieben zu halten.

„Ein Unfall natürlich. Wenn sie während der Fahrt streiten. Na ja, ein bisschen hatte ich auch Angst, dass einer von beiden ausrastet und etwas Unüberlegtes tut. An Mord oder so habe ich aber nie gedacht." Amke nickte. Sie konnte Frau Menninga nur schwer einschätzen, aber Frauen wie sie redeten nicht unüberlegt. Wahrscheinlich hatte sie Grund gehabt zu befürchten, dass der Streit eskalierte. „Das ging ein paar Wochen so. Die Frau Oltmann kam aus dem Krankenhaus, und damit war für den alten Herrn Oltmann der Zeitpunkt gekommen, an dem er auch zurück auf den Hof wollte. Dabei war die Frau nicht in der Lage zu arbeiten. Aber das hat er nicht gelten lassen. Deswegen gab es neuen Streit. An zwei Wochenenden hat er sich geweigert, auf den Hof zu kommen, wenn er nicht ganz zurückkommen konnte. Sein Sohn ist vergebens nach Papenburg gefahren, um ihn abzuholen. Und am Abend von dem zweiten Sonntag hat das Heim angerufen, weil der Vater fort war." Amke versuchte, in Gedanken Frau Menningas Geschichte mit der von Jaqueline Schnuis und Frau Hemmens Bericht über die Geschichte der Kioskbesitzerin aus Aschendorf in Einklang zu bringen.

„Ab wann war denn die Rede von einem Verbrechen?"

Frau Menninga hob die Schultern.

„Das kann ich beim besten Willen nicht sagen. Aber als es in Papenburg gar keine Spur von dem alten Herrn Oltmann gab, haben die Polizisten angefangen, sich auf dem Hof umzusehen. Das war unangenehm wegen der kranken Frau und den Kindern. Es kamen sowieso ständig Leute, die herumgeschnüffelt haben."

„Was für Leute waren das?"

„Die meisten waren, glaube ich, aus Aschendorf. Nachbarn, Händler, mit denen die Oltmanns zusammengearbeitet haben, und neugierige Kinder. Die meisten wollten nur fragen, was los war und ob es Neuigkeiten gäbe. Die meinten das nicht böse, wenn sie geklingelt haben, aber es ging uns allen auf die Nerven. Einige sind allerdings in den Außengebäuden herumgelaufen. Sogar in den Schweinestall. Das geht nun gar nicht." Das war neu. Allerdings war sich auch Amkes Großmutter nicht zu schade, bei ihren Bekannten vor dem Klingeln einen Blick in Schuppen und Garage zu werfen.

„Wer hat das gemacht?"

„Hauptsächlich die Dorfjugend. Für die war das so eine Art Mutprobe." Frau Menninga klang nicht so entspannt, wie sie sich gab.

„Hauptsächlich?" Sie nickte und schenkte Amke Kaffee nach.

„Da war ein Mann. Schon älter. Der war ein- oder zweimal da. Der Herr Oltmann hat mit dem geredet." Mit einem Ruck schob Amke ihre Tasse aus dem Weg und stemmte die Ellenbogen auf den Tisch.

„Was für ein Mann war das? Hat Herr Oltmann Ihnen das gesagt?" Frau Menninga wirkte peinlich berührt.

„Nein. Er hat nur nach dem ersten Gespräch gesagt, ich soll den Kerl nicht mehr rein lassen. Beim zweiten Mal hat der aber gar nicht erst geklingelt. Der polnische Helfer hat ihn in der Scheune entdeckt und den Herrn Oltmann gerufen. Dann gab es Streit, das habe ich vom Küchenfenster aus mitbekommen. Nicht laut, aber heftig. Der Herr Oltmann hat gerufen, wenn irgendetwas nicht aufhörte, würde er einen Anwalt einschalten. Der andere hat nur gelacht und ist gegangen." Sie sah über Amkes Schulter ins Leere, als sähe sie dort die Bilder von damals.

„War das, nachdem die Polizei die Leiche von Oltmann gefunden hat oder davor?"

„Lange davor. Als man die Leiche gefunden hat, war ich schon nicht mehr in dem Betrieb eingesetzt. Ich würde sagen, das war so etwa zwei Wochen, nachdem der alte Herr Oltmann verschwunden war."

„Haben Sie das der Polizei gesagt?" Frau Menningas Blick kehrte zurück zu Amke. Sie hob die Hände.

„Die haben mich einmal befragt, als der alte Herr Oltmann schon einige Tage weg war. Ich weiß nicht mehr, ob das vor oder nach diesem Streit mit dem Mann war. Aber ich glaube, so etwas wollten die gar nicht wissen. Die haben mich immer unterbrochen und dann etwas anderes gefragt."

„Wie sah der Mann aus? Wissen Sie das noch?" Frau Menninga lachte.

„Ich hab ihm einmal die Tür geöffnet und ihn einmal auf dem Hof stehen sehen. Also, er war älter, bestimmt über sechzig. Und er war ziemlich zugewachsen, hatte lange weiße Haare und einen weißen Bart. Viel war nicht von ihm zu sehen hinter seiner Behaarung."

Amke lachte auch, trotz ihrer Enttäuschung. Sie verabschiedete sich und fuhr zu Frau Tjaden.

Christa

Gegen fünfzehn Uhr kam Christa in ihre Wohnung zurück. Ihr Magen knurrte trotz eines reichhaltigen Buffets, außerdem taten ihr die Füße weh. Bis auf dieses schmerzhafte Detail hatte der Vormittag exakt den Verlauf genommen, den sie vorausgesehen hatte. Eine Heidi Hemmen in einem schlichten, und deshalb vermutlich sündhaft teurem Kostüm und breitkrempigem Hut hatte vor dem Oldenburger Standesamt Hof gehalten, und war als Heidrun Schelupa-Hemmen selbstsicher die Stufen zum Kopfsteinpflaster hinuntergeschritten. Ihre Mutter hatte geweint, ihre Großmutter laut mit Andrejs Großmutter über Heidis viel zu kurzen, nämlich knielangen Rock geschimpft, und ihr Vater hatte ein Gespräch mit Andrejs Onkel versucht. Da der Onkel für Konversation in jeglicher Sprache zu schüchtern war, brach Jörn das Gespräch schnell ab. Als Ausrede diente seine Mutter, die nur an seinem Arm gehen wollte.

Rückblickend musste Christa zugeben, dass sie den Vormittag mehr als erwartet genossen hatte. Sie führte dies auf Andrejs geschickte Mischung seiner Gäste bei Tisch zurück. Die Russen sprachen Deutsch oder Englisch, die Deutschen waren interessiert, mehr über Andrejs Verwandtschaft zu erfahren. In dem kleinen Restaurant brachen die Gespräche nie ab, und beim Aufbruch konnte Heidi ihre weiblichen Gäste und auch Christa herzlich umarmen.

Auf dem Parkplatz des Standesamtes hatte Heidi vor der Trauung noch einen kritischen Blick auf Christas blaues Kostüm geworfen.

„Eine andere Handtasche wäre besser gewesen, aber die da ist okay. Hast du das Gehen in den Schuhen geübt? Kommt dein Begleiter noch oder erscheint er erst heute Abend? Ich hoffe, er kann sich ordentlich anziehen."

„Das kann er", hatte Christa versichert. Ihr war der Gedanke gekommen, dass es auffallen würde, wenn sie Heidi vor dem Standesamt erwürgte. Günstiger wäre es nachher in der Damentoilette. Andererseits hätte sie dann keinen Grund mehr, mit Justin zu tanzen.

Die Gewissheit, Justin am Nachmittag zu sehen, hatte ihr schon beim aufwändigen Prozess des Ankleidens und Schminkens geholfen. Katja Dreesen kokettierte, während sie Christas Lider bepinselte, damit, beleidigt zu sein.

„Wenn sie mich schon nicht zum Empfang eingeladen hat, hätte sie sich wenigstens bei mir frisieren und schminken lassen können. Weißt du, zu wem sie dafür geht?"

„Ihre Friseurin ist in Oldenburg. Ein Name mit A, glaube ich." Daraufhin hatte Katja zehn Minuten lang mit sich selbst und einer Angestellten erörtert, wer ihnen das Schminken und Frisieren der Heidi Hemmen entrissen haben könnte. Zum Abschluss trug Katja Fixierspray auf.

„Das hält bis Mitternacht. Bevor du heute auf den Empfang gehst, sprühst du hiermit noch einmal vorsichtig drüber, okay?" Über Christas Kopf kontrollierte sie ihr Werk noch einmal im Spiegel. „Ha. Das kriegt diese Tussi mit A nie so gut hin."

Als Christa sich nach ihrer Rückkehr im Badezimmerspiegel betrachtete, musste sie zugeben, dass sie immer noch so aussah, als hätte sie Katjas Salon gerade verlassen. Mit ungewohnter Befriedigung zog sie ihr Kostüm aus und schlüpfte in Jeans und Bluse. Selbst zu legerer Kleidung wirkte ihr Make-up nicht übertrieben. Als Stylistin war Katja in Wardenburg offenbar völlig unterfordert.

Christa öffnete alle Fenster und die Balkontür für die milde Juniluft. Im Wohnzimmer hatte sie Platz für Justin geschaffen, weil in der Fischerkate längst alle Zimmer für Andrejs russische Gäste gebucht waren. Als Christa vorgeschlagen hatte, sie könne ihm in einem anderen Hotel ein Zimmer suchen, hatte Justin gefragt, ob er nicht einfach bei ihr übernachten könne. Das war am Abend nach der Beerdigung gewesen, und Christa hatte nicht nachgedacht, als sie spontan ihren Wohnzimmerboden anbot. In der Zwischenzeit wunderte sie sich über ihren Wagemut, obwohl oder auch weil sie seit der Beerdigung jeden Tag mehrmals telefonierten oder Nachrichten schrieben, und außerdem den Polterabend zusammen gefeiert hatten. Die Aussicht, ihn wiederzusehen, erfüllte sie mit einem Kribbeln, das sie sich als Vorfreude erklärte. Nur war ihr im Laufe der Woche das Gefühl gekommen, der Wohnzimmerboden sei nicht der Ort, an dem Justin schlafen sollte. Alternativ bliebe nur, dass er in ihrem Bett schliefe. Mit dieser Vorstellung wusste Christa nicht umzugehen und sie versuchte, sich nicht auszumalen, wie der Abend enden könnte.

Gegen fünf Uhr lieferte ein Bote eine gekühlte Box mit Blumen. Justin hatte Christa ausführlich befragt, wie ihr Kleid aussehen würde, woraufhin sie ihm ein Bild gemailt hatte. Da er beim strengen Dresscode nur Schwarz und Weiß tragen durfte, machte es aus ihrer Sicht keinen Sinn, wenn er sich für ihr Kleid interessierte. Um so mehr überraschte sie seine Ankündigung, er werde ihr Blumen für ihr Kleid schicken. Glücklicherweise wusste Katja Rat und hatte ihr gezeigt, wie sie die Blumen befestigen konnte.

„Beim Feststecken in den Haaren muss er dir helfen. Aber das wird er hinkriegen."

Christa stellte die Kühlbox in die Küche. Die Blumen schienen zu bestätigen, dass etwas Wichtiges bevorstand. Dabei kam sie nur Heidis Forderung nach einem männlichen Begleiter nach. Bis Justin eintraf, lief sie ruhelos durch die Wohnung, aß hin und wieder einen Bissen Knäckebrot und trank Wasser. Als der Zeitpunkt seiner angekündigten Ankunft näherrückte, wurde ihr übel vor Sorge, er stünde im Stau und verspätete sich oder müsse wegen seiner Arbeit absagen. Mit jeder der zehn Minuten seiner Verspätung wurde Christa flauer im Magen, so dass sie bei seinem Klingeln bereit war zu glauben, sie habe sich mit Hummersalat und Sekt den Magen verdorben.

Justin kam leicht außer Atem die Treppe hoch. Zur Jeans trug er ein weißes Hemd, dessen Ärmel er für die Fahrt bis zu den Ellenbogen hochgekrempelt hatte. Darunter schimmerte seine Haut erstaunlich gebräunt für jemand, der den ganzen Tag im Büro saß. Als er auf den letzten Stufen den Blick zu ihr hob, breitete sich ein Lächeln auf seinem Gesicht aus.

„Deutscher Verkehr an einem Freitag ist fürchterlich. Aber ich lasse mich nicht abhalten, Christa." Außer einem Hallo fiel ihr nichts ein. Er beugte sich zu ihr und gab ihr einen Kuss auf die Wange. Als er sich aufrichtete, sah er sie zerknirscht an. „Oh, das hätte ich nicht tun sollen. Tut mir leid." Seine Reaktion verwunderte sie mehr, als dass sie sie kränkte.

„Oh, das ist okay ..." Sie ließ den Satz ausklingen und sah ihm zu, wie er Reisetasche und Schlafsack im Flur abstellte. Er lächelte, immer noch verlegen.

„Ich habe mich so gefreut, dich zu sehen. Da habe ich vergessen, dass ich nicht gefragt habe. Tut mir leid."

„Äh, küssen ist okay. Finde ich", suchte Christa nach einer passenden Entgegnung. Ihre praktische Erziehung gewann nun die Oberhand. Sie öffnete die Tür zum Wohnzimmer. „Du kannst deine Sachen auch hier abstellen. Ich habe auf dem Boden Platz für dich gemacht, und du kannst das Laken da unterlegen, wenn du nicht direkt auf dem Teppich liegen möchtest. Ach ja. Da ist der Balkon."

Sie folgte ihm und versuchte, die Aussicht objektiv zu betrachten. Grün war praktisch alles, was man sehen konnte. Der Rasen unten war grasgrün, die Büsche verschiedene Töne von Blattgrün, die Kiefern am Ende der Rasenfläche ausgerechnet tannengrün und die Felder hinter dem Garten schimmerten im silbrigen blaugrün von Roggen. Am Horizont hinter den Feldern blinkten die Blätter der Pappeln unruhig weißgrün, während die Eichen in tiefem Dunkelgrün standen. Blumen oder auch nur ein Wäscheständer mit anderen Farben gab es nicht. Justin stand im leichten Wind, die Haare unordentlich von der Fahrt und blickte auf diese künstliche Landschaft.

„Du wohnst wirklich im Grünen." Er drehte sich zu ihr um. „Das war nicht ironisch, Christa. Ich bin so selten in der Natur. Von meinem Balkon in Hamburg sehe ich Häuser und, wenn ich mich an der Seite etwas über den Rand hänge, die Elbe. Aber hier oder bei Grans Haus ist das anders." Er sah wieder zum Horizont, wo die Pappelblätter den leisesten Luftzug anzeigten. „Manchmal vermisse ich das. Aber meinen Job macht man nur in großen Städten." Ehe sie antworten konnte, drehte er sich wieder zu ihr. „Jetzt erzähl mir noch einmal, wen ich heute Abend treffe. Sind deine Blumen angekommen?"

Den restlichen Nachmittag verbrachten sie entspannt in der Küche bei Mineralwasser und Salzkeksen. Später ging Justin duschen. Als er aus dem Bad kam, war Christa bereits umgezogen. Er betrachtete sie nachdenklich, ehe er nach ihren Anweisungen die Blumen in ihr Haar steckte.

„In diesem Kleid siehst du aus wie aus einem Märchen." Sie betrachtete ihr Spiegelbild in der Frontklappe der Mikrowelle. Wenn Märchenfiguren leicht verzerrt durch die Welt schwebten, hatte er recht.

„Weißt du, wie man eine Fliege bindet?", fragte sie, um ihn abzulenken. Er nickte.

„Wenn man von meinem Vater erzogen worden ist, kann man das zur Einschulung." Er ging zurück ins Bad, um seine Fliege zu binden und eine Miniaturversion von Christas Blumenschmuck an seinem Knopfloch zu befestigen. „Jetzt sieht jeder, dass wir zusammengehören. Ähem, dass wir zusammen zu dem Empfang gegangen sind."

Zur Fischerkate gingen sie zu Fuß. Der Weg war nicht weit, sogar in ihren Abendschuhen konnte Christa ihn mühelos zurücklegen, und Justin staunte mit beachtlichem Enthusiasmus über reetgedeckte Bauernhäuser in schattigen Gärten. Das letzte Stück des Weges führte sie an der Oldenburger Straße entlang, wo Wardenburg versuchte, wie eine Stadt auszusehen. Auf dem Parkplatz der Fischerkate standen bereits zahlreiche Autos. Justin zeigte auf das Vordach des Restaurants.

„Was ist das?" Christa war in ihrem Leben so oft durch diese Tür gegangen, dass sie längst vergessen hatte, wie der Eingangsbereich gestaltet war. Sie hob den Kopf. Auf dem Vordach balancierte ein Kahn ungeklärter Bauart, aus dem ein Netz bis zum Rand des Daches gespannt war.

„Das soll der Kahn der Familie Frölje sein. Die Fröljes haben als Fischer angefangen. Vor über hundert Jahren hat die Witwe eines Frölje gebratenen Fisch und

Bier verkauft. Damit war der Grundstein für das Unternehmen gelegt." Sie warf einen Blick auf Justin, der immer noch nachdenklich auf den kitschigen Kahn starrte.

„Ich glaube, das ist ein gutes Omen, Christa." Aus einem Impuls heraus nahm er ihren Arm. „Der Menschenfischer wacht über diese Feier. Ja, das gefällt mir." Sie sah ihn an, doch um seinen Mund war keinerlei Ironie zu entdecken. „Gehen wir hinein, Christa."

Die nächsten Stunden erlebte Christa als vollkommen surreal und immens angenehm. Sie war es gewöhnt, außerhalb von Schule und Beruf hinter Heidi zurückzustehen. In einem Abendkleid mit einem gutgekleideten Mann an ihrer Seite bekam sie an diesem Abend Komplimente und Glückwünsche. Heidi, die selbstverständlich wie einem Hochglanzmagazin entstiegen durch das Gewirr ihrer Gäste schritt, musste blinzeln, als Christa ihr Justin vorstellte. Später am Abend im Vorraum der Toilette, als Christa Heidi nicht wie geplant erwürgte, sondern ihre Seidenrosen am Scheitel fester steckte, gab sie ihrer Neugier nach.

„Nun sag schon, wo du diesen Kerl aufgetan hast, Christa. Das ist keiner von euren Pädagogen und Pflegeheinis, das sehe ich sofort." Christa fädelte eine Haarnadel durch den Zopf um Heidis Kopf.

„In Rhauderfehn. Aber er wohnt in Hamburg."

„Hamburg?" Heidi zuckte kaum, als Christa ihre Kopfhaut kratzte. „Sag bloß, er ist dein Freund?" Ehe Christa abstreiten konnte, mit Justin zusammenzusein, kam eine andere Frau in den Toilettenvorraum, um Heidi leicht lallend ein weiteres Mal zu gratulieren. Christa befestigte die letzte Rose und zog sich zurück. Heidis Frage erschien ihr lächerlich.

Sie tanzte mit Justin, schließlich war sie mit ihm gekommen, aber auch mit all den deutschen Männern, die sie zumeist seit mehr als zwei Jahrzehnten kannte, und all den russischen, die so romantische Namen und unromantische Berufe hatten. Dann hielt Justin ihr seine Hand hin, und sie war wieder an seiner Seite, in seinen Armen und schwebte über die Tanzfläche. Sie gewöhnte sich an das Gefühl, ihn immer in der Nähe zu wissen. Seine Hand lag beim Tanzen warm in ihrem Rücken, beim Gehen leicht an ihrem Ellenbogen.

Die Vögel sangen schon, und über den Dächern färbte sich der Himmel türkis, als Christa wieder mit Justin unter dem Fischerkahn stand. Sie sog die frische Luft ein. Justin legte einen Arm um sie.

„Es ist kühl. Soll ich ein Taxi rufen?"

„Bis das da ist, sind wir bei mir." Er widersprach nicht. Sie gingen die verlassene Oldenburger Straße entlang. Die dunklen Schaufenster zeigten eine Frau im Abendkleid neben einem Mann im Smoking. Jeden Moment rechnete Christa damit, dass die beiden aus den Fenstern springen und auf der Straße tanzen würden. Doch sie blieben in ihren Fensterscheiben, und bald gab es keine Geschäfte mehr, nur noch Wohnhäuser, und dann war es so hell, dass die Scheiben nicht mehr spiegelten. Ihr rechter Arm fühlte sich kühl an, beinahe wie Stein, ihr linker Arm drängte gegen Justin und empfing seine Wärme. Um ihre Schultern lag sein Arm, die Hand heiß auf ihrem Oberarm. Das Zwitschern der Vögel schluckte beinahe ihre Schritte, von den blühenden Gärten der Nachbarschaft wehte der Duft von Flieder und Jasmin.

Vor dem Haus bat Justin um ihren Schlüssel, schloss die Haustür auf und auch die Wohnungstür. Im dunklen Flur standen sie sich gegenüber, nur aus der Küche fiel ein Streifen beinahe schon taghelles Licht auf das Laminat. Justin reichte ihr den Schlüsselbund. Sie hielt die Schlüssel, die warm von seiner Hand waren, und hob den Kopf. Justin sah zu ihr hinunter. Sehr vorsichtig, als sei sie zerbrechlicher als Glas, nahm er ihr Gesicht in beide Hände und küsste sie auf die Lippen. Christa schloss die Augen. Sie öffnete sich für den Kuss, für ihn, und wollte ihre Arme gerade um ihn legen, als er sich aufrichtete. Einen Moment sahen sie sich an, dann küsste er sie noch einmal auf die Stirn und löste die Hände von ihren Wangen.

„Lass dir Zeit im Bad." Ehe Christa reagieren konnte, war er im Wohnzimmer verschwunden und hatte die Tür hinter sich zugezogen. Hätte er abgeschlossen, wäre sie kaum fassungsloser gewesen. Sie brauchte einige Sekunden, bis sie die Ereignisse rekonstruiert und verstanden hatte. Dann drehte sie sich zur Wohnzimmertür, blieb aber auf ihrem Platz stehen. Kurz erwog sie anzuklopfen oder die Tür einfach zu öffnen. Nur wusste sie nicht, was sie tun sollte, stünde sie ihm gegenüber. Hinter der Tür hörte sie, wie er Reißverschlüsse öffnete und sein Lager aufbaute. Vielleicht wollte er sie wütend vor sich sehen, um sie dann leidenschaftlich zu nehmen. Wahrscheinlicher war, dass er sie eben nicht haben wollte, dass sein Kuss eine Art höflicher Korb gewesen war.

Samstag, 11. Juni

Christa

Sonnenlicht weckte sie, dazu die Geräusche einer ländlichen Wohngegend am Samstagvormittag, wenn Autos und Rasenmäher in Betrieb genommen werden. Christa kontrollierte ihren Kopf, fast schmerzfrei, ihren Rücken, steif, ihre Füße, heiße Klumpen. Hastig sah sie neben sich, doch sie lag allein im Bett, das Nachthemd sittsam um die Knie geknüllt.

Lange hatte sie nicht geschlafen, doch sie fühlte sich so wach, wie sie sich am Tag nach einer Feier fühlen konnte. Ohne nachzudenken kletterte sie aus dem Bett und tappte ins Bad. Justin hatte in den frühen Morgenstunden geduscht, sein feuchtes Handtuch hing neben ihrem. Sie putzte die Zähne, duschte und wusch ihre Haare. Ein Lebenszeichen von Justin war nicht wahrzunehmen, auch nicht als sie bereits angezogen in die Küche wanderte. An der Straße parkte Justins Auto hinter ihrem. Also war er noch da. Sie stand regungslos in der Küche, bis ihr einfiel, dass sie Kaffee kochen sollte. Langsam befüllte sie die Kaffeemaschine und schob ein Blech mit tiefgefrorenen Brötchen in den Ofen. Allmählich merkten Gehirn und Körper, dass sie es ernst meinte mit dem Frühstück. Ihr Gehirn schlug Orangensaft vor und ihre Hand öffnete den Kühlschrank. Die Wohnzimmertür wurde geöffnet, die Badezimmertür fiel zu. Wasser rauschte.

Christa lauschte atemlos. Sie hatte sich bemüht, nicht an Justin zu denken und sein Verhalten nicht zu analysieren. Jetzt fühlte sie Ärger in sich aufsteigen. Der Ärger nahm zu und erreichte seinen Höhepunkt genau in dem Moment, in dem Justin mit feuchten Haaren in die Küche schlich.

„Ausgeschlafen?“, keifte sie. Er zuckte sichtlich zusammen, als habe er geglaubt, es wäre möglich, unbemerkt an ihr vorbei die Küche zu betreten und dort auch noch Kaffee und Brötchen zu bekommen. Eilig nickte er. Sie zeigte auf den Küchentisch. Wortlos schlüpfte er auf einen Stuhl. Sie knallte die Kaffeekanne auf den Tisch, dass die Teller sprangen.

„Was hast du dir eigentlich gedacht?“, fauchte sie ihn an. Er wich gegen die Stuhllehne zurück.

„Christa ...“

„Ja?“, fuhr sie ihm über den Mund, wusste aber nicht, was sie als nächstes sagen sollte und ließ sich auf den anderen Stuhl fallen. Er beugte sich vor.

„Es tut mir leid. Ich habe den Eindruck geweckt, ich wollte mehr von dir ..." Ihr Blick ließ ihn verstummen und sie hatte die Genugtuung, dass er errötete. „Es war mein Fehler. Christa, ich mag dich sehr. Ich bewundere dich. Ich hatte gestern einen wunderbaren Abend mit dir, und du vielleicht mit mir. Ich wollte das nicht verderben und auf eine so ... körperliche Ebene ziehen. Es tut mir leid, wenn ich dich verletzt habe."

Eigentlich wollte sie ihm nicht glauben, ihm am liebsten den Inhalt der Kaffeekanne ins Gesicht sprühen, aber alles, was sie von ihm wahrnahm, war aufrichtige Zerknirschung. So eine Situation war neu für Christa. Um ihre Verwirrung zu überspielen, goss sie sich Kaffee ein und schob die Kanne zu ihm.

„Danke." Er füllte seine Tasse. Beide tranken einige Schlucke schwarzen Kaffee, Christa weil sie hoffte, von der Überdosis Koffein klarer im Kopf zu werden, Justin möglicherweise, weil er nicht wagte, nach Milch zu fragen. Der Kaffee half ihr, sich an die Brötchen zu erinnern. Sie stand auf und sammelte die heißen Brötchen in einen Korb.

Schweigend knabberten sie an ihren Brötchen. Unter den Wimpern schielte Christa hin und wieder zu Justin, der langsam und gründlich kaute. Auch an diesem Tag trug er ein weißes Hemd zur Jeans. Die feuchten Haare standen in alle Richtungen und der Schatten seines Bartes ließ sein Gesicht schmaler aussehen. Zufällig trug sie ihre weiße Hemdbluse vom vergangenen Nachmittag zur Jeans und ihre angeföhnten Haare waren am Hinterkopf lose zusammengeklammert. Wenn ein Fremder oder Heidi, die Christa an manchen Tagen sehr fremd erschien, jetzt in die Küche käme, sähe er zwei Frühdreißiger im Partnerlook bei einem so kargen Frühstück, dass es schon Anspruch auf Stil erheben konnte. Die Vorstellung erheiterte sie gegen ihren Willen. Sie wollte wütend auf Justin bleiben, aber bei seinem betrübten Knabbern gelang ihr das nicht in gewünschtem Maße.

„Das Essen gestern war gut", wagte sie sich vor. Justin hob den Kopf. Erleichterung schimmerte in seinen Augen.

„Ja. Es war köstlich. Ich mag das rustikale Essen." Christa verstand nicht, was er damit meinte. Ehe sie sich wieder aufregte, nickte sie.

„Ich mochte auch deine Eltern. Es sind sehr freundliche Leute. Das hätte ich schon letzte Woche sagen sollen. Nach diesem traditionellen Polterabend." Wieder nickte Christa. Er schien eine Liste abzuarbeiten.

„Und deine Schwester und ihr Mann sind sehr nett. Dein Schwager spricht ein lustiges Englisch."

„Sein Deutsch ist noch lustiger." Beide lachten ein wenig.

„Und du, Christa, warst wunderschön in deinem Kleid." Sie räusperte sich. Männer machten ihr nie solche Komplimente, auch die nicht, mit denen sie zusammen war.

„Danke. Justin. Dein Smoking war auch elegant." Er winkte ab.

„Geliehen. Ich glaube nicht, dass viele Männer in meinem Alter so einen Anzug besitzen." Sie hätte ihm so einen Anzug zugetraut.

„Christa, ich meine, was ich sage. Für mich warst du gestern schöner als die Braut."

„Das sagt man nicht", widersprach sie. Davon abgesehen konnte er nicht richtig hingesehen haben, wenn er sie für schöner als Heidi hielt.

„Ich weiß. Bei uns ist auch die Braut immer die schönste Frau. Aber danach kommst du. Und das meine ich." Er sah sie an. Christa spürte sich rot werden und wich dem Blick aus. „Ich danke dir für den Abend. Und ich entschuldige mich für den Kuss." Er erhob sich und verschwand ins Wohnzimmer zu seiner Reisetasche

Nachdem sie Justin Richtung Autobahn geschickt hatte, fuhr Christa nach Sandkrug. Sie musste mit jemand reden, und Bea war die einzige Person, die ihr bereitwillig zur Verfügung stand. Ihrer Familie konnte sie am Tag nach der Hochzeit keine komplizierten Berichte zumuten. Außerdem sah man sie in Wardenburg vermutlich schon als die nächste Braut. Ihr gut aussehender amerikanischer Begleiter hätte sich herumgesprochen, und sobald Katja Dreesen ihren Beitrag mit dem Hinweis auf die Blumen geleistet hätte, bliebe ihr nur noch die Flucht nach Rhauderfehn.

Bei ihrer Ankunft im Tagungshaus strömten gerade Seminarteilnehmer aus dem Foyer. Eine Dame in einem korallenroten Leinenanzug ging mit Leo eine Liste durch. Christa begutachtete aus sicherem Abstand den Anzug der Dame. Dabei warf sie immer wieder Blicke auf Leo, der mit einem Stift nacheinander auf verschiedene Zeilen deutete und dazu Erklärungen abgab. Die strenge Miene der Dame entspannte sich von Zeile zu Zeile, bis sie lächelnd die Liste in ihre Laptoptasche schob und sich verabschiedete. Erst jetzt sah Leo zu Christa. Seit drei Wochen hatten sie sich nicht mehr gesehen. Die Erinnerung an seine Zurückweisung erhielt Brisanz durch Justins Kuss und Flucht.

„Einen schönen Tag wünsche ich dir, Christa Hemmen", sagte er in einem Ton, der beinahe gleichmütig klang. „Bea Muh erwartet dich im Büro. Und ... Christa Hemmen, Edu Muh möchte mit dir über das Tagebuch sprechen." Edus Name heiterte Christa ebenfalls nicht auf.

„Warum das denn? Okay, er kann ja zu Bea kommen."

„Ich werde es ihm mitteilen." Neutral und offen sah Leo sie an, doch sein Blick wich schnell zu ihrem Ohrläppchen, als sie sich zwang zurückzustarren.

„Ich nehme an, es geht dir gut?", konnte Christa nicht an sich halten zu fragen. Er nickte.

„Ich danke für die Nachfrage."

„Schön. Dann gehe ich jetzt hoch."

Bea telefonierte, als Christa das Büro erreichte. Sie schlüpfte auf einen der Rattanstühle und tat so, als hörte sie nicht zu. In Beas Gespräch schien es um ihren Besuch bei einem offenbar in der Welt lebenden Ulf Muh zu gehen. Sie lächelte, wenn sie auch mahnende Worte sprach. Das Lächeln blieb um ihre Mundwinkel, als sie das Gespräch beendete und sich Christa zuwandte.

„Heidi Hemmens Hochzeit war gestern, nicht wahr? Komm mit in die Teeküche und erzähle mir davon." An der Wand lehnend berichtete Christa. Solange sie über die erste, mit formalen Terminen erfüllte Tageshälfte sprach, fiel es ihr leicht. Entsprechend ausführlich erzählte sie.

„War deine Teilnahme an der Hochzeit von Heidi Hemmen aus persönlicher Sicht erfreulich? Heidi Hemmen heißt sie wohl nicht mehr." Sie stellten das Geschirr auf den Besprechungstisch.

„Ihr neuer Name ist Schelupa-Hemmen." Weil Bea sie ansah, erzählte Christa von der Feier in der Fischerkate. Sie fand selbst, dass ihr Bericht knapp ausfiel. Dies lag unzweifelhaft daran, dass sie alles ausließ, was mit Justin zusammenhing.

„Justin Brown hat dich begleitet?" Christa nickte.

„Und dieses Mal hat er bei dir übernachtet? Ich meine, du hättest erwähnt, dass er kein Hotelzimmer finden konnte." Christa seufzte.

„Er hat in seinem Schlafsack im Wohnzimmer geschlafen."

„Im Schlafsack?" Christa musste lachen. Es tat erstaunlich gut.

„Ja. Allein im Schlafsack im Wohnzimmer.." Sie sah Bea an. „Ich verstehe das nicht."

„Hättest du denn …", begann Bea vorsichtig.

„Doch, doch, ich hätte wahrscheinlich ganz gerne mit ihm geschlafen. Ich hatte erwartet, dass er das wollte. Der ganze Abend schien darauf hinauszulaufen."

„Was soll ich unter wahrscheinlich ganz gerne verstehen?"

„Okay, ich wollte es. Irgendwie, jedenfalls. Es schien darauf hinauszulaufen." Die schwammige Beteuerung veranlasste Bea, noch mehr Geduld in ihren Blick zu legen.

„Aber er wollte nicht?" Christa verzehrte einen Keks, um Energie für ihre Denkprozesse zu sammeln. Die fehlenden Stunden Schlaf machten sich nun bemerkbar.

„Was er wollte, weiß ich nicht. Als wir heute Morgen in meine Wohnung kamen, hat er mich geküsst." Sie sah zu Bea, aber die sah sie nur mit ihrem offenen Blick an. „Dann hat er sich entschuldigt, und mich auf die Stirn geküsst. Und dann ist er ins Wohnzimmer gegangen. Beim Frühstück hat er gesagt, ich hätte wunderschön ausgesehen, und die Hochzeitsfeier hätte ihm sehr gefallen."

„Schwul ist er nicht?" Ratlos öffnete sie beide Hände.

„Glaub ich nicht. Aber vielleicht glaube ich es nicht, weil ich es nicht möchte. Verstehst du, was ich meine?"

„Ja. Ich …" Es klopfte. Im Türrahmen stand Edu.

„Christa Hemmen hat mir ausrichten lassen, dass ich sie hier antreffe." Christa hatte ihn nicht bemerkt, obwohl sie mit dem Gesicht zur Tür saß. Von daher war sie unsicher, wie viel von ihrem Gespräch er mitangehört hatte. Bea strahlte hingegen ihre unglaubliche Ruhe aus. Wie Christa feststellte, sah Edu auf Bea, als stellte sie den Fixpunkt des Raumes dar. Seine Augen waren dunkler als sonst, was vielleicht an den tiefen Schatten darunter lag.

„Komm herein und setze dich zu uns, Edu Muh. Möchtest du auch eine Tasse Tee oder etwas Gebäck?" Er schüttelte den Kopf und starrte auf seine Hände, in denen er ein einzelnes Stapelfach hielt. Trotz ihrer Abneigung fand Christa, dass eine Tasse Tee ihm gutgetan hätte.

„Was hast du da, Edu Muh?" Wie immer ignorierte er sie und sah zu Bea.

„Bea Muh, du hattest gesagt, Christa Hemmen sollte wissen, was wir gefunden haben." Neugierig geworden beugte Christa sich weiter vor. Bea lächelte milde.

„Erzähl es Christa Hemmen." Sie nickte in Christas Richtung. Edu, sichtlich unwillig, richtete sich ungefähr auf Christa aus.

„Leo Muh und ich haben die Briefe von Jeanne und das Tagebuch von Therese Frantzen übersetzt", hörte sie ihn der Tischplatte sagen. In diesem Moment war sie froh, dass er sie nicht betrachtete. Mit der Röte stieg brennende Eifersucht in ihr hoch, so dass sie kaum atmen konnte. Durch das Pochen in ihren Ohren klang seine Stimme weiter. „Wir sind mit der Übersetzung noch nicht ganz fertig. Aber wir haben etwas gefunden. Also, Leo Muh hat es gefunden. Er erinnert sich an solche Sachen." Edu machte eine kurze Pause, um das Heft und eine Speicherkarte vor Christa zu legen. Dann zog er aus dem Heft einen Zettel mit Leos Handschrift. Christa fürchtete, die anderen würden ihr Herz rasen hören. „Es gibt eine Liste mit Männernamen. Da stehen Keno Oltmann, Albert Jakena und Johannes Bruns drauf. Und es gibt eine Liste mit Frauennamen. Da stehen Therese Frantzen und Jeanne Fontaine drauf. Wir glauben, Jeanne Fontaine ist die Frau, die später die Briefe an Therese Frantzen geschickt hat." Er langte über den Tisch und schlug das Heft bei einem weiteren Zettel auf. „Da ist der Eintrag mit den Listen. Auf dem Zettel steht die Übersetzung."

Bea rückte neben Christa. Gemeinsam lasen sie den Eintrag.

(...) J. sagt, wir müssen uns erinnern, wie es war, bevor es so furchtbar zu Ende ging. Ich will es nicht. Das braucht Maggi nicht zu wissen, dass der Kerl sogar gesagt hat, er nimmt mich mit. Aber J. hatte die Idee, alle Namen aufzuschreiben. Ich dachte wirklich, ich hätte das alles vergessen. Aber wir haben uns erinnert: Keno Oltmann, Thünn Läuven, Johannes Bruns, Albert Jakena, Josef Siemers, Walter Szydow, Eugen Retsin, Otto Paweltschik, Franz Hofmeier, Justus Waretzka. Und dann haben wir auch die Mädels aufgeschrieben: Leonie Brevel, Ada Kern, Margret Hoven, Irma Mölter, Marlene Hamacher, Jeanne Fontaine, Therese Frantzen (…)

Beim Überfliegen der Liste erfasste Christa ein anderes Gefühl, dass die Symptome ihrer Eifersucht stillte.

„Da ist auch Josef Siemers bei. Der wurde ermordet. In Kalterherberg. Vor acht Jahren. Und der hier, Thünn Läuven. In Eindhoven wurde vor zehn Jahren ein Anton Lieuwen ermordet. Könnte Läuven Lieuwen sein?" Christa sah Bea und, zu ihrer eigenen Überraschung, Edu an. Die beiden wechselten Blicke.

„Lieuwen ist flämisch", sagte Edu, als verriete er ein Staatsgeheimnis. Christa dachte an Schillers Don Carlos. Außer in dieser Schullektüre war ihr das Wort nie begegnet.

„Flamen nennt man die Niederländisch sprechenden Belgier", erläuterte Bea. Sie sah wieder zu Edu. „Therese Frantzen kam aus dem heutigen Dreiländereck. Läuven ist ein häufiger Name und Lieuwen sehr ähnlich. Und Thünn ist Anton." Edu zuckte mit den Schultern.

„Kann sein. Vielleicht wusste Therese nicht, wie man Lieuwen schreibt." Christa holte tief Luft.

„Ihr meint also, Läuven und Lieuwen könnten der gleiche Mann sein?"

„Wie Edu sagte, es könnte sein. Jedenfalls solltest du Justin fragen, ob du das Tagebuch seiner Großmutter an die Polizei weitergeben darfst. Du hättest dann auch einen Grund, ihn anzurufen." Bea lächelte verschwörerisch. Christa warf einen Blick auf Edu, doch der studierte wieder das Muster der Tischplatte.

„Das werde ich, Bea."

Justin

NACH SEINER ANKUNFT IN HAMBURG HATTE JUSTIN ÜBERLEGT, OB ER SICH FÜR EIN PAAR STUNden hinlegen sollte. Doch er hatte Arbeit mit nach Hause genommen, Arbeit, die er am Freitag hätte erledigen sollen und noch mehr Arbeit, weil er an den meisten Wochenenden zu Hause arbeitete. Statt zu schlafen, bereitete er Kaffee, fuhr sein Laptop hoch und stellte sich darauf ein, objektiv und rational an Projektbeschreibungen und Diagramme heranzugehen.

Viel wurde nicht aus seinem Vorsatz. Facebook lockte mit Statusmeldungen seiner Freunde. Eine ehemalige Kollegin postete ein Video ihrer Trauung. In seiner Kirchengemeinde gab es zahlreiche Aktivitäten zu bestaunen. Der Pastor selbst teilte einen von ihm verfassten Post für eine christliche Internetseite zu dem Spruch Hochzeiten machen neue Hochzeiten. Justin las den Post sorgfältig, auch die Kommentare, und wechselte das Netzwerk, ehe sich ihm zu viele Gedanken zum Thema Hochzeit aufdrängten. Bei Pinterest betrachtete er sein eigenes, seit weit über einem Jahr vernachlässigtes Album über Nordkalifornien. Da waren das Haus seiner Eltern, die Berge nahe der Stadt, der Garten des Großvaters, an dessen Ende eine Treppe zum Strand führte. Beim Ansehen der Bilder schlich sich die Frage ein, wie es wohl Christa an den jeweiligen Orten gefiele. Er konnte sie sich in den Bergen beim Haus seiner Eltern vorstellen, oder an einem milden Wintertag am Strand. An einen Sonnenstrand gehörte sie nicht.

Ihm fiel wieder das Projekt ein, zu dem er an diesem Wochenende eine Bewertung schreiben sollte. Justin öffnete den Ordner mit den gesammelten Daten. Lange hielt er es nicht bei Tabellen und Grafiken aus. Sein Kopf schmerzte. Er bereitete einen weiteren Becher Kaffee, sammelte mit der freien Hand Salzkekse aus einer aufgerissenen Packung und setzte sich auf die Holzfliesen seines Balkons. Wenn die Sonne schien, ließ es sich im Hemd aushalten. Die Wohnung lag so hoch, dass es immer windiger war als unten auf dem Parkplatz. An diesem Tag erschien ihm Hamburg besonders kühl.

Justin nippte an seinem Kaffee. Weit unten sah er Autos fahren, zwischen zwei Häusern schimmerte die Elbe. Er legte den Kopf zurück. Der Himmel war blau für Hamburger Verhältnisse, doch ein anderes Blau als in Kalifornien und auch ein anderes Blau als am Morgen in Wardenburg. Christas Gesicht lächelte ihn aus der Tasse an. Er schloss die Augen und dachte an ihren Kuss. An seinen Händen spürte er ihre pudrige Haut, er glaubte, ihr Parfüm zu atmen. Gegen diese Erinnerung kämpfte er an, bis nur noch Christa in Jeans und weißer Hemdbluse eine Kaffeekanne auf den Tisch knallte und ihn vor Wut zitternd anstarrte. Ihr ungeschminktes Gesicht war ihm in diesem Augenblick noch hinreißender erschienen als das Filmstar Make-up zum Ballkleid. Er schob auch diese Erinnerung von sich, rief Jesus um Unterstützung an, bereute jede Berührung, jeden halbformulierten Wunsch, flehte um den Segen seines Gottes. Christa verschwand. Vor ihm flackerte noch kurz ihr Küchentisch, dann sah er die Holzfliesen des Balkons. Drinnen signalisierte sein Smartphone, dass es Zeit für seine Skype-Verabredung war. Justin zog sich am Geländer hoch. In der Glastür kontrollierte er Haare und Gesichtsausdruck, ehe er hineinging und sich vor dem Laptop auf den Boden setzte.

In Seattle war es kurz nach acht Uhr morgens. Trish saß in ihrem dunkelgrauen Yoga-Anzug am Küchentisch, vor sich ein Glas mit einer pinkfarbenen Flüssigkeit. Ihre kurzen dunklen Haare ringelten sich feucht. So gänzlich ohne Farben sah Justin sie selten, seit sie in Seattle arbeitete. Trotz ihres entschlossenen

Kampfes gegen das Alter, erkannte er kleine Fältchen an ihren Augenwinkeln. Christa hatte die auch, aber sie schien sich nicht daran zu stören. Er schloss für einen Moment die Augen, dachte an Jesus und blickte wieder auf Trishs Bild.

„Hast du Probleme mit den Augen?" Sie beugte sich gefährlich nahe an ihr Glas, um ihn genauer sehen zu können.

„Vielleicht eine Bindehautentzündung. Ich habe viel am Computer gearbeitet. Und das künstliche Licht strengt die Augen an." Er fühlte sich schäbig, weil ihm die Lügen so leicht über die Lippen kamen. Trish wusste nichts über den Mord an Gran, hatte keine Ahnung, dass er auf einer Hochzeit mit einer anderen Frau getanzt hatte. Aber natürlich hatte er viel gearbeitet und empfand das Licht im Büro als störend, wenn er auf den Bildschirm sah.

„Besorge dir Tropfen. Damit ist nicht zu spaßen." Sie erzählte von einer Bindehautentzündung, die sie vor Jahren gehabt hatte. Justin hörte zu, bis ihre Stimme leiser wurde und er gähnen musste. Sofort war ihre Stimme wieder lauter. „Oh, Honey, warum bist du so müde? Wie viel Uhr ist es bei euch? Es kann doch nicht so spät sein."

„Nein, nein. Später Nachmittag." Er drehte das Laptop zur offenen Balkontür, damit sie den blauen Hamburger Himmel sehen konnte. „Ich habe kaum geschlafen, es gab so viel zu tun. Ich habe auch Arbeit für das ganze Wochenende." Sie gab verständnisvolle Laute von sich.

„Ich muss auch noch einen Bericht für die Konferenz am Montag fertig machen. Heute Abend treffe ich zwei Kollegen, die mit mir an dem Projekt sitzen. Und was glaubst du, ist mir gestern passiert?" Trish stürzte sich in eine Anekdote aus ihrem Büro. Sie redeten über ihre jeweilige Arbeit, bis nach einer Viertelstunde Justins Smartphone summte. Es war Christa.

„Musst du rangehen?" Sie zog eine Braue hoch. Justin wusste jedoch, dass sie misstrauisch würde, nähme er in ihrer Gegenwart das Gespräch nicht an. Wieder war er gezwungen zu lügen.

„Ja. Das ist Arbeit. Soll ich mich gleich noch einmal melden?"

„Nein, nein. Nimm den blöden Anruf an, wenn er so wichtig ist. So lange wird es ja nicht dauern." Er lächelte entschuldigend, aber sein Gewissen rebellierte. Auch fragte er sich, ob sein Gesicht und Tonfall ihr verraten würden, dass seine Gesprächspartnerin nicht über Fonds, sondern über den Affront, dass er nicht mit ihr ins Bett gegangen war, reden wollte.

„Hi, Justin Brown hier." Er hörte, wie Christa sich sammelte.

„Hallo Justin. Christa. Hattest du eine gute Fahrt?" Das klang nicht nach sofortiger Szene. Bei all ihren früheren Anrufen war Christa sofort auf den Punkt gekommen.

„Ja. Kein Stau." Er hörte sie heftig atmen und fragte sich, ob nun doch Vorwürfe folgen würden.

„Justin, ich habe mit meiner Freundin, die die Übersetzung vom Tagebuch deiner Großmutter macht, gesprochen. In dem Tagebuch ist eine Liste mit Namen von zehn Männern. Fünf davon sind in den letzten zwölf Jahren ermordet worden."

Justin zögerte. Er hatte sich auf Rechtfertigungen eingestellt, nun erwartete Christa offenbar etwas anderes von ihm.

„Ermordet? Fünf Männer?" Sie erzählte etwas von einem Freund ihrer Mutter und einer Sonderkommission der Polizei. Lediglich der Name Garet Harms sagte ihm etwas.

„Kriminalhauptkommissar Harms ist für den Mord an Gran zuständig."

„Ja. Und auch für die Untersuchung der Morde an Keno Oltmann, Albert Jakena und Johannes Bruns. Das sind drei der Namen auf der Liste im Tagebuch. Kommissar Harms sollte das wissen, Justin. Immerhin ist deine Großmutter auch ermordet worden." Justin überlegte.

„Du hast gesagt, dass diese Morde an den alten Männern nichts zu tun haben mit den Morden an Gran."

„Ja", hörte er Christas erregte Stimme und fragte sich, ob das Mikrofon des Laptops auch diese Stimme übertrug. Er hätte es stumm schalten sollen. „Das denkt die Polizei. Aber kann es nicht doch sein, dass da eine Verbindung besteht? Die Namen von fünf Ermordeten stehen in einem alten Tagebuch, das deine Großmutter ihrer Agentin gegeben hatte. Sie wollte nicht, dass es bei ihr im Haus war. Frau Wouters sollte den Umschlag sogar vernichten, falls deiner Großmutter etwas passierte. Und dann wurde sie ermordet, fast zeitgleich mit Johannes Bruns. Das ist doch seltsam." Sofern er Christa richtig verstanden hatte, war das seltsam.

„Dann gib das Tagebuch der Polizei. Kannst du das machen, ohne dass es unbequem für dich ist?"

„Das ist kein Problem."

„Okay." Er versuchte, sich Christa in ihrem Wohnzimmer vorzustellen, in den Kleidern von diesem Vormittag, zufällig genau wie er in weißem Hemd zur Jeans. Jetzt säße sie auf dem Sofa. Vielleicht läge das Tagebuch auf dem kleinen Tisch, wo er seinen Kulturbeutel abgestellt hatte. Und sie erzählte ihm diese konfuse Geschichte von Morden und Listen, weil so vielleicht der Mörder seiner Großmutter gefunden werden könnte. Dieser Frau musste er dankbar sein. „Christa?"

„Ja?"

„Der Abend mit dir war wunderschön."

„Das hast du schon gesagt."

„Ich weiß. Er war wunderschön." Sie seufzte.

„Ja, das war er."

„Mach's gut." Er legte das Telefon zur Seite und stellte sich um auf sein Skype-Gespräch. Trish hatte ihre pinkfarbene Flüssigkeit ausgetrunken. Ein kleiner leuchtender Tropfen saß an ihrer Oberlippe. Sie neigte ihm den Kopf zu.

„Das war ein langes Gespräch. War das dein Boss?"

„Nein, eine deutsche Kollegin. Da gibt es ein Problem mit Unterlagen, die verschwunden waren. Aber das ist für dich nicht interessant."

„Für mich ist alles interessant, was du in Deutschland machst."

Vor nicht allzu langer Zeit wären dies die Worte gewesen, die für ihn das ganze Gespräch ausgemacht hätten. Diese Worte hätten ihn durch die Woche getragen, Tage wie Nächte, hätten ihn getröstet und ihm Kraft gegeben. Nun schnürte sich sein Hals zusammen, und sein schlechtes Gewissen wollte eine Drohung gehört haben. Seine Zunge stemmte sich gegen eine Antwort, doch antworten musste er.

„Für mich ist alles interessant, was du in Seattle machst."

Montag, 13. Juni

Okko

Okko Lüken begann die meisten seiner Tage früh in Rhauderfehn, um im Laufe des Vormittags nach Leer zu fahren. Für das Prestige, in der Sonderkommission mitzuarbeiten, nahm er gern in Kauf, dass er sein Frühstück aus Zeitgründen am Schreibtisch einnahm. So war Okko vor acht Uhr bereits in eine Akte vertieft, als Christa eintrat. Überrascht und nicht wenig geschmeichelt sprang er ihr entgegen.

„Christa. Guten Morgen. Was machst du so früh hier? Hattest du ein schönes Wochenende?"

Wie immer trug sie Grau, diesmal in einem sommerlich hellen Ton kombiniert mit einer hellroten Bluse, die ihr ungewöhnliche Frische in die Wangen zauberte. Seine Großmutter hatte nach einem Gläschen Schnaps mit Zucker von Rosen auf den Wangen gesprochen. Okko legte eine Hand an ihren Ellenbogen, wurde zu seiner Freude nicht abgeschüttelt, und führte sie zu einem Stuhl.

„Ich habe etwas für dich", sagte sie im Hinsetzen.

„Für mich?" Er deutete auf seine Brust, ahnte aber, dass sie den Polizisten meinte. Frauen wie Christa wussten genau, wo die Uniform endete und der Mann begann. Das war enttäuschend, für die Uhrzeit aber akzeptabel. Auch Okko tat sich in den Morgenstunden mit dem Flirten schwer.

„Für die Sonderkommission. Hier."

Sie reichte ihm den braunen Umschlag, der die ganze Zeit aus ihrer Tasche gelugt hatte. Das braune Papier war steif und atmete eine Mischung aus Aktenschrank und Aschenbecher. Er wog den Umschlag in der Hand.

„Was ist da drin?"

„Das Tagebuch der Mutter von Frau Busker Brown. Und eine Speicherkarte."

Okko entnahm dem Umschlag ein dickes Heft und einige Briefe. Die Speicherkarte rutschte hinterher. Er schob sie an den Rand seiner Schreibunterlage und schlug das Heft auf.

„Welche Sprache soll das sein? Und was ist an diesem Tagebuch so wichtig?" Er sah von dem vergilbten Heft zu ihr.

Christa lächelte ein geschäftsmäßiges Lächeln. Er mochte Frauen, die wussten, was sie wollten. In ihrem Fahrwasser konnte ein Mann weit segeln, verhielte er sich geschickt. Okko legte verständnisvolle Aufmerksamkeit in seinen Blick.

„Justin Brown, der Enkel von Frau Busker Brown, hat dieses Tagebuch von Frau Busker Browns Agentin Mona Wouters erhalten. Ich habe dir ihre Telefonnummer und E-Mailadresse vorne in das Tagebuch gelegt. Wie du siehst, ist das Tagebuch auf Französisch."

Okko beugte sich über die ausgeblichene Schrift, konnte die Sprache aber nach wie vor nicht erkennen. In vier Jahren Schulfranzösisch hatte er nie einen von der Hand eines Muttersprachlers geschriebenen Satz gesehen.

„Margareth Busker Browns Mutter hieß vor ihrer Heirat Therese Frantzen. Sie hat das Tagebuch 1948 angefangen. Damals lebte sie in Malmedy, das ist in Belgien. Aufgewachsen ist sie in einem französischsprachigen Ort."

„Aha." Okko fand ihre Erklärungen verwirrend, aber er konnte sich die Details später noch einmal erläutern lassen. Christa wies mit dem Kinn auf das Heft.

„Blätter mal zu dem blauen Zettel." Er blätterte zu einem zweimal gefalteten DIN A4-Zettel und nahm ihn aus dem Heft.

„Und?"

„Ich habe das Tagebuch Freunden zum Übersetzen gegeben. Die haben diesen Eintrag aus dem Jahr 1948 gefunden. Die Übersetzung steht auf dem Zettel."

Okko faltete den Zettel auseinander. Heute war J. den ganzen Tag bei mir (...) Er überflog die Zeilen, bis er an einigen Namen hängenblieb. Sein Blick glitt zurück zum Beginn des Absatzes

Aber J. hatte die Idee, alle Namen aufzuschreiben. Ich dachte wirklich, ich hätte das alles vergessen. Aber wir haben uns erinnert: Keno Oltmann, Thünn Läuven, Johannes Bruns, Albert Jakena, Josef Siemers, Walter Szydow, Eugen Retsin, Otto Paweltschik, Franz Hofmeier, Justus Waretzka (…).

Fassungslos sah er Christa an.

„Was ist das?"

„Keine Ahnung. Darunter ist eine Liste mit Frauennamen. Da steht diese Therese Frantzen bei. Und eine Jeanne Fontaine. Das ist vermutlich J. im Tagebuch, die Therese besucht hat. Die hat ihr später in die USA geschrieben."

Okko sah Christa aufmerksam an. Der Mann in ihm wollte wissen, wieso sie von Frau Busker Browns Enkel als Justin sprach, den Polizisten interessierten die Umstände, unter denen das Tagebuch in die Hände dieses Enkels gekommen waren.

„Erklär mir das bitte noch einmal. Wer hat das Tagebuch besessen? Und wann ist es Justin Brown zugespielt worden?" Er sah, dass Christa diese Fragen erwartet hatte. Während ihres Berichts kam ihm plötzlich die Fage, ob sie ihm etwas verschwieg.

„Wieso hat Justin Brown das Tagebuch nicht sofort der Polizei gegeben?"

„Weil es nicht das Tagebuch seiner Großmutter war, sondern das Tagebuch von deren Mutter. Dass die etwas aufgeschrieben haben könnte, das auch nur entfernt mit dem Mord an ihrer Tochter so viele Jahre später zu tun haben sollte, konnten wir uns nicht vorstellen."

„Ihr konntet es euch nicht vorstellen? Du warst dabei?" Diese Frage stellte nicht der Polizist. Christa sah ihn ein wenig zu unbefangen an.

„Natürlich. Ich habe für ihn die Beisetzung organisiert. Deshalb war ich auch beim Tee in der Frickenstraße, als ihm Frau Wouters das Tagebuch gegeben hat." Okko hörte das gar nicht gern, erinnerte sich aber, dass Christa diesen Justin Brown über Frau Finke kennengelernt hatte. Wahrscheinlich hatte sie ihre Unterstützung von der alten Vermieterin auf den jungen Enkel ausgeweitet. Er sah von der Übersetzung in seiner Hand zu dem schmierigen Original auf dem Schreibtisch.

„Und was ist auf der Speicherkarte?" Christa runzelte die Stirn.

„Verschiedenes. Textversionen des eingescannten Tagebuchs und der Briefe. Die Briefe hast du nicht im Original, aber du kannst sie natürlich bekommen, wenn die Polizei sie braucht. Und die Übersetzung des Tagebuchs, soweit sie existiert. Die letzten Monate fehlen noch."

„Und wieso hat man dir diese Dinge ausgerechnet jetzt gegeben? Ich meine, deine Freunde konnten doch gar nicht wissen, welche Bedeutung die Namen hier haben. Oder?" Sie zuckte mit den Schultern.

„Im Umkreis von Wardenburg weiß jeder, was mit Johannes Bruns passiert ist."

„Natürlich." Okko hatte durchaus den Verdacht, dass Christas Wardenburger Freunde auch die Namen Oltmann und Jakena gekannt hatten, doch damit sollte sich Kommissar Harms auseinandersetzen, falls er es für bedeutsam hielt. „Dann nehme ich den Umschlag nachher mit nach Leer. Trinkst du einen Tee mit mir? Sagen wir um achtzehn Uhr am Untenende?" Christa erhob sich.

„Im Café deiner Schulfreundin? Ich freue mich. Bis dann." Sie war draußen, ehe er ihr die Tür aufhalten konnte, aber Okko war dennoch zufrieden. Das Tagebuch wäre ein weiterer Beweis seiner exzellenten Investigationsarbeit. Er würde heute Nachmittag sehr nett zu Christa sein.

Martina Sevecke-Pohlen

Christa

Trotz ihres Abstechers zur Polizei traf Christa fast zwanzig Minuten vor der Dienstbesprechung bei Crea. Heim und Pflege ein. Frau Hahn ging E-Mails durch. Als Christa ins Foyer kam, hob sie den Kopf.

„Moin, Frau Hemmen. Wie war die Hochzeit?" Diese Frage würde sie noch oft beantworten müssen. Christa wünschte sich Beas Gleichmut.

„Schön. Ich erzähle Ihnen nachher davon, aber jetzt bin ich im Büro, Frau Hahn. Stellen Sie keine Anrufe durch, okay?" Frau Hahn musterte sie neugierig.

„Okay. Möchten Sie denn keinen Kaffee?"

„Den hole ich mir zur Dienstbesprechung."

Im Büro fuhr Christa den Rechner hoch und suchte bei der Online-Ausgabe der Aachener Zeitung den Leserbrief zum Mord an Josef Siemers. Lisbet Ervens Telefonnummer in Höfen war schnell gefunden. Christa wählte die Nummer ungeachtet der Uhrzeit. Nach ihrer Theorie wäre Frau Erven schon älter und benötigte wenig Schlaf. Vor allem wäre sie überzeugte Frühaufsteherin. Tatsächlich meldete sich eine Frauenstimme, der keinerlei Müdigkeit anzuhören war.

„Guten Morgen. Mein Name ist Hemmen. Ich rufe aus Rhauderfehn an. Entschuldigen Sie die frühe Störung, Frau Erven. Darf ich Ihnen erklären, weshalb ich anrufe? Es ist kompliziert, aber ich möchte Ihnen nichts verkaufen."

„Na gut, fassen Sie sich kurz. Ich lege auf, wenn ich genug habe."

„Danke. Also, Anlass für meinen Anruf ist ein Leserbrief von Ihnen in der Aachener Zeitung vor etwa zwölf Jahren. Es ging damals um den Mord an Josef Siemers in Kalterherberg. Sie erwähnten seine SS-Vergangenheit." Einen Moment herrschte Stille.

„Fahren Sie fort, Frau ... Wie war Ihr Name?"

„Hemmen."

„Und von wo rufen Sie an?"

„Rhauderfehn. Das ist in Niedersachsen. Ostfriesland."

„Niedersachsen? Ostfriesland?" Frau Erven hätte auch nach dem Mond fragen können, so verblüfft klang sie.

„Ja. Frau Erven, ich erkläre das gleich. Ich möchte vor allem wissen, wieso Sie diesen Josef Siemers kannten."

„Sind Sie von der Zeitung?", erkundigte sich Frau Erven.

„Nein." Christa schilderte in so wenigen Worten wie möglich, wie sie ursprünglich auf den Namen Josef Siemers gestoßen war. Die Polizei in Rhauderfehn erwähnte sie vorsichtshalber nicht.

„Und Sie sagen, diese Frau Busker Brown ist Greet Amelon? Josef Siemers Name steht im Tagebuch von Greet Amelons Mutter? Das ist ja ... Frau Amelon wurde ermordet, sagen Sie?“ Christa bestätigte das. Die Ausdrucksweise von Frau Erven ließ vermuten, dass sie einen eigenen Blickwinkel auf Frau Busker Brown hatte. „Das ist furchtbar. Ich kannte Frau Amelon gut. Damals lebte sie drüben in Lüttich. Frau Amelon hat in Weyrscheid ein Kunstprojekt mit Studenten durchgeführt, zusammen mit meinem Verein. Sie haben in Ostfriesland wahrscheinlich keine Ahnung von Weyrscheid? Das war ein Dorf, in dem die Einwohner 1944 von SS-Leuten erschossen wurden.“ Christa ordnete Frau Erven als frühere Lehrerin ein.

„Ich habe über das Massaker von Weyrscheid gelesen.“

„Darf ich fragen, wo Sie darüber gelesen haben? Das Wissen ist nicht weit über unsere Region hinaus verbreitet.“ Von der anfänglichen Skepsis war nichts mehr zu hören.

„Ich durfte das Manuskript eines Buches von einem Mann namens Muh ...“

„Dores Muh? Oh, sagen Sie, Frau Hemmen, Sie haben Kontakt mit der Gemeinschaft der Muh?“ Etwas irritiert gab Christa zu, mit Bea Muh befreundet zu sein. Bisher war Christa niemand begegnet, der von der Gemeinschaft der Minderen und Heimatlosen wusste. Die meisten Leute fragten zweifelnd, ob sie den Namen richtig verstanden hätten. Frau Erven hingegen redete angeregt weiter. „Mit Dores Muh habe ich viel zu tun. Wir treffen uns regelmäßig. Er lebt ganz für seine Arbeit, seinen Käse, und jetzt auch für seine kleine Familie. Sie sagten, Sie kennen Bea Muh. Das ist die Schwester seiner Frau, nicht wahr?“

Auch das bestätigte Christa, ehe sie fragte, in welchen Zusammenhängen Frau Erven regelmäßig auf Dores Muh traf.

„Ich bin Vorsitzende des Deutsch-Belgischen Vereins für Völkerverständigung. Schon seit vielen Jahren, damals war ich noch im Beruf. Seit meiner Pensionierung veröffentliche ich unsere Arbeitsergebnisse über die Eifel in der NS-Zeit. Menschen schaffen sich Legenden, aber Legenden verzerren oft die Wahrheit. Das ist hier in der Eifel nicht anders als anderswo auf der Welt. Dores Muh habe ich über das Weyrscheid-Projekt von Frau Amelon kennengelernt. Seitdem tauschen wir uns über unsere Arbeit aus.“

„Sie haben nach dem Mord an Josef Siemers einen Leserbrief geschrieben“, erinnerte sie Christa. Frau Erven schnaubte.

„Josef Siemers. Der arme alte Rentner. Aber das ist lange her. Bestimmt zehn Jahre. Und was sagten Sie, sein Name ist im Tagebuch von Frau Amelons Mutter? Was steht da über ihn?“

„In diesem Tagebuch steht eigentlich nichts über ihn. Sein Name erscheint in einer Liste mit zehn Männernamen. Fünf dieser Männer sind ermordet worden.

Wie Frau Busker Brown, also Frau Amelon." Frau Erven wollte die Namen der übrigen Ermordeten hören, doch als Christa sie ihr nannte, konnte sie sich nicht erinnern, auch nur einen zuvor gehört zu haben.

„Das heißt natürlich nichts. Mein Gedächtnis ist nicht mehr so wie früher. Aber spontan fällt mir zu denen nichts ein." Christa führte sie zurück zu Josef Siemers.

„Es ist so, Frau Hemmen, dass Josef Siemers zu Beginn des Krieges ein ganz junger Bursche aus Roetgen war. Er hat in einem Sägewerk gelernt und hatte Schlag bei den Mädchen. Es soll sogar eine Forderung nach Kranzgeld gegeben haben."

„Moment, was ist Kranzgeld?" Christa kam sich dumm vor, besonders als Frau Erven herzlich lachte.

„Sie müssen noch sehr jung sein! Nichts für ungut, damals waren die Sitten strenger. Wenn ein Mädchen sich ziemlich eng mit einem Jungen eingelassen hatte, weil der gesagt hat, er wollte es heiraten, konnte es Kranzgeld verlangen, wenn er es dann doch nicht geheiratet hat. Nur Jungfrauen durften mit Brautkranz in die Kirche, verstehen Sie?" Christa verstand. „Aber wie gesagt, die alten Leute sagen allerhand über den Siemers, und offiziell wurde die Kranzgeldforderung nie erhoben. Das soll ungefähr zu der Zeit gewesen sein, als er eingezogen wurde. Damals kam er zur SS. Erst war seine Einheit in Frankreich, dann ab Sommer 1944 in Eupen-Malmedy. Sie sollte den belgischen Widerstand vor dem Eintreffen der alliierten Truppen ausschalten. Und als die Amerikaner auf die Reichsgrenze zuzogen, waren sie auch im Kampfeinsatz. Wenn ich mich richtig erinnere, auch in der Hürtgenwaldschlacht. Kurz vorher, im September 1944, haben Männer aus Siemers Einheit ein Massaker in Weyrscheid angerichtet. Das wissen Sie?"

„Ich wusste nicht, dass Siemers daran beteiligt war", gab Christa zu. Frau Erven lachte bitter auf.

„Siemers war damals Unterscharführer und längst nicht das Unschuldslamm, das er später immer gespielt hat. Immerhin gehörte er zu den wenigen, denen eine Beteiligung am Weyrscheid-Massaker nachgewiesen werden konnte. Im Mai 1945 wurde er von dem Arzt, der seine Tätowierung entfernen sollte, verraten. Ende 1945 haben die Kanadier einige SS-Leute vor Gericht gestellt, darunter Siemers. Bis dahin waren ihnen zwei der Angeklagten aus seiner Einheit weggestorben. Lungenentzündung in dem einen Fall und Selbstmord in dem anderen. Ursprünglich sollte er zum Tode verurteilt werden, bekam dann aber lebenslänglich. 1958 wurde er begnadigt. Er hat anschließend in Aachen gelebt und soll verheiratet gewesen sein."

„Was für eine Tätowierung sollte denn der Arzt entfernen?" fragte Christa. Sie ahnte, dass sie sich mit dieser Frage wieder als jung und dumm entlarvte.

„Ah, ja. Das wissen Sie natürlich auch nicht. Die Angehörigen der Waffen-SS waren Elite-Soldaten. Die sollten überleben, damit sie immer weiter eingesetzt werden konnten. Deshalb hatten sie ihre Blutgruppe an der Innenseite des linken Oberarmes tätowiert. Aus Statistiken der Militärärzte im ersten Weltkrieg wusste man, dass dort die wenigsten Verletzungen auftraten. Diese Tätowierung erleichterte das Finden eines Blutspenders im Falle einer schweren Verletzung. Anhand solcher Tätowierungen hat man nach dem Krieg viele SS-Männer entdeckt. Viele haben natürlich versucht, die Tätowierung loszuwerden. Durch Ärzte, aber auch durch Selbstverletzung, indem sie sich selbst durch den Arm geschossen haben."

Nach dem Gespräch war Christa wie vor den Kopf geschlagen. Mit der SS hatte sie nicht gerechnet. Auf dem Geburtstagsbrunch ihres Vaters hatte Helger Braasch erzählt, dass Johannes Bruns in der Hürtgenwaldschlacht gekämpft hatt-e, so wie Frau Ervens sagte, dass Josef Siemers dort im Einsatz gewesen war. Sie tippte das Wort Hürtgenwaldschlacht in eine Suchmaschine und war erschrocken, wie viele Treffer sie bekam. Ihr Geschichtsleistungskurs hatte das Ende des zweiten Weltkriegs auf die Eroberung Berlins reduziert.

Nachdem Christa einen Artikel über die Schlacht in einem Waldgebiet der Eifel gelesen hatte, blätterte sie noch einmal in ihren Notizen zu Therese Frantzens Tagebuch und den dort erwähnten Männern. Wenn Therese Frantzen Johannes Bruns 1948 mit Josef Siemers auf eine Liste geschrieben hatte, war er wahrscheinlich auch Mitglied der SS gewesen. War Bruns in der SS, dann auch Keno Oltmann, Albert Jakena und Anton Lieuwen. Allerdings fand Christa keine Erklärung, wieso Therese Frantzen all diese Namen kannte und warum sie die beiden Listen in ihr Tagebuch geschrieben hatte. Die Liste mit den Frauennamen bereitete ihr Unbehagen. Besatzer weltweit hatten klare Vorstellungen, wie mit den Frauen ihrer Gegner umzugehen war. Angesichts von Johannes Bruns Zustand in seinen letzten Lebensjahren konnte sie sich ihn nicht als Vergewaltiger vorstellen. Doch auch Vergewaltiger alterten und wurden dement.

Die gesamte Dienstbesprechung über saß Christa nur körperlich anwesend bei Harry und Frau Kehl. Ihren Bericht konnte sie ablesen, in Diskussionen ging ein eingeworfenes Fragewort als Beitrag durch. Nachdem Harry zur Teeküche enteilt war, nahm Christa Frau Kehl beiseite.

„Erinnern Sie sich noch an das Vorstellungsgespräch von Frau Olwig? Hat sie gesagt, welcher Arm von Albert Jakena steif war? Sie wissen doch, die Schussverletzung, die sich entzündet hatte?" Frau Kehl musterte sie erstaunt.

„Der Linke. Warum?"

„Im Oberarm?"

„Ich glaube, das hat sie gesagt. Was ist denn?"

„Haben Sie von SS-Tätowierungen gehört?" Frau Kehls Ausdruck verschwamm, als läse sie im Geiste aus einem Lehrbuch.

„Einfache Angabe der Blutgruppe, Innenseite des linken Oberarms. Oft vernarbt, wenn der Träger versucht hat, sie zu entfernen." Der gläserne Blick klärte sich, als sie auf Christa hinabsah. „Sie meinen, der Alte war ein Nazi und bei der SS?"

„Ja."

Christa schob Amke Kehl in deren Büro. Harry brauchte nichts von den Schnüffeleien, wie er es nennen würde, zu erfahren. Ehe er sie vermisste, berichtete Christa von Edu Muhs Entdeckung im Tagebuch der Therese Frantzen und ihrem Telefonat mit Frau Erven. Nachdem sie geendet hatte, pfiff Frau Kehl leise.

„Glauben Sie, die Polizei weiß das?" Christa überlegte.

„Ich glaube ja. Die Sonderkommission heißt intern Alte Kameraden. Ich dachte erst, das wäre so, weil die Mordopfer alte Männer waren. Aber es waren alte Kämpfer."

„Die Gerichtsmedizin hat doch die Leichen untersucht. Dabei haben sie natürlich auch die Tätowierung gefunden. Selbst wenn die korrekt entfernt worden sind, findet man Narben." Frau Kehl schwieg einen Moment. Dann berichtete sie kurz von ihrem Gespräch mit Dirka Menninga. „Ich kann mir vorstellen, dass Kinder und auch Jugendliche sich aus Spaß in Ställe und andere Außengebäude schleichen und nachgucken, ob da jemand gefangen gehalten wird. Oder ob man jemand verscharrt hat", sagte sie abschließend. „Aber was wollte dieser weißhaarige Mann bei Jan Oltmann? Und womit sollte er aufhören? Leute wie der Jan Oltmann haben nicht das Geld, um wegen Kleinigkeiten einen Anwalt einzuschalten. Ob dieser Mann den Oltmann erpresst hat? Wegen der Vergangenheit seines Vaters?"

Christa holte tief Luft. Das Herumfragen und Forschen hatte Spaß gemacht, auch wenn sie sich bemüht hatte, nicht zu zeigen, wie sehr es sie reizte, hinter dem Rücken der Polizei Informationen zu sammeln. Nun schien es ihr, als stünde sie mit Frau Kehl an einem stinkenden Morast aus alten Morden, Gerüchten und Vermutungen. Sie wollte nichts mit der Vergangenheit alter Männer, die sie nie gekannt hatte und bestimmt niemals sympathisch gefunden hätte, zu tun haben.

„Heute am späten Nachmittag bin ich mit Okko Lüken verabredet."

„Sieh an." Frau Kehl schien den Ernst der Lage nicht zu sehen. Ihr Lächeln deutete romantische Unterstellungen an. Christa straffte die Schultern.

„Ja. Den werde ich direkt auf diese SS-Geschichte ansprechen."

„Tun Sie das." Christa seufzte. Die Spannung in ihren Schultern ließ nach.

„Und nachher sehe ich mir eine Wohnung am Rajen an."

„Rajen? Gute Gegend. Na, dann viel Glück."

Okko

Okko Lüken war zufrieden mit seinem Tag. Schnell kontrollierte er den Sitz seiner Haare, ehe er die Glastür des Fahrradcafés am Rhauderfehner Untenende öffnete. Der Duft von warmer Schokolade und frischem Kuchen wehte ihm entgegen und raubte ihm fast die Sinne. Sein Mittagessen war wieder einmal ausgefallen.

„Hallo, Okko“, sagte Mareike hinter der Glastheke. Sie hatte ein Jahr lang seine Physikhausaufgaben gemacht, ehe sie zum Studium nach Oldenburg aufgebrochen war. Die kleine Episode, während der sie ihn wegen eines E-Bikes beraten hatte, lag allerdings erst wenige Monate zurück.

„Hallo, Okko“, sagte Rieke, die Zweiradmechanikermeisterin aus der geförderten Werkstatt hinter dem Café. Sie hatte als Jugendliche, immer schon praktisch veranlagt, die Reifen seines Fahrrades gewechselt und regelmäßig die Kette gefettet.

„Hallo, Okko“, strahlte eine junge Frau in zartgelber Bluse, die mit einer älteren Frau und einem Kinderwagen einen der Tische besetzte. Er musste überlegen, bis ihm einfiel, dass es Edda de Buhr vom Zahnarzt sein könnte, die ihm immer die günstigsten Termine zuschob. Es hätte aber auch Carmen Luikenga von der Physiotherapiepraxis sein können, die seine ausgerenkte Schulter wieder fit gemacht hatte.

Die einzige Frau, die nicht grüßte, war Christa. Vor ihr lag noch ein Halbmond kleiner Scheiben Krintstuten, dick mit Butter bestrichen. Mit der Kuchengabel spießte sie herausgefallene Rosinen auf. Passend zu ihrem Gesichtsausdruck stellte er seine Taktik um.

„So ein Glück! Ich hatte schon befürchtet, du wärst gegangen.“

„Ich musste ja verzehren, was ich bestellt hatte“, entgegnete sie gelassen. Mareike erschien an seiner Schulter.

„Okko, wat dur i di brengen, min Leev?“ Er hätte sie erwürgen können, unterließ es aber vor den vielen Zeuginnen. So intim, wie die Anrede vermuten ließ, waren sie in seiner Erinnerung nie gewesen.

„Mini-Krintstuten mit Butter. Wie die Dame.“ Die Dame und Mareike wechselten amüsierte Blicke. Er hoffte, Mareike wäre zu beschäftigt gewesen, Christa über ihre Beziehung zu ihm auszufragen.

„Un Tee, min Sööt?“

„Ja, bitte.“ Okko wartete, bis Mareike fort war, ehe er es wagte, Christa anzusehen. Um ihre Mundwinkel lag ein Lächeln.

„Du bist hier anscheinend sehr bekannt. Nicht nur bei der Inhaberin.“

„Nun ja." Er machte eine lässige Handbewegung. „Ich bin hier aufgewachsen. Hier war ein Fahrradladen, in dem wir Schläuche, Ketten und so weiter gekauft haben. Der Laden gehörte Mareikes Opa." Christa nickte.

„Oh, das kenne ich auch von Wardenburg. Wenn man da zur Schule gegangen ist, kennt man den halben Ort." Sie beugte sich vor, bis ihre Lippen beinahe sein Ohr erreichten. „Was weißt du über unsere SS-Männer?" Schockiert deutete er ihr, leiser zu sprechen. Sie lächelte zufrieden. „Dann stimmt es? Oltmann, Jakena, Bruns, Lieuwen und Siemers waren alle in der SS?" Okko atmete ihr Parfüm. Es war klar und frisch, aber für seine Nase roch es nicht blumig genug. Er schätzte Maiglöckchen und Veilchen. Vielleicht konnte er Nadine aus dem Drogeriemarkt überreden, ihm eine passende Parfümprobe zu geben, die er Christa empfehlen konnte. Frauen schätzten es, wenn Männer sich in solchen Dingen auskannten und ihre Meinung vertreten konnten.

„Ja. Die fünf Männer waren alle in einer Einheit der Waffen-SS in Frankreich und Belgien. Ein Teil der Männer um einen Obersturmbannführer—den Namen habe ich vergessen, irgendein Vogel—war an Übergriffen auf Zivilisten beteiligt. Ob gegen unsere fünf Männer ermittelt wurde, wissen wir nicht. Da sitzt eine Kollegin dran."

„Siemers hat wegen seiner Beteiligung am Weyrscheid-Massaker im belgischen Gefängnis gesessen. Verurteilt von den Kanadiern. Das muss doch in eurer Akte stehen. Was ist mit den anderen Männern auf der Liste? Wisst ihr etwas über- wie hießen die noch?—Waretzka, Retsin, Szydow, Hofmeier und Paweltschik."

Okko runzelte die Stirn. Soweit er wusste, hatte sich bisher niemand mit den verbleibenden Namen der Liste befasst. Die Namen klangen nicht so, als hätten die Männer in Norddeutschland gelebt. Nach dem, was die Polizei über die Mordserie herausgefunden hatte, war es vorstellbar, dass auch diese Männer an ihren Wohnorten Opfer von Verbrechen geworden waren. Christa nahm unterdessen eine Karteikarte aus ihrer Handtasche.

„Das ist die Nummer von Lisbet Erven aus Höfen in Nordrhein-Westfalen. Sie ist die Vorsitzende des Deutsch-Belgischen Vereins zur Völkerverständigung und kann dir alles über das Weyrscheid-Massaker erzählen, an dem Männer von Siemers SS-Einheit beteiligt waren. Sie kannte auch Frau Busker Brown." Misstrauisch sah er sie an.

„Woher kennst du diese Frau Erven?"

„Ich kenne sie nicht", gab Christa zurück. „Sie hatte einen Leserbrief in der Online-Ausgabe der Aachener Zeitung zu dem Artikel über Josef Siemers Ermordung geschrieben. Ich habe sie heute Morgen angerufen." Okko legte seine Hand auf Christas, musste sie aber gleich wieder zurückziehen und Platz machen, weil Mareike Tee und Mini-Krintstuten, aufgeschnitten und um einen Klecks Butter zu einem Kreis angeordnet, brachte.

„Ich spreche mit ihr“, versprach er und streckte die Finger wieder nach ihrer Hand aus. Sie ließ die Hand auf dem Tisch liegen.

„Glaubst du, Okko, dass die Morde an Frau Busker Brown und deinen alten Kameraden zusammenhängen?“ Seine Finger hatten schon ihr Handgelenk erreicht, doch nun zog sie den Arm zurück. Allmählich nervten ihn ihre Fragen.

„Offen gesagt, ich glaube das jetzt. Das ist nicht die offizielle Sicht, weißt du. Aber dieses Tagebuch scheint eine Verbindung anzudeuten.“ Christa lächelte milde und winkte Mareike zum Bezahlen heran.

„Das kann ich doch machen“, begehrte er auf, doch sie schüttelte den Kopf.

„Nein, Okko, das bringt Unglück. Ich besichtige jetzt eine Wohnung.“ Er strahlte sie an, obwohl er keine Sekunde glaubte, dass er der Grund für einen Umzug nach Rhauderfehn war. Wenn sie in seiner Nähe wohnte, würde er schon dafür sorgen, dass sie sich öfters zufällig trafen.

„Du ziehst jetzt doch nach Rhauderfehn?“ Sie nickte lachend.

„Ja, ich habe endlich eingesehen, dass die ewige Fahrerei nicht gut für mich ist. Tschau, ich melde mich.“ Damit verließ sie das Fahrradcafé. Okko verfolgte ihren Abgang in einem Spiegel an der Wand. Im Eingangsbereich begegnete ihr eine Frau in Jeans und Blazer. Okko drehte sich um. Es war Karin Graefe vom General-Anzeiger. Sie hatte ihm das Fotografieren beigebracht. Er erhob sich mit einem einladenden Lächeln. Karin zögerte kurz, ließ dann die Küchlein hinter der Glastheke links liegen und steuerte auf ihn zu.

„Moin, Okko. Du hier? Seit wann magst du süße Sachen?“

„Moin, Karin. Warum sollte ich nicht hier sein?“ Er zeigte auf die Theke. „Kann ich dir etwas bestellen? Vielleicht Tee und Erdbeerkäsetörtchen? Die sind wirklich gut hier.“ Karin setzte sich auf den Stuhl, den Christa gerade geräumt hatte. Unglücklicherweise stand ihr Gedeck noch da. Karin stellte die Tasse auf den Teller.

„Also meine Farbe ist dieser Lippenstift nicht. Zu blass“, bemerkte sie beiläufig und strahlte Okko an. Er winkte Mareike und gab die Bestellung für Karin auf. Sie wartete, bis Mareike gegangen war, dann nahm sie Okkos Hand.

„Wir haben uns ja ewig nicht gesehen, Okko-Maus. Hast du nicht etwas Schönes für mich, worüber ich schreiben könnte?“ Okko beugte sich vor und flüsterte verschwörerisch in ihr Ohr.

„Ich habe da eine Idee, Karin. Ich erzähle dir etwas Interessantes und du nimmst für mich Kontakt mit der Aachener Zeitung auf.“ Sie lachte und schob ihn mit der Hand weg.

„Lass mal hören, Okko. Wenn mir deine Geschichte gefällt, will ich mal sehen, was ich für dich tun kann.“ Er nickte. Nachdem Mareike Tee und Törtchen gebracht hatte, wisperte er die Geschichte der SS-Männer in Karins Ohr.

Martina Sevecke-Pohlen

Christa

Die Wohnung lag in einem grossen Ziegelhaus am Rajen. Von den vorderen Fenstern sah Christa über das Wasser des Rajen auf die Türmchen und Zinnen des Fehn- und Schifffahrtsmuseums in der Villa Graepel. Das Haus lag an der verkehrsberuhigten Straßenseite. Auf der Straße jenseits des Kanals rauschte der Feierabendverkehr. Sie schloss das Fenster wieder und sah den Makler an. Der hatte nur auf die Gelegenheit gewartet.

„Das ist eine Top-Lage, Frau Hemmen. Für so eine Altbauwohnung zahlen Sie in Hamburg das Sechsfache. Direkt vor dem Haus ist eine Fußgängerbrücke. Sie brauchen zu Fuß keine zehn Minuten zum Supermarkt und höchstens fünfzehn Minuten zu Fuß zu Ihrem Büro. Die Verkehrsanbindung ist optimal ..." Er hatte noch Luft für weitere Vorzüge der Wohnung, doch Christa schnupperte.

„Wonach riecht das hier?" Der Makler inhalierte die abgestandene Raumluft.

„Das ist das alte Holz der Vertäfelung. Und das Parkett. Kein Laminat. Fühlen Sie mal das warme Holz." Sie fand den staubigen Fußboden nicht einladend für Streicheleinheiten. Stattdessen strich sie mit der Hand über die Wand. Dort, wo die Sonne auf die Tapete fiel, zeichneten sich dunkle Punkte ab.

„Für mich riecht das nach Schimmel." Der Makler konnte sich das nicht vorstellen. Er sog noch mehr Luft ein, bemerkte dann aber Christas Zeigefinger an einem Punkt von der Größe einer Eincentmünze.

„Vielleicht ist es auch die Feuchtigkeit. Das Haus ist über hundert Jahre alt."

„Ist nicht die Außenwand mit Efeu bewachsen?" Der Makler erinnerte sich dunkel, dass da eventuell eine Pflanze am Haus hochrankte. „Doch, ich bin ganz sicher. Draußen wächst Efeu, darum schimmelt hier drinnen die Wand. Das geht so nicht." Sie war für Crea. Heim und Pflege durch zu viele Wohnungen gegangen. Einige Fehler erkannte sie inzwischen mit der gleichen Sicherheit wie der Makler.

„Sie haben Recht. Schimmel ist auch noch gesundheitsschädlich." Der Makler konnte nicht verstehen, wie eine Wohnung mit so einem Schaden in seinen Katalog geraten war. Sie strebten bereits wieder der Tür zu. Er lamentierte, wie schwierig es sei, ein altes Haus trocken zu halten. Im Treppenhaus blieb Christa stehen.

„Sie haben doch auch Häuser im Portfolio. Da gibt es doch bestimmt Objekte, die so viel Wohnfläche wie diese Wohnung haben. Schicken Sie mir auch die Exposees von solchen Häusern. Wir telefonieren."

Solange sie auf der B72 Richtung Küstenkanal fuhr, grübelte Christa über Häuser und Wohnungen. Sie gab so viel Geld für Benzin aus, dass sie in Rhauderfehn ein Haus mieten konnte. Es sollte nicht so abgelegen liegen wie das Haus von Frau Brown in der Frickenstraße, und selbstverständlich sollte der Standard zeitgemäß sein, aber ansonsten schien nichts dagegen zu sprechen. Auf der B401 entlang des Küstenkanals glitten ihre Gedanken allmählich von Wohnungen zu den Morden an den alten SS-Männern. Es fiel ihr schwer, aber sie versuchte, sich zu vergegenwärtigen, dass alle diese Greise 1944 jünger als sie jetzt gewesen waren. Sie dachte an Josef Siemers und das Kranzgeld, mit dem man ihm angeblich gedroht hatte, an die beiden Listen mit den Namen von deutschen SS-Männern und jungen belgischen Frauen wie Therese Frantzen. Männer und Frauen, Soldaten und Zivilisten, bedrängte Besatzer und aufmüpfige Besetzte. Die Machtverhältnisse legten verschiedene Szenarien nahe.

Es war ihr zuwider, doch Christa musste sich vergewissern, dass Justins Urgroßmutter nicht Opfer einer Massenvergewaltigung geworden war. Der einzige, der eventuell weiterhelfen könnte, war Dores Muh. Er forschte seit langem an der Geschichte der Muh in den belgischen Ostkantonen. Wenn es Hinweise auf Übergriffe auf Frauen im Siedlungsgebiet der Muh unter der deutschen Besatzung gegeben hatte, wusste er davon. Allerdings wusste Christa nicht, wie man einen Muh in seinem Zentrum erreichte, wenn man nicht direkt zu dem Zentrum fuhr und persönlich nach ihm fragte. Wahrscheinlich musste sie Bea einschalten. Noch auf der Bundesstraße rief sie in Sandkrug an.

Bea stimmte ihr zu, dass sexuelle Übergriffe zu der Liste und dem Verhalten von Therese und Jeanne passen könnten. Sie versprach, Dores anzurufen und ihn zu bitten, sich bei Christa zu melden. Viel erwartete Christa sich nicht von diesem Versprechen. Selbst wenn Bea als Kodexwächterin Möglichkeiten hatte, einen Muh in einem anderen Zentrum zu erreichen, hieße das nicht, dass Dores sich am gleichen Tag meldete. Dass er sich melden würde, obwohl er Christa nicht kannte, bezweifelte sie nicht, doch höchstwahrscheinlich hätte das Telefonat mit Christa Hemmen eine geringe Priorität und konnte auf den folgenden Abend verschoben werden. Mit diesen Überlegungen wappnete sich Christa gegen Enttäuschung. Das gelang ihr so gut, dass sie das Telefonklingeln um einundzwanzig Uhr beinahe ignoriert hätte.

„Hier spricht Dores Muh. Ich wünsche dir einen guten Abend, Christa Hemmen. Bea Muh teilte mir mit, dass du mich sprechen möchtest." Christa fand es plötzlich peinlich, mit ihm über Vergewaltigungen zu sprechen. Doch Dores war nicht nur ein Muh, der auch unangenehme Fragen gleichmütig beantwortete, er sah Christas Frage ausschließlich unter historischen Aspekten.

„Im Zusammenhang mit der deutschen Besatzung in Belgien ist nie über organisierte sexuelle Übergriffe gesprochen worden. Was nicht heißt, dass es sie nicht gab. Es spricht nur nichts dafür. Ansonsten sagt uns die Erfahrung, dass es immer wieder zu Übergriffen kommt, verübt von einzelnen Soldaten oder von Gruppen. Das war auch in Ostbelgien so." Seine ruhige Art, mit dem Thema umzugehen, machte es Christa noch schwerer, darüber zu sprechen.

„Diese Therese Frantzen hat zwei Listen geschrieben. Eine mit Männernamen, eine mit Frauennamen. Die Männer waren Deutsche und in der Waffen-SS. Das wissen wir inzwischen. Da könnte es doch sein, dass diese Männer so kurz vor dem Einmarsch der Alliierten ihre eigene Form der Vergeltung gefunden haben. Ein paar Frauen aufgreifen und so. Die Frauen hätten das doch nicht öffentlich gemacht."

„Möglicherweise nicht. Wie gesagt, es gibt lediglich keine Hinweise auf Vergewaltigungen. Allerdings wurden in einigen Orten Frauen durch Vergewaltigung für ihre Kollaboration mit den Deutschen bestraft." Christa schloss die Augen. Sie hörte Dores weiterreden. Sein leicht kratziger Akzent machte die ansonsten ausdruckslose Stimme minimal interessanter.

„Ich könnte dir mehr über die SS-Leute sagen, Christa Hemmen. Dazu müsste ich den Namen der Einheit wissen."

„Den kenne ich nicht. Der Vorgesetzte hieß Adler. Hilft dir das?" Im Hintergrund klackerte eine Tastatur.

„Obersturmbannführer Adler? Ja, ich habe die Daten vorliegen. Was möchtest du wissen?" Das konnte Christa nicht so einfach sagen.

„Na ja, ich habe gehört, dass Josef Siemers in dieser Einheit von Adler war. Und Siemers steht auf der Liste von Therese Frantzen. Was weißt du über sein Leben vor dem Krieg?" Es entstand eine Pause, in der vereinzeltes Klacken einer Taste zu hören war.

„Josef Siemers? Das war einer der Männer, die für die September-Morde verurteilt wurden. Ich habe hier die Prozessdaten zu den Septembermorden und etwas über die Umstände seiner Begnadigung 1958. Mehr liegt mir über Josef Siemers nicht vor. Wenn er aus der Eifel war, weiß Lisbeth Erven aus Höven vielleicht mehr über sein Leben vor dem Krieg. Sie forscht über die Eifel im Nationalsozialismus."

„Mit der habe ich schon gesprochen. Weißt du etwas über Siemers in der Waffen-SS?" Wieder klapperte Dores Tastatur.

„Siemers war ursprünglich nicht in Adlers Einheit. Seine Einheit agierte in den Niederlanden und später in der Normandie. Dort hatten die SS-Einheiten nach dem Durchbruch der Alliierten Anfang August 1944 große Verluste. Siemers Einheit bestand praktisch nicht mehr. Man hat Adlers Einheit mit den Resten von Siemers Einheit und einigen anderen aufgefüllt. Auf dem Rückzug war ihre vorrangige Aufgabe der Einsatz gegen Partisanen. Adler erhielt dann den Befehl, die Evakuierung der Stadt Aachen zu sichern. Seine Einheit verteidigte Aachen, wurde aber vor der Einnahme durch die Amerikaner in den Hürtgenwald verlegt. Im Februar 1945 geriet Adler in amerikanische Gefangenschaft. Siemers wurde im Mai verraten, als er sich seine Blutgruppentätowierung entfernen lassen wollte. Man hat ihn relativ schnell mit den Septembermorden in Verbindung gebracht und vor ein kanadisches Gericht gestellt."

„Frau Erven hat von einer Kranzgeldforderung gegen Siemers erzählt. Das muss kurz vor Kriegsbeginn gewesen sein." Wenn Siemers schon vor dem Krieg ein Heiratsversprechen gebrochen hatte, war seine Einstellung zu Frauen vielleicht von fragwürdiger Natur.

„Davon weiß ich nichts, Christa Hemmen. Siemers stammte nicht aus Ostbelgien. Sein einziger Berührungspunkt mit den Muh ist die Beteiligung an den Septembermorden. Frau Erven hat die Dauerausstellung über die Septembermorde im Kulturzentrum Weyrscheid mitkonzipiert. Wenn jemand etwas über die Täter weiß, dann sie."

Es war anzunehmen, dass Frau Erven bereits alles über Josef Siemers gesagt hatte. Christa bedankte sich bei Dores, haderte kurz mit sich und ließ Grüße an Greta ausrichten. Dores nahm den Auftrag steif an. Es war offenbar unüblich, Muh zu grüßen.

Dienstag, 14. Juni

Amke

Ehe Amke Kehl zum Treffen der Pflegedienstleister NordWest aufbrach, brachte sie die Post an die Rezeption. Sie legte die Umschläge in das Postausgangsfach und warf einen Blick auf die Absender im Eingangsfach. Da nichts dabei war, was ihrer sofortigen Aufmerksamkeit bedurfte, stopfte sie die Briefe zurück und wandte sich an Frau Hahn.

„Ich bin dann mal weg. So gegen fünf bring ich den Dienstwagen zurück." Frau Hahn stieß einen Laut aus und drehte den General-Anzeiger zu ihr.

„Warte! Hast du das gelesen?" Amke beugte sich über die Zeitung. Offenbar hatte Frau Hemmen mit ihrer Theorie der SS-Vergangenheit der alten Männer Recht. Im General-Anzeiger stand beinahe wortwörtlich, was Amke am Vortag von ihr gehört hatte.

„Hat Frau Hemmen mit der Karin Graefe vom General-Anzeiger gesprochen?" Frau Hahn schüttelte den Kopf.

„Das glaube ich nicht. Aber sie wollte den Okko Lüken treffen. Der war mal kurz mit der Karin zusammen. Er steckt der nach wie vor Informationen. Bestimmt hat sie das von ihm. Schicker Blazer, Amke." Amke kontrollierte den Sitz des Blazers in der polierten Oberfläche des Tresens.

„Ja, nicht? Ich wollte mal seriöser erscheinen, als ich bin. Auf der Konferenz laufen lauter Frauen von Thea Lakebergs Kaliber herum. Die sehen nicht nur auf Diplome, auch auf die Klamotten."

Beschwingt fuhr Amke auf der B70 nach Papenburg. Der Tag würde auf jeden Fall interessant werden. Thea Lakebergs Elisabethen-Haus öffnete die Türen für das Regionaltreffen der Pflegedienstleiter. Sie zählte zu den profiliertesten Frauen der Vereinigung. Amke gestand nicht ganz neidlos ein, dass sie selbst keine Chance hätte, würde sie auf die Idee verfallen, für eines der Ämter zu kandidieren. In ein paar Jahren, sollte Crea. Heim und Pflege sich in der Umgebung etablieren, sähe das anders aus. Immerhin käme sie unauffällig in das Gebäude, in dem Keno Oltmann in Kurzzeitpflege gewesen war.

Am Eingang zum Elisabethen-Haus waren einige Praktikantinnen abgestellt, die Teilnehmer des Treffens von Bewohnern und Besuchern zu trennen und in den Veranstaltungsaal zu weisen. Dort waren schon über hundert Personen versammelt, zumeist Frauen vom Typ tüchtig und patent. Unter den wenigen Männern fiel einer auf.

Amke nickte, wie um sich selbst zu bestätigen. Ernst Loga leitete den Pflegedienst in der Wardenburger Hauptstelle von Crea. Heim und Pflege. Etwas über das männliche Mittel groß, zart gebräunt wie ein hochwertiger Butterkeks stand er zwischen den patenten Frauen. Sein Blond sah natürlicher aus als das der meisten von ihnen, seine Augen schimmerten blauer, und selten trug ein Mann sandfarbenen Cord zur Jeans überzeugender. Ernst hatte es nicht nötig, im Anzug zu erscheinen.

„Ah, Amke. Moin, moin. Wie geht es dir? Und wie geht es meiner Freundin Christa Hemmen?“ Amke erwiderte seinen Händedruck fest.

„Alter Schwerenöter. Mir geht es gut, und ihr vor einer halben Stunde auch noch. Alles klar in der Hauptstelle?“ Sie tauschten ein wenig Klatsch aus, dann sicherten sie sich unter Einsatz seines Charmes und ihrer Körperkraft Plätze in der ersten Reihe. „Wie gut kennst du Thea Lakeberg, Ernst?“ erkundigte sich Amke, nachdem sie sich gegenüber dem Rednerpult eingerichtet hatte.

„Thea war nicht lange in Oldenburg, Amke. Ich bin aber mit ihrem Stabsoffizier per Du.“

„Wer soll das sein?“ fragte Amke. Im Geiste ging sie Theas Umgebung durch, doch leider kannte sie diese Frauen nur dem Namen nach. Ihre Bekanntschaft mit Thea rührte von ihrer Supervisionsgruppe. Ernst deutete zu einem Nebeneingang, vor dem eine Gruppe Frauen im Gespräch stand.

„Rose Ondratschek. Die Schwarzhaarige im weißen Kittel, die so steht wie eine Ärztin.“ Amke starrte ungeniert auf Frau Ondratschek, die allein schon wegen ihrer Größe auffiel. Mit der hochgetürmten Frisur überragte sie wahrscheinlich auch Amke.

„Was macht sie zum Stabsoffizier?“ Entzückende Bescheidenheit floss über Ernsts Züge.

„Sie ist ungemein qualifiziert. Verlange irgendeine Weiterbildung. Egal was du willst, sie hat den Schein mit Auszeichnung. In Oldenburg war sie eine Zeit lang im Hospiz. Thea hat sie nach Papenburg abgeworben.“ Beeindruckt nickte Amke.

„Was macht sie hier?“

„Leitet seit fünf Jahren die Kurzzeitpflege.“

„Ach?“ Frau Ondratschek sah auf die Uhr an der Brusttasche ihres Kittels und wies ihre Begleiterinnen zu Plätzen in der ersten Reihe. „Und wie gut kennst du diese Rose, Ernst?“ Er lachte leise.

„Bist du um meine Tugend besorgt? Wir waren vor vielen Jahren zusammen an der Pflegeschule.“ Amke grinste zu ihm herab.

„So viele Jahre können das nicht gewesen sein, Ernst. Kennst du sie immer noch gut genug, um mich ihr vorzustellen?“ Er zuckte mit den Schultern.

„Ja, schon. Willst du uns bei Crea. Heim und Pflege schon wieder verlassen? Ins Elisabethen-Haus führt der Weg über die Streckbank von Thea. Bei der musst du dich bewerben." Sie sah ihn voller Unschuld an.

„Frau Hemmen und ich haben ein Auge auf die Ermittlungen wegen des Mordes an einer älteren Dame und drei alten Männern. Einer war aus Wardenburg." Ernst applaudierte, denn Thea Lakeberg war an das Rednerpult getreten.

„Du meinst Johannes Bruns? Der wurde nicht von uns gepflegt. Ja, ich habe gehört, dass er ermordet wurde. Ganz Wardenburg war nach seinem Verschwinden in Aufruhr. Als er noch fit im Kopf war, muss er ein angesehener Mann gewesen sein, was man so hört. Und dann war da noch ein anderer, den sie letztens bei Cloppenburg gefunden haben. Gab es noch einen? Und wer war die Frau?" Frauen interessierten Ernst immer, unabhängig von Alter und Gebrechlichkeit.

„Die Frau hieß eigentlich Brown, war aber unter ihrem Künstlernamen Greet Amelon bekannt. Und zwei der Männer kamen aus Papenburg. Einer hieß Keno Oltmann und war hier in der Kurzzeitpflege. Der andere ist die Leiche aus dem Abbruchhaus in Cloppenburg: Albert Jakena. Der lebte im Julianenhof hier in der Nähe von Papenburg. Schlecht geführtes Haus."

„Greet Amelon? Die hatte letztes Jahr eine Ausstellung im Schloss-Museum von Oldenburg. Ich habe die Plakate gesehen. Einer der Ermordeten war hier im Haus?" Thea Lakeberg begann ihre Begrüßungsrede. Ernst blickte an Amke vorbei zu Frau Ondratschek, die nur vier Plätze weiter saß. „Sag mal, Amke, Christa Hemmen hat mit dir ein Auge auf diese Ermittlungen? Pass mal ein bisschen auf sie auf. Sie überspannt den Bogen gern." Amke nahm das zur Kenntnis, glaubte ihm jedoch kein Wort. Wenn Frau Hemmen irgendetwas überspannte, war es ihre verdammte Korrektheit.

„Ich möchte wissen, was damals hier auf der Kurzzeitpflegestation los war. Ob den Pflegerinnen etwas aufgefallen ist. Oder anderen Bewohnern. Ich habe es bei Thea versucht, aber die lässt nichts raus. Außerdem hat sie mit der Kurzzeitpflege nichts zu tun. Rose Ondratschek könnte mir weiterhelfen."

„Okay." Ernst neigte den Kopf Richtung Frau Ondratschek. „Ich stelle dich ihr vor, Amke. Aber pass auf, dass Christa Hemmen nicht wieder zwischen alle Fronten gerät. Bevor sie vor zwei Jahren zu euch nach Rhauderfehn gekommen ist, hat eine Verrückte sie fast umgebracht."

Selbst wenn Ernst nur maßlos übertrieb, war das eine interessante Information. Vielleicht lag darin eine Erklärung für die Verbissenheit der Frau.

Nach Thea Lakebergs Begrüßung trat Frau Ondratschek ans Mikrofon und hielt einen Vortrag über die besonderen Ansprüche an Kurzzeitpflegeeinrichtungen und die Probleme bei der optimalen Versorgung von chronisch Kranken dort.

Nach der Fragerunde gab es die Vorstellung eines neuen Konzepts bei der Betreuung Demenzkranker. Anschließend war Zeit für das Mittagessen.

Amke folgte Ernst in den Speisesaal. Wie ein Tiger glitt er durch die Grüppchen diskutierender Frauen, wechselte hier und da ein paar Worte, um dann wie auf einer Cocktailparty in einem Hitchcock-Film Frau Ondratschek von ihren Begleiterinnen abzusondern. Bis Amke die beiden erreicht hatte, standen sie in ein lebhaftes Gespräch vertieft.

„Oh, Rosi, das ist übrigens Amke Kehl. Sie leitet die Pflege von Crea. Heim und Pflege in Rhauderfehn. Rose Ondratschek leitet die Kurzzeitpflegestation hier im Haus, Amke."

„Ihr Vortrag hat mir sehr gut gefallen. Die Angehörigen haben oft überzogene Erwartungen. Dabei ist es so schwierig, sich in ständigem Wechsel auf neue Klienten einzustellen. Sie haben das sehr gut dargestellt."

„Vielen Dank, Frau Kehl." Sie gaben sich die Hand. Ernst führte die beiden Frauen zu einem Tisch und bediente sie diskret, während Amke über weitere Komplimente das Gespräch auf die Kurzzeitpflegestation im Elisabethen-Haus brachte. Rose Ondratschek hatte keine Skrupel einzugestehen, dass vor einigen Jahren Keno Oltmann aus ihren Händen entführt worden war. „Der war hinter allem her, was einen Rock hätte tragen können, ohne bei unserem kirchlichen Träger Anstoß zu erregen. Die ganz jungen Pflegerinnen habe ich von ihm fern gehalten. Auch bei den Bewohnerinnen hat er sein Glück versucht. Aber er behauptete immer, er hätte in Papenburg eine Freundin. Die würde er heiraten und seinem Sohn den Hof nicht überschreiben. Eingeschnappt war der Gute. Er fühlte sich von seinem Sohn abgeschoben."

„Und diese Freundin, war die erfunden? So ein junger Hüpfer war er doch auch nicht mehr. Sonst hätte die ja etwas mit der Entführung zu tun haben können." Rose Ondratschek schüttelte den Kopf.

„Dazu kann ich nichts sagen. Er hat gerne und viel geprahlt, auch wenn er kein junger Hüpfer mehr war."

„Mit wem hatte er denn Kontakt? Hatte er auch eine Freundin unter den Bewohnerinnen?"

„Mehr eine Favoritin als eine Freundin. Wie hieß sie noch? Kesselmann. Bernhardine Kesselmann."

„Frau Kesselmann aus Großwolde? Die kenne ich."

Amke hatte Frau Kesselmann betreut, bis sie vor zwei Jahren zu Crea. Heim und Pflege gewechselt war. Die Chancen standen gut, dass die alte Dame nicht umgezogen wäre. Es gab einen jungen Verwandten, der bei ihr im Haus wohnte und sich um sie kümmerte. Auf der Rückfahrt nach Rhauderfehn könnte sie einen Umweg nach Großwolde machen und Frau Kesselmann über Keno Oltmann befragen. Frau Kesselmann hätte keine falsche Scheu, alles zu erzählen, woran sie sich erinnerte. Sie lebte für Klatsch.

Martina Sevecke-Pohlen

Leo

Kurz nach fünfzehn Uhr verließ Leo das Tagungshaus. Von nun an lag es in seiner Verantwortung, wie er seine Zeit einteilte. Daran würde er sich gewöhnen müssen.

Es war ein trüber, milder Nachmittag. Der Kieferduft aus dem Wald überlagerte die zarteren Aromen aus den Blumenbeeten. Leo stopfte den Umschlag mit seiner Identitätskarte und dem Führerschein in die Tasche seines Hemds. Aus dem Tagungshaus nahm er nur mit, was er am Leibe trug. In den nächsten Tagen würde er diese Kleidungsstücke zurückbringen, damit sie wieder dem gemeinschaftlichen Kleiderdepot zugefügt werden konnten.

Vor einer Stunde hatte der Kodexmeister seine Entbindung von dem solidarischen Fürsorgeversprechen zu Edu Muh ausgesprochen. Danach hatte er eine kurze Unterredung mit der Anwältin der Gemeinschaft der Minderen und Heimatlosen gehabt. Darauf hatte Bea ihn vorbereitet. Über das anschließende Gespräch mit dem Kodexmeister hatte sie ihn nicht informiert. Vermutlich wusste sie auch jetzt noch nichts davon. Leo überlegte, ob er ihr erzählen sollte, was der Kodexmeister zu ihm gesagt hatte. Sie blieb seine Kodexwächterin, und er war es gewohnt, wichtige Fragen mit ihr zu erörtern. Aber vielleicht meinte sie, als in der Welt lebender Muh brauche er ihren Beistand in geringerem Umfang. Als er um Erlaubnis gebeten hatte, gehen zu dürfen, hatte sie ihn daran erinnert, dass er frei war zu gehen, wann immer er wollte.

Vor der Entbindungsberatung am Morgen war der Kodexmeister schnell auf den Punkt gekommen.

„Ich habe die Muh in diesem Zentrum befragt. Sie sagen, dass du dich um ein angemessenes Verhältnis zu deinem Fürsorgepartner bemüht hast. War das so?" Es hatte Leo erstaunt, dass andere Muh seine Bemühungen bemerkt haben sollten. Die meisten hatten Edu nach seinen ersten Wochen im Zentrum aufgegeben.

„Ja. Das war so."

„Die Muh in diesem Zentrum sagen auch, dass deine Bemühungen von deinem Fürsorgepartner nicht geachtet wurden. War das so?"

„Ja. Das war so."

Als sich die Beratung hinzog, fürchtete Leo, der Kodexmeister werde ihn zurück nach Belgien schicken. Da wünschte er erstmals, er hätte Rameshs Angebot, ihn zu begleiten, angenommen. Endlich wurden sie vor den Kodexmeister gerufen. Sie saßen um Beas Besprechungstisch, wo Leo so oft versprochen hatte, seine Bemühungen um Edu nicht aufzugeben. Ob Edu jemals irgendetwas versprochen hatte, bliebe Beas Geheimnis. Dem Kodexmeister gönnte Edu jedenfalls keinen Blick, auch nicht als der ihn fragte, ob er einer Entbindung zustimme. Als nächstes erläuterte die Anwältin, welche Schritte sie bei den Institutionen der Welt einleiten werde, doch Leo merkte, dass er sich nur noch auf das Auf und Ab ihrer Stimme konzentrieren konnte. Was die Stimme sagte, ergab keinerlei Sinn.

Inna war den ganzen Tag in Oldenburg als Dolmetscherin in der Flüchtlingsberatung. Auf einer Bank vor dem Tagungshaus sitzend schickte Leo ihr eine Textnachricht. Sie hatte versprochen, ihn später am Tag anzurufen, doch er wollte, dass sie vorher wusste, dass er entbunden war und sich nicht mehr im Zentrum aufhielt. Er schickte auch Ramesh eine Nachricht. Der arbeitet in Bremen in einer Ayurveda-Praxis und fände in den nächsten Stunden keine Gelegenheit, auf sein Smartphone zu sehen. Textnachrichten genügten. Leo glaubte nicht, dass er momentan in der Lage wäre, zusammenhängend über seinen Vormittag zu sprechen.

Nachdem Leo auch das ausgeschaltete Handy eingesteckt hatte, verließ er das Grundstück des Tagungshauses und wählte den Weg durch den Wald. An einem Wochentag ging so früh niemand hier. Die Ruhe war beinahe unheimlich nach dem Trubel im Tagungshaus. Sein Leben lang war Leo von vielen Muh umgeben gewesen. Er kannte nur volle Tische und eine Vielzahl Stimmen, die gleichzeitig redeten. Nun sollte er nur mit Ramesh zusammenleben. An so viel Raum und Zeit müsste er sich gewöhnen.

Die Bäume rauschten. Leo blieb stehen. Niemand wartete, niemand stellte Fragen, niemand warf ihm missmutige Blicke zu. Er konnte stehenbleiben, mitten auf dem Weg, weitergehen, wann er wollte, oder sich auf eine Bank setzen, ohne dass ihn jemand zur Arbeit mahnte. Als er nach dem Gespräch mit der Anwältin Beas Büro verlassen hatte, war der Kodexmeister vor die Tür des Kursraums, den Bea ihm zur Verfügung gestellt hatte, getreten.

„Leo Muh. Ich möchte dir noch ein paar Worte mit auf den Weg geben." Das war eine Aufforderung, die kein Muh verweigern konnte. Mit klopfendem Herzen war Leo in den Kursraum gegangen und hatte auf Geheiß des Kodexmeisters Platz genommen. „Hast du Pläne, was du in der Welt tun willst?"

„Bea Muh wird mich weiter zu Diensten einteilen." Er war sich lächerlich vorgekommen, als hätte er aus einer Laune heraus den Kodexmeister anreisen lassen. Doch der nickte nur. Es war schwer zu erraten, wie alt der Mann war. Die meiste Zeit seines Lebens hatte er draußen gearbeitet, seine Haut war tief braun gegerbt, die Hände rau und schwielig. Auch schien es ihn nicht zu kümmern, dass sein Hemd um einen Knopf versetzt geknöpft war. Die Anwältin hatte ihn am Morgen darauf hingewiesen, doch sieben Stunden später stand sein Kragen immer noch schief.

„Ich empfehle dir, eine Arbeit in der Welt anzunehmen. Du hast immer deinen Platz in der Gemeinschaft, aber Muh müssen lernen, auch neue Wege zu gehen." Der Kodexmeister nutzte das Privileg des Älteren und sah ihm in die Augen. „Du hast einen schweren Weg gewählt. Gehe ihn mutig."

„Das werde ich." Bis zu diesem Augenblick hatte Leo nicht überlegt, wie seine Entscheidung auf andere Muh wirken mochte. Es war ihm nur wichtig gewesen, nach den Regeln der Gemeinschaft unverbunden zu Ramesh gehen zu dürfen. Was danach kam, lag außerhalb des Vorstellbaren. Der Kodexmeister runzelte die Stirn, als läse er Leos Gedanken.

„In deiner Akte habe ich gelesen, dass du es dir nicht leicht machst mit der Gemeinschaft." Leo fragte sich, was alles in seiner Akte verzeichnet war. „Gehe ich recht in der Annahme, dass du noch nie gefragt wurdest, ob du eine Wächterschulung in Erwägung ziehen könntest?"

„Was?" Der Kodexmeister nahm seinen Ausruf als Bestätigung.

„Normalerweise ergeht die Frage an einen Kodexwächter, ob er geeignete junge Muh im Zentrum hat. Aber auch nicht mehr ganz so junge Muh sollten sich mit dieser Frage befassen. Wer stets den geraden Weg gegangen ist, kann die Bedürfnisse seiner Schutzbefohlenen nicht immer nachvollziehen. Außerdem weiß niemand, ob sich die Stimmung in diesem Land nicht wieder gegen Menschen wie die Minderen und Heimatlosen wendet. Dann wäre es für dich beruhigend, dass du in Belgien als verheiratet gelten würdest. Ich hoffe, ich habe deine weiteren Pläne richtig verstanden. Mein vorbereitendes Telefonat mit Bea Muh liegt nun schon einige Tage zurück und mein Erinnerungsvermögen ist nicht mehr das, was es noch vor einigen Jahren war."

Auf seinem Weg durch den Wald, überlegte Leo, ob der Kodexmeister ihn mit einem anderen Muh verwechselt haben könnte. In einer Wächterschulung konnte Leo sich nicht vorstellen. Ihm fehlte der Gleichmut. Wäre er gleichmütiger gewesen, hätte er nach dem Studium nie die Gemeinschaft aufgeben wollen, wäre er nie zu Bea gekommen, hätte er Ramesh nicht getroffen. Mit mehr Gleichmut säße er jetzt bei den Lütticher Muh und arbeitete mit ihnen an den Plänen für eine alternative Energieversorgung der Zentren.

Sandhatten erreichte Leo, als die ersten Anwohner von ihren Oldenburger Arbeitsplätzen eintrafen. Eine Frau grüßte ihn am Gartenzaun. Für Leo sah ihr Kleid wie ein Bündel weißer Gardinen aus. Er erinnerte sich dunkel, dass sie Ramesh zugewinkt hatte, als der mit ihm am Samstag vor zehn Tagen zurück ins Zentrum gegangen war. Das Haus hinter dem Zaun war ein altes Reethaus mit tiefgezogenem Dach und einem gläsernen Anbau. Metallskulpturen von Musikinstrumenten standen auf der Wiese.

„Eden und Aleric wohnen da. Britische Musiker. Die haben meinen Akzent erkannt, als ich nicht aufgepasst habe. Seitdem wollen sie, dass ich in ihrer

Musikschule so etwas wie Entspannungsübungen für Musiker anbiete. Mir ist das unangenehm. Es ist nur gut zu wissen, dass hier Leute mit dem gleichen Pass wohnen."

Leo grüßte zurück und ging weiter. Hinter den Büschen standen Getreidefelder still, kaum ein Laut kam von den Halmen. Am Himmel kreiste wieder der Bussard. Er blieb stehen, einfach weil er die Freiheit besaß, und beobachtete den Vogel, bis ihm der Nacken weh tat.

Je näher er dem Haus kam, desto klarer verstand er, dass er jetzt nicht mehr gezwungen war, hierher zu schleichen. Er schloss die Tür auf und trat zögernd über die Schwelle. Das Haus war kalt und fühlte sich leer an. Sandelholz und Jasmin hingen in der Luft. Der Ofen war gefegt. Leo legte Holzscheite zurecht, zündete das Feuer aber nicht an. Ein Muh brauchte kein Feuer für sich allein. Er sah auf die Uhr. Es würde noch eine Weile dauern, bis Ramesh kam. Auf den Fellen kniend streckte er den Rücken, neigte den Kopf und legte die gefalteten Hände in den Schoß. Das erste Mal seit Monaten gelang es ihm, sich zu sammeln.

Amke

GEGEN SECHZEHN UHR DREISSIG ENDETE DIE VERANSTALTUNG IM ELISABETHEN-HAUS. AMKE BEnötigte zwanzig Minuten, bis sie im Wagen von Crea. Heim und Pflege saß und sich vom Navigationsgerät auf die B70 Richtung Leer leiten ließ. Einmal auf der Bundesstraße kannte sie ihren Weg zu Frau Kesselmanns Haus in Großwolde.

Bernhardine Kesselmann wohnte in einem Walmdachbungalow aus den 1980er Jahren. Schwarzer nachgebildeter Schiefer verkleidete einen Teil der Fassade, der andere Teil strahlte so weiß, dass Amkes Augen auch an diesem bewölkten Nachmittag schmerzten. Den Rasen im Vorgarten verunstaltete kein Moos, alle Halme standen exakt vier Zentimeter hoch, und in den Beeten wuchsen Tagetes und Begonien um Rosenbüsche. Frau Kesselmann erledigte die Gartenarbeit längst nicht mehr selbst, auch ihr Haus putzte sie nicht. Vor ein paar Jahren hatte sie ihren Enkel für Kost und Logis aufgenommen. Er führte seitdem ihren Haushalt, weshalb er keine Zeit fand, sich auch noch einen Ausbildungsplatz zu suchen. Amke hielt so viel Selbstaufopferung für verdächtig.

Der Enkel machte ein erschrockenes Gesicht, Amke vor der Tür anzutreffen, brachte sie jedoch wie verlangt ins Wohnzimmer. Er sah noch genau so jung und unverheiratet aus wie vor zwei Jahren. Amke fragte sich, was er über sie dachte. An ihr waren die zwei Jahre bestimmt nicht spurlos vorübergegangen. Frau Kesselmann hingegen sah aus wie unter Acryl konserviert. Sie orderte Tee und Gebäck und lud Amke ein, sich in einen der tiefen Ledersessel fallen zu lassen, aus denen auch jüngere Leute nur mühsam herauskamen. Nach einem kleinen Schwatz brachte Amke das Gespräch auf ihren Vormittag bei der Konferenz und die Unterhaltung mit Frau Ondratschek.

„Das ist eine ganz feine Frau", erklärte Frau Kesselmann in entschiedenem Ton. Amke bestätigte dies auf der Basis einer Bekanntschaft von zwanzig Minuten. Dann fragte sie nach Keno Oltmann.

„Das ist doch der alte Mann, der damals entführt wurde. Den haben sie ermordet." Amke wollte wissen, wen Frau Kesselmann mit sie meinte, doch auf solche Kleinigkeiten ging die Dame nicht ein. Sie wollte über ihre Erinnerungen an Oltmann sprechen. „Ein Filou war das. Der wollte mit jeder anbandeln. Natürlich war mit den meisten der anderen Damen nicht viel Staat zu machen, aber bei mir hat er sich gern zwei, drei Gläschen Schnaps abgeholt. Der konnte Komplimente machen! Meine Güte, war der Kerl direkt. Aber ich passe auf, welche Laus ich mir in den Pelz setze. Drei Ehemänner sind genug. Einen vierten wollte ich beim besten Willen nicht. Aber, Frau Kehl, das meiste war nur Gerede von dem Oltmann. Der war stinksauer auf seinen Sohn und die Schwiegertochter, weil die ihn in die Kurzzeitpflege gegeben hatten. Ich weiß nicht mehr, warum. Irgendetwas war mit der Schwiegertochter."

„Die war krank." Frau Kesselmann winkte die gesundheitlichen Probleme anderer Leute weg.

„Kann sein. Der Oltmann hat gedroht, dass er seinem Sohn den Hof nicht überschreibt. Das war immer noch seiner, wissen Sie. Er hat mir gesagt, er hätte eine Freundin in Papenburg. Die würde er heiraten und ihr den Hof geben. Die wäre jung, hat er gesagt, mit der könnte er noch einen Erben machen. Aber natürlich war das übertrieben. So jung war die auch nicht mehr. Aber definitiv jünger als er." Amke starrte Frau Kesselmann an, obwohl sie nicht weniger als das erwartet hatte.

„Haben Sie diese Freundin denn gesehen?" Frau Kesselmann nickte ein klein wenig selbstgefällig, vergaß dann aber in ihrer Freude, reden zu können, jeglichen Dünkel.

„Oh, ja. Einmal ist sie gekommen und hat ihn abgeholt. Die passte gut zu ihm. Ließ sich nichts sagen. Das brauchen solche Mannslü wie der Oltmann."

„Wie sah sie aus?", fragte Amke atemlos vor Aufregung. Frau Kesselmann zögerte lange, dabei musterte sie Amke mit zusammengekniffenen Brauen.

„Wie sie ausgesehen hat? Da fragen Sie mich was. Vielleicht war sie älter als Sie. Doch, bestimmt schon über die Wechseljahre. Von wegen, noch einen Erben machen." Sie kicherte, und auch Amke musste über das Gerede des alten Oltmann grinsen. „Und schick war sie. Dunkler Mantel und dunkle Haare. Ein kleines Auto hatte sie. Damit hat sie ihn zum Techtelmechtel abgeholt. Rot war es. Ich hatte auch immer ein rotes Auto."

„Haben Sie das Kennzeichen gesehen?"

„Nein. Jedenfalls kann ich mich nicht erinnern. Aber der Oltmann hat gesagt, sie kommt aus der Stadt. Damit hat er Papenburg gemeint. Oder ich habe gemeint, dass er es meint." Sie sah ärgerlich drein, aber auch Frau Kesselmann konnte nicht alles wissen.

„Hat der Sohn von Herrn Oltmann denn gewusst, was sein Vater vorhatte?" fragte Amke. Frau Kesselmann schlug sich vor Lachen auf den Oberschenkel.

„Und ob der das wusste! Sein Vater hat es ihm jedes Mal auf die Nase gebunden, wenn er kam. Und er kam jeden Abend, der Sohn. Hat sich von dem Alten nach Strich und Faden manipulieren lassen. Manche Männer leben im Schatten ihres Vaters und wollen nur so toll sein wie der Alte. Mein zweiter Mann war auch so einer." Frau Kesselmann zeigte auf den Mittleren der Herren in Silberrahmen an der Wand. Amke betrachtete Ehemann Nummer zwei kritisch. Er sah aus, als hätte er viel erreicht, nur nicht Frau Kesselmann zu bändigen und sich von seinem Vater abzunabeln. „Wie haben die beiden Kerls gestritten, als der alte Oltmann von seinen Heiratsplänen sprach. Die Frau wäre eine Schwindlerin, die wollte den Alten nur ausnutzen, hat der Sohn gebrüllt. Ich hab nur gedacht: Gleich prügeln die sich, du musst nach den Pflegerinnen klingeln. Dann ist aber der Sohn rausgerannt." Mit erhobenen Brauen saß Frau Kesselmann da und empfing Amkes Lob huldvoll.

„Wann war dieser Streit?" Aber Frau Kesselmann hatte noch mehr Informationen. Sie sprach so eifrig, dass Amke sich plötzlich fragte, ob sie sich die Geschichte gerade ausdachte.

„Falsch gefragt, Kind. Wie oft? Dreimal bestimmt. Beim letzten Mal hat der Sohn gesagt, er hätte sich die Frau vorgeknöpft und sie würde nicht wiederkommen. Der alte Oltmann hat so rumgebrüllt, dass die Frau Ondratschek selbst in sein Zimmer gegangen ist. Der Sohn wäre den Hof los, da könnte der Gift drauf nehmen. Er wollte ihn enterben und vom Hof jagen. Die alte Kuh und die Blagen gleich mit. Damit waren wohl die Frau und die Kinder gemeint. Der Sohn hat gesagt, das ginge gar nicht, der Vater würde Quatsch reden und jetzt wollte er ihn entmündigen lassen."

„Weiß die Polizei von dem Streit?" fragte Amke. Frisch erfunden oder nicht, sie meinte sich zu erinnern, dass die Rede von Ermittlungen gegen den Sohn gewesen war.

„Aber ja doch, ich hab es denen erzählt, und nicht nur ich. Die anderen Bewohner und die Pflegerinnen auch."

Nun wusste Amke es ebenfalls.

Nach einer Abschiedszeremonie und dem Versprechen, ihren Besuch bald zu wiederholen, stand Amke auf der Auffahrt von Frau Kesselmann. Es war fast halb sieben. Sie überlegte, ob sie noch zu Jan Oltmann nach Aschendorf fahren sollte oder lieber zurück nach Rhauderfehn, um den Dienstwagen abzugeben. Im Auto suchte sie die Adresse des Oltmann-Hofs. Laut Routenplaner brauchte sie etwa eine Viertelstunde. Die Frage war, ob Jan Oltmann bereit wäre, mit ihr zu sprechen. Natürlich konnte sie ihm nicht sagen, dass sie ausschließlich aus Neugier käme. Ebenso wenig durfte sie sich Autorität anmaßen und behaupten, sie sei von der Polizei. Dieser Oltmann war mit Sicherheit kein Dummkopf, er hatte Bekanntschaft mit der Polizei gemacht und wusste, wie deren Mitarbeiter sich auswiesen. Andererseits gab es viele Rollen, in die Amke leicht schlüpfen konnte. In ihrem Portemonnaie steckten zahlreiche Mitgliedskarten von Vereinigungen, denen sie angehörte. Eine davon könnte sie bestimmt zum Einsatz bringen.

Amke sah auf und entdeckte das Gesicht des Enkels hinter der Glasscheibe der Haustür. Empört ließ sie den Motor an und fuhr zurück zur B 70. Die Entscheidung, ob sie nach Norden Richtung Rhauderfehn oder nach Süden Richtung Aschendorf abbiegen sollte, überließ sie an der Einmündung dem Verkehr. Gänzlich ausschließen konnte sie allerdings nicht, dass sie die Autos in der Linksabbiegerspur falsch gezählt hatte. Die Fahrt war gerade lang genug, dass sie sich eine halbwegs überzeugende Geschichte zurechtlegen konnte. Sie besaß noch eine Plastikkarte von Pflege-Audit Emsland. Mitglied war sie dort nicht mehr, seit sie im angrenzenden Landkreis Leer arbeitete, aber die Karte war noch bis Ende des Jahres gültig. Amke glaubte nicht, dass je eine Vertreterin des Pflege-Audits den Oltmann-Hof besucht hatte. Diese Nachlässigkeit wollte Amke sich zu Nutze machen. Frau Hemmen wäre nicht begeistert, wenn sie davon erführe, und auch Amke hatte ein leicht getrübtes Gewissen, sah aber keine Alternative.

Der Hof der Oltmanns lag außerhalb Aschendorfs. Ehe sie auf das Hofgelände abbog, kramte Amke ihre Mitgliedskarte von Pflege-Audit Emsland aus dem Portemonnaie und stecke sie in das Außenfach ihrer Handtasche. Ein Hund begann zu bellen, zeigte sich aber nicht. Amke stieg aus. Einen Moment stand sie neben dem Auto und wartete, ob jemand sie bemerkt hatte, doch bis auf den Hund ignorierten sie die Bewohner. Vielleicht befand sich Oltmann im Stall. Zögernd machte Amke sich auf in Richtung des Gebäudes, auf dem ein großes Betreten Verboten-Schild prangte. Sie warf noch einen Blick auf das Wohnhaus. Oltmanns Kinder schienen wohlerzogen und vor allem still zu sein. Auch der Hund war jetzt ruhig.

„He, Sie! Was wollen Sie?“ Amke fuhr herum. In der Tür eines anderen Gebäudes stand ein Mann in Arbeitskleidung. Er trocknete seine Hände an einem Lappen ab, warf den hinter sich in den dunklen Raum und kam auf sie zu. Amke ging wohl oder übel zu ihm. Sie hoffte, ihre Plastikkarte verliehe ihr genügend Autorität.

„Sind Sie Herr Oltmann?“ Er nickte und reichte ihr eine Hand, die noch feucht vom Waschen war. Direkt vor Amke war er beruhigende zehn Zentimeter kleiner, doch beinahe doppelt so breit. An ihm vorbei sah sie noch einen anderen Mann in der Nähe der Tür.

„Kehl ist mein Name. Ich bin vom Pflege-Audit Emsland. Hier ist meine Karte. Herr Oltmann, der Landkreis Emsland führt eine Befragung über die Zufriedenheit von Nutzern der Einrichtungen für Kurzzeitpflege durch. Nach unseren Unterlagen war ein Mitglied ihres Haushalts ...“

„Was zum Teufel wollen Sie?“ Mit den fast schwarzen Schatten unter den Augen sah Oltmann aus, als bekäme er zu wenig Schlaf oder brütete eine Grippe aus. Er starrte Amke an, als hätte sie in einer fremden Sprache auf ihn eingeredet. Sie streckte den Rücken, um den vollen Größenunterschied auszunutzen, und sah auf ihn herab. Anscheinend gefiel ihm das nicht. „Sagen Sie sofort, was Sie hier wollen.“ Nachvollziehbar war, wenn er Leute anbrüllte, die auf dem Hof schnüffelten, doch keine Befragerin für eine gute Sache wie die Pflege.

„Ich komme vom Pflege-Audit Emsland und möchte Sie befragen. Sie sind Herr Jan Oltmann.“ Knurrend gab er das zu. Amke tat so, als kontrollierte sie Angaben in ihren Unterlagen, in Wirklichkeit einem Bündel Flyer aus dem Elisabethen-Haus. „Und ein Mitglied dieses Haushalts war in den letzten fünf Jahren in einer Einrichtung für Kurzzeitpflege im Landkreis Emsland.“ Wieder knurrte Oltmann etwas, das Amke als Ja verstehen wollte. „Ihr Vater ...“

„Lassen Sie meinen Vater aus dem Spiel. Ermordet haben sie ihn. Dieser Laden ist gefährlich. Alte Leute sind ihres Lebens nicht mehr sicher!“ fuhr er ihr über den Mund. Heftig atmend starrte er zu ihr hoch.

„Dann sind Sie nicht zufrieden gewesen?“, stammelte Amke. Er tat einen Schritt auf sie zu.

„Nein. Ich war nicht zufrieden. Mein Vater wurde in so einer Kurzzeitpflege ermordet. Geschlagen und ermordet. Die Polizei hat hier herumgeschnüffelt. Meine Frau ist krank geworden. Die Kinder hatten Angst. Immer kamen Fremde her und sind durch die Außengebäude geturnt. Wie soll ich da zufrieden sein?“ Sie wich einen Schritt zurück.

„Sie haben vollkommen recht, Herr Oltmann. Wer ist denn auf Ihren Hof gekommen?“ Zehn Zentimeter war sie größer und bestimmt viel schneller. Amke rief sich diese beiden Punkte in Erinnerung und trat noch einen Schritt zurück. Oltmann tat einen weiteren Schritt nach vorne.

„Reporter und Schnüffler von der übelsten Sorte. Kamerageile Angeber. Ich habe ihnen mit dem Anwalt gedroht. Das ist mein Hof, und kein hergelaufener Nestbeschmutzer hat hier etwas zu suchen.“

„Absolut. Ich bin ganz Ihrer Meinung, Herr Oltmann. Ich verstehe, dass Sie keine gute Meinung von Kurzzeitpflegeeinrichtungen haben." Zwei Meter hinter ihr stand ihr Auto. Amke neigte sich im Rückwärtsgehen zur Seite. Vor dem Gebäude hinter Oltmann standen jetzt zwei Männer und sahen ihnen zu. Ob sie im Notfall eingreifen würden, war zweifelhaft. Ihre Finger stießen gegen die Autotür. Amke zog die Tür auf, warf ihr Tasche auf den Beifahrersitz, sprang hinterher und zog die Tür zu.

„Was ist das?" Oltmann versuchte, die Tür aufzureißen. Sie klammerte an der inneren Griffleiste, die nicht dafür gedacht war, mehr als entspannten Halt zu bieten. Oltmann riss ihr die Tür aus den Fingern und hangelte über sie hinweg zu ihrer Handtasche.

„Jan!", brüllte eine schrille Stimme. Der Hund bellte wieder. Amke krallte an ihrer Handtasche und wäre beinahe mit der Tasche aus dem Auto gezerrt worden.

„Was ist das? Los, sagen Sie schon, warum Sie wirklich hier sind! Das ist eine Spionin! Eine Agentin! Von der NSA! Von der CIA!" Oltmann ließ die Tasche auf den Boden fallen. In der Hand hielt er einen Flyer, Amke konnte nicht sehen, welchen, und wedelte damit vor ihrer Nase. Vier Arme packten ihn von hinten und zogen ihn ein paar Schritte zurück. Eine Frau in Arbeitskleidung, die Haare unter einem Kopftuch, beugte sich atemlos vom Rennen nach Amkes Tasche und reichte sie ihr.

„Ist alles in Ordnung mit Ihnen? Es tut mir leid. Mein Mann meint das nicht so. Es ... es geht ihm nicht gut." Das bezweifelte Amke nicht. Sie fuhr mit der Hand über die Tasche, ob das Leder Schaden genommen hatte, und warf einen Blick hinein. Einer der beiden Männer hatte Oltmann den Flyer abgenommen und der Frau gegeben. Sie warf einen Blick darauf, ehe sie ihn Amke gab. „Ich weiß nicht, was Sie hier machen, aber Sie sollen jetzt fahren."

„Das glaube ich auch. Ich fürchte, ich muss diesen Zwischenfall melden", stieß Amke heraus und fuhr so schnell, wie sie sich hinter dem Steuer zurechtfinden konnte, vom Hof. An der Straße hielt sie auf dem Grasstreifen und sah sich den Flyer, der Oltmann so erregt hatte, an. Umrahmt von bunten Fähnchen prangte der originelle Spruch „Die Welt zu Gast—auch in der Pflege". Sie konnte sich nicht einmal erinnern, dass sie den Flyer eingesteckt hatte. Es schien um Fremdsprachenkenntnisse speziell für Pflegekräfte zu gehen. Ratlos stopfte sie das zerknitterte Papier in ihre Tasche und fuhr Richtung B 70.

Mittwoch, 15. Juni

Okko

Okko Lüken kramte den Zettel aus der Tasche, den er am Vormittag vor der Rhauderfehner Wache unter seinem Scheibenwischer gefunden hatte. Karin Graefe vom General-Anzeiger hatte ihm eine Kontaktperson und eine Telefonnummer bei der Aachener Zeitung besorgt. Es war ein glücklicher Zufall, dass sie damals Schluss gemacht hatte. Seitdem fühlte sie sich ihm verpflichtet und ließ ihm die eine oder andere Information zukommen, ohne dass er überdurchschnittlich viel Charme aufbringen musste.

Hinter ihm fiel eine Tür zu. Okko warf einen Blick über die Schulter. Die Leeraner Kollegen waren auf dem Weg zur Kantine, ohne ihn, den Landbullen. Diesmal war das ganz in seinem Sinne. Er zog das Telefon heran, glättete den Zettel und tippte die Nummer. Es war eine Festnetznummer, vermutlich von der Redaktion der Aachener Zeitung. Er rechnete damit, dass Nelli Kuckartz, falls er den Namen richtig entziffert hatte, nicht im Hause wäre, doch eine grantige Männerstimme war bereit, das Gespräch auf ihren Apparat zu legen.

„Kuckartz."

Okko hatte nicht mit einem so ausgeprägten Akzent gerechnet. Schnell fasste er sich und erklärte, wer er war und weshalb er anrief. Frau Kuckartz erinnerte sich an ihr Gespräch mit Karin.

„Ich nehme Sie mal mit aufs Klo. Das braucht nicht jeder zu hören, dass ich mit Ihnen rede."

In Aachen wusste niemand von Okkos Existenz. Eigentlich sollte Frau Kuckartz mit ihm sprechen können, ohne Misstrauen zu erregen. Die Geräuschkulisse im Hintergrund änderte sich von Stimmengewirr zu Frau Kuckartz Atem in einem dumpfen Flur, dann zum Hall eines Waschraums. Sie grüßte eine andere Frau, die wusch sich die Hände. Eine Tür klappte zu.

„Okay, dann stellen Sie Ihre Fragen, Herr Lüken." Er entschied, dass sie dunkelhaarig sein musste. Braune Haare schwarz gefärbt und eine Brille, vermutete er. Das spezielle Geräusch großer Ohrringe gegen das Telefon deutete er als Bestätigung ihres Typs.

„Frau Graefe hat Ihnen ja erklärt, worum es geht. Können Sie mir kurz sagen, was Sie über den Fall Siemers wissen?"

„Okay. Um mal das Szenario zu beschreiben: Ich habe damals für die Lokalredaktion in der Eifel geschrieben. Verweste Tote in Jagdhütten kommen nicht oft vor. Ich wollte ein bisschen mehr herausfinden. Mir meine Sporen verdienen." Bei Frau Kuckartz knisterte etwas. Okko fragte sich, was sie auf dem Klo machte. Dann hörte er sie tief ein- und ausatmen. „Okay, sind Sie noch dran? Nachdem Frau Graefe angerufen hat, hab ich mir noch mal die alten Artikel angesehen. Ich nehme an, die kennen Sie?“ Okko hatte auf der Internetseite der Aachener Zeitung sämtliche Berichte über den Mord an Josef Siemers gesucht und ausgedruckt. „Anfangs war es das Übliche: Verweste Leiche, wer, wo, was, und macht die Polizei auch ihre Arbeit? Ich habe mit den Leuten in der Nähe der Jagdhütte gesprochen, auch mit denen auf belgischer Seite in Küchelscheid. Und als die Leiche identifiziert war, bin ich zu der Wohnung gefahren und habe da mit Nachbarn gesprochen. Zu dem Zeitpunkt war der Kerl für mich und meinen Chef einfach ein armer alter Rentner, der einem sadistischen Verrückten in die Hände gefallen war. Ein Kumpel von meinem Chef hatte damals gerade einen Eifelkrimi rausgebracht, der genau so eine Szene hatte. Darüber habe ich auch geschrieben und den Autor interviewt. Und dann kam ein Leserbrief, in dem nicht gejammert wurde, dass die Welt schlecht ist und keiner Respekt vor dem Alter mehr hat. Dieser Brief hat mich erst auf die SS-Geschichte gebracht. Ich habe die Frau getroffen. Eine Frau Erven.“

„Den Namen kenne ich.“ Okko blätterte in seinen Unterlagen.

„Haben Sie auch die Nummer? Gut. Die Frau wusste ziemlich viel über die Eifel unter den Nazis. Von ihr habe ich erfahren, dass dieser Siemers als Kriegsverbrecher bei den Belgiern im Knast war. Und sie meinte, sie könnte sich eine private Rache als Motiv vorstellen. Ich war ganz begeistert, was ich alles herausgefunden hatte. Darüber wollte ich schreiben, war auch schon drüben in Belgien bei dieser Gedenkstätte für die Opfer von Siemers SS-Einheit gewesen. Da kam mein Chef plötzlich an und hat gesagt, ich soll es lassen. Mir etwas Nettes zum Schreiben aussuchen, wie die Ausstellung vom Kaninchenzüchterverein.“

„War nur Ihr Chef dagegen, dass Sie über Siemers schreiben wollten?“ Okko stellte sich ein Gespräch wie in einer Fernsehserie vor, in der ein behäbiger Chef seiner jungen Reporterin die Welt zu erklären versuchte. Wenn diese Frau Kuckartz so war, wie er sie sich vorstellte, hätte sie sich nicht einfach auf Kaninchenzüchter umpolen lassen.

„Quatsch.“ Frau Kuckartz hustete. „Er hat sich sogar dafür entschuldigt. Erst dachte ich, die Chefredaktion in Aachen hätte etwas dagegen gehabt. Aber dann wurden mir die Reifen aufgeschnitten. Das nächste Mal deine Kehle, die Nachricht haben sie mir hinterlassen. Mit Hakenkreuz. Die Dorfbullen fanden das lustig. Aber ich hatte Angst.“

„Verstehe. Haben Sie eine Vorstellung, wer versucht haben könnte, Sie einzuschüchtern?“

Frau Kuckartz zögerte etwas zu lange.

„Nein. Jeder weiß doch, dass wir hier keine Probleme mit Nazis haben.“

Donnerstag, 16. Juni

Edu

21. September 1951
Liebe Resi!

Vielen lieben Dank für Deinen Brief. Ich wollte früher antworten, aber wir hatten so viel Arbeit mit der Ernte. Ich konnte keine ruhige Minute finden. Verzeih mir meine Nachlässigkeit.

Aber jetzt ist etwas passiert, wovon ich Dir unbedingt schreiben muss. Heute bin ich mit dem Hepp nach Malmedy zum Markt gefahren. Es war gegen Mittag, und wir hatten nicht mehr so viel Kundschaft. Da kam ein ziemlich feiner Pinkel, in einem ganz neuen schönen Anzug. Er hat ein Stück Käse gekauft. Als ich es ihm abgewogen habe, hat er gefragt, ob ich die Jeanne Fontaine wäre. Die war ich früher, habe ich geantwortet. Aber mehr wollte ich nicht sagen, das wäre unbescheiden gewesen. Da guckte er mich so komisch an, und da kam mir ein Gedanke. Ob er der Thünn Läuven ist, hab ich gefragt. Ich kann dir sagen, Resi, mir wurde ganz anders. Ja, hat er geantwortet. Und dann hat er gefragt, was Du so machst. Ich wusste nicht, was ich sagen sollte, und habe nur nach dem Geld für den Käse gefragt. Er hat noch gesagt, ich soll Dich grüßen.

Als er weg war, habe ich mich hinsetzen müssen. Mir war so schlecht. Der Hepp hat natürlich gefragt, was wäre. Darauf konnte ich nicht antworten, und er hat auch nicht weiter gefragt. Er hat wohl geglaubt, der Thünn wäre ein Verehrer aus der Zeit in der Mühle. Wann hätte ich sonst einen Verehrer haben können? Der Hepp ist so ein Ruhiger, der will gar nicht alles wissen. Aber ich komm nicht darüber weg, dass der Thünn am Leben ist und sich hier nach Kettenis traut.

Danke für die Kinderkleider von Maggi. So schöne Sachen habt Ihr in Amerika. Die beiden Kleidchen tragen die Mädchen von Hepps Bruder Chres. Jetzt wo sie in der Schule sind, brauchen sie vernünftige Kleidung. Stoff ist immer noch sehr teuer hier und wir müssen alles, was wir weben, verkaufen, weil unsere Felder immer noch nicht genug hergeben, um all die Leute zu versorgen.

Herzliche Grüße von allen, Deine Jeanne

P.S. Grüße mir Maggi. Sie erinnert sich bestimmt nicht mehr an Jeanne. Grüße auch Deinen Mann.

Edu überflog den Brief ein zweites Mal. Eigentlich hatte er nur noch einmal alle Übersetzungen durchlesen wollen, ehe er sie an Bea weitergab. Die ganze Zeit schon störte ihn etwas, und dieser Abend war die letzte Gelegenheit zu überprüfen, ob er sich diese Fragwürdigkeit einbildete. Edu hielt es für wahrscheinlich, dass er einfach Teile von Jeannes Brief nicht richtig verstanden hatte. Die Welt im einundzwanzigsten Jahrhundert zu verstehen, war ihm beinahe unmöglich, obwohl er in dieser Zeit lebte. Die Welt von 1948 bis 1954 zu verstehen war noch schwieriger. Nur manche Zusammenhänge mussten damals wie in der Gegenwart gelten, bei Muh und in der Welt. Der Ingenieur in ihm beharrte auf einen Vergleich von Daten, die der Muh für irrelevant hielt. Nachdem er verglichen hatte, meldete sich eine Frage. So sehr er sich scheute, Leo anzureden, Edu benötigte eine zweite Meinung.

„In welchem Jahr wurde Maggi geboren? 1946?"

Leo war am zweiten Rechner beschäftigt. Edu wusste nicht, was er da machte. Aus seiner Sicht hätte Leo nicht mehr zu dieser letzten Sitzung erscheinen müssen.

„Ich glaube, ja." Er klang abgelenkt, in Gedanken bei seiner Arbeit oder bei diesem Mann aus der Welt. Edu genoss sein Gefühl bitterer Bestätigung. Er brauchte mehrere Minuten, ehe er wieder auf das Datum von Jeannes Brief sehen konnte.

„Hier ist ein Brief von 1951. Da war Maggi fünf Jahre alt. Aber die Töchter von Chres tragen Maggis abgelegte Kleider in der Schule."

„Die Leute in Belgien hatten nicht so viel zu essen. Dann wachsen Kinder nicht so schnell." Leo machte sich nicht einmal die Mühe aufzusehen. Edu verglich nochmals das Original des Briefes mit der Übersetzung. Die Kleider hatten vielleicht nicht Maggi gehört, sie hatte sie nur verschenkt. Eine Frau wie Therese Frantzen hätte jedoch auch im Überfluss der neuen Heimat ein zu großes Kleid aufbewahrt, bis es ihrer Tochter passte.

„War Thünn Läuven nicht einer der Männer auf der Liste im Tagebuch?" Edu sah, wie Leo die Augen verdrehte, aber anscheinend hatte er doch die Datei mit dem Tagebuch geöffnet.

„Läuven? Ja, der steht auf der Liste." Leo war herübergekommen und überflog nun Jeannes Brief. Edu zog die Schultern hoch. Er mochte es nicht, wenn andere Muh nahe bei ihm standen. Leos Nähe war beinahe unerträglich.

„Läuven könnte dieser Lieuwen sein, von dem Christa Hemmen erzählt hat. Der Mann, der bei Eindhoven ermordet worden ist." Erleichtert nahm Edu wahr, dass Leo zu seinem Platz zurückging.

„Mail Bea den Brief. Christa Hemmen soll diesen Polizisten aus Rhauderfehn darauf aufmerksam machen. Vielleicht bedeutet es etwas, wenn Jeanne schlecht wird, als sie Läuven sieht."

„Er war bei der SS. Das reicht doch."

„Wahrscheinlich hatte sie mal was mit ihm", sagte Leo, als sei es selbstverständlich, wenn junge Frauen mit fremden Männern herumliefen. Hätte Inna sich so aufgeführt, wäre er kaum so ruhig geblieben. „Sie hatte einfach Angst, dass sie Ärger kriegt. Dieser Hepp war wohl ihr Mann. Der wäre nicht begeistert gewesen, wenn seine Frau sich als Kollaborateurin entpuppt hätte."

Edu schickte die Mail zu Bea und vergaß das Weiterlesen in seinem Grübeln über Therese Frantzen. Es erschien ihm schändlich, eine Person zu betrachten, ihr Glück und ihr Leid, und zu behaupten, was diese Person erlebt habe, sei einzigartig. Doch Einzelschicksale ließen sich zu kollektiven Erfahrungen bündeln. So rechtfertigte Edu seine Faszination für Therese. Ein Klopfen ließ ihn zusammenfahren. Bea stand im Türrahmen.

„Ich habe deine Mail an Christa Hemmen weitergeleitet, Edu." Es überraschte ihn immer, wenn Bea seine Vorschläge ernst nahm. Er sah in ihre Richtung, dabei blieb er für Bruchteile von Sekunden an ihrem Gesicht hängen. Sie lächelte ihn an.

„Diese Jeanne tut mir leid, Edu. Sie hatte richtig Angst vor dem Mann."

Edu hatte bisher nicht über die Ursache von Jeannes körperlicher Reaktion auf Thünn Läuven nachgedacht. Er verstand nun, dass es Angst gewesen sein musste. Die Erkenntnis veranlasste ihn, über das zu sprechen, was ihn an Jeannes Brief störte.

„Bea, das Kind Maggi muss 1951 älter als fünf Jahre gewesen sein. Ihre alten Kleider tragen die Mädchen von Jeannes Bekanntem in der Schule." Bea trat hinter ihn, wenn auch nicht so nahe wie Leo. Als Kodexwächterin hielt sie Distanz. Über seine Schulter hinweg las sie den Text des Briefes auf dem Monitor. Aus Respekt vor der Kodexwächterin war auch Leo wieder an diesen Rechner getreten.

„Vielleicht ist Maggi tatsächlich älter als fünf. Vielleicht haben Therese und Oswald sie jünger gemacht, damit sie als sein Kind in die USA einreisen konnte?" schlug er nun vor. Vor zehn Minuten hatte er nichts Ungewöhnliches an den verschenkten Kleidern sehen wollen.

„Das wäre vorstellbar, Leo. Strikte Bestimmungen rufen danach, umgangen zu werden", sagte Bea. Edu fragte sich, ob sie auf Leo anspielte, der errötete und den Kopf senkte.

Edu blieb bei der Angst. Die und andere negative Gefühle spürte er in Thereses Aufzeichnungen und Jeannes Briefen. Beide fürchteten immer eine Wandlung zum Schlechteren. Darin erkannte sich Edu wieder. Er fragte sich, was mit ihm nicht in Ordnung sein könne, wenn er die Gefühle einer Frau, die er nur aus alten Tagebucheinträgen und Briefen kannte, so viel nachvollziehbarer empfand als die der Muh in seiner Umgebung. Natürlich gab es Erfahrungen, die Angst in eine Seele pflanzen konnten, so wie Zweifel in seiner Seele lebte. Unter der deutschen Besatzung und später im Krieg hätten Therese und Jeanne hundertfach Gelegenheit gehabt, Angst zu erleben. Ihm fehlten solche Erfahrungen.

„Wenn das Kind Maggi wirklich älter war, wäre es vor 1946 geboren", überlegte er laut. „Aber lange vorher kann es nicht gewesen sein, sonst hätten Oswald und Therese sie niemals als Zweijährige ausgeben können. Also könnte sie 1945 oder frühestens 1944 geboren sein." Beas Blick wärmte ihn. Edu war kurz davor zu lächeln, doch Leos ausdrucksloses Gesicht hielt ihn zurück.

„Ich stimme dir zu, Edu Muh. In diesem Fall wäre Maggi die Tochter eines anderen Mannes. Vielleicht war Therese vorher schon einmal verheiratet gewesen. So etwas deutet sie doch im Tagebuch an, oder? Dass Oswald nicht der erste Mann ist, der ihr verspricht, dass alles gut wird." Bea sah ihn so lange an, bis Edu nickte.

„Oder sie war nicht mit dem Vater des Kindes verheiratet", sagte er. So sehr es ihn schmerzte, schlecht von Therese Frantzen zu denken, erkannte er doch, dass sie etwas getan haben musste, was schwer auf ihr lastete. Nicht nur hätte sie ein uneheliches Kind bekommen, sie hatte offenbar Oswald Busker überzeugt, die Gesetze seines Landes zu brechen, damit dieses Kind unter seinem Namen in die USA ausreisen konnte.

„Läuven hätte der Vater sein können", warf Leo ein. „Therese hatte sich vielleicht mit einem niederländischen Verräter eingelassen, weil sie sich Vorteile erwartet hatte." Bea, deren Neigung, auf Leos Lösungsvorschläge einzugehen, regelmäßig Edus Missmut provozierte, nickte.

„Das wäre eine Erklärung, weshalb Jeanne so schockiert war, als er plötzlich vor ihr stand. Bestimmt wusste er nichts von dem Kind."

„Er muss sehr von sich überzeugt gewesen sein." Leo lachte leise. „Nicht nur, dass er sich als Kollaborateur nach Belgien traute und sich da offen zeigte, er fragte ganz selbstverständlich nach Therese. Die Angst in den Ostkantonen war doch groß, willkürlich wegen Kollaboration verhaftet zu werden. Jeanne wollte bestimmt nicht in den Verdacht geraten, auch eine Deutschenfreundin gewesen zu sein. Oder eben die Freundin eines holländischen Verräters. Und dieser Hepp war die ganze Zeit in der Nähe, der hätte das Gespräch mitanhören können. Wer weiß, was er getan hätte." Bea sah auf die Uhr.

„Es ist noch nicht so spät. Ich rufe Dores Muh an und frage ihn, ob er Daten von den Standesämtern hat oder bekommen kann."

Nachdem sie gegangen war, setzte sich Leo wieder an seinen Rechner. Edu rief den nächsten Brief auf. Das Gespräch hatte Therese Dimensionen gegeben, die ihn störten. Er wollte sie klaglos in Trauer, nur um ihren Kummer kreisend. Doch sie hatte anscheinend nicht hingenommen, sondern Auswege gesucht und sich Vorteile erschlichen, als stünde ihr ein Ausgleich für die schlimmen Jahre zu. Ihm genügte, dass er sich unverstanden fühlte. Es war in gewisser Weise alles, was er besaß. Edu hatte bis zum letzten Brief gelesen, als Bea nochmals ins Büro kam.

„Dores Muh sagt, Therese Frantzen ist eine der Überlebenden von Weyrscheid. So wird sie in den amerikanischen Akten zu dem Massaker geführt. Laut Standesamt war sie seit März 1943 in Weyrscheid gemeldet und unverheiratet. Allerdings sind die Akten unvollständig. Die amerikanischen Unterlagen ordnen ihr ein Baby zu. Hier. Das hat er mir gemailt. Das ist die Stelle in seiner Geschichte unserer Gemeinschaft:

`Laut der amerikanischen Akten überlebten Maria Mölter, Therese Frantzen und Baby, Jeanne Fontaine, Phillipe Kemper und die Kinder Klaas Mäuver, Erna Rehm, Guido Hoven, Anton Opitz, Maria Hamacher und Louise Brevel. (…)`

Außerdem wurde, soweit die Akten des Standesamtes erhalten sind, zuletzt 1936 eine Margareth, Magret oder Margit in Weyrscheid geboren." Sie sahen sich an. Leo runzelte die Stirn.

„Entweder sind alle Daten in den fehlenden Unterlagen vom Standesamt. Oder es gibt noch eine Möglichkeit. Therese könnte doch das Baby einer anderen Frau, einer, die erschossen wurde, als ihres ausgegeben haben. Für das Kind wäre es bestimmt besser gewesen, wenn es wenigstens eine Mutter gehabt hätte."

„Sie hat das Kind Margareth genannt und es mit in die USA genommen, als sich die Gelegenheit ergab." Edu sah zu Bea. Die nickte. Leo zuckte mit den Schultern.

„Deshalb passten Maggis abgetragene Kleider den Mädchen von Chres. Maggi war älter als sie, nicht jünger. Du hattest Recht, Edu."

Freitag, 17. Juni

Justin

Am Freitag fühlte Justin sich schlecht. An diesem Tag kamen verschiedene Dinge zusammen, die, jedes für sich allein, ihm nicht nahegegangen wären. In ihrer Gesamtheit setzen sie eine Kaskade von Gedanken und Empfindungen frei, an deren Ende definitives Unwohlsein stand. Am liebsten hätte er seine Haut abgestreift und wäre weggelaufen. Da er immer noch an seinem Schreibtisch saß, umgeben von anderen Angestellten, kratzte er sich lediglich am Kopf, bis jemand hinter ihm fragte, ob er Läuse habe. Über das automatische Kichern der Umgebung hinweg erklärte Justin, er habe eine Allergie. Das Kichern verstummte, er ballte die Hände zu Fäusten, um dem Drang zu kratzen Einhalt zu gebieten. Das war eine weitere Lüge gewesen.

Seit ihrem Anruf am Samstag hatte Justin nichts mehr von Christa gehört. Das war an sich nicht ungewöhnlich, schließlich hörte Justin auch von Freunden, die er als eng bezeichnete, nicht in jeder Woche. Er hatte sich nur daran gewöhnt, täglich mit ihr zu telefonieren. Bei jedem Anruf hatte er sie getäuscht, und sich selbst auch. Er wusste nicht, wie er ihr nun erklären sollte, dass er sie nicht nur nett, sondern attraktiv fand, dass er verlobt war und Gott ein Versprechen gegeben hatte, von dem er unmöglich zurücktreten konnte. Er sagte sich, dass er nach wie vor zu seinen Entscheidungen stand. Dementsprechend sollte es ihm leicht fallen, das Missverständnis, wie er es zu seiner Entlastung nannte, aufzuklären.

Aber Erklärungen erschienen ihm kompliziert, und er redete sich damit aus der Verantwortung, dass Christa sich nicht meldete und deshalb nicht aufgeklärt werden konnte. Aus dem Unterbewusstsein stellte die Stimme seines Vaters lapidar fest, der Mann habe anzurufen. Es sei ein schlechtes Zeichen, wenn die Frau ihm zuvorkomme. Sein Pastor wisperte etwas von Verantwortung, die jeder Christ für die eigenen Fehler übernehmen müsse. Sogar sein Trainer aus der sechsten Klasse brachte die alte Regel vor, wenn er etwas vermasselt habe, sollte er es wieder gutmachen. Justin hätte sich die Ohren zugehalten, wäre ihm nicht bewusst gewesen, dass sich innere Stimmen durch solche Gesten nicht zum Schweigen bringen ließen.

Christa und die mit ihr zusammenhängenden Gefühle hätten Justin eventuell weniger beschäftigt, wäre Trish kooperativer gewesen. Der Zufall wollte es, dass sie in dieser Woche beruflich noch mehr als sonst im Terminkalender stehen hatte. Zumindest behauptete sie das. Die Zeitverschiebung zwischen Hamburg und Seattle machte Gespräche nur zu für beide ungünstigen Zeiten möglich, und wenn Justin sie auch jeden Tag kontaktierte, hatte er den Eindruck, er belästige sie. Meistens entschuldigte sie sich sofort, wenn sie merkte, dass ihre gereizten Antworten ihn verletzt hatten, aber manchmal schien sie seinen Gesichtsausdruck zu ignorieren. Er tröstete sich damit, dass es ihr in der nächsten Woche besser ginge. Aber wenn er abends ein Gespräch beendet und sie in den Arbeitstag entlassen hatte, fragte er sich, ob sie am Samstag gemerkt haben könnte, dass sein Gespräch mit Christa kein berufliches gewesen war.

Auch bei der Arbeit lief es in dieser Woche schlecht. Mehrere seiner Einwände waren im Team auf Ablehnung gestoßen, einige seiner Vorschläge als lächerlich beiseite gewischt worden. Am Freitagmorgen hatte sein Chef ihn aufgefordert, sich mehr ins Zeug zu legen und sachlich zu argumentieren. Justins Hinweise auf das ethische Leitbild des Unternehmens, das groß an beinahe jeder verfügbaren Wand prangte und in der Kopfzeile der Internetpräsenz stand, wurden ebenfalls abgetan. Es war nicht das erste Mal, das Justin eine Diskrepanz zwischen seinen privaten Werten und seiner Arbeit feststellte, aber nie war es zu einer offenen Konfrontation gekommen. Wenn er sich auflehnte gegen Entscheidungen, die er als falsch, moralisch wie wirtschaftlich, beurteilte, konnte er in die USA versetzt oder entlassen werden. In beiden Fällen müsste er Deutschland verlassen. Dann wäre er näher bei Trish, wenigstens ihre Telefonate ließen sich besser abstimmen. Aber er wäre auch weiter weg von Christa. In diesem Fall erledigte sich ihr Missverständnis auf natürliche Weise.

Justin bemühte sich, den Freitag so wie alle anderen Freitage ablaufen zu lassen. Er verließ nach zwanzig Uhr das Büro, fuhr zu einer Bar, in der hauptsächlich Amerikaner zu finden waren, trank ein alkoholfreies Bier mit einer Gruppe Leute, die er dort öfter traf, kaufte eine Pizza und fuhr in seine Wohnung. Es war noch hell, sogar die Sonne konnte er zwischen zwei Häusern glühen sehen. Justin hängte seinen Anzug auf den Balkon, duschte und schob die Hälfte der Pizza in die Mikrowelle. Immer noch war die Sonne nicht untergegangen. Er sah auf die Uhr. Am Morgen hatte er kurz mit einer aufgekratzten Trish geskypt. Er überlegte, ob er andere Freunde kontaktieren wollte. Es kam selten vor, dass er nicht wenigstens aus Höflichkeit ein paar Nachrichten verschickte, an diesem Abend mochte er sich nicht mit den echten oder vermuteten Problemen anderer auseinandersetzen.

An der offenen Balkontür balancierte Justin ein Achtel Pizza auf der Hand und kaute. Aus der Distanz konnte er die Argumente seines Chefs nachvollziehen. Man investierte Geld in ihn und durfte erwarten, dass er im Sinne des Unternehmens handelte. Gerade in diesem Sinne hatte Justin seine Bedenken geäußert und Vorschläge formuliert. Doch ohne das Gemurmel des Großraumbüros im Hintergrund, wusste er auch, dass er im Recht war. Was er dem Team vorgelegt hatte, entsprach den ethischen Leitsätzen, war von Daten belegt und exakt berechnet. Vor dem versammelten Team und in Gegenwart des Chefs würde ihm trotzdem niemand zustimmen. Dann hörte er die Frage, welche Schlüsse er aus seinen Erfahrungen mit dem Team und seinem Vorgesetzten ziehen werde. Wer die Frage stellte, war unklar. Im Geiste sah er Gran neben seinem Pastor, ein in der Realität unmögliches Paar, wie sie ihn fixierten. An diesem Abend brauche er keine Schlüsse zu ziehen, sagte er sich und holte ein neues Achtel Pizza. Eine Auseinandersetzung wie die am Vormittag bedurfte keiner Konsequenzen.

Auf dem Küchentisch klingelte sein Telefon. Justin wischte eine Hand am feuchten Spültuch ab, ehe er das Gespräch annahm.

„Oh, hi, Christa." Er suchte fieberhaft nach einer Phrase, um die ungeklärten Fragen zwischen ihnen zu überspielen, doch ihm fiel nichts ein. „Es ist schön, deine Stimme zu hören. Wie geht es dir?" Christa gab die notwendigen Antworten in einem neutralen Ton. Dann räusperte sie sich.

„Was gibt es denn?" Deutsche Kollegen benutzten diese Frage. Er fand sie hilfreich, konnte sie aber nur selten auf ihre Alltagstauglichkeit testen. Er hörte Christa Luft holen.

„Justin, äh, also, meine Freunde haben bei der Übersetzung des Tagebuchs ein paar Unstimmigkeiten gefunden. Denen sind sie nachgegangen ..." Sie sprach nicht weiter. Justin legte das Pizzaachtel zurück auf den Teller und wischte auch die andere Hand ab.

„Was für Unstimmigkeiten?" Sie antwortete nicht sofort.

„Es könnte sein, dass deine Großmutter älter war, als sie behauptet hat." Sie erzählte ihm von abgelegten Kleidern seiner fünfjährigen Gran, die die Töchter von Jeannes Bekanntem zur Schule trugen.

„In dem Alter heißt größer älter, oder?", fragte er, weil ihm nicht ganz klar war, worauf Christa hinauswollte.

„Ja, ich habe meine Mutter gefragt, wie das in ihrer Erfahrung ist. Und sie meinte, wenn die Mädchen im Schulalter Kleider deiner Großmutter tragen konnten, waren sie entweder sehr zierlich oder deine Großmutter war älter als fünf Jahre."

„Verstehe", behauptete er, musste sich aber eingestehen, dass das die Unwahrheit war.

„Justin, wenn deine Großmutter 1951 älter als fünf Jahre war, kann sie nicht die Tochter deines Urgroßvaters sein." Christa sagte das sanft. Er schloss die Augen und lauschte ihrer Stimme nach, bis sich die Bedeutung der Worte meldete.

„Das verstehe ich nicht."

„Therese Frantzen hat bis September 1944 in einem belgischen Ort namens Weyrscheid gelebt. Laut den Akten der amerikanischen Militärverwaltung gehörte sie zu den wenigen Überlebenden eines Massakers der SS an den Dorfbewohnern." Justin starrte das Telefon an. Er hatte äußerst vage Kenntnisse der europäischen Geschichte im zwanzigsten Jahrhundert. Für ihn war ausreichend gewesen zu wissen, dass sein Urgroßvater ein Angehöriger der tapferen US-Truppen gewesen war und ein belgisches Mädchen geheiratet hatte. Das belgische Mädchen bekam nun plötzlich eine Geschichte, und mit dieser Geschichte wurden die Gräueltaten dieses Krieges Teil seiner Familienchronik.

„Das habe ich nicht gewusst", sagte er und kam sich dumm vor. Therese Frantzen, und später ihre Tochter, hatte diese Episode ihres Lebens sicher nicht aus einer Laune heraus verschwiegen. Christa wartete einen Moment.

„Da ist noch etwas. Laut Standesamt Weyrscheid war Therese Frantzen ledig, solange sie in dem Ort lebte. In der Liste der Überlebenden, die die Amerikaner veröffentlicht haben, wird Therese Frantzen mit einem Baby geführt. Dieses Baby ist wahrscheinlich deine Großmutter." Er rechnete nach.

„Das Baby gab es im Herbst 1944. Dann ist es mindestens zwei Jahre älter als Gran."

„Es ist möglich, dass Therese Frantzen ein überlebendes Baby als ihres ausgegeben hat. Sie hatte die Mutter sterben sehen. Für das Kind war es doch besser, wenn sie sich als Mutter ausgab. Was wäre sonst damit geschehen?" Sie klang, als wollte sie ihn überzeugen, dass er ein fremdes Kind annehmen sollte. Justin fühlte sich genau so, nur dass man ihm eine Unbekannte als Großmutter unterschieben wollte.

„Das ist ein ganz neuer Gedanke. Ich muss überlegen, was ich sagen soll."

„Du brauchst nichts zu sagen, Justin. Das sind nur Überlegungen, die sich aus den ganzen Details erschließen lassen. Aber sie müssen nicht zutreffen. Vergiss nicht, dass in Weyrscheid Unterlagen aus dem Standesamt vernichtet worden sind. Darin könnte eine ganz andere Erklärung gestanden haben."

„Ja, ja. Das sehe ich auch, Christa. Aber, wie soll ich sagen ... Da ist so ein Gefühl, dass es vielleicht stimmt." Justin blickte hinaus auf den Himmel, der nun doch dunkler wurde. Unten auf dem Parkplatz waren die Laternen angesprungen. Er stellte sich Christa in ihrer Wohnung vor, in dem Wohnzimmer, auf dessen Boden er übernachtet hatte. Sie saß vielleicht genau wie er ohne Licht, weil während des Gesprächs die Sonne untergegangen war. Wäre er jetzt bei ihr, könnte er so viel leichter erklären, wie seine Gedanken kreisten und er Gran und Trish und Christa kaum noch trennen konnte. Er könnte wie an dem Tag, an dem er Grans Leiche identifiziert hatte, den Kopf an Christas Schulter legen und ihre Sicherheit atmen. Der Wunsch, ihr nahe zu sein, füllte plötzlich alles aus, verdrängte Grans seltsame Geschichte, schob auch Trish in den Hintergrund. Es wäre falsch, das wusste Justin schon in diesem Augenblick, doch er musste Christa treffen. Vielleicht fände er dann sogar den Mut, ihr von Trish und seinem Versprechen zu erzählen. Was danach käme, mochte er sich nicht ausmalen. „Christa, ich muss dieses Wochenende arbeiten. Ich rufe meinen Granddad an und erzähle ihm, was du herausgefunden hast. Er kann dann in Ruhe nachsehen, ob es noch Papiere gibt, welche Licht auf diese Angelegenheit werfen. Und nächste Woche Freitag habe ich einen Termin mit Kriminalhauptkommissar Harms in Leer. Ich fahre dann zu Grans Haus. Wollen wir uns da treffen? Ich koche für dich Christa." Beinahe beschwor er sie.

„Nächsten Freitag? Ja. Da habe ich Zeit." Justin atmete auf.

„Oh, wundervoll. Ich schicke dir eine Nachricht, wann ich im Haus sein werde. Und jetzt gleich kontaktiere ich Granddad. Ich bin froh, dass du angerufen hast, Christa." Eine Woche hatte er gewonnen, um sich über seine Gefühle klar zu werden.

Seine Gedanken wanderten zu seinem Granddad. Die Frage, die er dem alten Mann stellen wollte, war beinahe obszön. Bist du sicher, dass deine Frau die Person war, die sie immer behauptet hat zu sein? Granddad hatte vor über fünfzig Jahren geheiratet. Nun würde Justins Frage ihn zwingen, seine Frau und ihr gemeinsames Leben mit neuen Augen zu betrachten. Margareth Busker Brown wäre von nun eine andere für ihn.

Samstag, 18. Juni

Leo

RAMESH HATTE IHM VERBOTEN, AN DIESEM WOCHENENDE IRGENDETWAS ZU TUN, DAS in weitester Auslegung als Arbeit gelten konnte. „Das geht nicht", hatte Leo erklärt, aber dann seine Aussage relativiert. „Das kann ich nicht."

„Du kannst es lernen", hatte Ramesh gesagt. Das war am Freitagabend gewesen, als Leo das Zentrum verließ und erst am Montag zurückerwartet wurde. Seitdem waren beinahe vierundzwanzig Stunden vergangen. Inzwischen glaubte Leo, dass er es eines Tages schaffen könnte, eine Stunde lang nichts zu tun.

Er saß auf der mit Elefanten und Ringelblumen bedruckten Decke in der Sonne. Die Schatten wurden schon länger und wanderten auf den Rand der Decke zu, und die Motoren der Gartengeräte aus Kirchhatten und Sandhatten waren verstummt. Hummeln summten über den weißen Kleeblüten. Der Bussard zog seine weiten Kreise über den blauen Himmel. Neben Leo auf der Decke lag Ramesh und beobachtete ihn aus halb geschlossenen Augen.

„Wo bist du jetzt?" Leo sah zu Ramesh. Bei Tageslicht bei ihm zu sein, fühlte sich immer noch seltsam an. Er nahm eine Strähne seines Zopfes und wickelte sie um einen Finger.

„Ich? Oh, ich denke an das Tagebuch." Ramesh runzelte die Stirn. Leo vermutete, dass er seine Eifersucht auf Edu auf Jeannes Briefe und Thereses Tagebuch übertrug.

„Ich dachte, das ist fertig übersetzt." Leo löste die Strähne um seinen Finger, behielt sie aber in der Hand. Wenn er sie zwischen seinen Fingern hindurchzog, fühlte sie sich glatt und kühl an.

„Ist es. Ich verstehe nur nicht …" Er hielt inne und überlegte, was genau er nicht verstand. Es war mehr ein Gefühl als eine Frage des Verstehens oder Nichtverstehens. „In der Welt bekommen Kinder einen Namen." An den Namen setzte dieses unklare Gefühl an. Da war er sicher.

„Das ist allgemein üblich." Leo schüttelte den Kopf.

„Bei uns nicht. Also, Muh sind der Ansicht, dass ein Kind unter drei Jahren nicht Teil der Gemeinschaft ist und deshalb keinen Namen braucht. Wenn ein Kind drei wird, teilt der Kodexwächter dem Zentrum den Namen mit. Vorher sagen wir Kind. Oder Baby." Er spürte einen dieser langen Blicke, mit denen Ramesh Besonderheiten der Muh überdachte.

„Machen die Standesämter in Belgien das mit?"

„Nein. Deshalb haben Muh von Geburt an einen Namen. Er wird nur nicht benutzt, bis das Kind drei Jahre alt ist." Leo sah zu dem Schatten, der beinahe den Rand der Decke erreicht hatte. „Wenn Leute in der Welt von ihren Kindern sprechen, benutzen sie den Namen, oder?"

„Normalerweise ja."

„Und in offiziellen Angelegenheiten auf jeden Fall?"

„Ich denke schon." Leo nickte und starrte weiter auf die Spanne Sonnenlicht zwischen Schatten und Deckenrand. Ramesh stieß ihn an. „Sag doch einfach, worum es geht." Leo streckte sich neben ihm aus.

„Therese Frantzen gehörte zu den Überlebenden der Septembermorde von Weyrscheid." Er wusste nicht mehr, ob er Ramesh von den Septembermorden erzählt hatte. „Dores Muh schreibt, dass Therese Frantzen und Baby von den Amerikanern in ein Lazarett nach Malmedy gebracht wurden. Alle anderen Überlebenden sind mit Namen aufgeführt. Warum nicht das Baby?"

„Keine Ahnung. Vielleicht kannten die Amerikaner den Namen nicht. Wenn diese Therese so schwer verletzt war, dass sie nicht mit ihr reden konnten, zum Beispiel."

„Vielleicht kannte Therese den Namen nicht." Ramesh drehte den Kopf zu ihm.

„Du meinst, sie kannte den Namen nicht, weil das Kind Muh war? Aber Therese war keine von euch?"

„Nein. Sie war aus Waimes. Erst nach dem Tod ihrer Eltern hat sie in Weyrscheid gearbeitet. Aber Weyrscheid war klein, und etwa ein Sechstel der Bevölkerung waren Muh. Therese muss alle Frauen in ihrem Alter gekannt haben. Wenn eine Muh-Frau ein Baby hatte, kannte Therese beide. Aber sie kannte bestimmt nicht den Namen des Babys, denn niemand hätte ihn verwendet. Vielleicht kannte ihn nicht einmal die Mutter."

„Die Mutter kannte den Namen ihres Kindes nicht?"

„Also, meine Mutter hat solche Sachen dem Kodexwächter überlassen. Bei uns haben das alle Frauen so gemacht, bis der neue Kodexwächter sich weigerte, die Namen selbst zu vergeben. Die Empörung im Zentrum war enorm. Frag Inna, die wohnte damals noch da."

„Was seid ihr nur ... Ach, vergiss es." Ramesh schmiegte sich an ihn.

„Therese hat den Amerikanern im Lazarett gesagt, dass es ihr Kind ist. In allen späteren Urkunden hat das Kind einen Namen, nur nicht in dem Bericht über die Überlebenden. Therese schreibt auch in ihrem Tagebuch, dass Jeanne sich wundert, dass sie das Kind Maggi nennt. Wir haben geglaubt, Jeanne wundert sich über den amerikanischen Namen. Aber wenn Jeanne wusste, dass das Kind eigentlich keinen Namen hatte, ist klar, warum sie sich wunderte."

„Wir?"

„Bea, Edu und ich."

„Ach so. Und wenn Maggi das Kind von einem Deutschen ist? Oder sie war tatsächlich die Tochter des amerikanischen Soldaten und einfach gut ernährt und groß gewachsen. Deshalb passten ihre Kleider den älteren belgischen Kindern. Wir hatten im Krankenhaus in Kochi oft Kinder, die nie genug zu essen bekamen und an Tuberkulose litten. Die waren viel kleiner als halbwegs gut ernährte Kinder."

„Ja. Das ist auch möglich." Leo schielte zu Ramesh. Solche Einblicke in sein früheres Leben verstörten ihn immer.

„Ist das denn wichtig, ob Maggi nun von Therese ist oder nicht? Es geht doch nicht um eine Thronerbin." Leo schüttelte den Kopf.

„Gar nicht. Es stört mich nur, dass es unklar ist."

Christa

Heidi meldete sich gegen zweiundzwanzig Uhr von ihrem Berlintrip zurück. Das Wort Flitterwochen hatte sie bereits vor der Hochzeit vermieden, und Urlaub, was vor der Reise noch akzeptabel gewesen war, sagte sie jetzt auch nicht mehr. Sie waren nach Berlin gefahren, weil Andrej sich mit Vertretern anderer Startups treffen wollte. Ansonsten war nicht viel passiert, was Heidi nicht auch in Oldenburg hätte haben können.

„Es bringt nicht so viel, mit einem Mann zu reisen", sinnierte sie. „Man kommt in weniger Geschäfte und muss ihn da ständig aufheitern, weil er sich langweilt. Und nicht einmal die Tatsache, dass ich meine Klamotten selbst bezahle, heitert ihn auf. Er braucht mich bei seinen Terminen auch nicht, um die Jungs freundlich zu stimmen. So macht mein Chef das, da sind wir ein Team. Aber diese Computertypen sehen nicht, dass ich eine Frau bin. Du würdest dich mit denen bestimmt verstehen."

„Ich kann Computer bedienen, nicht programmieren", widersprach Christa. Sie wunderte sich, dass sie sich nicht ärgerte. Heidi seufzte tief.

„Kommen wir mal zu dir. Wer war dieser umwerfende Justin, mit dem du auf der Hochzeit warst? Der war geliehen, oder?" Christa schloss kurz die Augen.

„Nein. Der ist freiwillig mit mir gekommen." Heidis Interesse spülte geradezu aus dem Telefon.

„Kaum zu glauben. Erzähl mehr! Aus Hamburg ist er, hast du gesagt? Und was macht er beruflich? Das war keiner von deinen Sozialschluffis, das habe ich sofort gesehen."

„Justin Brown ist Investmentbanker." Falls Heidi jetzt gefragt hätte, was solche Leute machten, hätte Christa passen müssen. Doch Heidis Vorstellungen über Justins Beruf waren in einem wichtigen Punkt konkret.

„Die verdienen gut. Mutti wird begeistert sein." Christa lachte laut.

„Ich weiß nicht, was er verdient. Wahrscheinlich ist er noch in der Phase, in der er vierundzwanzig Stunden am Tag arbeiten muss, um sich aus der Masse hochzuarbeiten." Heidi kicherte.

„Möglich. Aber jetzt sei mal ehrlich." Sie machte eine Pause, in der Christa böse Vorahnungen kamen. „Seid ihr zusammen? Man hätte das meinen können, so wie dieser Justin um dich herumscharwenzelt ist."

Christa hätte Nein sagen können, schließlich war sie nicht mit Justin zusammen. Er war nett, und sie hätte mit ihm geschlafen, wenn er sich dazu bereit gezeigt hätte. Aber das hatte er nicht. Von herumscharwenzeln hatte sie nichts bemerkt. Er war immer genau an dem Ort gewesen, an dem sie ihn erwartet hatte, immer mit dem Getränk, dem Eis oder Stück Kuchen, an das sie gerade gedacht hatte. Das sprach entweder für die Fähigkeit, Gedanken zu lesen oder die Analyse von Frauenwünschen nach mathematischen Ableitungen.

„Ich glaube nicht", sagte sie. Am liebsten hätte sie ihre Antwort zurückgenommen. Andererseits war es die Wahrheit. Justins Beteuerungen am Telefon, sie habe wunderschön ausgesehen und er wolle für sie kochen, erschienen ihr planlos dahergeredet, wie von einem nervösen Mann zu erwarten. Sie hörte solche Beteuerungen gern, glaubte ihnen aber nicht. Zu sehr schmerzte die Erinnerung an den Kuss im Flur und die geschlossene Wohnzimmertür. Heidi atmete tief durch.

„Echt nicht?"

„Echt nicht." In der folgenden Pause sah Christa sich in ihrem Wohnzimmer um. Ein Wäscheständer mit frisch gewaschener Unterwäsche, eher praktisch als verführerisch, prangte in einer Ecke, ein Stapel Unterlagen aus dem Büro lag neben dem Laptop. Sie selbst saß in Bademantel und Socken auf ihrem Sofa, statt in engen Jeans und Glitzertop Richtung Oldenburg zu fahren. Ein Mann wie Justin wollte keine Frau wie sie.

„Christa, das ist komisch. Ich bin zwar keine Expertin, aber ein bisschen kenne ich mich schon aus mit Männern. Dieser Justin hat dich immer angesehen. Er hat sich praktisch nie von dir weggedreht."

„Er kannte niemand außer mir auf deiner Hochzeit."

„Stimmt. Aber zum Beispiel auf meinem Polterabend, als die Mädels Druschkas Hose verbrannt haben. Da waren doch viele schicke Mädchen. Und wenn wir ehrlich sind, da waren einige bei, die viel besser aussehen als du, Christa. Aber die hat er ignoriert. Ich habe ihn mir angesehen und war ziemlich sicher, dass er dich mag." Christa hatte das auch geglaubt.

„Er wollte nicht mit mir schlafen." Sie gab Heidi eine kurze Zusammenfassung des Rückwegs von der Fischerkate und der Szene im Flur. Großzügig erzählte sie auch noch, was Justin über ihr Kleid und ihr Aussehen gesagt hatte.

„Christa, da steckt etwas hinter. Der Mann hat ein Geheimnis. Wenn du das herausfindest, hast du ihn in der Hand." Heidi klang wie eine Anleitung zur Übernahme eines Mannes.

„Ich will ihn nicht erpressen." Heidi lachte, fing sich aber.

„Ach, wie nobel. Frag ihn einfach, was los war. Frag ihn bald, ehe er sein Interesse verliert. Der Mann ist Investmentbanker. Massig Geld, aber wenig Skrupel." Christa seufzte. Sie glaubte nicht, dass Heidi Justin zutreffend beschrieben hatte, aber sie sah ein, dass sie um die Frage nicht herumkäme.

Montag, 20. Juni

Christa

Die Dienstbesprechung ging ihrem Ende zu, als Frau Hahn anrief. „Hier ist ein Gespräch für Frau Hemmen. Frau Finke. Ich dachte, weil sie so alt ist, sollte ich mal fragen, ob Sie ausnahmsweise unterbrechen." Harry hatte den Anruf versehentlich auf Raumhörer angenommen. Christa streckte schon die Hand aus, als er noch suchend um sich sah.

„Gib schon her. Frau Hahn, stellen Sie sie durch." Es gab einen undefinierbaren Laut, der nichts mit der Technik zu tun haben konnte. „Frau Finke? Ich bin's, Frau Hemmen."

„Ah, sehr gut, dass ich Sie erreichen konnte. Ich habe eins der Fotos gesehen. In der Umsonstzeitung von gestern." Das Telefon stand immer noch auf Raumhörer. Christa sah zu Frau Kehl, doch die zuckte nur mit den Schultern.

„Ich weiß jetzt nicht genau, welche Fotos Sie meinen, Frau Finke."

„Na, die, die gestohlen wurden. Aus dem Haus von der Braun." Christa richtete sich auf.

„Wo haben Sie diese Fotos gesehen? In einer Zeitung?" Frau Kehl stand auf und sah abwartend auf Christa.

„Eins davon war in der Umsonstzeitung von gestern. Die mit der Uhr. Auf Seite sechs." Frau Kehl verließ das Büro und kam gleich darauf mit einer der Zeitungen aus dem Altpapiersack zurück. Harrys Proteste ignorierend breitete sie die Zeitung auf dem Besprechungstisch aus und blätterte zu Seite sechs. Alle drei beugten sich über die Zeitung.

Auf der Seite waren mehrere alte Fotografien von erschreckend jungen Männern in Uniform abgebildet. Einige sahen aus wie Ausweisbilder, andere waren Familienfotos, eines zeigte eine Gruppe in einem Ruderboot, ein anderes zeigte junge Männer in einer Art Biergarten. In dem Artikel darunter ging es um eine Lesung aus dem neuen Buch von Dr. med dent Ingo Middendorf. Der Autor wies eine frappierende Ähnlichkeit zum Weihnachtsmann auf. Zwar trug er ein kurzärmeliges Hemd, dieses war jedoch rot und erhielt durch die weiße Mähne und den ebenso weißen Bart einen beeindruckenden Fellbesatz. Vom Gesicht des Herrn Middendorf war nicht viel zu sehen außer seiner Brille und einer gebogenen Nase in der Farbe des Hemdes.

„Welches der Fotos haben Sie denn bei Frau Brown gesehen?"

„Das oben links, die Männer mit den Bierkrügen. Frau Hemmen, meinen Sie, ich muss das der Polizei sagen?" Christa seufzte.

„Ja, Frau Finke, ich fürchte, das müssen Sie. Wissen Sie was? Ich rufe Herrn Lüken an und erzähle ihm davon. Dann kann er Sie anrufen. Ist Ihnen das lieber?" Frau Finkes Dank war kaum Einhalt zu gebieten. Christa beteuerte mehrmals, es mache ihr gar nichts aus, ehe sie es schaffte, das Gespräch zu beenden. Harry hatte unterdessen den Artikel gelesen.

„Das Buch klingt interessant. Da arbeitet jemand die Vergangenheit gründlich auf. Wer ist dieser Middendorf?" Frau Kehl zuckte mit den Schultern.

„Fragen Sie Frau Hahn. Die kennt hier jeden." Unterdessen überflog Christa den Artikel. Offenbar hatte Dr. Middendorf bereits andere Bücher über die Vergangenheit der Fehnkolonien in der Nazi-Zeit geschrieben. Sein neuestes Werk war eine Sammlung von Porträts bekannter Männer und einiger Frauen aus Ostfriesland und dem Emsland. So unterschiedlich ihre Lebensläufe waren, sie alle hatten in ihrer Jugend Ämter in den Organisationen der Nationalsozialisten innegehabt und waren nach 1945 übergangslos in anderen Parteien und Institutionen zu Ruhm gelangt. Das von Frau Finke identifizierte Foto zeigte zehn junge Männer in offenen Uniformjacken, die ihre Bierkrüge dem Fotografen entgegenstreckten. Laut Bildunterschrift befanden sie sich im Bahnhofslokal von Weyrscheid.

„Weyrscheid. Da hat es im September 1944 ein Massaker an den Einwohnern gegeben." Harry und Frau Kehl machten betroffene Gesichter, aber natürlich war das für sie nur ein weiteres Detail aus der Geschichte. Christa sah Harry an.

„Ist es in Ordnung, wenn wir jetzt die Dienstbesprechung beenden? Ich muss die Polizei anrufen. Die Frau, der dieses Bild gehörte, ist ermordet worden." Unter den Umständen bestand Harry nicht auf einer abschließenden Diskussion. Frau Kehl zog sich in ihr Büro zurück. Harry ging in die Teeküche, um Frau Hahn über Dr. Middendorf auszufragen. Christa rief bei der Polizei in Rhauderfehn an. Okko war bereits in Leer, aber man versprach, die Information weiterzugeben. Sie zog die Zeitung noch einmal zu sich und las den Artikel ein zweites Mal, vor allem das Ende, das keinen Bezug zu den Fotos hatte.

Buchautor von Angehörigen unter Druck gesetzt. Dr. med. dent. Ingo Middendorf hat weiter Freude am Ausheben von Wespennestern

Dr. Ingo Middendorf ist vielen in Rhauderfehn als emsiger Zahnarzt in Erinnerung. Seit er vor einigen Jahren in Ruhestand gegangen ist, macht Middendorf nicht mit dem Bohrer, sondern mit seinen Büchern von sich reden. Doch Ruhm macht angreifbar. Diese Erfahrung hat Dr. Middendorf schon bei seinen früheren

Büchern gemacht. Dieses Mal fühlen sich Familienangehörige der Porträtierten diffamiert, wenn er über ihre Vorfahren schreibt.

„Ein Mann konnte Mitglied der SS gewesen sein und trotzdem mehrmals für das Bürgermeisteramt kandidieren. Solche Dinge waren nach dem Krieg in Deutschland möglich, auch im Umland von Papenburg, wo der prominente Landwirt Keno Oltmann ungeachtet seiner allseits bekannten Vergangenheit zahlreiche Ämter innehatte und 1963 beinahe zum Bürgermeister gewählt worden wäre."

Dr. Middendorf lässt sich auch durch Drohungen nicht unter Druck setzen. „Alle Behauptungen im Buch sind belegt. Weder Drohanrufe noch Briefe vom Anwalt schrecken mich. Ich kenne meine Rechte als Bürger eines freien Landes. Deshalb habe ich auch Anzeige gegen die Angehörigen erstattet."

Sie betrachtete das Bild des Zahnarztes. Er kam ihr bekannt vor, nur hatte sie keinerlei Erinnerung daran, wo sie ihn getroffen haben könnte. Sein Aussehen war auffallend genug. Frau Kehl hatte ihr erzählt, dass die Dorfhelferin Dirka Menninga Jan Oltmann mit einem älteren Mann hatte reden sehen, einem Mann, von dem hinter weißen Haaren und Bart nicht viel zu sehen gewesen war. Diesem Mann hatte Jan Oltmann mit dem Anwalt gedroht, und im Artikel erklärte Middendorf, dass Angehörige einen Anwalt eingeschaltet hatten. Wäre Okko Lüken in seinem Rhauderfehner Büro gewesen, hätte Christa ihn angerufen und ihm von den Zusammenhängen erzählt. So aber ging sie ins Foyer zu Frau Hahn.

„Haben wir ein Telefonbuch? So eins aus Papier?" Frau Hahn machte ein zweifelndes Gesicht.

„Ein Telefonbuch aus Papier?" Sie dachte nach, dann verschwand sie hinter dem Tresen, wo Christa sie kramen hörte. Nach ein paar Minuten tauchte sie wieder auf und reichte Christa ein dünnes Büchlein, dessen Umschlag mit Werbung bedeckt war. „Das ist unser örtliches Telefonbuch. Da sind Ostrhauderfehn, Westoverledingen und Rhauderfehn drin. Meinten Sie so etwas?"

„Das ist genau das, was ich gesucht habe. Danke, Frau Hahn." Christa winkte mit dem Telefonbuch und trug es wie einen Schatz ins Büro. Manchmal fand sie es effektiver, in einem gedruckten Telefonbuch zu suchen. Harry saß wieder an seinem Platz und las auf seinem Monitor. Christa lümmelte sich auf ihren Stuhl und begann ihre Suche nach Middendorf.

In der Ärzteliste war er nicht mehr verzeichnet. In Westoverledingen und Ostrhauderfehn gab es keinen passenden Eintrag, in Rhauderfehn hingegen gab es einen I. Middendorf. Christa wählte die Nummer, traf aber nur den Anrufbeantworter an. Sie legte auf. Middendorf würde sie niemals zurückrufen, hinterließe sie eine Nachricht. Als sie es kurz vor Feierabend noch einmal versuchte, hatte sie Middendorf nach zweimal Klingeln am Apparat.

„Guten Tag, Dr. Middendorf, Hemmen mein Name. Ich habe in der Zeitung den Artikel über Ihre Lesung gesehen. Da sind einige Fotos abgedruckt. Eins davon, das mit den jungen Männern im Bahnhofslokal von Weyrscheid, wurde aus der Wohnung von Margareth Busker Brown, der Künstlerin Greet Amelon, gestohlen. Ich würde gerne wissen, woher Sie das Bild haben."

„Sind Sie von der Polizei?", fragte Dr. Middendorf. Er klang wenig interessiert.

„Nein, ich ..."

„Von einem Anwaltsbüro oder einer Zeitung?", unterbrach er sie.

„Nein. Ich arbeite für das Unternehmen Crea. Heim und Pflege. Ich habe eine Dame begleitet, die nach dem Einbruch Auskunft geben sollte, ob etwas gestohlen worden war."

„Tatsächlich?" Nach einer kurzen Pause fragte Middendorf weiter. „Warum wollen Sie mich sprechen?" Christa fragte sich das auch.

„Ich versuche herauszufinden, warum Margareth Busker Brown sterben musste. Die gestohlenen Bilder haben vielleicht etwas mit dem Mord zu tun. Aber nur jemand, der die Bilder kennt, kann mir weiterhelfen. Und Sie haben mindestens eines der Bilder."

„Das ist mal ein origineller Grund für einen Anruf", teilte ihr Dr. Middendorf mit. „Am besten, Sie kommen bei mir vorbei. Passt Ihnen Mittwoch um halb zwölf?" Das war mitten in ihrer Arbeitszeit, aber Christa wollte nicht riskieren, dass er es sich anders überlegte.

„Das passt gut."

„Gut. Dann sehe ich Sie am Mittwoch. Wie war Ihr Name noch mal? Hemmen? Dann bis Mittwoch, Frau Hemmen." Harry schüttelte den Kopf.

„Du bringst dich wieder in Schwierigkeiten, junge Dame."

„Was ist an einem pensionierten Zahnarzt gefährlich?" Er seufzte.

„Da könnte ich dir mehrere Gründe nennen. Aber ich habe nicht gesagt, dass dieser Middendorf gefährlich ist." Dabei beließ er es.

Christa war froh, dass er nicht weiter gebohrt hatte, sozusagen in Konkurrenz zum Zahnarzt. Bedauerlich war nur, dass sie Middendorf erst übermorgen treffen konnte. Bis dahin sollte sie sein Buch lesen, damit sie besser abschätzen konnte, wie brisant seine Porträts wirklich waren. Ehe sie nach Wardenburg fuhr, stattete sie der Buchhandlung am Untenende einen Besuch ab. Sie brauchte gar nicht erst nach Middendorfs Buch zu fragen, ein Stapel davon lag auf dem Tresen neben der Kasse. Während Christa auf ihr Wechselgeld wartete, warf sie einen Blick in die Bibliografie am Ende des Buches.

„Haben Sie auch die anderen Bücher von Dr. Middendorf im Sortiment?" Die Buchhändlerin reichte ihr die Münzen.

„Ja. Im Moment habe ich außer dem aktuellen Buch das vorhergehende da. Es steht da drüben bei den regionalen Titeln. Möchten Sie es ansehen?“ Christa wehrte ab.

„Ich habe ja erst einmal das neueste Werk. Verkaufen diese Bücher sich gut? Ich nehme an, sie sind teilweise kontrovers?“ Die Buchhändlerin musterte Christa aufmerksam.

„Kontrovers sind die Bücher für die Leser hier. Da haben Sie recht. Die Middendorf-Bücher verkaufen sich wie kontroverse Bücher sich meistens verkaufen. Erst gehen viele über den Ladentisch – und mit Viele meine ich eine für geschichtliche Fachbücher ungewöhnlich hohe Zahl. Er bewirbt seine Titel fleißig und ist oft in regionalen Zeitungen zu sehen.“

„Und haben schon viele Kunden dieses Buch gekauft?“ Die Buchhändlerin lächelte.

„Oh, auf jeden Fall. Aber das ist Middendorfs Masche. Er achtet darauf, dass immer Personen erwähnt werden, die man heute noch kennt. Und sei es nur, dass Straßen nach ihnen benannt sind. Mit den Porträts ist ihm das besonders gut gelungen.“

„Fragen Kunden Sie manchmal nach den Bildern oder anderen Quellen aus den Büchern?“

„Manchmal. In diesem Buch sind einige Bilder, die die Leute interessieren. Der Zeitungsartikel gestern hat viele neugierig gemacht. Aber wenn einer fragt, verweise ich auf das Abbildungsverzeichnis.“

Zufrieden verließ Christa die Buchhandlung.

Mittwoch, 22. Juni

Christa

Am Mittwochmittag meldete Christa sich bei Harry ab und fuhr zu Dr. Middendorf. Die Strecke war keine sechs Kilometer lang, führte sie jedoch vom städtisch anmutenden unteren Bereich der Rhauderwieke an den ländlichen Rand des Ortes. Middendorfs Haus lag an der Papenburger Straße zwischen den Einmündungen der 2. und der 3. Südwieke. Die Bebauung entlang der Straße war nur ein Haus breit, dahinter lagen Weiden und Felder. Zur Straße hin grenzte eine Hecke aus Lebensbäumen das Grundstück ab. Die Lebensbäume waren beinahe vollkommen mit Efeu berankt, so dass die Hecke Ausmaße einer mittelalterlichen Burgmauer angenommen hatte. Eingewachsen in armdicke Efeuranken waren auch die geöffneten Flügel eines Doppeltores. An der oberen Querstange des einen Flügels war aus Metallstäben ein gelbrostiges X der Anti-Atommüll-Transporte-Bewegung montiert. Auf der etwa zwanzig Metern langen grasbewachsenen Auffahrt kam Christa an weiteren gelben X, die aus verknöcherten Rhododendronbüschen ragten, vorbei.

Gemessen am Volumen von Hecke und Rhododendren war das Gebäude klein, ein Bungalow aus zwei zueinander versetzten Quadern. An der schwarzen Holztür prangte der größte Atomkraft-Nein-Danke-Aufkleber, den Christa je gesehen hatte. Dr. Middendorf schien allein zu leben, Anzeichen einer ordnenden weiblichen Hand fehlten im Garten und, wie Christa nach dem Eintreten merkte, auch im Haus. Dunkle Möbel standen auf dem fast schwarzen Parkett, an den holzgetäfelten Wänden hingen afrikanische Holzmasken neben zahlreichen Fotografien. Im Vorbeigehen erkannte Christa lediglich Nelson Mandela und einen südamerikanisch aussehenden Mann im Kampfanzug, dessen Konterfeit sie von T-Shirts kannte.

Dr. Middendorf ließ Christa auf die Terrasse treten. Das flache Dach zog sich über die gesamte Terrassenfläche. Um die Stützpfosten am Übergang zur Wiese rankten Glyzinien, deren blühende Zweige und kahle Triebe wie Vorhänge wehten. Lila Blütenblätter rieselten ununterbrochen herab und verteilten sich auf dunkelroten Fliesen. Auf dem schwarzen Plastiktisch schenkte Dr. Middendorf grünen Tee aus. Die henkellosen Tässchen waren so leicht, dass Christa annahm, sie seien aus Holz.

„In meiner Jugend war ich auf Wanderschaft, Frau Hemmen. Zähne ziehen kann man in den entlegensten Teilen der Welt. Und das habe ich getan. Vielleicht fanden mich einige meiner Patienten hier ein bisschen zu grob. Aber ich stehe auf dem Standpunkt, dass man aus Schaden klug werden soll. Wenn man nach den ersten Löchern im Zahn nicht begreift, dass Zucker der Feind ist, hilft nur Schmerz."

„Aha", murmelte Christa und fuhr mit der Zunge entlang ihrer Zähne. Haare und Bart von Dr. Middendorf waren noch buschiger als auf seinem Zeitungsbild, identifizierten ihn jedoch eindeutig als einen der unbekannten Besucher der Beisetzung von Frau Busker Brown.

„Jetzt erkenne ich Sie von Frau Amelons Beerdigung, Frau Hemmen. Sie waren auch da, mit diesem jungen Verwandten von ihr. Ach, das war eine interessante Dame, diese Greet Amelon. Es tut mir leid, dass ich sie nur ein- oder zweimal getroffen habe. Aber wir hatten nur wenige Berührungspunkte, und so haben sich nach diesen ersten Treffen nie weitere ergeben."

„Wie haben Sie Frau Amelon kennengelernt?" Christa hatte es aufgegeben, mit Dr. Middendorf über Frau Busker Brown zu sprechen. Ihm hatte sie sich als Greet Amelon eingeprägt, und so nannte er sie nun.

„Genau so, wie ich Sie kennengelernt habe, Frau Hemmen." Middendorf nahm seine Brille ab und legte sie neben die Teetasse. „Sie hat mich angerufen. Das war, kurz nachdem ich mein drittes Buch herausgebracht hatte. Sie sagte, sie hätte einen Artikel darüber gelesen und es in einer Buchhandlung in Leer gekauft. Und nachdem sie es gelesen hatte, wollte sie fragen, ob ich vorhätte, noch mehr über die Nazi-Zeit hier in der Gegend zu schreiben. Sie hätte ein paar Bilder, die ich in diesem Fall vielleicht brauchen könnte." Er trank einen Schluck.

„Sie hat einfach so bei Ihnen angerufen?"

„Wieso nicht? Ich hatte gehört, dass Greet Amelon in der Nähe von Rhauderfehn leben sollte. Keine Ahnung, wer es mir erzählt hatte. Aber ich wusste von einem Oldenburger Kollegen, dass sie mit den Leuten, die in Oldenburg den Erinnerungsgang für die jüdischen Männer am zehnten November 1938 organisieren, eine Ausstellung erarbeitet hatte. Das war allerdings schon Jahre her. Wenn ich jetzt überlege, war es wahrscheinlich dieser Kollege, der wusste, dass sie hier irgendwo lebte. Von daher war ich wenig überrascht, dass sie von mir und meinen Büchern wusste." Das sagte er mit nur einem Hauch Selbstgefälligkeit.

„Frau Amelon hat Ihnen also Fotos angeboten?", hakte Christa nach.

„Ja. Ich habe sie dann besucht. Sie hatte einen Umschlag mit Fotos auf dem Tisch liegen und ein Bild von der Wand genommen. Das waren alles Bilder von Keno Oltmann. Kennen Sie den?" Er musterte sie mit einem Blick, der auf ihre Jugend abzielte.

„Nein. Ich bin nicht von hier“, lieferte Christa eine andere Erklärung für ihre Unkenntnis. „Aber ich weiß, dass er ermordet worden ist.“ Middendorf nickte, dabei kratzten Haare und Bart vernehmlich über seinen Hemdkragen.

„Ja, ja. Er wurde ermordet. Damals, das ist jetzt knapp vier Jahre her, hat er noch gelebt. Ich hatte mir diesen Keno Oltmann schon als einen Kandidaten für meine Serie von Porträts ausgesucht. Er war so ein lautes, selbstgefälliges Arschloch. Hat eigentlich immer, soweit ich das recherchieren konnte, mit seinen Ruhmestaten geprahlt. Es war ein offenes Geheimnis, dass er in der Waffen-SS gewesen war. Man durfte es nur nicht in seiner Hörweite aussprechen.“

„Er war in Ostbelgien“, warf Christa ein. Dr. Middendorf machte eine Handbewegung.

„Ah. Sie stecken anscheinend in der Materie. Das ist selten. Das Gebiet gehörte zu der Zeit zum Reichsgebiet. Die SS sollte das Hinterland befrieden, wie man so schön sagte. Oltmann hat eine Weile in der Region verbracht, bis seine Einheit in die Normandie verlegt wurde. Nach der erfolgreichen Invasion der Alliierten meldete sich im ehemaligen Eupen-Malmedy verstärkt die belgische Résistance. Adler meinte, gegen die müsste er seinen privaten Feldzug führen. Hat sich eine Handvoll besonders verwirrter Männer geschnappt und ist mordend über Land gezogen. Oltmann war dabei.“

„Dann war er an dem Massaker in Weyrscheid beteiligt.“ Christa mochte sich gar nicht vorstellen, wie jemand nach so einer Tat selbstbewusst nach dem Bürgermeisteramt streben konnte. Middendorf zog seine beachtlichen Brauen hoch.

„Davon wissen Sie also? Ja. Oltmann war zweifellos dabei. Die Kanadier haben gleich nach dem Krieg einen Prozess gegen Beteiligte an Weyrscheid abgehalten. Aber längst nicht alle wurden vor Gericht gestellt. Oltmann gehörte zu denen, gegen die nie ermittelt wurde. Frau Amelon hat mir Abzüge ihrer Fotos überlassen. Möchten Sie die sehen? Ich habe sie nach Ihrem Anruf rausgesucht.“

„Gerne.“

Middendorf war kaum eine Minute im Haus. Fünf Fotos hatte Margareth Busker Brown von den Originalen abziehen lassen. Da war das Bild mit den jungen Männern im Bahnhofslokal von Weyrscheid, das Frau Finke bei ihr gesehen hatt-e. Dann gab es zwei Fotos von Keno Oltmann in SS-Uniform, einmal mit einem Kameraden, einmal mit einem Schäferhund. Das vierte Foto zeigte Oltmann mit zwei jungen Frauen. Arbeitsschürzen bedeckten ihre Kleider, Kopftücher hielten ihre Haare aus dem Gesicht. Alle drei saßen auf einer groben Steinmauer, während im Hintergrund eine Lokomotive zu sehen war. Das fünfte Foto zeigte ihn in einem Hauseingang Arm in Arm mit einer der beiden Frauen. Diesmal trug sie ein geblümtes Kleid, die lockigen Haare fielen offen auf ihre Schultern.

Diese Bilder hatte Christa im Wohnzimmer von Frau Busker Brown nicht gesehen. Vielleicht bewahrte sie sie oben in ihrem Arbeitszimmer auf. Dort hatten Justin und sie nach dem Einbruch nicht aufzuräumen brauchen.

„Ich frage mich, ob diese anderen Bilder auch gestohlen wurden oder ob sie noch im Haus sind. Könnten Sie mir die Bilder scannen?"

„Nicht nötig, ich habe sie bereits gescannt. Schreiben Sie mir Ihre E-Mail-Adresse auf. Ich maile sie Ihnen."

„Das ist nett. Danke."

„So bin ich eben. Dieses Bild von den jungen Kerlen im Biergarten ist übrigens sehr begehrt. Die Polizei hat sich auch deswegen gemeldet, Frau Hemmen." Middendorf lachte schallend. „Ich fürchte fast, die glauben, ich hätte die arme Frau Amelon ermordet."

Freitag, 24. Juni

Justin

Justin gab dem Gemüse in der Hühnerbrühe Zeit zum Köcheln. Während er das Hühnerfleisch kleinschnitt, nahm die Teigkugel auf der Fensterbank Raumtemperatur an. Dieses Rezept hatte er schon als Kind geliebt. Umso mehr genoss er es nun, diese spezielle Hühnerpastete für Christa zuzubereiten. Wenn es ihr annähernd so gehen sollte wie ihm, benötigte auch sie ein tröstendes Essen. Besser konnte er seine Gefühle nicht ausdrücken.

Wenn er Trish diese Woche auf Skype gesehen hatte, war sie schnippisch gewesen.

„Es hat nicht jeder so viel Zeit zur Verfügung wie du", hatte sie das eine Mal erklärt, als er sie auf ihre Stimmung angesprochen hatte. Danach fragte er sie gar nichts mehr, und ihre Laune war eher schlechter als besser geworden. An diesem Freitagmorgen, ihr Donnerstagabend, hatte sie das Gespräch nach zehn Minuten abgebrochen, weil sie Besuch bekam. Der übliche Morgengruß von Trish war nicht eingetroffen, und Justin bezweifelte, dass es ihm etwas ausmachte. Es fiel ihm lediglich auf.

Sein Kontakt zu Christa hatte sich etwas normalisiert, wobei das nicht der richtige Ausdruck war. Ihr früherer Kontakt war in Ausnahmesituationen gewesen. Seit letzter Woche meldete er sich wieder täglich bei ihr, erkundigte sich nach dem Fortgang ihrer Recherche und erzählte von den Fundstücken, auf die sein Großvater in den Unterlagen seiner Frau gestoßen war. Seine E-Mails waren lang. Wenn er das Hi Christa eingab, spürte er sein Herz schneller schlagen und seine Stimmung steigen. Manchmal saß er eine halbe Stunde über dem Morgenkaffee und tippte seine Neuigkeiten für sie, ehe er zur Arbeit fuhr. Nur einmal hatte er es gewagt, sie anzurufen, und gleich zwei Stunden mit ihr telefoniert. Danach hatte er sich glücklich gefühlt, bis ihm einfiel, dass er mit Trish verlobt war und vor Gott ein Versprechen abgelegt hatte. Beides war ihm wichtig gewesen. Beides war ihm immer noch wichtig. Nur dass Christa ihm jetzt auch wichtig war.

Während Justin das Hühnerfleisch in die Soße rührte, fragte er sich, was aus ihm werden sollte. Diese Frage drängte sich immer öfter in seinen Alltag, manchmal sogar bei der Arbeit. In seiner Jugend waren seine religiösen Vorstellungen von der Haltung seines Vaters geprägt worden, seit er sich an der Universität einer Kirchengemeinde angeschlossen hatte, vertraute er auf die Worte seines Pastors. Die Wirtschaftstheorien widersprachen den Prinzipien seines Glaubens in vielen Fragen, doch es war ihm immer gelungen, auf einer höheren Ebene einen Zusammenhang herzustellen. Inzwischen fühlte er sich bei der Arbeit zunehmend vor Situationen gestellt, in denen er gegen seinen Glauben verstoßen musste und dies nicht einmal mehr mit wirtschaftlichen Argumenten rechtfertigen konnte. Dieses Problem hatte er Trish erläutern wollen, doch sie war nicht bereit gewesen, seine Ausführungen bis zum Ende anzuhören.

„Du darfst deinen Glauben nicht missbrauchen, um dich darüber hinwegzutäuschen, dass du diesem Job nicht gewachsen bist. Ziehe deine Konsequenzen, aber mach nicht Gott für dein Scheitern verantwortlich", hatte sie am Mittwoch gesagt. Vielleicht standen der Besuch am Donnerstag und der schnelle Gesprächsabbruch mit seiner Frage in Verbindung. Viel mehr als die Möglichkeit, Trish zu verlieren, schmerzte die Angst, sie könnte recht haben. Seine Eltern wollte Justin nicht behelligen. Beide waren stolz auf seinen Erfolg, und beide erwarteten weitere Erfolge. Ein frommer Christ könne in jedem Beruf Gutes bewirken, sagten sie oft. Anwälte waren vermutlich nicht dem gleichen moralischen Druck ausgesetzt wie Analysten.

Justin hatte bereits am vergangenen Wochenende eine lange Mail an seinen Pastor geschrieben, in der er versucht hatte zu erklären, wie er sich zunehmend in einem moralischen Vakuum sah.

„Ich treffe Entscheidungen über Menschen, aber ich muss so tun, als handelte es sich um Datensätze. Kann es Gottes Wille sein, dass mit meiner Mithilfe reale Existenzen vernichtet werden, um einem juristischen Konstrukt zu mehr Wert zu verhelfen?" Hätte er mit Tinte auf Papier geschrieben, wäre die Schrift zerlaufen von seinen Tränen. Die waren auf die Tastatur getropft und hatten lediglich einen winzigen Kaffeefleck auf der Windows-Taste abgewaschen. Die Antwort des Pastors zwei Tage später war nicht hilfreich gewesen.

„Du kannst die Arbeit des Herrn an jedem Arbeitsplatz tun. Sei dankbar für deine Arbeit. Verrichte sie für Jesus Christus. Er wird dir helfen, eine Entscheidung über dein Leben zu treffen." Beim ersten Überfliegen dieser heiß ersehnten E-Mail erschien es Justin wie Gotteslästerung, wenn er von Jesus verlangte, ihm zu helfen, Menschen Arbeitsplatz, Haus oder Pensionsfond wegzunehmen. Dankbar für seine Arbeit war er nur noch aus einem Grund. Solange er diese Stelle hatte, durfte er in Deutschland bleiben und Christa sehen.

Die Aussicht auf eine E-Mail, ein Telefonat, die Gelegenheit zu einer persönlichen Begegnung mit Christa gab seinem Alltag Sinn und Farbe, und erinnerte ihn an das normale Leben, das er eines Tages wieder führen wollte. Wenn Justin den Teig ausrollte und in die Form legte, tat er das für Christa. Wenn er die Füllung in die Form goss, tat er das für sie. Als er auf der Hochzeit ihrer Schwester mit Christa tanzte, hatte er das getan, weil er sie im Arm halten und ihre Wärme spüren wollte. In Grans Küche konnte Justin sich eingestehen, dass er an jenem Abend mehr gewollt hatte als einen Kuss im Flur. Er machte sich und ihr etwas vor, wenn er so tat, als habe sich an seinen Gefühlen für sie seitdem irgendetwas geändert.

Wie jeder Sünder hatte Justin sich überschätzt. Er hätte Christa niemals zu einer Hochzeit begleiten dürfen. Er hätte sich ein Hotelzimmer suchen sollen. Wann im Laufe des Hochzeitsempfangs er verstanden hatte, dass Christa nicht einfach ein wohlriechender Ersatz für seine Kumpels in Los Angeles oder New York war, sondern eine ernsthafte Konkurrenz für Trish in Seattle, konnte er nicht eindeutig festlegen. Er wusste jedoch genau, dass sie für seine Augen plötzlich anders ausgesehen hatte, dass sie anders in seinem Arm lag und dass er meinte, ihren Puls durch den dünnen Stoff ihres Kleides zu spüren. Das war der Moment gewesen, in dem er sich hätte losreißen müssen. Der Moment war wie jede Sünde süß gewesen, das Aufbegehren dagegen war zu anstrengend erschienen. Erst im Flur ihrer Wohnung hatte Justin bemerkt, dass er davor stand, einen nicht wieder gutzumachenden Fehler zu begehen. Er hatte sich in ihrem Wohnzimmer verbarrikadiert und hätte nicht für sich garantieren können, wäre sie ihm in den Raum gefolgt, um eine Erklärung zu verlangen.

In der nächsten halben Stunde würde er ihr unter die Augen treten, weil sie ihm wieder half, weil sie wieder etwas gefunden hatte, was die Rätsel um seine Großmutter aufhellen könnte. Justin hoffte halb, es fände sich keine Erklärung für die Unregelmäßigkeiten im Leben seiner Großmutter. Dann könnte er Christa weiterhin treffen. Halb wünschte er, alles wäre aufgeklärt oder er fände den Mut, seine Stelle und Deutschland zu verlassen, damit er Christa nicht mehr begegnen müsste.

Justin schob die Pastete in den Ofen. Er rührte das Salatdressing und mischte es unter den Salat. Er reinigte seine Arbeitsgeräte, wischte über den Küchentisch, deckte den Tisch im Esszimmer. Dabei ermahnte er sich kontinuierlich zu sorgfältigem Arbeiten, um nicht denken zu müssen. Als alles erledigt war, stand er am Fenster. Unten an der Straße fuhr langsam ein Auto vorbei, doch es war nicht Christas. Plötzlich wünschte er, sie käme nicht. Es wäre besser so. Aber selbstverständlich hielte sie sich an die Verabredung. Sie war zuverlässig. Gerade jetzt sah er ihren Wagen in die Auffahrt einbiegen.

Justin zügelte sich. Er lief ihr nicht entgegen, sondern wartete an der Haustür. Sie ließ sich Zeit, kramte umständlich in ihrer Tasche, ehe sie ausstieg. Er musste sich auf das Stehenbleiben konzentrieren, ebenso auf das Ausstrecken der Hand, das nicht zu schnell und nicht zu heftig geschehen durfte. Auch auf das Loslassen musste er sich konzentrieren.

„Es ist sehr schön, dass du gekommen bist, Christa. Das Essen ist fertig."

„Bin ich zu spät?" fragte sie. Er erklärte, sie sei genau richtig gekommen. Er sagte es mehrmals, mindestens dreimal, bis sie im Esszimmer standen und Christa ihn etwas verwundert betrachtete.

„Setz dich."

Sie setzte sich. Justin servierte sofort das Essen, so dass sie wahrscheinlich meinte, sie sei entgegen seiner Beteuerungen doch zu spät. Aber sie machte ein Kompliment über das Aussehen des Essens, eines über den Duft, eines über den Geschmack. Erleichtert saß Justin ihr gegenüber, froh, dass beim Essen nur leichte Konversation notwendig war.

Anschließend saßen sie noch eine Weile vor dem Haus auf der Holzbank. Der milde Freitagabend lockte mehr Menschen als sonst auf die schmale Straße. Eine Gruppe Rennradfahrer kam vorbei und zwei Autos. Justin hatte eine Decke um Christas Schultern gelegt, die zweite lag zwischen ihnen.

„Ich habe den Zeitungsartikel dabei, von dem ich dir erzählte habe."

Aus ihrer Tasche holte Christa ein Stück Zeitung, das sie auf die Größe eines Artikels zusammengefaltet hatte. Justin betrachtete die Fotos darauf. Er besaß keinerlei Vorstellung, wie junge Männer 1944 ausgesehen hatten. Er kannte ein Bild seines Urgroßvaters, das ihn als frisch verheirateten Mann zeigte. Die jungen Männer mit den Bierkrügen sahen nicht verheiratet aus. Justin wusste nicht genau, weshalb er das meinte, vielleicht wegen ihrer glatten Gesichter und des Bravados, das über die gestemmten Bierkrüge hinausging. Der Artikel selbst schien ihm nicht bedeutsam. Angehörige waren immer um den Ruf ihrer Familie besorgt.

„Laut der Bildunterschrift", sagte Christa in einem so sachlichen Ton, dass Justin sie erleichtert anlächelte, „ist dies das Bahnhofslokal von Weyrscheid, ein Ort, in dem fast alle Einwohner erschossen wurden. Deine Urgroßmutter Therese Frantzen war eine Überlebende." Sie zog ihr Telefon aus der Tasche. „Dies sind Bilder, die deine Großmutter diesem Dr. Middendorf gegeben hat. Der Mann in der Uniform ist Keno Oltmann aus der Gegend von Papenburg. Er wurde vor drei Jahren entführt und ermordet. Hier auf dem Gruppenfoto ist er auch zu sehen. Der hier, mit der Narbe über dem Auge." Justin beugte sich über das Display des Telefons neben dem Zeitungsbild.

„Ist das eine deutsche SS-Uniform? Cool."

„Ja, das ist eine SS-Uniform, Justin." Sie lächelte knapp. „Dr. Middendorf hat die Fotos bekommen, bevor Oltmann entführt wurde. Er sagt, deine Großmutter bewahrte sie bis auf das Gruppenfoto in einem Umschlag auf. Hast du diese Bilder hier im Haus gesehen?"

„Nein." Er schüttelte den Kopf. „Vielleicht sind sie oben in ihrem Arbeitszimmer. Aber ich muss dir auch Fotos zeigen, Christa. Die hat Granddad mir geschickt." Sie war nun an der Reihe sich vorzubeugen. Er roch das Parfüm in ihren Haaren und den Dunst seines Essens an ihrer Bluse.

„Ist das dieselbe Frau?" Er sah ihr über die Schulter auf die nebeneinanderliegenden Displays ihrer Telefone.

„Gehen wir rauf zu Grans Laptop. Da können wir die Bilder größer sehen. Ihre Akten sind da auch. Vielleicht finden wir die Fotos in ihnen."

Er stieg ihr voran die unmögliche Treppe hinauf und schaltete das Licht an, ehe er ihr über die letzten Stufen half. Hier oben war es warm und stickig von der Sonneneinstrahlung auf das Dach. Er fuhr das Laptop hoch.

„Das ist die gleiche Frau." Justin nickte, abgelenkt von Christas Nähe, dem leisen Kratzen des Stoffes ihrer Bluse gegen den Ärmel seines Hemdes. Auf dem einen Bild lehnte eine Frau in einem gemusterten Kleid mit schulterlangen gewellten Haaren an Keno Oltmanns Arm, auf dem anderen Bild trug sie ein dunkles Kleid mit weißen Punkten und hielt ein Mädchen in einem gerüschten Sommermantel an der Hand.

„Das Mädchen ist Gran mit ihrer Mutter." Er überlegte kurz. „Dann war Therese Frantzen die Freundin von diesem SS-Mann? Von Oltmann?" Christa sah zu ihm auf.

„Offensichtlich." Sie zögerte. „Lass uns die Originale von Middendorfs Fotos suchen."

Es kostete Justin Überwindung, die Ordner seiner Großmutter zu öffnen. Christas ungerührtes Vorgehen schockierte ihn, doch in seiner Vorstellung gehörte es zu ihrer Arbeit bei Crea. Heim und Pflege, die Hinterlassenschaften Verstorbener durchzusehen und zu ordnen.

Die Menge an Ordnern und Kartons überraschte ihn. Es gab Ordner mit Rechnungen, Korrespondenz oder Zeitungsartikeln über seine Großmutter. In Kartons lagen Mappen mit Skizzen, Fotos, Notizen. Draußen sank die Sonne hinter die Kiefern und glühte rot zwischen schwarzen Stämmen. Es wurde kühler. Ganz unten im Regal stand eine Kiste. Als Christa den Deckel abnahm, befanden sich darin Pappordner an Metallschienen.

„Eine Hängeregistratur. Im Büro meines Vaters gibt es so etwas noch."

Christa griff in die Kiste und hob nach einem Fehlversuch eine Registraturmappe heraus. JUSTUS WARETZKA stand auf dem Klappdeckel. Die Mappe war fast leer bis auf eine Vergrößerung des Gruppenbildes aus dem Weyrscheider Bahnhofslokal. Der Kopf eines der Männer war rot umkreist. Dahinter war ein kariertes Blatt aus einem Collegeblock geheftet: Verstorben 16.09.1955 Breslau. Darunter klebte eine Fotografie des Grabsteins.

Die nächste Mappe trug die Aufschrift EUGEN RETSIN. Wieder war ein Kopf auf dem Gruppenbild eingekreist, wieder ein einfaches kariertes Blatt dahintergeheftet: Verstorben 21.11.1945 Gefängniskrankenhaus Lüttich. Ein Bild des Grabsteins fehlte. Ebenso gab es kein Foto eines Grabsteins in der mit OTTO PAWELTSCHIK bezeichneten Mappe, wo sich neben dem Gruppenbild lediglich der Vermerk 01.11.1945 Selbstmord Gefängnis Lüttich fand.

Die Mappe WALTER SZYDOW war deutlich dicker. Es gab Kopien von Zeitungen aus Jena, in denen die Leistungen von Walter Szydow, sein Engagement für Auszubildende und die Verleihung betriebseigener Auszeichnungen beschrieben waren. Bei der letzten Kopie handelte es sich um die Todesanzeige Walter Szydows, der am 23.03.1987 nach langer schwerer Krankheit verstorben war. Ein Foto des Grabsteins fehlte.

Wortlos nahm Christa die übrigen Mappen aus der Registratur. Von FRANZ HOFMEIER gab es eine Fotoserie. Sie zeigte einen beleibten Mann, mal im Trachtenjanker, mal in sommerlich weißen Hemdsärmeln. Auf dem letzten Bild war das weiße Hemd von Erde und Blut getränkt, der beleibte Mann saß mit ausgestreckten Beinen an einen Baumstamm gelehnt. Sein Kopf hing zur Seite und präsentierte einen derben Schnitt in den Hals. Es folgten Ausschnitte aus der Passauer Neuen Presse über den Mord am früheren Stadtkämmerer Hofmeier und eine Todesanzeige vom 12.09.1999.

Die übrigen Mappen waren über THÜNN LÄUVEN (ANTON LIEUWEN), JOSEF SIEMERS, KENO OLTMANN, ALBERT JAKENA und JOHANNES BRUNS. Sie alle enthielten Fotos der Männer aus der Beobachtungsphase und Bilder von der Tat, beziehungsweise der Gefangenschaft. Einzig bei Johannes Bruns gab es kein Foto der Leiche, keine Zeitungsartikel über den Vermissten und keine Todesanzeige.

Justin fröstelte. Er merkte, wie sich unter seinem Hemd die Haare auf den Armen aufrichteten. Christa kauerte neben ihm. Sie schwieg. Die rechte Hand, mit der sie die Mappe BRUNS zu den anderen geworfen hatte, lag auf ihrem Knie. Weiß traten die Knöchel ihrer Finger durch die gespannte Haut.

„Sie ist vorher ermordet worden. Deshalb ist seine Mappe unvollständig. Jemand hat sie getötet, und deshalb ist Johannes Bruns verdurstet."

Justin nahm ihre Hand. Einen Moment hockten sie einen halben Meter voneinander entfernt auf dem Teppich, verbunden nur durch ihre Hände. Er spürte, wie kalt ihre Handfläche auf seiner lag und wie seine Hand allmählich abkühlte, während ihre wärmer wurde. Wie lange sie so kauerten, wusste er nicht. Schließlich befreite sie sich.

„Ich rufe Okko Lüken an."

„Wen?“ Er kam sich albern vor, während sie ruhig und ein wenig abwesend weitersprach.

„Okko Lüken von der Polizei in Rhauderfehn. Er ist auch in der Sonderkommission, die diese …“ Sie bewegte ihre Hand vage in Richtung der vor ihnen liegenden Mappen. „Die das da untersucht.“

Justin nickte. Es war keine vier Stunden her, dass Kommissar Harms ihm gesagt hatte, möglicherweise hinge der Mord an seiner Großmutter mit anderen Morden in der Region zusammen. Nun war dieser Zusammenhang offensichtlich. Justin versuchte, das Wort zu denken, doch es gelang ihm nur auf Deutsch: Mörderin. Seine Großmutter war eine Mörderin. Das konnte er denken. Scham stieg in ihm hoch wie Galle. Gleichzeitig verstand er, dass er sich am Kraterrand einer Tragödie befand, eines Schicksals, das größer und dunkler war als alles, was er je erlebt hatte und was er sich je hatte vorstellen können. In seine Gedanken hinein klang Christas Stimme flach und tonlos, als sie mit dem Mann von der Polizei telefonierte.

Justin raffte sich auf. Er drehte sich zu ihr um, suchte ihren Blick, versuchte, ihn zu halten. Sie steckte ihr Telefon ein.

„Okko kommt gleich. Er hatte Dienst in Rhauderfehn. In etwa zwanzig Minuten ist er hier. Wir … wir gehen besser runter.“

Justin nickte. Er wollte nicht hier oben in Gegenwart der Mappen bleiben, wollte nicht die Fassungslosigkeit und panische Angst in den alten Gesichtern sehen, nicht die zertrümmerten Schädel der Toten, nicht das Blut. Dies war das Werk seiner Großmutter, das Meisterstück von Greet Amelon, die sich immer auf Seiten der Verfolgten gestellt hatte. Ausgleichende Gerechtigkeit mit allen Konsequenzen hatte sie sich gewünscht. Als sie diesen Wunsch vor Herrn Ohrenstein äußerte, hatte sie bereits die Rolle der Nemesis angenommen.

Unten sah alles genauso aus, wie sie es verlassen hatten. In der Spüle standen die Kochtöpfe, nachlässig gestapelte Teller und Gläser waren noch auf dem Tisch. Die Fenster blickten auf den schwarzen Garten. Draußen rauschte der Wind, trockenes Laub wanderte über den Hof. Christa saß auf einem der Küchenstühle. Sie schien zu lauschen, obwohl es viel zu früh für Okko Lüken war.

„Warum wolltest du nach der Hochzeitsfeier nicht mit mir schlafen?“ Sie hielt inne, runzelte die Stirn und schüttelte den Kopf. „Was sag ich da? Oh mein Gott, ich muss verrückt sein.“ Sie schlug beide Hände vor das Gesicht. Justin starrte auf sie. Es war, als hätte sie mit den Händen einfach die Welt und mit ihr die Mappen mit den Fotos der Männer ausgeschlossen. Sie hatte ihn ausgeschlossen. Doch er verstand das, sogar dass er ihr nicht nahe sein sollte, dass sie ihn in diesem Moment nur als Problem wahrnahm. Die missbräuchliche Verwendung des Namens

Gottes erschien ihm lässlich. Er starrte auf ihre Handrücken und nahm wahr, wie ihre Finger zwischen den Haarsträhnen verschwanden.

„Ich bin verlobt, Christa. Trish, meine Verlobte, lebt in Seattle. Ich habe als junger Mann an der Uni vor meiner Kirchengemeinde geschworen, dass ich rein in die Ehe gehen werde. Als Trish und ich merkten, dass wir uns viel bedeuten, haben wir uns das auch versprochen. Ich ..." Er betrachtete Christa vor sich. „Es tut mir leid. Ich habe dich damals nicht gekannt."

Er wollte ihr noch sagen, dass er glaubte, die Verlobung sei von Trishs Seite bereits aufgelöst, dass er von Christa träumte, ihr vertraute, sie liebte. Doch er brachte kein weiteres Wort heraus. Christa ließ die Hände aus ihren Haaren gleiten. Ihre Augen waren dunkel, viel dunkler als das Graublau normalerweise im Licht der Deckenlampe schimmerte. Langsam erhob sie sich.

„Sehr schade. Ich nehme an, du kommst allein mit der Polizei klar. Gute Nacht."

Justin starrte ihr nach. Eigentlich hätte er erleichtert sein sollen, dass sie gegangen war. Sie hatte ihm keine Vorwürfe gemacht, sie war nicht als ständiger Test für seine Selbstbeherrschung geblieben. Ihre Bemerkung über die Polizei erschloss sich ihm erst zeitverzögert. Er hatte tatsächlich vergessen, welche Gräuel oben auf den Fotos dokumentiert waren.

Justin sah auf die Uhr an der Wand. Er war sicher, nie eine lautere Uhr gehört zu haben. Ihr Ticken hatte seinen ersten Besuch in diesem Haus unterlegt, seine erste Mahlzeit an diesem Tisch mit Christa. Trotz des lauten Tickens hätte er ihr Auto hören müssen. Ihm blieb eine letzte Chance.

Christa

CHRISTA FÜHLTE SICH FREI, ALS SIE VOR DAS HAUS VON MARGARETH BUSKER BROWN TRAT. Über ihr standen die Sterne wie wahllos gestochene Löcher in schwarzem Samt. So ein Loch erwartete sie in sich, tatsächlich nahm sie vor allem Leichtigkeit wahr. Sie verstand Justins Gründe, so wenig sie sie nachvollziehen konnte. Sie verstand auch, dass er bedauerte, ein Prinzip zu haben, das seinen Wünschen im Wege stand. Nun, so war das Leben, dachte sie in unerhörter Großzügigkeit. Bis er mit seinem Glauben und seiner Verlobten ins Reine gekommen wäre, würde sie sich überlegen, ob er Kummer wert war. In diesem Moment an der geschlossenen Haustür glaubte sie nicht, dass es sich lohnte, für Justin Brown eine einzige Träne zu weinen.

Wind war aufgekommen, der übliche ostfriesische Abendwind. Die Äste der Eichen knackten, Laub raschelte. Christa stellte fest, dass sie in ihrem stolzen Aufbruch sogar an ihre Handtasche gedacht hatte. Sie streifte den Riemen über ihre Schulter und wollte zu ihrem Auto gehen, als ein Schatten ihren Weg verstellte.

Christa schrie nicht. Jegliche Reaktion blieb aus. Vor der Tür des kleinen Fehnhauses brannte keine Lampe und das Licht von den Fenstern an der Vorderfront kam nicht bis dorthin. Offenbar hatte der Schatten nicht mit ihr gerechnet und war erst in letzter Sekunde stehengeblieben. Sie roch Schweiß, Kernseife und Zitronensaft, außerdem Öl.

„Was wollen Sie?“ fragte Christa. Wie sinnlos das war, wusste sie, denn Schatten antworteten nicht. Immerhin fand sie ihre Stimme wieder. „Was wollen Sie?“ Sie schrie die Frage heraus. Hinter ihr wurde die Haustür aufgerissen. Licht aus dem kleinen Vorflur fiel auf einen Mann und den Lauf seines Gewehres.

„Christa?“ Justin stand hinter ihr, so nah, dass ihre Schulter seinen Arm berührte. Seine Hände lagen auf ihren Armen, als der Mann mit dem Gewehr eine Bewegung auf sie zu machte.

„Rein ins Haus“, sagte der Mann ganz ruhig.

Christa tat einen Schritt rückwärts, Justin auch. Langsam, seine Hände immer noch an ihren Armen, folgten sie den stummen Weisungen mit dem Lauf in den Flur, in die Küche. Dort stieß der Mann Christa gegen Justin. Gemeinsam taumelten sie rückwärts gegen den Tisch.

„Setzen Sie sich. Beide.“ Zitternd zog Christa einen der Stühle zu sich, Justin folgte ihrem Beispiel. Der Mann stand riesengroß vor ihr. Sein Schweißgeruch füllte die Küche. „Was haben Sie mit dem Zahnarzt zu tun? Helfen Sie dem?“ Sie sah, dass Justin nicht wusste, von welchem Zahnarzt die Rede war.

„Meinen Sie Dr. Middendorf?" Der Mann spuckte auf den Boden. Christa zog ihren Fuß zurück.

„Wen sonst? Der Scheißkerl will mich fertig machen. Der steckt mit dieser amerikanischen Hure Amelon unter einer Decke."

Von Justin kam ein Laut. Angst, Ärger, vielleicht auch nur Entsetzen über das Wort, Christa spekulierte kurz und fand, dass es ihr schwer fiel, nicht zu grinsen. Die Situation erschien ihr surreal. Sie streckte den Arm über die Tischplatte und nahm Justins Hand. Er erwiderte ihren Griff hart, als empfände er nicht dieselbe Leichtigkeit wie sie.

„Soweit ich weiß, kannte Dr. Middendorf Frau Busker Brown kaum." Das Gewehr schwenkte zu ihr.

„Was wissen Sie schon? Die Frau hat meinen Vater auf dem Gewissen. Diese Heiratsschwindlerin. Diese Betrügerin."

„Heiratsschwindlerin?" fragte Justin. Auch Christa wusste nicht, was der Mann meinte.

„Sie wollte sich mein Erbe unter den Nagel reißen. Wenigstens hab ich das anfangs geglaubt." Das Wort Erbe drehte sich langsam in Christas Bewusstsein.

„Sie sind der Sohn von Keno Oltmann", wagte sie zu sagen. „Ich habe schon viel über Sie gehört." Ihr fiel ein, dass sie insbesondere von seinem lauten Streit mit seinem Vater und seinen Angriff auf Amke Kehl gehört hatte. Es wäre unklug, ihn zu provozieren. Oltmann starrte sie an, als wisse er nicht, wieso sie plötzlich vor ihm saß.

„Ich tu Ihnen nichts", sagte er dann. Schweiß stand auf seiner Stirn. „Wenn Sie machen, was ich sage. Geben Sie mir die Fotos."

„Welche Fotos?" fragte sie, denn bei der Menge an Fotos, die sie an diesem Abend gesehen hatte, war ihr entfallen, welche Fotos für die Angehörigen von Keno Oltmann wichtig sein könnten.

„Alle Fotos. Alle."

„Auch die von der Leiche Ihres Vaters?" Justin zerdrückte beinahe ihre Hand. Oltmann kam näher.

„Was reden Sie da? Mein Vater ist tot, das weiß ich. Ich will die Fotos. Alle diese Fotos, die die Amerikanerin mir nicht geben wollte." In Christa rasten zusammenhanglose Gedankenfetzen. Sie hielt sich an Jan Oltmanns Forderung fest.

„Was wollte sie Ihnen nicht geben?" fragte sie gegen eine Anspannung in ihrem Unterkiefer, der ihre Zähne gegen die obere Zahnreihe presste. Oltmann schluckte, als kämpfte er gegen ein Schluchzen an.

„Ich habe sie gewarnt. Als meinem Vater die Idee mit dem Heiraten nicht auszutreiben war, habe ich gewartet, bis sie ihn einmal zum Heim gebracht hat.

Dann bin ich ihr nachgefahren. Da drüben im Wohnzimmer habe ich ihr gesagt, dass es ihr nur ums Geld geht. Um Geld und um den Hof. Sie hat gelacht. Natürlich wollte sie nichts weniger als den Hof, das weiß ich jetzt. Aber sie hat meinen Vater ganz verrückt gemacht. Und dann hat sie ihn getötet."

„Woher wissen Sie das?" Oltmann schnaubte. Schleim sprühte auf den Gewehrlauf und auf Christas Knie. Ein gelblicher Faden hing ihm aus der Nase.

„Erst hatte ich keine Ahnung, bis vor ein paar Monaten der alte Zahnarzt auf den Hof kam. Er hatte ein Foto von ein paar jungen Kerlen dabei. Im Krieg soll das gewesen sein. Er hat gesagt, das wären SS-Männer, die ein ganzes Dorf niedergeschossen hätten und alle Leute da getötet. Und einer von denen wäre mein Vater. Er hat auf einen von den Jungen gezeigt, keine Ahnung, ob das stimmte. Und dann ist mir eingefallen, dass ich das Foto bei der Hure schon einmal gesehen hatte. Der Zahnarzt muss den Abzug von der Alten bekommen haben, einen glänzend neuen Abzug. Da hab ich gewusst, dass sie dahintersteckt. Dass sie meinen Vater erst verrückt gemacht hat mit dem Reden vom Heiraten, dass sie ihn dann getötet hat und dass sie dann den Zahnarzt angespitzt hat, in seinem Buch Lügen über meinen Vater zu verbreiten. Wer gibt ihr das Recht? Und die ganze Zeit rennt die Polizei über meinen Hof und behauptet, ich hätte meinen Vater auf dem Gewissen. Er war mein Vater, verdammt noch mal! Den bringe ich doch nicht um."

Margareth Busker Brown hatte von sich aus Kontakt zu Middendorf aufgenommen. Insofern lag Oltmann nicht falsch mit seiner Vermutung. Aber es hatte ihr nicht genügt, auf das Erscheinen des Buches und die Häme über Keno Oltmann zu warten. Dr. Middendorf war zu ihrem Werkzeug geworden, doch dass Oltmann sterben sollte, war schon lange entschieden. Niemand konnte sagen, wann sie beschlossen hatte, die SS-Männer aus dem Tagebuch ihrer Mutter ausfindig zu machen und zu töten. Die Entscheidung musste viele Jahre zurückliegen.

Christa legte ihren Kopf zurück, um Oltmanns Sohn besser sehen zu können. Schweiß rann in Strömen von seiner Stirn. Der Kragen seines Sweatshirts war bereits dunkel gefleckt. Mit jedem Atemzug vibrierte der Schleimfaden an seiner Nase, und der Gewehrlauf tanzte vor ihren Augen auf und ab. Sie erinnerte sich, wie einsam das Haus stand, so einsam dass selbst die direkten Nachbarn nicht wissen konnten, was dort vorginge. Einen Schuss, nein zwei Schüsse, würden sie hören, aber höchstwahrscheinlich Jägern zuordnen.

„Warum haben Sie solche Angst vor dem Zahnarzt?" fragte Christa.

Oltmanns geweitete Augen starrten sie an und durch sie hindurch. Wieder schluckte er krampfhaft, blinzelte mehrmals, bis sein Blick sich auf ihr Gesicht fokussierte.

„Zahnarzt?“ Seine Zunge fuhr durch den Mund, als suchte er empfindliche Stellen. „Ach, den Zahnarzt meinen Sie. Der sollte mich verrückt machen. Der sollte alles wieder aufwecken. All den Ärger. Und als ich das Foto sah, wusste ich, dass sie dahintersteckte. Mir wurde klar, dass sie meinen Vater gar nicht hatte heiraten wollen. Das war alles nur eine Masche von ihr. Ich bin dann zu ihr gefahren und hab sie gefragt.“

„Was haben Sie gefragt?“ wollte Justin wissen. Beim Klang der fremden Stimme zuckte Oltmann zusammen.

„Ich wollte ganz vernünftig mit ihr reden. Die alte Hure hat nur gelacht. Sie wollte gar nicht aufhören.“ Neben Schweißperlen liefen nun auch Tränen über Oltmanns Gesicht. „Sie hat gesagt, mein Vater wäre bei der Waffen-SS gewesen. Er hätte in Ostbelgien eine Freundin gehabt, in so einem Kaff. Bevor die Amerikaner gekommen sind, haben er und andere Männer von der SS die Leute zusammengetrieben und erschossen. Frauen und Kinder. Er hätte auf seine Freundin geschossen. Auf sie zuerst. Das soll die Ziehmutter von der Alten gewesen sein. Von der will sie die Geschichte gehört haben. Und ihre richtige Mutter hätte er erschossen, als sie ihn angefleht hat, wenigstens die Kinder laufen zu lassen.“ Er ließ mit einer Hand das Gewehr los, um Tränen und Schweiß aus den Augen zu reiben. „Ich habe sie geschlagen. Sie sollte aufhören. Aber sie hat immer weiter geredet. Sie hat gesagt, sie hätte ihre Mutter gerächt. Sie hätte meinen Vater und alle anderen dieser Männer, die sie finden konnte, umgebracht. Sie hat meinen Vater getötet! Meinen Vater!“ Oltmanns Worte hallten durch die kleine Küche. „Da musste ich sie töten. Da musste ich sie einfach töten, oder?“

„Nein“, gab Christa zurück, doch er reagierte nicht auf sie. Er war wieder an jenem Tag im April.

„Ich habe sie geschlagen. Und sie geschüttelt. Und ein bisschen auf ihren Hals gedrückt. Sie hat sich nicht viel gewehrt. Und sie war so leicht. Sie ist einfach gefallen und liegen geblieben. Und als ich nachgesehen habe, war sie tot. Und sie hat nicht mehr gelacht. Dann habe ich sie zur Ems gefahren. Ihr Auto hab ich später zurückgebracht.“

„Und nachher sind Sie hier eingebrochen?“ Er nickte, beinahe beschämt.

„Ja. Ich musste das Foto mitnehmen. Das hatte ich total vergessen in dem Ärger mit der Toten. Es musste wie ein Einbruch aussehen.“ Sein Gewehr schwang auf Justin. Dessen Finger krampften sich um Christas Hand. „Und jetzt will ich diese verdammten Fotos. Ich tu euch nichts, aber ich will alle Fotos!“

Eine Melodie erfüllte die Küche. Alle drei fuhren zusammen. Oltmann riss das Gewehr zur Seite. Ein Schuss löste sich und zertrümmerte eine Fensterscheibe hinter Justin. Christa nahm an, dass sie schrie, als sie sich auf den Boden warf.

Neben ihr polterte ein Stuhl. Auch Justin war in Deckung gegangen. Die Melodie dudelte weiter aus Christas Handtasche.

„Hände hoch! Polizei!“ Okko Lüken schob sich in die Küche. „Lassen Sie die Waffe fallen.“

Das Gewehr rutschte aus Oltmanns Händen und fiel auf die Fliesen. Einen Moment stand er, dann gaben seine Knie nach. Sein Kinn schlug auf die Tischkante, Blut spritzte aus seinem Mund, aber er fiel nicht um. Wie im Gebet kniete er am Tisch, während Okko nervös nach Handschellen suchte.

„Schalt endlich das verdammte Telefon aus, Christa!“ stieß er hervor. Sie gehorchte.

„Wer hat mich angerufen?“ fragte sie das Telefon in ihrer Hand.

„Ich natürlich.“

„Was machst du hier?“

„Ich hatte dir gesagt, dass ich in knapp zwanzig Minuten hier wäre. Das war ich auch. Die Haustür stand offen und dieser Kerl brüllte herum. Wer zum Teufel ist das?“ Christa steckte ihr Telefon wieder ein und kroch um den Tisch zu Justin. Tränen liefen über sein Gesicht, als er sie in den Arm nahm. Okko warf ihm einen finsteren Blick zu.

„Das ist der Sohn von Keno Oltmann. Er hat Justins Großmutter getötet.“ Ein Fleck auf Justins Hemd zeigte ihr, dass auch sie weinte. „Die anderen Sachen liegen oben, Okko. Alle Morde deiner SOKO hat Margareth Busker Brown begangen.“

Sonntag, 26. Juni

Christa

Es dämmerte bereits, als Justin und Christa den kurzen Weg vom Parkplatz zur Glastür des Tagungshauses gingen. Wer sie nebeneinander sah, meinte womöglich, sie seien ein Paar. Die Vorstellung war Christa peinlich. Sie war sich bewusst, dass sie nicht mit Justin zusammen war. Er war mit einer anderen Frau verlobt und würde es nicht mögen, hielte man ihn für Christas Freund. Trotzdem gingen sie so nah, dass ihre Schulter gegen seinen Oberarm streifte. Seit den Ereignissen vom Freitagabend fühlte Christa sich sicherer, wenn er bei ihr war. Auch Justin ließ sie selten länger als ein paar Minuten aus den Augen.

Auf einer der Bänke vor der Tür saß ein Mann mit seinem Smartphone. Er kam Christa vage bekannt vor, als hätte sie ihn im Umkreis des Tagungshauses schon einmal gesehen. Als er ihre Schritte auf dem Kies hörte, sah er hoch, steckte das Telefon ein und stand auf. Justin legte eilig einen Arm um Christa. Irritiert sah sie ihn an, der Mann beachtete sie jedoch nicht weiter, sondern öffnete die Glastür für Leo. Leo stutzte, als er Christa erblickte, nickte ihr zu und ging mit dem Mann Richtung Parkplatz. Justin murmelte eine Entschuldigung und zog seinen Arm zurück.

Im Foyer stand Inna an der Rezeption. Sie begrüßte Christa und starrte Justin entwaffnend offen an, so dass der sich bemüßigt fühlte zu grüßen. Auf der Treppe kam ihnen Bea entgegen.

„Ich freue mich, dich kennenzulernen, Justin Brown." Er errötete, als er ihr die Hand hinstreckte.

„Ich freue mich auch. Es ist erstaunlich, was ihr über Gran herausgefunden habt." Bea neigte bescheiden das Haupt und ging voran in ihr Büro. Dort wartete bereits Tee auf sie.

„Wir haben uns bemüht, deine Anfragen zu beantworten, Justin Brown. Für mich und die Muh, die an der Übersetzung gearbeitet haben, war es eine Reise in die Vergangenheit unserer Gemeinschaft. Die Vergangenheit hat uns und unsere Lebensweise geprägt. Jedoch haben wir jungen Muh aus den Augen verloren, dass zu jedem Zeitpunkt echte Menschen betroffen waren. Dies ist eine wichtige Erinnerung, die wir als Gemeinschaft bewahren müssen." Justin nickte etwas nervös, wie das bei Erstkontakten mit Muh gelegentlich vorkam. Bea schenkte

Tee ein und reichte Kekse. Christa blickte sich um. Selbstverständlich waren sie unter sich. Leo hatte das Haus verlassen, und es war offenbar nicht vorgesehen, dass Edu in Erscheinung träte. Alles Wissenswerte konnte auch Bea vermitteln. Die nahm gerade eine Liste von ihrem Schreibtisch.

„Ich habe gestern Dores Muh angerufen und ihm erzählt, was ihr beide über Greet Amelon in Erfahrung gebracht habt. Er war übrigens sehr betroffen, Justin. Dores Muh wusste nicht, dass Greet Amelon nicht der richtige Name deiner Großmutter war. Und er wusste auch nicht, dass sie erst im Kindesalter in die USA gereist ist. Er bedauert seine Unkenntnis. Allerdings glaube ich nicht, dass es etwas geändert hätte, wäre ihre Identität früher bekannt geworden. Niemand konnte von Margareth Busker Browns Herkunft in Weyrscheid Schlüsse auf ihre Taten ziehen."

„Hat Dores denn noch etwas herausgefunden?" wollte Christa wissen. Bea nickte.

„Ja. Es gibt eine offizielle Liste der Überlebenden. Margareth Busker Brown kann nur eines der kleinen Mädchen gewesen sein. Aufgeführt sind Erna Rehm, Maria Hamacher und Louise Brevel. Alle drei sind eindeutig identifiziert. Sie wuchsen nach dem Krieg bei Verwandten in Orten in der Umgebung von Weyrscheid auf und leben dort heute noch. Gleiches gilt, nebenbei bemerkt für die Jungen. Als einzige Person, die in der Liste nicht identifiziert ist, erscheint das Baby von Therese Frantzen. Die hatte, soweit die standesamtlichen Unterlagen diesen Schluss zulassen, kein Baby."

„Das ist also sicher?" fragte Justin. Bea wiegte den Kopf.

„Dores Muh ist ziemlich sicher. Er hat nirgendwo Hinweise auf einen Skandal in Weyrscheid innerhalb der letzten Jahre vor dem Massaker gefunden. Wir können davon ausgehen, dass ein uneheliches Kind nicht vergessen worden wäre. Schon gar nicht, wenn es zu den Überlebenden gezählt hätte." Christa fand diese Folgerung nicht einleuchtend, doch Justin nickte.

„Wie ist der wirkliche Name des Babys?" Christa legte eine Hand auf Justins. „Frau Busker Brown soll behauptet haben, ihre leibliche Mutter wäre erschossen worden." Bea übersah geflissentlich die umschlungenen Hände und studierte ihren Zettel.

„Also, Dores Muh sagt, laut der vorhandenen standesamtlichen Unterlagen wurden 1943 bis September 1944 in Weyrscheid sechs Geburten registriert. Vier davon waren Jungen. Zwei Mädchen wurden geboren: Lore Opitz und Rebecca Kern." Christa hob den Kopf. Der Name Kern sagte ihr etwas. Auch Justin wirkte verwundert.

„Was weiß man über diese Kinder?" fragte er. Bea seufzte.

„Lore Opitz starb bei dem Massaker. Das steht fest. Es existiert jedoch kein Sterbeeintrag für Rebecca Kern. Und dann kommt eine Sache gewissermaßen erschwerend hinzu. Bei den in Weyrscheid ansässigen Familien waren keine Kerns."

„Oh." Christa und Justin sahen sich an.

„Was bedeutet das?" fragte Justin. „War es ein Kind von Besuchern?" Bea presste kurz die Lippen zusammen, ehe sie Christa ansah.

„Du hast das Manuskript von Dores Muh gelesen. Unter der deutschen Besatzung mussten die Muh ihre ursprünglichen Familiennamen annehmen. Nun bestanden Verwandtschaftsbeziehungen zwischen den Muh auf ihrem Hof am Rande von Weyrscheid. Ein großer Teil von ihnen hieß Rehm. So wie ein Achtel der Weyrscheider. Die anderen verwendeten die Namen Hoven und Kern. So scheint es, dass Rebecca Kern Tochter von Muh war." Christa sah Justin an.

„Deine Großmutter war eine Muh." Er nickte, schien aber nicht zu verstehen. Aufgeregt wandte Christa sich wieder an Bea.

„Wieso gab Therese Frantzen dieses Baby als ihres aus?" Bea erhob sich.

„Die Erklärung liefert vielleicht dieses Foto. Wenn ihr einmal auf den Monitor sehen wollt." Sie gingen um den Schreibtisch herum zum Monitor. Dort hatte Bea eine Sepiaaufnahme aufgerufen. Abgebildet waren sieben junge Frauen in Kittelschürzen über den Kleidern, die Haare von Kopftüchern bedeckt. Sie saßen auf einem Stapel großer Säcke, im Hintergrund sah man neben einer Tür das Schild „Korn hier abstellen". Christa fühlte sich an etwas erinnert.

„Ich glaube, Frau Finke hat mir von diesem Bild erzählt. Es gehörte zu den dreien, die Oltmann aus dem Haus von Frau Busker Brown mitgenommen hat. Weiß man, wer die Frauen sind?" Bea scrollte etwas weiter nach unten.

„Therese Frantzen, Jeanne Fontaine, Ada Kern, Margret Hoven, Leonie Brevel, Irma Mölter und Marlene Hamacher. Es gab Abzüge dieses Bildes bei verschiedenen Familien in Weyrscheid. Deshalb konnten die Frauen identifiziert werden. Sie haben in Abwesenheit der eingezogenen Männer in der Mühle gearbeitet. Dores Muh sagt, es wurde im Sommer 1944 aufgenommen."

„Ein paar Wochen später waren die meisten von ihnen tot." Justin seufzte. „Wer von denen ist meine richtige Urgroßmutter?" Bea zählte die Namen und dann die Gesichter.

„Diese hier. Das ist Ada Kern. Rebecca Kerns Mutter. Laut der Aussagen verschiedener Leute Therese Frantzens beste Freundin." Er beugte sich vor und betrachtete das Bild.

„Darf ich eine Kopie haben? Für meinen Granddad."

„Natürlich."

„Danke. Entschuldigung, wo kann ich mir die Hände waschen?“ Bea wies ihm von der Bürotür aus den Weg, dann setzte sie sich zu Christa.

„Das ist bestimmt schwer für ihn.“ Christa nickte.

„Das ist es. Bea, weißt du, dass Greet Amelons berühmtestes Werk der schöne Kopf der Rebecca Kern, in dem Jahr nach Dores Muhs Interview mit ihr entstanden ist?“

„Nein, das wusste ich nicht.“ Bea schielte zur Tür. Christa bemerkte dies und wappnete sich.

„Hast du ihn gefragt?“

„Ja.“ Sie schielte ebenfalls zur Tür. „Er hat ein Keuschheitsgelübde abgelegt. Außerdem ist er verlobt. Und er und seine Verlobte haben sich versprochen, jungfräulich in die Ehe zu gehen.“ Bea zog die Brauen hoch.

„Ist das üblich in der Welt?“ Christa zuckte mit den Schultern.

„In Wardenburg jedenfalls nicht.“

Bea

CHRISTA UND JUSTIN WAREN GEGANGEN. ER WOLLTE DIE NACHT BEI IHR IN Wardenburg verbringen und am frühen Morgen nach Hamburg fahren. Bea stellte das benutzte Teegeschirr zusammen. Am Boden lag ein zerknülltes Papiertaschentuch, das wahrscheinlich aus Justins Tasche gefallen war. Bea vermutete, dass er während seiner kurzen Abwesenheit geweint hatte. Sie konnte das nachvollziehen.

Vor ihrem Bürofenster lag der abendliche Garten. Jenseits der Bäume hörte sie die Kühe rufen. Leise klang der Verkehr von der Landstraße zu ihr. Auf dem Kies näherten sich Schritte. Bea sah zwei Schatten, so nah zusammen wie sie vor einigen Wochen Christa und Leo gesehen hatte. Nur ging Christa jetzt dort unten mit Justin. Sie blieben stehen, als betrachteten sie die Rosen, deren Weiß zu einem Perlgrau verwaschen war. Wie vor ein paar Wochen verschmolzen die Schatten, als Justin sich über Christa beugte. Nach einem langen Augenblick gingen sie weiter.

Bea zog den Vorhang vor das Fenster. Für diese beiden trug sie keine Verantwortung. Sie warf einen Blick auf die Uhr und wählte eine Magdeburger Nummer.

ENDE

Martina Sevecke-Pohlen

Liebe Leserin, lieber Leser,
Wenn Ihnen dieses Buch gefallen hat, würde ich mich über eine Rezension freuen. Dafür danke ich Ihnen im Voraus. Weitere Bücher aus dem Wieken-Verlag finden Sie auf der Internetseite des Wieken-Verlags.

Martina Sevecke–Pohlen

Über Martina Sevecke-Pohlen

Martina Sevecke-Pohlen wurde 1968 in Düsseldorf geboren. Nach einem Umzug nach Aachen besuchte sie dort die Schule und machte 1989 ihr Abitur. An der Carl von Ossietzky-Universität in Oldenburg studierte sie Anglistik und Germanistik und arbeitete anschließend in der Erwachsenenbildung.
2011 gründete sie in Rhauderfehn den Wieken-Verlag Martina Sevecke-Pohlen.
Weitere Bücher von Martina Sevecke-Pohlen finden Sie auf der Seite des Wieken-Verlags http://www.wieken-verlag.de.